COLEÇÃO

Mire e Veja

VIVIANNE DE CASTILHO MOREIRA

CONTÍNUO E CONTINGÊNCIA I

ESTRUTURA E ALÇADA DA LEI DE CONTINUIDADE NA LÓGICA DE LEIBNIZ

KOTTER EDITORIAL

Edições Colibri

Coordenação editorial: Sálvio Nienkötter
Editor-adjunto: Raul K. Souza
Capa: Jussara Salazar
Projeto gráfico: Carlos Garcia Fernandes
Preparação dos originais: A autora
Revisão: Marcos Pamplona
Produção: Cristiane Nienkötter

Dados Internacionais de Catalogação na Publicação (CIP)
Andreia de Almeida CRB-8/7889

Moreira, Vivianne de Castilho
Contínuo e contingência I : estrutura e alçada da Lei de Continuidade na lógica de Leibniz / Viviane de Castilho Moreira. - Curitiba : Kotter Editorial, 2019
520 p.

ISBN 978-65-80103-83-6
ISBN Colibri: 978-989-689-938-7

1. Filosofia 2. Leibniz, Gottfried Wilhelm, Freiherr von, 1646-1716 I. Título

CDD 100

KOTTER EDITORIAL

Kotter Editorial Ltda.
Rua das Cerejeiras, 194
CEP: 82700-510 - Curitiba - PR
Tel. + 55(41) 3585-5161
www.kotter.com.br
contato@kotter.com.br

Edições Colibri

Edições Colibri
Apartado 42.001
Telheiras 1601-801
Lisboa

Feito o depósito legal - 1ª Edição - 2019

COLEÇÃO

Para José Moreira

Superar e guardar. Essa síntese de inspiração hegeliana soa como formulação justa para resumir o que todos os avanços têm em comum. Sim, chega-se a algum ponto quando se dá um passo, mas aí só se chega porque se partiu de determinado lugar. Bem por isso, algo do ponto de partida, especialmente do que tem de sólido e perene, permanece no novo resultado. No caso presente, o ponto de partida foi outrora um ponto de chegada: a pesquisa que defendi lá se vão quase vinte anos. O atual ponto de chegada situa-se, naturalmente, na confluência dos vetores que ganharam força no passo anterior. E reflete a reacomodação dos resultados dos aprimoramentos buscados, dos aprofundamentos e reformulações, enfim, das tentativas de preencher as lacunas e aparar as arestas próprias das investigações em curso. Não é surpreendente, dessa perspectiva, que muito da pesquisa inicial tenha sido preservado aqui e não devem surpreender tampouco as novidades, frutos, afinal, das sementes plantadas então.

Um caminho assim nunca se trilha só. São incontáveis as contribuições de colegas e estudantes que emprestaram sua argúcia para colaborar com este trabalho e é-me realmente impossível nomeá-los todos. Mas não poderia deixar de lembrar dos incontáveis e frutuosos debates com Anne-Lise Rey, Edgar Marques, Izaias Castro, Marta Mendonça e Ulysses Pinheiro, cujos efeitos reverberam cá e lá ao longo deste livro. Agradeço também a Adelino Cardoso por acolher este livro em Portugal na prestigiada Coleção *Fórum de Ideias*, bem como pelas valorosas sugestões à sua versão anterior. Minha gratidão também a Marcos Pamplona e a Sálvio Nienkötter, por suas leituras atentas e pelas inúmeras e inestimáveis contribuições distribuídas em todo o livro. Este trabalho beneficiou-se de forma incalculável de dois Editais Universais, um Edital de Ciências Humanas e duas bolsas de produtividade em pesquisa, todos concedidos pelo CNPq. Esse apoio é reflexo não só da aprovação dos projetos de pesquisa dos quais este livro é um dos resultados, mas sobretudo da atenção que os governos progressistas que presidiram o país no período dispensaram à educação, à pesquisa e à universidade.

PREFÁCIO

Contínuo e contingência - I: estrutura e alçada da lei de continuidade na lógica de Leibniz é uma obra estimulante e inspiradora, que Vivianne de Castilho Moreira conclui fazendo um convite ao leitor para que se aventure pela via labiríntica que a sua investigação abre:

> "Assim, longe de se arvorar uma tese acabada, se este livro puder soar como um convite aos investigadores mais experientes para ensaiar um caminho que, ainda que labiríntico, prometa resgatar o que a saída de Leibniz tem de original e inventivo, então ele terá chegado ao fim."

A autora apresenta uma perspectiva inovadora sobre a filosofia de Leibniz, a partir do ponto de intersecção dos dois labirintos leibnizianos: o da "composição do contínuo" e o da "natureza da liberdade", sendo que este último é abordado sob o ângulo da contingência, que, diferentemente da liberdade, é passível de ser tratada no âmbito do cálculo lógico. Ela move-se com desenvoltura pelos escritos de Leibniz no âmbito da lógica, mas o que efectivamente resulta é um novo ponto de vista sobre o leibnizianismo no seu todo. O desafio que se coloca ao leitor é duplo: acompanhar o percurso da investigação apresentada e projectar a luz que irradia da obra em outros domínios do sistema filosófico de Leibniz.

Num primeiro momento, confronta-se a filosofia de Leibniz, muito especialmente a sua lógica e matemática, com alguns dos instauradores da modernidade que foram de algum modo referências seminais na constituição do pensamento leibniziano. Aqui avultam as figuras de Descartes e de Hobbes. Se, após uma adesão entusiástica ao cartesianismo, em carta a Thomasius de 20/30 de Abril de 1669, na qual se afirma cartesiano[1], Leibniz vai desenvolver, no período subsequente à redacção do *Discurso de metafísica* (1686), uma "ofensiva anticartesiana"[2], para usar uma expressão de Ezequiel de Olaso, a afinidade com o pensamento hobbesiano é uma constante da elaboração filosófica de Leibniz. Mais do que às doutrinas, os pontos de afindade entre Leibniz e Hobbes dizem respeito ao exercício do pensar e aos dispositivos lógico-linguísticos aí implicados. Com efeito, para ambos os filósofos, a razão constitui-se mediante o exercício da linguagem e consiste em operações de cálculo lógco. De igual modo, ambos atribuem à definição um lugar primordial na constituição da filosofia e realçam a complementaridade da análise e da síntese na elaboração de uma ciência demonstrativa. No entanto, sem esquecer essa complementaridade, Leibniz é, no panorama do século XVII, o filósofo que mais veementemente assume a análise como paradigma do bom uso da razão. E é esse o trilho principal seguido por Vivianne de Castilho Moreira.

Com invulgar mestria não só no trato com os quase infinitos textos de Leibniz mas também na discussão das muito díspares interpretações do autor[3], Vivianne sustenta a tese da analisabilidade de todo o tipo de proposições, nomeadamente as proposições que exprimem relações e as proposições existenciais. Isto significa, em primeiro lugar, que todas as as

[1] "(...) confesso que sou nada menos que cartesiano" ("me fateor nihil minus quam Cartesianum esse") (A II 1, p. 15).

[2] Esta ofensiva, inaugurada com o artigo *Brevis demonstratio erroris memorabilis* (1686), foi particularmente intensa no período da invenção da dinâmica (1689-1693).

[3] Dentre os interlocutores de Vivianne Moreira, refiram-se: Louis Couturat, Bertrand Russell, Benson Mates, Hidé Ishiguro, Wolfgand Lenzen, Edgar Marques, Marta Mendonça.

proposições, incluindo as relações – a cujo respeito a autora faz uma análise muito fina – são redutíveis a proposições predicativas do tipo S é P. Deste modo, a teoria intensional da verdade fornece o quadro geral que está pressuposto em todo o cálculo lógico. A análise funciona, então, mediante a atribuição dos predicados a uma identidade, seja ela uma entidade física, ideal ou uma pessoa.

A dificuldade maior ao intento analítico concerne as proposições existenciais, por natureza contingentes. "Estou a escrever o prefácio do livro de Vivianne" é um acontecimento cuja efectividade resultou de um conjunto de circunstâncias fortuitas, que podiam não ter ocorrido. Ora, dado que nada acontece de modo inteiramente caótico e isolado, a indagação leibniziana incide sobre a razão suficiente dos fenómenos contingentes. Eles dão-se sob a forma de uma sucessão, ordenadamente. Nessa medida, constituem uma série, que Leibniz define como "uma multidão com uma regra de ordem"[4] e se traduz na identidade de uma substância actual.

Deste modo, uma proposição existencial corresponde ao estado momentâneo de um sujeito, é uma expressão da sua identidade multiforme. O facto de que estou escrevendo o prefácio do livro de Vivianne é parte intrínseca da minha identidade, e não um mero acidente no percurso do meu eu. Esta tese leibniziana é um ponto fulcral de divergência entre Leibniz e Arnauld na correspondência entre o teólogo jansenista e o filósofo da harmonia nos anos subsequentes à redacção do *Discurso de metafísica* (1686). Ao passo que para Arnauld, ser casado ou padre celibatário, fazer ou não fazer uma viagem são acidentes que não afectam a sua identidade pessoal (GP II, p. 33), para Leibniz são fenómenos identitários (GP II, p. 45). Por conseguinte, toda a proposição existencial é redutível a uma identidade determinada.

[4] "*Series* est multitude cum ordinis regula" (*De affectibus*, Grua I, p. 526).

A lição de Vivianne Moreira é que Leibniz não se limitou a afirmar a legitimidade de tratar da mesma maneira proposições essenciais e proposições existenciais, mas que, para além disso, ele inventou o operador que garante essa legitimidade, a saber, a lei de continuidade. Com efeito, tal como bem evidencia a autora, a lei de continuidade tem um sentido eminentemente operatório: por via dela, "o limite externo de uma série poderia ser considerado ainda como membro dessa série", possuindo a propriedade fundamental da série em grau zero. Assim, o repouso poderia ser assumido como equivalente a uma espécie do seu contraditório, isto é, do movimento.

Segundo Vivianne Moreira, "a operacionalidade e o escopo da lei de continuidade são eminentemente lógicos", tendo o seu campo privilegiado de aplicação no cálculo lógico e na geometria. No entanto, tal como referido pelo próprio Leibniz, a lei de continuidade é "um princípio de ordem geral", absolutamente pertinente em todo o âmbito de aplicação do cálculo do infinito, ou seja, da matemática, da física e da metafísica. Dada a composição do contínuo, infinitamente divisível, numa série infinita não há membro último, algo como um infinitésimo.

O infinitesimal, isto é, a parte mais pequena que qualquer grandeza dada, é uma ficção, "uma figura filosófico-retórica", mas com uma grande virtualidade heurística. No que respeita à natureza, a infinita divisibilidade da matéria implica a rejeição do atomismo vulgar e uma estética da harmonia combinando a máxima variedade com a mais perfeita unidade. Nos termos do § 43 da *Theoria Motus concreti*, "o infinito é divisível ao infinito, pelo que cada átomo será como que um mundo de espécies infinitas e haverá mundos dentro de mundos ao infinito" (GP IV, p. 201). A concepção monadológica do universo, que culmina o labor filosófico de Leibniz, é a expressão metafísica de um novo tipo de atomismo, em que "os verdadeiros elementos da natureza" não são entidades fixas, mas formas dotadas de uma plasticidade sem limites.

Graças à lei de continuidade, as proposições existenciais podem ser tratadas da mesma maneira que as proposições essenciais. Ora, posto que as primeiras são contingentes e as segundas necessárias, poderíamos ser levados a pensar que, em última instância, Leibniz anula a contingência em favor da necessidade. A finura do trabalho de Vivianne Moreira defende-a desse grande equívoco, que desfigura a fisionomia própria do leibnizianismo. O que significa, então, contingência?

A contingência designa uma modalidade específica de ordem, que se situa entre o necessário e o arbitrário e concerne o modo de os fenómenos ocorrerem no mundo actual, seja no plano da natureza material, seja no da vida moral dos espíritos: "(...) a sequência das coisas é sempre contingente, e um estado de modo algum deriva necessariamente de um outro estado precedente, quer haja começo ou não. A conexão de dois estados é uma consecução natural, mas não necessária, como é natural à árvore dar frutos, embora possa acontecer por certas razões que os não dê"[5]. Contingente é todo o estado actual do mundo ou de ums coisa em particular, na medida em que se trata da ocorrência de um possível cuja existência não era estritamente necessária: "(...) a conexão ou consecução é de dois tipos: uma é absolutamente necessária, cujo contrário implica contradição, tendo esta dedução lugar nas verdades necessárias, como são as da geometria; a outra é necessária apenas ex hypothesie, por assim dizer, por acidente, mas em si mesma ela é contingente, quando o contrário não implica contradição."[6]

No jogo de linguagem que articula a filosofia natural de Leibniz, contingência joga com determinação. Tudo é contingente, tudo é determinado. A determinação é o dinamismo

[5] Carta de Leibniz a Bourguet, 1716, GP III, p. 588.

[6] Discurso de metafísica, § 13.

imanente ao fluxo ordenado dos fenómenos: "Determinação é o estado do qual se segue algo, desde que nada o impeça"[7]. Assim, determiminação significa a modalidade de ordem inscrita na natureza entendida como espontaneidade.

A tese de que, a nível lógico, é legítimo tratar da mesma maneira proposições essenciais e existenciais joga com a tese metafísica, aflorada por Vivianne Moreira, da continuidade entre essência e existência. Com efeito, para Leibniz, a essência não é uma entidade genérica e abstracta, mas a fonte genesíaca de um indivíduo determinado. Ela é uma verdadeira potência investida de uma força primitiva, que tende espontaneamente para o acto, desde que nada o impeça. Na linguagem própria de Leibniz, "a essência é exigência de existência" (*essentia esse exigentiam existentiae*), ela "tende por si para a existência" (*essentiam per se tendere ad existentiam*)[8]. Vista sob esse ângulo, ela é uma natureza, isto é, uma potência capaz de agir e de padecer, segundo o seu grau de perfeição.

Se, porém, todos os possíveis aspiram à existência, nem todos eles logram fazer esse "trânsito admirável da essência à existência". Efectivamente, um simples possível é uma perfeição que não envolve contradição e pode ser pensado, mas considerado como algo em si, desligado de todos os outros. Um possível existenciável, quer dizer, apto a existir, requer algo mais: a compossibilidade com muitos outros, que se constituem como membros de um mundo dotado de uma ordem determinada. Como é timbre do seu pensamento, Leibniz distingue graus de compossibilidade, pelo que o possível existenciável se caracteriza pela sua máxima compossibilidade, ou seja, é mais compatível com uma imensidade de coisas do que qualquer outro que seja incompatível com ele: "O existente pode

[7] "Determinatio est status ex quo quid sequitur nisi quid aliud impediat." (*De affectibus*, A VI 4 B, p. 1426.

[8] De rerum originatione radicali, GP VII, p. 303.

definir-se como aquilo que é compatível com mais coisas do que qualquer outro que é incompatível com ele."[9]

No quadro leibniziano, existir é coexistir, participar da comunidade de todos os existentes. Por conseguinte, a passagem do possível ao existente significa acréscimo de ordem e intensificaçao das relações, de modo que cada uma das coisas do mundo actual exprime todas e cada uma das outras. A expressão traduz-se, a nível lógico, por um princípio de universal predicabilidade de todos os estados do mundo e dos seres que o compõem a cada um dos existentes. Daí a complexidade, mas também a harmonia e beleza do mundo no qual habitamos e coabitamos.

Adelino Cardoso
CHAM-NOVA-FCSH

[9] Generales Inquisitiones, Couturat, p. 360.

SUMÁRIO

O MISTÉRIO

Em uma breve passagem de sua obra, Leibniz sintetiza o problema a ser examinado aqui, bem como o que pretende ser sua solução. Ele refere-se a esse problema como um mistério que o teria atormentado por muito tempo, até que finalmente o conhecimento das questões de geometria lhe teriam permitido desvendá-lo. Ele diz:

> Penso ter resolvido um mistério que me atormentou por muito tempo: eu não compreendia de que modo o predicado poderia estar no sujeito sem que, contudo, a proposição fosse tornada necessária. Mas o conhecimento das questões Geométricas e da análise dos infinitos acendeu-me a luz sobre isso, e assim compreendi que também as noções são resolvíveis ao infinito (AA VI, iv - p. 1516)[10].

Vemos que o mistério remete a um problema de lógica modal, concernente à raiz da distinção entre o possível e o necessário. Ele brota do contraste entre essa distinção e uma formulação que Leibniz considera expressar a natureza da verdade, formulação habitualmente designada por caracterização intensional de verdade. De acordo com essa caracterização, "verdadeira é a proposição cujo predicado está contido no sujeito, ou mais geralmente, cujo consequente está contido no antecedente"

---

[10] "Atque ita arcanum aliquod a me evolutum puto, quod me ipsum diu perplexum habuit; non intelligentem, quomodo praedicatum subjecto inesse posset, nec tamen propositio fieret necessaria. Sed cognitio rerum Geometricarum atque analysis infinitorum hanc mihi lucem accendere, ut intelligerem, etiam notiones in infinitum resolubiles esse".

(AA VI, iv – p. 671)[11], ou ainda, como Leibniz reitera em uma carta a Arnauld (AA II, ii - p. 75), *praedicatum inest subjecto verae propositionis* (*OFI*, pp. 518-519)[12]. Por seu turno, a chave para a solução do mistério, como já avançado, seria fornecida pela geometria e pela análise dos infinitos, graças às quais Leibniz teria compreendido que "também as noções são resolvíveis ao infinito". Essa pequena passagem, por encerrar tanto os elementos do mistério quanto a chave para desvendá-lo, encerra também o elenco das dificuldades a serem enfrentadas aqui, bem como o roteiro de sua abordagem.

Uma primeira dificuldade dirige-se às razões de Leibniz para adotar a caracterização intensional de verdade: por que ele teria se afastado da concepção tradicional de herança aristotélica, e mais afeita ao nosso senso comum, da verdade como correspondência entre o que é veiculado na proposição e a realidade?[13] Uma segunda dificuldade é enfatizada pelo próprio Leibniz: se o predicado está contido no sujeito – e isso tanto nas proposições necessárias como nas contingentes –, então a negação de uma proposição verdadeira implica uma contradição, o que parece inviabilizar qualquer espaço para a contingência. A propósito dessa dificuldade, é oportuno destacar que Leibniz jamais parece ter, em face dela, hesitado, seja com respeito à pertinência de caracterização intensional de verdade, seja com respeito à sua convicção quanto à diferença lógica entre necessidade e contingência. Ao contrário, e como ele ressalta na passagem, sempre foi na dificuldade em compatibilizar essas duas concepções que repousava o mistério que o atormentava.

---

[11] "Vera autem propositio est cujus praedicatum continetur in subjecto, vel generalius cujus consequens continetur in antecedente".

[12] Ver também pp. 401-402".

[13] A caracterização de verdade conhecida como *correspondentista*, cuja paternidade se atribui a Aristóteles, tem uma versão canônica em *Metafísica* IV 7, onde lemos que "dizer (...) que o que é é e que o que não é não é, é verdadeiro" (1011b26-27).

Uma vez exposto o teor da dificuldade, o próximo passo é considerar sua solução. Como anunciado na passagem, essa solução seria encontrada graças ao conhecimento da geometria e da análise dos infinitos, que teria permitido compreender que uma noção também pode ser resolvível ao infinito. O que na pena de Leibniz é apresentado como solução desdobra-se aqui em novos problemas, dos quais o primeiro diz respeito à relação entre a questão matemática, por um lado, e o problema lógico, por outro: em que medida a geometria e a análise dos infinitos poderia lançar luz sobre uma dificuldade que escapa ao âmbito da matemática, comportando uma natureza lógica? O segundo dirige-se à pertinência da solução leibniziana: seria a hipótese da infinitude da análise efetivamente apta a proporcionar uma saída para a dificuldade?

Em suas tentativas de responder a essas perguntas, os estudiosos têm se dividido. Louis Couturat (1995, p. 16), por exemplo, tende a nivelar proposições contingentes e necessárias, alocando-as, por assim dizer, em um mesmo domínio, no interior do qual elas exibiriam entre si uma diferença meramente quantitativa, mensurada pelas extensões das suas respectivas análises. Se Couturat estiver correto, então nenhuma diferença de natureza terá efetivamente lugar entre verdades necessárias e contingentes aos olhos de Leibniz. A diferença entre umas e outras teria nesse caso uma dimensão meramente psicológica ou epistêmica, mas não lógica[14].

A relutância em admitir essa consequência parece ter conduzido Benson Mates a eleger a noção de mundos possíveis, em detrimento daquela de análise infinita, como a base a partir da qual uma distinção sólida entre necessidade e contingência

[14] "As verdades contingentes são analíticas, como todas as verdades; somente a análise de seus termos é *infinita*, de sorte que não podemos demonstrá-las reduzindo-as a proposições idênticas. Elas nem por isso são menos identidades aos olhos de Deus, o único que pode esgotar esta análise infinita 'com um só golpe de espírito'" (Id. ibid.).

poderia ser assegurada na filosofia leibniziana (Mates, 1989, pp. 181-183; e 1986, VI, §1).

A debilidade dessa escolha reside em que ela negligencia ocorrências que não são raras nas obras de Leibniz. Ao passo que o apelo à análise infinita para caracterizar as proposições contingentes é corriqueira nos escritos em que Leibniz se consagra à reflexão sobre as modalidades[15], é difícil encontrar nesses mesmos escritos a expressão "mundos possíveis". Diga-se de passagem, é a partir da distinção entre análise finita e análise infinita que, nas *Generales inquisitiones de analysi notionum et veritatum* (Doravante: *GI*), Leibniz apresenta seu tratamento lógico das distinções modais[16]. E aí não se encontra a expressão "mundos possíveis". Essas considerações corroboram a interpretação de Couturat, em desfavor da proposta por Mates.

A essas dificuldades textuais somam-se as dificuldades conceituais associadas à noção de mundos possíveis. Um percurso nos estudos feitos a respeito da noção leibniziana de mundos possíveis mostra que ela não permite tão facilmente garantir relações logicamente satisfatórias – quer dizer, relações que respondam às exigências dos princípios de contradição e do terceiro excluído – entre o verdadeiro e o falso. Sobre esse assunto é oportuno lembrar, por exemplo, a conclusão a que conduz a interpretação feita por Russell da filosofia de Leibniz, segundo a qual, no domínio do contingente, não haveria verdade ou falsidade *stricto sensu*, mas verdade ou falsidade com respeito a tal ou tal mundo possível (Cf. Russell, 1968, V, §26 – especialmente p. 63). Para evitar conclusão semelhante, H. Ishiguro apela para a diferença entre proposições de essência e proposições de existência, diferença que, por seu turno, Ishiguro considera repousar

[15] Ver, por exemplo, *De existentia* - Grua, p. 303–306; *Origo veritatum contingentium* - OFI, p. 1–3.

[16] Ver *GI*, §60, §61 e §130 (bis).

unicamente na afirmação existencial das proposições de existência, em contraste com as proposições de essência, que afirmariam apenas uma possibilidade (Cf. Ishiguro,1990, IX, 3). Uma dificuldade preliminar que se ergueria para essa tese seria conciliá-la com a distinção leibniziana entre esses tipos de proposições a partir da extensão da análise: ficaria difícil explicar de que maneira a demonstração da verdade de uma proposição de essência não acarretaria *eo ipso* a verdade de sua correlata existencial. Aparentemente, isso soa possível apenas com o ônus de assumir a existência como um predicado, isto é, de assumir que a atribuição de existência modifica o conteúdo da proposição. Contra essa hipótese se poderia alegar que, se a existência modifica o conteúdo da proposição, então se trata de duas proposições distintas, quer dizer, com dois conteúdos proposicionais diferentes. Ora, nesse caso, bastaria perguntar se aquela proposição de existência é possível, tornando-a novamente uma afirmação de essência. E esta afirmação de essência deveria, por suposição, ser analisada em um número finito de passos, preservando, por via de consequência, seu valor de verdade em todos os mundos possíveis. Por fim, é interessante considerar a dificuldade com que se depara Mates, pois ela parece comprometer a própria diferença entre as modalidades que é estimada resolver. Segundo Mates, as condições para distinguir as modalidades tornam-se problemáticas quando se as confronta às teses de Leibniz sobre a noção individual. Mates observa que nesse caso, "quando uma proposição existencial falsa tem um conceito individual completo como sujeito (com a necessária especificação do tempo), ela será falsa de todos os mundos possíveis, e consequentemente sua negação será uma verdade necessária" (Mates, 1986, p. 115).

Em que pese todos esses problemas em torno da noção leibniziana de mundos possíveis, convém sublinhar que não é despicienda a suspeita, erguida por Benson Mates (1989, pp. 182-183), de que Leibniz não nos desapontaria com um procedimento tão contrário ao que lhe é habitual, cometendo o equívoco que se insinua na interpretação de Couturat exposta precedentemente. Assim, se por um lado não convém fazer ouvidos moucos ao que Leibniz reivindica ser sua resposta ao problema da contingência, é forçoso, por outro, averiguar se a interpretação de Couturat traduz o espírito das teses leibnizianas a esse respeito. Antes, pois, de descartar de antemão a explicação a partir da distinção relativamente à extensão da análise, é preciso compreendê-la.

Um primeiro aspecto a se levar em conta nessa perspectiva é o apelo à matemática. Leibniz afirma ter sido a análise dos infinitos na matemática o que lhe proporcionara a luz com que solucionou a dificuldade lógica da contingência. Isso porque teria sido essa análise que lhe permitira compreender que também as noções podem ser resolvidas no infinito.

Se a palavra "também" não é gratuita nesse contexto, ser resolvido no infinito para uma proposição deve compartilhar os mesmos traços gerais que ser resolvido no infinito para uma proporção entre grandezas incomensuráveis[17]. Melhor dizendo, o que justificaria e tornaria inteligível o apelo à noção de infinito e de resolução ao infinito deveria ser o mesmo princípio geral em um caso como no outro. É o que, aliás lemos em um outro trecho:

> Se, com efeito, a noção do predicado estava naquela do sujeito por um tempo dado, como, sem contradição e impossibilidade, o predicado poderia agora estar ausente do sujeito sem que a noção deste não fosse afetada por isso?
>
> Enfim uma luz nova e inesperada veio-me de onde eu menos esperava, a saber, de considerações

[17] Grandezas são ditas incomensuráveis se a divisão de uma pela outra resultar em um número irracional.

> matemáticas sobre a natureza do infinito. Há certamente dois labirintos do espírito humano: um concerne à composição do contínuo, o outro à natureza da liberdade, ambos nascem de uma fonte idêntica no infinito (AA VI, iv, p. 1654)[18].

A compreensão do infinito para a demonstração em Leibniz passa, portanto, por compreender de que maneira ele concebe o infinito em geral, que considera ser a fonte comum tanto do contínuo quanto da contingência[19]. Eis o que torna alvissareiro o estudo da matemática de Leibniz na investigação de sua solução para o problema da contingência: a matemática mostra-se um domínio em que a utilização da expressão "infinito" por parte de Leibniz pode ser exibida e explicada. Sobre isso, a *Nova Methodus* revela-se particularmente sugestiva. Aí, Leibniz expõe de que modo considerará os dados do problema com as seguintes palavras:

> [E]m geral, encontrar a *tangente* é traçar uma reta que una dois pontos da curva cuja distância é

[18] "...nam si praedicati notio pro dato tempore in subjecti notione inest, quomodo sine contradictione atque impossibilitate praedicatum a subjecto tunc abesse potest salva ejus notione?
Tandem nova quaedam atque inexpectata lux oborta est unde minime sperabam; ex considerationibus scilicet Mathematicis de natura infiniti. Duo sunt nimirum Labyrinthi Humanae Mentis, unus circa compositionem continui, alter circa naturam libertatis, qui ex eodem infiniti fonte oriuntur".

[19] Contra essa constatação poderiam ser evocadas as afirmações feitas por Leibniz de que as noções de infinito no domínio da metafísica e no domínio da matemática não podem ser confundidas. Em resposta a essa objeção basta observar que as supramencionadas afirmações unicamente podem ser compreendidas a partir de uma compreensão satisfatória tanto da acepção leibniziana de infinito no domínio da metafísica quanto da acepção leibniziana de infinito na matemática, pois só então se estará habilitado a identificar que diferença Leibniz divisa entre elas. A ponderação feita por ele não pode, por conseguinte, servir de subterfúgio para se evitar o estudo da matemática leibniziana, até porque essa saída cômoda deixaria sem solução o que *prima facie* se afigura uma inconsistência: o apelo à matemática dos infinitos, por um lado, e a distinção entre as acepções matemática e metafísica de infinito, por outro, para tratar, aparentemente, de uma mesma dificuldade.

> infinitamente pequena, ou seja, que produza o lado de um polígono infinitangular, que para nós equivale à *curva* (GM V, p. 223)[20].

Assim, quando se trata de encontrar a curvatura da tangente – isto é, aquela reta que toca a curva em um único ponto – pode-se, ou, talvez mesmo, *deve-se* tratá-la como se fosse uma secante – isto é, aquela reta que não meramente tange, mas sim *secciona* a curva em dois pontos distintos; no caso da tangente, evidentemente, a distância entre os dois pontos deve ser assumida "infinitamente pequena". Por outro lado, a curva é apresentada não como a figura plana que não possui lados, mas sim como *equivalente* a um polígono de infinito de lados.

Não é fácil aquilatar, a partir apenas da descrição sumariamente tecida acima, a pertinência, e nem as vantagens, da novidade propalada por Leibniz. Ao contrário, são antes as dificuldades que se impõem, a primeira das quais se dirige às motivações para um tal tratamento da curva e da tangente. Por que substituir suas respectivas definições, nas quais a noção de infinito está ausente, por descrições que não são propriamente corretas – já que elas enunciam uma propriedade envolvendo a negação daquelas que caracterizam a tangente ou a curva – aí agregando o infinito?

Uma segunda dificuldade concerne às razões que legitimariam esse procedimento. Se as definições empregadas não são precisas, quiçá sequer corretas, que garantia há da correção dos resultados das operações efetuadas com base nelas? E como esse procedimento poderia auxiliar a resolver o problema matemático que se coloca? A essas perguntas deve-se agregar uma outra, que nos interessará de perto aqui: em que o procedimento acima descrito poderia auxiliar a

---

20 "...in genere, *tangentem* invenire esse rectam ducere, quae duo curvae puncta distantiam infinite parvam habentia jungat, seu latus productum polygoni infinitanguli, quod nobis *curvae* aequivalet".

compreender o problema filosófico do infinito na análise das proposições contingentes?

Nos escritos em que tenta justificar seu método, Leibniz frequentemente se vale de uma lei de que se declara autor, a saber, a Lei de Continuidade. Ele sustenta que ela "haure sua origem do *infinito*" (GP III, p. 52), e que é "absolutamente necessária na geometria" (Id. ibid)[21]. Em sua formulação acabada, a lei apresenta-se pela primeira vez anonimamente, a título de lema, em um estudo de física datado de 1678[22]. Aí ela é formulada da seguinte maneira:

> [Q]uando um caso ou hipótese aproxima-se no infinito de alguma outra hipótese, até que culmine completamente nela, também o resultado aproxima-se ao resultado da segunda hipótese, até que coincida completamente com ele, e não pode haver aí nenhum salto tal que o caso sofra uma mudança menor que [qualquer mudança] assinalável, e que a mudança no resultado seja grande e notável" (*De corporum concursu*, ibid.)[23].

Quase dez anos separariam esta primeira formulação da lei e sua divulgação, no periódico *Nouvelles de la République des lettres*, no contexto das discussões com Malebranche. Aí, Leibniz repete quase *verbatim* a formulação feita em 1678, apresentando o que então foi tido por um lema como sendo seu "princípio da ordem geral" <*Principe de l'ordre général*> (GP III, p. 52). Assim

[21] "Il a son origine de *l'infini*, il est absolument nécessaire dans la Géométrie".

[22] *De corporum concursu*, Sheda 3 - Lemma 1 - *La réforme de la dynamique*, pp. 95. Ver também id., pp. 215-220. Ver a respeito nesta mesma obra o comentário do editor M. Fichant à pág. 216.

[23] "...quando casus seu hypothesis in infinitum accedit alicui alteri hypothesi, donec plane in eam desinat, etiam eventus continue accedet eventui posterioris hypotheseos, donec omnino cum eo coincidat, nec potest in hoc genere fieri saltus ut casus per mutatione existente assignabili minore, eventus mutatio sit magna et notabilis".

sumariamente exposta, a lei de continuidade não parece exibir claramente o seu alcance, isto é, seu modo de operar e seu escopo nos procedimentos leibnizianos de cálculo. Sobre tais procedimentos, Leibniz esclarece:

> Mas para entendê-lo, é preciso exemplos. Sabe-se que o caso ou a suposição de uma elipse pode se aproximar do caso de uma parábola tanto quanto se queira, de tal modo que a diferença da elipse e da parábola pode se tornar menor que qualquer diferença dada, desde que um dos focos da elipse seja suficientemente distante do outro, pois então os raios vindos desse foco distante diferirão dos raios paralelos tão pouco quanto se queira, e por conseguinte todos os teoremas geométricos que se verificam da elipse em geral, poderão ser aplicados à parábola, considerando-se esta como uma elipse da qual um dos focos é infinitamente distante ou (para evitar esta expressão) como uma figura que difere de alguma elipse menos que por qualquer diferença dada (Id. ibid.)[24].

Vemos que, em virtude dessa lei, "é permitido considerar o repouso como uma espécie de movimento (quer dizer, como equivalente a uma espécie de seu contraditório), a coincidência

---

[24] "Mais pour l'entendre, il faut des exemples. L'on sait que le cas ou la supposition d'une Ellipse se peut approcher du cas d'une parabole autant qu'on veut, tellement que la différence de l'Ellipse et de la parabole peut devenir moindre qu'aucune différence donnée, pourvu que l'un des foyers de l'Ellipse soit assez éloigné de l'autre, car alors les rayons venant de ce foyer éloigné differeront des rayons parallèles aussi peu que l'on voudra, et par conséquent tous les théorèmes Géométriques qui se vérifient de l'Ellipse en général, pourront être appliqués à la parabole, en considérant celle-ci comme une Ellipse dont un des foyers est infiniment éloigné ou (pour éviter cette expréssion) comme une figure qui diffère de quelque Ellipse moins que d'aucune différence donnée".

como uma distância infinitamente pequena, e a igualdade como a última das desigualdades" (GM IV, p. 93), ou, ainda, proposições contingentes como proposições necessárias, como Leibniz parece insinuar em suas *GI*:

> Daí se segue que há entre as verdades necessárias e contingentes a mesma diferença que há entre as linhas que se cruzam e as assíntotas, ou entre os números comensuráveis e incomensuráveis.
> [...] Sem dúvida, assim como no caso das assíntotas e dos incomensuráveis, assim também podemos certamente ter a perspiciência de muitas coisas sobre as verdades contingentes a partir do princípio de que todas as verdades devem poder ser provadas, donde se depreende que se tudo se comporta do mesmo modo nas hipóteses, nenhuma diferença pode haver nas conclusões (*GI*, §135-§136)[25].

A razão alegada para a validade da lei de continuidade seria que:

> acontece que as regras do finito vigoram no infinito (...) e que vice-versa as regras do infinito vigoram no finito, como se houvesse infinitamente pequenos metafísicos, ainda que não se tenha nenhuma necessidade deles; (...) é porque tudo se governa pela razão, e que de outro modo não haveria nenhuma ciência nem regra, o que não seria de modo algum

[25] "Hinc veritatum necessariarum a contingentibus idem discrimen est, quod Linearum occurrentium, et Asymptotarum, vel Numerorum commensurabilium et incommensurabilium.
[...] Sane ut de asymptotis et incommensurabilibus ita et de contingentibus multa certo perspicere possumus, ex hoc ipso principio, quod veritatem omnem oportet probari posse, unde si omnia utrobique se habeant eodem modo in Hypothesibus, nulla potest esse differentia in conclusionibus".

> conforme à natureza do soberano princípio (GM IV, pp. 93-94)[26].

Vemos que a lei de continuidade apresenta-se não apenas como a regra a partir da qual os problemas colocados são resolvidos, mas sobretudo como a única maneira de fornecer uma justificação para os procedimentos envolvidos nessas resoluções. Uma violação da lei de continuidade no domínio da matemática, sustenta Leibniz, acarretaria um "absurdo", sendo, por conseguinte, "contrária à razão" (GP IV, p. 378 – *Ad artic. 49*).

Não é difícil antever a polêmica que essas afirmações suscitam. Um dispositivo autorizando, como o próprio Leibniz assinala, que se trate algo como equivalente a uma espécie de seu contraditório não poderia deixar de surpreender, sobretudo quando se leva em consideração a paternidade leibniziana de um outro dispositivo, a saber, o princípio de intersubstituição *salva veritate*, com base no qual Leibniz operava relações de equivalência nos procedimentos analíticos que proporcionam as demonstrações. Parece duvidoso que se possa substituir "curva" por "uma espécie de polígono" ou "tangente" por "uma espécie de secante", ou, enfim, "igualdade" por "uma espécie de desigualdade", sem provocar uma mudança qualquer no valor de verdade da proposição em que tais substituições são feitas.

Essas considerações trazem à tona algumas das dificuldades a serem examinadas: em primeiro lugar cumpre examinar o que teria conduzido Leibniz a concluir que a diferença entre proposições necessárias e contingentes seria a mesma que aquela entre os números comensuráveis e incomensuráveis em matemática. Na esteira dessa investigação, cumpre também

---

[26] "... il se trouve que les règles du fini réussissent dans l'infini (...) et que vice-versa les règles de l'infini réussissent dans le fini, comme s'il y avait des infiniment petits métaphysiques, quoiqu'on n'en ait point besoin ; (...) c'est parce que tout se gouverne par la raison, et qu'autrement il n'y aurait point de science ni règle, ce qui ne serait point conforme avec la nature du souverain principe.

examinar o que autorizaria Leibniz a concluir que uma tal diferença poderia ser tratada como uma identidade. Para empregar as palavras do próprio autor, cumprirá averiguar por que aquela diferença poderia ser tratada como "equivalente a uma espécie de seu contraditório". Em segundo lugar, será preciso investigar as condições de justificação da lei de continuidade, bem como as condições de compatibilização dessa lei com o princípio *salva veritate*. Formulando mais claramente, cumprirá examinar de que maneira Leibniz poderia pretender justificar sua lei de modo que esta pudesse ser legitimamente aplicada tanto no domínio da matemática e da física, quanto naquele da distinção lógica entre o necessário e o contingente. E será preciso examinar também, evidentemente, como a lei de continuidade pode se ajustar às concepções filosóficas de Leibniz sem acarretar alguma inconsistência interna à filosofia leibniziana.

A exposição do problema por si já projeta a ordem da investigação a ser feita. Em primeiro lugar será preciso examinar as razões que teriam conduzido Leibniz a abraçar sua noção intensional de verdade, o que será realizado na primeira parte deste trabalho. Aí também serão abordadas algumas questões de terminologia e de método que se revelam pertinentes para nosso propósito, as quais podem ser fixadas a partir das reflexões que conduziram Leibniz à sua teoria da verdade. Na segunda parte, serão abordadas as reflexões lógicas leibnizianas pertinentes à análise das noções e das verdades, no bojo das quais Leibniz enfrenta a distinção modal entre o necessário e o contingente. Então será importante investigar que razões que o obrigam a assumir uma tal distinção. Por fim, na terceira parte, dedicada à lei de continuidade, o foco será o *modus operandi* dessa lei aos olhos de Leibniz, bem como a argumentação destinada a justificá-la. O tema será introduzido pelo exame das reflexões de Leibniz acerca do infinito matemático e do emprego que ele faz dessa noção na aplicação da lei de continuidade nos seus procedimentos de cálculo em geometria. Uma vez compreendida a concepção de infinito operante aí, bem como a lei de continuidade, será preciso examinar as condições mediante as quais se pode encontrar para essa lei uma justificação apta a assegurar não apenas sua validade e legitimidade, mas também sua compatibilidade com os demais princípios leibnizianos. Concluída essa tarefa, será preciso retornar à abordagem da questão lógica que constitui a dificuldade fundamental que nos ocupa aqui. Isso exigirá investigar de que maneira se pode compreender e justificar a aplicação da lei de continuidade também às proposições contingentes. Serão então examinadas as razões de Leibniz para crer que a diferença entre proposições necessárias e contingentes poderia ser tratada em termos de análise finita e análise infinita. Por fim, e para encerrar o percurso, será finalmente o momento de avaliar, com base nos resultados obtidos, se uma tal abordagem da diferença entre necessidade e contingência está habilitada a satisfazer as exigências que se impõem à pretensão de que a diferença entre o necessário e o contingente tenha uma natureza lógica.

O recorte investigativo feito neste livro circunscreve a investigação a ser empreendida às obras de juventude de Leibniz. O trecho citado acima, que condensa não apenas a apresentação que Leibniz faz do problema em exame, mas também a saída que ele propõe para esse problema, é estimado datar de 1686 (Cf. AA VI, iv, p. 1514), ano considerado inaugurar a maturidade do pensamento leibniziano. Se, pois, a construção do problema, bem como sua solução, encontram-se já devidamente estruturadas nessa data, os textos redigidos até esse período por certo encerrarão as respostas que buscamos aqui. Eis o que explica que muitas obras relevantes de Leibniz, escritas posteriormente, tenham merecido aqui pouca ou nenhuma atenção. Isso não quer dizer, por outro lado, que elas tenham sido completamente desconsideradas, já que não há por que ignorar as eventuais explicações que Leibniz só mais tarde viria a dar para uma ou outra de suas teses de juventude. Mesmo que aquelas explicações quiçá carreguem consigo a contribuição de reflexões tardias, muitas vezes inclusive beneficiadas pelos debates travados entre Leibniz e seus críticos, não há razão para negligenciá-las em nome de um apreço talvez exagerado por aspectos cronológicos da elaboração de sua doutrina. Sem desmerecer o quanto o debate com seus interlocutores foi profícuo e decisivo para que Leibniz refinasse o edifício de seu pensamento, como destaca Rey (2016), permanece lídimo buscar socorros extemporâneos, sobretudo se levarmos em conta que, como lembra Pierre Aubenque (1994 - pp. 9-10), um autor "permanece a cada instante responsável pela totalidade de sua obra, enquanto não tiver renegado expressamente dela tal ou tal parte".

CAPÍTULO I

Verdade e Demonstração

I.1 A noção de verdade

Em toda proposição afirmativa verdadeira a noção do predicado está contida na do sujeito: "*semper enim notio praedicati inest subjecto in propositione verae*" (GP II, p. 52). Eis o que se pode apresentar sumariamente como a caracterização que Leibniz propõe para a verdade em geral. A fórmula estende-se às proposições não universais e também às contingentes. Segundo Leibniz, se uma proposição qualquer é verdadeira, então há uma conexão entre as noções dos termos que ela envolve, de sorte a garantir que uma razão *a priori* possa ser dada do porquê da verdade da proposição:

> Ora, verdadeira é a proposição cujo predicado está contido no sujeito, ou mais geralmente, cujo consequente está contido no antecedente, e por isso é necessário que haja alguma conexão entre os termos, ou seja, que um fundamento possa ser dado na coisa a partir do qual a razão da proposição possa ser dada, ou seja, uma prova a priori possa ser encontrada (AA VI, iv, p.671)[27].

[27] "Vera autem propositio est cujus praedicatum continetur in subjecto vel generalius cujus consequens continetur in antecedente, ac proinde necesse est quandam inter notiones terminorum esse connexionem, sive fundamentum dari à parte rei ex quo ratio propositionis reddi, seu probatio a priori inveniri possit".

Esta caracterização de verdade, habitualmente designada como "*intensional*" ou "*coerentista*", tem como consequência certas condições específicas de verificação das proposições. Se a verdade se caracteriza pela relação de inclusão da noção do predicado naquela do sujeito da proposição, então pareceria que as condições de verificação de uma proposição se determinariam antes por sua coerência interna do que pelas condições de representatividade supostamente intrínsecas a ela. Dito de outro modo, se são as relações entre as noções internas a uma proposição que encerram as condições de verificação de seu valor de verdade, então seria uma incompatibilidade entre aquelas noções, antes que a comparação com os eventos, o fundamento da falsidade.

Diversas tentativas foram feitas no intuito de explicar por que Leibniz teria optado por uma concepção coerentista de verdade. Essas tentativas poderiam ser divididas, de maneira muito geral, em dois grupos, o primeiro dos quais reuniria aqueles que privilegiaram uma explicação histórica, enfatizando certas influências teóricas na formação de Leibniz. O segundo grupo reuniria aqueles que procuraram justificar a noção leibniziana de verdade a partir de outras teses filosóficas importantes no sistema leibniziano, assim pautando-se por um modelo explicativo que poderíamos considerar de inspiração coerentista.

Um expoente do primeiro grupo é G. Parkinson, para quem a concepção leibniziana de verdade encontraria sua raiz na caracterização aristotélica de verdade: por surpreendente que possa parecer à primeira vista, segundo Parkinson, o fundamento genuíno da verdade para Leibniz consistiria na correspondência entre o juízo e o evento que pretende descrever. Parkinson (1965) justifica sua posição sustentando que a caracterização leibniziana de verdade resultaria da conjunção de duas teses, das quais uma seria a definição que, segundo ele, Leibniz proporia de proposição, a saber, "afirmar uma proposição é afirmar que o conceito do predicado está incluído naquele do sujeito" (op. cit., III, §3, p. 68). A outra seria uma premissa implícita que guardaria certa similaridade com a afirmação de Aristóteles de que "dizer do que é que é e do que não é que não é é verdadeiro" (Id. Ibid.)[28]. Assim, conclui Parkinson, Leibniz "pode ter pensado ser óbvio (e assim ele não estabeleceu explicitamente) que, sempre que se assere uma proposição verdadeira, está-se asserindo que o conceito do sujeito inclui o do predicado quando o conceito do sujeito de fato inclui aquele do predicado"[29].

Mais afeito ao segundo grupo, D. Wiggins (1994), sustenta, por sua vez, que a caracterização que Leibniz propõe para a verdade decorreria da sua convicção de que tudo teria uma razão suficiente:

> Dado o ponto de partida de Leibniz, é inteiramente natural que ele adote o princípio da continência. Não é o amor pela necessidade nem qualquer paixão essencialista que sugere o princípio. Nem é a subserviência de Leibniz à lógica Aristotélica do sujeito e predicado que subjaz à metafísica de Leibniz. É o princípio de razão suficiente, operando em sintonia com as ideias filosóficas que são realmente bastante comuns e nem insanas nem literalmente substituíveis. São ideias sobre o que um mundo é e sobre o que há nele para se falar (a saber, as substâncias e o que delas depende) (Wiggins, op. cit., pp. 144–145).

[28] Ver Aristóteles. *Metafísica*, 1011b25-29.

[29] E avançando ainda mais nessa linha de raciocínio, Parkinson culmina por concluir que toda proposição verdadeira seria para Leibniz idêntica. Ele prossegue: "A marca distintiva de uma proposição verdadeira, portanto, é a inclusão do conceito do predicado naquele do sujeito; dizendo de outro modo, em toda pro posição verdadeira o conceito do sujeito inclui aquele do predicado, ou, o que para Leibniz é o mesmo, toda proposição verdadeira é ou é redutível a uma proposição idêntica" (Id., pp. 68-69).

A fragilidade de uma explicação como a de Parkinson – aliás, de toda explicação que se esgota em fornecer razões históricas – é que ela dificilmente proporciona uma resposta satisfatória à escolha do pensador, já que ela apenas nuança a dificuldade, transformando uma questão do tipo: "Por que o autor sustentou uma tal tese?" em uma do tipo: "Por que o autor anuiu a uma tal concepção?". Em contrapartida, o modelo de explicação que se esgota em remeter uma tese a outras teses sustentadas pelo mesmo autor não poderá ser esclarecedor se se limitar a isso, pois um procedimento assim não explica o que teria persuadido um filósofo a assumir um certo corpo de teses ao invés de outro. No que tange particularmente à explicação proposta por Wiggins, ela suscita ainda outros problemas.

O Princípio de Razão Suficiente, que Wiggins elege como a base sobre a qual se edifica a concepção leibniziana de verdade, é uma tese nem menos obscura nem menos embaraçosa do que aquela da verdade como inclusão[30]. Por isso, remeter a questão da verdade em Leibniz àquela concernente ao princípio de razão suficiente arrisca-se a desembocar em uma explicação *obscurus per obscurius*, habitualmente pouco palatável aos espíritos mais exigentes. Ademais, nada faz parecer que a tese de que a noção intensional de verdade decorra do Princípio de Razão Suficiente seja ela própria sem problema, já que não são raras as ocasiões em que Leibniz pretende justificar esse princípio fazendo apelo justamente à sua caracterização de verdade. Esse, aliás, é o caso da passagem supracitada, em que Leibniz declara expressamente que é porque tal é a natureza da verdade que se pode encontrar uma razão para a verdade de uma proposição[31]. A hipótese de Wiggins, portanto, além de prometer uma justificativa débil das teses leibnizianas, traz

[30] Para uma discussão sobre as dificuldades pertinentes ao princípio de razão suficiente, ver R. Sleigh Jr. (1994).

[31] Ver também AA VI, iv, pp. 1644-1645 (*OFI*, p. 519).

consigo também a suspeita de que no coração da filosofia de Leibniz se esconderia uma petição de princípio.

Em face dessas dificuldades, tentemos um terceiro viés metodológico, que quiçá nos permita evitar tanto as limitações da abordagem histórica quanto aquelas inerentes à abordagem de inspiração coerentista. Não se trata de adotar uma estratégia nova, mas apenas de buscar aliar as vantagens de uma e de outra abordagens, assim superando as limitações de cada uma. Para isso, ao invés de tentar retraçar o pedigree das convicções leibnizianas sobre a noção de verdade, quer dizer, ao invés de tentar determinar as teses que ele teria herdado de seus predecessores, procuremos verificar o que neles Leibniz teria rejeitado, e quais teriam sido as suas razões para isso. Assim, tentemos responder não que peculiaridades históricas o teriam conduzido a aderir a esta ou aquela linha de pensamento, mas que razões filosóficas o teriam persuadido a rejeitá-la.

Duas filosofias oferecem pistas relevantes a este respeito, em virtude das críticas que amiúde Leibniz lhes dirige no que tange à questão da certeza e à natureza da verdade. Uma delas é a de Descartes. Leibniz coloca em discussão duas teses fundamentais, das quais a primeira é a posição privilegiada do *cogito* como o ponto de partida do método para um conhecimento certo (ver GP IV, p. 357). A segunda é a clareza e a distinção da ideia como suficientes para a evidência (ver AA VI, iv, p. 590). A outra filosofia é aquela de Hobbes; Leibniz aí contesta a pretensão de transferir à verdade o caráter arbitrário do procedimento de instituição das definições (ver AA VI, iv p. 542).

Leibniz recusa uma e outra dessas alternativas, considerando que a primeira não seria apta a lograr seu intento de fundar um conhecimento objetivo, e a outra contaminaria a verdade com o arbítrio intrínseco ao estabelecimento das definições, sem levar em conta as relações dos juízos com a realidade que eles visam descrever. Nas páginas que seguem, a procedência dessas críticas não será avaliada, pois não se trata de compará-las com as filosofias mencionadas com o fito de aquilatar se Leibniz as teria compreendido corretamente. Trata-se unicamente de precisar o teor das objeções que ele dirige a essas filosofias no que concerne ao assunto em pauta, com vista a iluminar as razões que o teriam conduzido a recusá-las e a formular, a partir daí, sua própria concepção sobre a natureza da verdade. Observando a ordem histórica, comecemos pelas críticas que Leibniz tece à filosofia de Descartes.

I.1.1 Leibniz e a certeza cartesiana

Para Descartes, entender ou inteligir seria uma prerrogativa do entendimento ou do intelecto, e consistiria em, por assim dizer, penetrar "com os olhos do espírito" – o que ele designa por "intuir"[32]. Diz ele:

> Por *intuição* entendo não a confiança instável dos sentidos, ou o juízo enganador da imaginação que compõe mal; mas o [que é] concebido pelo espírito puro e atento tão fácil e distintamente que não reste absolutamente nenhuma dúvida sobre aquilo que entendemos; ou, o que é o mesmo, o [que é] concebido sem dúvida <*non dubium*> pelo espírito puro e atento, que nasce da luz da razão somente <*sola*>, e é mais certo, porque mais simples, que a própria dedução, a qual contudo também não pode ser mal feita pelo homem..." (AT X, p. 368)[33].

[32] Retomo a partir daqui, em grande medida, o exposto em Moreira (2003).

[33] O emprego analógico do ver ou do olhar como atribuído ao espírito respalda-se no que esclarece D. Marcondes (1989) a respeito do sentido original do verbo

Se intuir exibe uma tal natureza[34], o conhecimento que se lhe associa – o conhecimento intuitivo – deve, enquanto tal, ser depurado de qualquer elemento extrínseco ao puro entendimento; depurado, portanto, de qualquer ingrediente simbólico ou empírico.

Leibniz parece acompanhar Descartes até aqui. Como lemos nas *Meditações sobre o Conhecimento, a Verdade e as Ideias* (AA VI, iv, N. 141)[35], a percepção efetiva de uma ideia, o acesso genuíno e direto a esta, é o que Leibniz designa por conhecimento intuitivo. Segundo ele, "mesmo daquilo que nós conhecemos distintamente, não percebemos as ideias a não ser na medida em que usamos um conhecimento intuitivo" (AA VI, iv, pp. 588-589).

A discordância entre Leibniz e Descartes parece repousar no que consideram propiciar a intuição do entendimento, isto é, no que cada qual estima serem as condições necessárias e suficientes para a intuição. Ao passo que, para Descartes, as condições necessárias e suficientes da compreensão ou evidência

---

"*intueri*". Segundo Marcondes, esse verbo originariamente significaria "'ver dentro' (de *in*, 'em', 'dentro de', e *tuero*, 'ver') (...). O resultado da apreensão intuitiva é a verdade, não no sentido proposicional, em que a proposição é o portador da verdade, mas no sentido de evidência e certeza" (Marcondes, op. cit., p. 249).

34 Em que pese chegue a falar de conhecimentos que se nos parecem a tal ponto evidentes que podemos mesmo crer neles, "intuir com os olhos do espírito" <mentis oculis (...) intuere> (AT VII, p. 36), Descartes não aparenta restringir-se ao termo "intuição" na acepção supracitada (AT X, p. 368), a saber, como uma intelecção plena e pura. Adiante se verá que ele se serve por vezes do vocábulo também em uma acepção mais ampla, parecendo abarcar a imaginação, que não é um modo do pensamento puro, mas é um modo misto, vale dizer, que envolve também o corpo (Ver AT VII, p.72, e AT X, p. 387-388). Como quer que seja, visto que para Descartes a evidência propriamente dita é prerrogativa do entendimento puro – "*solus intellectus equidem percipiendae veritatis est capax*" (AT X, p. 411) –, reservemos aqui o termo "intuição" para essa prerrogativa, isto é, como o ato do espírito no qual e pelo qual ele chega à evidência.

35 *Meditationes de Cognitione, Veritate et Ideis.* Esse artigo havia sido publicado em 1684 nas *Acta Eruditorum.* O opúsculo está traduzido para o português na Revista doispontos, Vol. 2, nº 1, 2005 – pp 19-25.

repousam nos critérios de clareza e distinção das ideias percebidas pelo espírito no passado ou no presente, para Leibniz, essas condições são insuficientes para assegurar a certeza. É o que veremos a seguir.

I.1.1.1 Evidência e regra geral de verdade

É bem conhecida a passagem da terceira das *Meditações de filosofia primeira*, em que Descartes apresenta seu critério para a evidência, o qual se convencionou designar por Regra Geral de Verdade. Aí ele diz "que é verdadeiro tudo aquilo que percebo muito clara e muito distintamente"[36]. O esclarecimento sobre o que contaria como clareza e como distinção de uma ideia ou percepção[37], por seu turno, encontramos nos *Princípios de filosofia*:

> É certo, porém, que jamais viremos a tomar o falso pelo verdadeiro se dermos assentimento somente àquilo que percebermos clara e distintamente. Digo que é certo porque, como Deus não é enganador, a faculdade de perceber que nos deu não pode tender ao falso, nem tampouco a faculdade de assentir, quando se estende somente àquilo que é percebido claramente. E, ainda que de maneira

[36] "... ac proinde jam videor pro regula generali posse statuere, illud omne esse verum, quod valde clare & distincte percipio" (AT VII, p. 35).

[37] Sem desconsiderar eventuais distinções quiçá importantes para Descartes entre ideia e percepção, considera-se aqui que, para os propósitos deste estudo, tais distinções são irrelevantes. Sendo para ele a percepção um ato próprio do entendimento, perceber é, como assinala R. Landim, perceber uma ideia; de modo que ter uma percepção, portanto, é ter uma ideia. Cf. Landim (1992), Cap. II, ii. Ver também Levy, L. (1989).

alguma o provássemos, isso está de tal sorte impresso pela natureza nos ânimos <*animis*> de todos [nós] que, todas as vezes que percebemos algo claramente, lhe damos espontaneamente o nosso assentimento e de nenhum modo podemos duvidar que seja verdadeiro.

(...)

E [há] mesmo muitíssimos homens [que] em toda a sua vida jamais percebem coisa alguma de maneira suficientemente correta para formar um juízo certo acerca disso. Com efeito, de uma percepção na qual um juízo certo e indubitável possa ser apoiado se requer não apenas que seja clara, mas também que seja distinta. Clara chamo àquela que está manifestamente presente a uma mente atenta, assim como dizemos que são claramente vistas por nós as [coisas] que, presentes a um olho que enxerga, movem-no de maneira suficientemente forte e manifesta. Distinta, porém, é aquela que, além de ser clara, é tão precisamente separada das outras que absolutamente nada mais contém em si além do que é claro.

Assim, enquanto alguém está sentindo uma grande dor, essa percepção da dor é certamente claríssima nele, mas nem sempre é distinta, pois em geral os homens confundem-na com seu juízo obscuro acerca da natureza daquilo que acham estar na parte que dói [e que acham ser] semelhante à sensação da dor, a qual é a única que percebem claramente. E assim pode haver uma percepção clara que não seja distinta; mas nenhuma [que seja] distinta, a não ser que seja clara" (*Dos Princípios da Filosofia – primeira parte,* §§ 43, 45 et 46).

Antes de nos atermos à questão que interessa aqui, é importante observar alguns detalhes terminológicos. Por "percepção" Descartes parece compreender o resultado do ato do entendimento, ou talvez o próprio ato, de tal maneira que se poderia dizer que "ter uma percepção" e "ter um entendimento" (entender um certo conteúdo) culminariam por coincidir[38]. Por seu turno, aquilo em que se manifesta o ato do entendimento, quer dizer, aquilo em que se conforma esse ato, compreende-se sob a denominação de "*ideia*". Assim, o conteúdo de uma percepção, isto é, a maneira como uma percepção se constitui no sujeito, seria uma ideia:

> Pelo nome de *ideia*, entendo esta forma de cada um de nossos pensamentos, por cuja percepção imediata temos conhecimento desses mesmos pensamentos[39].

Pode-se então afirmar que, para Descartes, "ter uma percepção clara e distinta" e "ter uma ideia clara e distinta" corresponderiam a duas maneiras diferentes de se reportar a um mesmo ato cognitivo. Nesse sentido, uma ideia é clara se o sujeito que a possui está certo, ao menos enquanto a possui, de sua realidade

[38] "Com efeito, todos os modos de pensar que experimentamos em nós podem ser referidos a dois modos genéricos, dos quais um é a percepção ou a operação do entendimento, e o outro, a volição ou a operação da vontade. Pois sentir, imaginar e entender pelo puro entendimento são apenas modos diversos de perceber, assim como desejar, abominar, afirmar, negar, duvidar são modos diversos de querer" (Id., § 32).

[39] AT IX, p. 124. Entre os estudiosos da filosofia cartesiana, a relação entre percepção e ideia alimenta uma polêmica cujo cerne se expõe pela dificuldade em precisar se o conceito cartesiano de ideia implicaria "(a) a tese de que a ideia é o objeto imediato da percepção, ou (b) a tese de que a ideia é a percepção imediata do objeto, ou, finalmente, (c) ambas" (Levy, 1989, – p. 235). Para o exame da questão que nos interessa aqui não é necessário aprofundar o tema. Basta conceder a íntima relação entre percepção e ideia em Descartes, concessão que permite admitir uma coincidência, ou ao menos uma interdependência, entre as expressões "ter uma percepção" e "ter uma ideia". Ver a respeito, Landim Filho (1992), Caps. III e IV.

ou da realidade, enquanto ideia, de seu conteúdo. Uma ideia distinta seria aquela que não se constitui senão de ideias claras. Dito de outro modo, segundo Descartes, é 'clara' aquela ideia cuja vivacidade é suficiente para nos certificar do teor de seu conteúdo – sua realidade objetiva – mesmo que ainda não se possa assegurar qualquer semelhança da ideia clara com algo fora de nós, vele dizer, mesmo que tal ideia não ateste por si mesma a existência do respectivo ideado[40]. Nesse sentido, poderíamos dizer que a clareza da ideia assegura-nos *de que* <*quod*> um certo conteúdo ocupa nossa mente, que uma coisa comparece como objeto do pensamento. Por seu turno, o critério de distinção se dirigiria ao conhecimento *do quê* <*quid*>[41] constitui a ideia, e concerniria, então, à essência do ideado. Nos termos cartesianos, a distinção da ideia concerniria ao conhecimento das partes em que a ideia se resolveria. Esse conhecimento das partes em que se resolveria a ideia consistiria, por seu turno, na clareza das ideias de cada uma dessas partes; consistiria, portanto, na certeza *de que* essas partes são e *de que* estão na ideia – de tal maneira

[40] Os exemplos ofertados por Descartes na passagem supracitada conduzem-nos a dissociar da ideia clara a suficiência para indicar a existência do ideado fora do intelecto. No primeiro caso, pretender que a clareza seja suficiente para assegurar a existência pareceria obrigar a admitir que a ideia clara de coisas vistas por nós seria suficiente para assegurar a existência dessas coisas, quer dizer, dos corpos. No caso do outro exemplo, visto ser, diz Descartes a percepção da dor aquilo que é claríssimo - "*clarissima quidem in eo est ista perceptio doloris*" -, se a clareza fosse suficiente para atestar a existência, então teríamos que admitir que a ideia clara da dor seria suficiente para atestar a existência de um corpo afetado a comunicar esta afecção como sentimento de dor à alma. Visto que estas conclusões destoam da argumentação cartesiana, deve-se recusar à clareza da ideia, nos termos em que a entende Descartes, o estatuto de condição suficiente para a existência do seu correlato.

[41] Em nome da precisão, seja-nos aqui concedida vênia para um uso nem sempre correto, segundo os padrões da gramática portuguesa, do circunflexo no pronome "que", a fim de registrar a diferença entre as situações em que esse pronome tem um papel relativo, despido de teor assertórico, vale dizer, exprimindo o que em latim se referiria por "quod", e as situações em que ele retoma um conteúdo substantivo, exprimindo o que em latim se referiria por "quid", conforme ressaltado acima.

a torná-la suficientemente conhecida em seu teor para que se a possa distinguir de todas as demais. Dadas essas caracterizações, estaríamos autorizados a concluir com Descartes em favor da pressuposição da ideia clara pela distinta: o conhecimento *daquilo que* algo é envolve o conhecimento de *que* ele é. E isso significa, insistamos, que um certo conteúdo apresenta-se ao pensamento. Assim, conclui Descartes, "pode haver uma percepção clara que não seja distinta; não, contudo, alguma distinta, a não ser que seja clara" (AT VIII, p. 22)[42].

Podemos, na esteira dessa conclusão, afirmar que, independentemente dos papéis que desempenham na ordem da

---

[42] Isso se ilustra pelo próprio procedimento cartesiano nas meditações: no que concerne ao *cogito*, temos primeiramente a certeza *de que* pensamos, e, na esteira deste primeiro conhecimento, perguntamo-nos *o que* somos, isto é, o que estaria envolvido em ser um ser pensante; e aí então, por uma atenção ao que está envolvido ou permite a noção de pensar, podemos afirmar que "pensamos, duvidamos, afirmamos, negamos, queremos, rejeitamos, imaginamos e sentimos" como, então, modos do pensamento. Igualmente na terceira meditação, pela certeza de que tenho uma ideia clara de que não posso ser eu mesmo minha própria causa, sou conduzido à conclusão *de que* Deus é, isto é, comparece como uma ideia clara, decorrente da ideia de mim mesmo enquanto condição desta. E só, então, a partir do exame do que está envolvido na noção de Deus como um ser absolutamente perfeito, chego a um conhecimento mais detalhado *do quê* Deus é (um ser absolutamente bom, onisciente, onipotente, etc.).
A fim de evitar um eventual questionamento, não seria inadequado antecipar a alegação de que a reconstrução acima não se mostra perfeitamente fiel à argumentação cartesiana, já que ela parece negligenciar o alcance existencial da primeira certeza; com efeito, esta veicula não somente que pensamos, mas também que *existimos*. Em resposta a isso, deve-se observar que esta negligência foi proposital, com o objetivo aqui de não confundir o que é consequência da verdade da proposição "eu penso" do que pode ser admitido como consequência do ser uma ideia clara em geral. Deve-se notar que a passagem do pensar ao existir no *cogito* tal como é feita por Descartes não se baseia na clareza da ideia de que penso, mas tem como pressuposto o vínculo intrínseco entre pensar e existir. É porque reconheço clara e distintamente que existir é condição necessária para pensar que passo da ideia clara de que penso à ideia clara de que existo. Dizendo com outras palavras, não é pelo fato de ser uma ideia clara a ideia de que penso que daí concluo que existo, mas porque tenho ideia distinta de que pensar implica existir é que passo da ideia clara de que penso à ideia clara de que existo.

argumentação cartesiana, as duas provas de Deus nas *Meditações* – apresentadas respectivamente nas *Meditações terceira* e *quinta* – respondem àquela ordem da clareza e da distinção: aquela que ficou conhecida como prova pelos efeitos asseguraria sobretudo o *quod* pertinente à clareza da ideia, ficando sua análise – a qual renderia então a ideia distinta, isto é, o conhecimento das suas partes, ou do *quid* daquilo a que pretensamente ela se remete – para ser completada na quinta meditação. Esta consumação da análise da ideia de Deus assegurando sua evidência proporcionaria então a prova ontológica, isto é, a prova de Deus sustentada na premissa de que a noção de existência se seguiria da (ou estaria envolvida na) ideia de Deus apresentada na segunda prova.

Isso dito, venhamos à crítica de Leibniz. Segundo ele, os critérios constitutivos da regra geral de verdade, ao menos nos termos em que são compreendidos por Descartes, seriam insuficientes para o que visam assegurar, a saber, a evidência, a intuição da verdade de uma ideia. Para melhor capturar o teor da crítica, examinemos a objeção de Leibniz à prova ontológica de Deus por Descartes retomada no § 14, Parte I, de seus *Princípios de Filosofia*. A prova é então apresentada sumariamente da seguinte maneira:

> Ao considerar em seguida que, entre as diversas ideias que tem dentro de si, uma é a de um ente sumamente inteligente, sumamente poderoso e sumamente perfeito, a qual é de longe a mais destacada de todas, [a mente] reconhece na mesma uma exigência não meramente possível e contingente, como nas ideias de todas as outras coisas que percebe distintamente, mas absolutamente necessária e eterna. E, do mesmo modo que, por exemplo, a partir do simples fato de perceber que na ideia de um

> triângulo está contido que os três ângulos dele são iguais a dois retos, persuade-se cabalmente de que o triângulo tem três ângulos iguais a dois retos, assim também, a partir do simples fato de perceber que uma existência necessária e eterna está contida na ideia de um ente sumamente perfeito, deve concluir cabalmente que existe um ente sumamente perfeito.

Leibniz contrasta a estrutura dessa prova com os termos sob os quais ele propõe considerarmos a ideia do movimento maximamente veloz (velocíssimo), como também clara e distinta. Nas *Meditações sobre o Conhecimento, a Verdade e as Ideias*, ele afirma:

> O antigo argumento pela existência de Deus, já célebre entre os escolásticos, e renovado por Descartes, fez com que eu considerasse isso mais distintamente. Ele se apresenta da seguinte maneira: tudo o que se segue da ideia ou definição de uma coisa pode ser predicado da coisa. A existência segue-se da ideia de Deus, isto é, do Ser absolutamente perfeito, ou do qual não se pode pensar nada maior, pois o Ser absolutamente perfeito envolve todas as perfeições, dentre as quais enumera-se também a existência. Portanto, a existência pode ser predicada de Deus. Ora, é preciso saber que daí se conclui apenas que, se Deus for possível, segue-se que existe. Com efeito, não podemos concluir com segurança nada das definições antes de sabermos que elas são *reais*, isto é, não envolvem nenhuma contradição. A razão disso é que de noções que envolvem contradição podem ser extraídas simultaneamente conclusões opostas, o que é absurdo. Para esclarecê-lo, costumo usar o

exemplo do movimento mais veloz, o qual implica um absurdo. Com efeito, suponhamos que uma certa roda gire com a máxima velocidade; quem não vê que, se um raio da roda é prolongado, sua extremidade terá um movimento mais veloz do que aquele de um prego na circunferência da roda? Portanto, o movimento dela não é o maximamente veloz, contrariamente à hipótese. E, no entanto, à primeira vista pode parecer que temos a ideia do movimento maximamente veloz, visto que certamente entendemos o que dizemos, não obstante certamente não tenhamos nenhuma ideia de coisas impossíveis. Desse mesmo modo, não basta que pensemos no Ser absolutamente perfeito para que declaremos dele possuir uma ideia; e na demonstração apresentada logo acima, a possibilidade do Ser absolutamente perfeito deve ser ou mostrada ou suposta para que concluamos corretamente. Evidentemente, nada é mais verdadeiro do que haver em nós uma ideia de Deus e o Ser absolutamente perfeito ser possível, ou melhor, necessário. Contudo, o argumento não basta para a conclusão, e já foi rejeitado pelo Aquinate (Leibniz, 2005, pp. 21-22 - AA IV, vi, pp. 588-589)[43].

---

[43] "Haec ut considerarem distinctius, fecit olim argumentum, dudum inter Scholasticos celebre, et a Cartesio renovatum, pro Existentia Dei, quod ita habet: Quicquid ex alicujus rei idea sive definitione sequitur, id de re potest praedicari. Existentia ex Dei (sive Entis perfectissimi, vel quo majus cogitari non potest) idea sequitur. (Ens enim perfectissimum involvit omnes perfectiones, in quarum numero est etiam existentia.) Ergo existentia de Deo potest praedicari. Verum sciendum est, inde hoc tantum confici: si Deus est possibilis, sequitur quod existat; nam definitionibus non possumus tuto uti ad concludendum, antequam sciamus eas esse *reales*, aut nullam involvere contradictionem. Cujus ratio est, quia de notionibus contradictionem involventibus simul possent concludi opposita, quod absurdum est. Soleo autem ad hoc declarandum uti exemplo motus celerrimi, qui absurdum implicat; ponamus enim rotam aliquam celerrimo motu rotari, quis non videt, productum aliquem rotae

Os motivos da rejeição de Leibniz tornam-se manifestos quando comparamos os dois raciocínios, quais sejam, aquele pelo qual se formula a ideia de Deus e se pretende, com base nela, comprovar a existência de Deus, e aquele pelo qual se formula a ideia do movimento maximamente veloz. Tanto no caso da ideia de Deus existente quanto no caso da ideia do movimento maximamente veloz, as ideias que compõem uma e outra são admitidas como claras ou como verdadeiras. Por conseguinte, tanto no caso da ideia de Deus existente quanto no caso da ideia do movimento maximamente veloz, o resultado da combinação das ideias que compõem cada qual deve ser uma ideia distinta. E no entanto, contrariamente à aparência, nenhuma ideia distinta pode haver de um movimento maximamente veloz – o que pode ser mostrado por meio da análise das definições envolvidas na noção de movimento maximamente veloz. E não basta objetar que na própria noção de velocidade estaria implicada a negação de uma velocidade máxima, afinal, a ideia clara de velocidade não precisa apresentar, por si só, aquela da negação de um grau máximo, do mesmo modo que parece sensato admitir que a ideia de Deus, por si só, não exibe a possibilidade desse ser (Cf. *Animadversiones*, I, *Ad artic. 13*). Ainda nos anos setenta Leibniz escreveria:

> Ao pensar em algo do qual nada maior pode ser pensado, penso em algo distinto das ideias dos

radium extremo suo celerius motum iri, quam in rotae circumferentia clavum; hujus ergo motus non est celerrimus, contra hypothesin. Interim prima fronte videri possit, nos ideam motus celerrimi habere; intelligimus enim utique quid dicamus, et tamen nullam utique habemus ideam rerum impossibilium. Eodem igitur modo non sufficit nos cogitare de Ente perfectissimo, ut asseramus nos ejus ideam habere, et in hac allata paulo ante demonstratione, possibilitas Entis perfectissimi aut ostendenda aut supponenda est, ut recte concludamus. Interim nihil verius est, quam et nos Dei habere ideam, et Ens perfectissimum esse possibile, imo necessarium; argumentum tamen non satis concludit, et jam ab Aquinate rejectum est".

singulares separadamente, as quais estão contidas nestas palavras: algo, maior, pensado, não, poder. Tenho, separadamente, as ideias daquilo que chamo algo, aquilo que chamo maior, aquilo que chamo pensamento, pensando, assim, um depois do outro. Eu não uno as suas ideias entre si, mas apenas as palavras ou caracteres, e presumo ter a ideia daquilo do que nada maior pode ser pensado; como se eu pensasse tudo isso simultaneamente, no que nos enganamos e somos enganados, e aí está a origem do erro das ideias (AA VI, iii, p. 462)[44].

[44] "Cum cogito aliquid quo majus cogitari non potes, quid aliud cogito quam separatim, ideas singulorum quae sub his vocibus continentur, ut aliquid, majus, cogitari, non, posse. Separatim habeo ideam, eius quod voco aliquid; eius quod voco majus; eius quod voco cogitationem, itaque unum post alterum cogitans; non ideas horum inter se sed postea vocabula tantum seu caracteres conjungo et fingo me ideam habere eius quo majus cogitari non potest; quase scilicet omnia haec simul cogitem. In quo decipimus et decipimur, et hoc est origo erroris de ideis". Poderia ser sugerido que essa passagem respaldaria, no máximo, uma crítica ao argumento ontológico tal como elaborado por Anselmo, deixando intocada a formulação cartesiana do mesmo argumento. Afinal, se compararmos essas considerações de Leibniz com o argumento ontológico em sua formulação por Anselmo no Cap. II de seu *Proslógio,* e ainda com o argumento na sua formulação cartesiana, verificaremos que a censura de Leibniz pareceria dirigir-se às formulações do primeiro, que parecem partir de premissas distintas daquelas de que Descartes lança mão. Na prova cartesiana, o que está em questão é a inferência da existência a partir da noção de Deus, e isso – poderia parecer *prima facie* – sem adução à definição de Deus como o ser do qual não se pode pensar nada maior, definição cuja estrutura combinatória parece fundamental à crítica de Leibniz. Contudo, mesmo em se admitindo que a prova cartesiana não depende diretamente da premissa que constitui a chave do argumento anselmiano, Leibniz poderia insistir no caráter combinatório do raciocínio que pretende conectar a noção de existência à definição de Deus. Pois, ainda que se conceda uma ligação analítica – porque decorrente de uma definição – da noção de existência à de Deus, permanece combinatório o raciocínio pelo qual se elabora a noção de um ser cuja essência envolve a existência, ou de um ser de cuja definição combinatória se infere a existência. Dizendo com outras palavras, permanece sintético o procedimento de formação da definição de um ser na qual comparecem, como notas características, qualidades das quais se infere a existência.

Vê-se por essas considerações que o que está na base da crítica de Leibniz ao critério cartesiano da evidência é a consideração de que a mera adjunção de ideias claras não é suficiente para constituir uma ideia distinta. Pode-se objetar que essa censura não resistiria a uma apreciação mais acurada da noção cartesiana de clareza, já que, aos olhos de Descartes, a ideia clara parece indicar meramente *que temos* a referida ideia, e não que a coisa ideada exista em ato independentemente da ideia. Ora, que temos a ideia parece o próprio Leibniz dever admitir quando reconhece que "certamente entendemos o que dizemos" quando falamos do movimento maximamente veloz[45].

A essa ressalva, Leibniz poderia responder que, no caso de uma pretensa ideia inconsistente, não se trata apenas de que o ideado não exista fora do pensamento, mas, antes, de que essa existência seria impossível. Não se trata, pois, apenas de uma ideia que temos de algo que não sabemos se existe ou não, mas de uma ideia que temos, a qual, no rigor, não é absolutamente ideia de nada, que não pode, no rigor, ter conteúdo. Mas nesse caso ter clareza da ideia é ter consciência de nada, ou não ter ideia alguma. No caso de termos uma pretensa ideia inconsistente, consideraria Leibniz neste contexto, o que ocorre é, de fato, que temos uma variedade de ideias e as conjugamos na falsa ilusão de que elas todas se combinam entre si podendo formar uma unidade, *uma* única ideia. Mas é aí, precisamente que se erra: erra-se ao pretender que elas formem essa unidade

[45] Embora ele diga expressamente na passagem citada que não temos "ideias de coisas impossíveis" ("*nullam utique habemus ideam rerum impossibilium*"), esta afirmação não parece exprimir com rigor o pensamento de Leibniz. Por vezes, ele assume que efetivamente podemos ter ideias inconsistentes, isto é, de pretensas coisas impossíveis, devendo obrigar-se apenas a recusar que tais ideias possam ser distintas. Nos *Novos Ensaios*, ele afirma: "prefiro chamar as *ideias verdadeiras* ou *falsas* em relação a uma outra *afirmação* tácita, que elas encerram todas, que é aquela da possibilidade. Assim, as ideias possíveis são *verdadeiras* e as ideias impossíveis são *falsas*" (*N.E.*, II, xxxii).

que proporcionaria aquela pretensa ideia una, como Leibniz afirma expressamente na passagem supracitada.

Ainda que essa saída seja convincente, dois outros problemas subsistem. O primeiro emerge do contraste entre essa saída e as conclusões acima auferidas sobre o pensamento cartesiano: podemos dizer que o que para Descartes assegura a clareza da ideia de Deus não é a formulação da premissa da prova, mas sim a própria prova de Deus pelos efeitos, em que fica estabelecido clara e distintamente que unicamente um ser perfeito poderia ser a causa da ideia de perfeição que reconheço claramente estar em mim[46]. O segundo detalhe a abalar a crítica de Leibniz pode ser encontrado na resposta de Descartes às objeções recolhidas por Mersenne, dentre as quais uma parece guardar estreita afinidade com a presente discussão. Aí lemos que:

> Em sexto lugar, *onde respondes ao Teólogo, pareces desencaminhar-te na conclusão, a qual propões assim*: o que claramente e distintamente entendemos pertencer à natureza verdadeira e imutável de alguma coisa, etc., pode ser dela dito ou afirmado com verdade; ora, após termos investigado de modo suficientemente cuidadoso o que é Deus, entendemos clara e distintamente que 'existe' pertence a Sua natureza. *Conviria concluir*: Portanto, após termos investigado de modo suficientemente cuidadoso o que é Deus,

[46] "E não é um obstáculo que eu não compreenda o infinito, ou que haja outras inúmeras [qualidades] em Deus as quais eu tampouco compreenda, nem talvez possa alcançar de nenhum modo pelo pensamento; pois é da natureza *<ratione>* do infinito, que não seja compreendido por mim, que sou finito; e basta-me entender isso *<hoc ipsum>*, e julgar que tudo aquilo que percebo claramente e que sei comportar alguma perfeição, e mesmo talvez muitas outras [qualidades] que ignoro ser em Deus, seja formalmente seja eminentemente, para que a ideia que dele tenho seja de todas as que estão em mim a mais verdadeira e a mais clara e distinta" (*Terceira meditação* - AT VII, p.46).

> podemos afirmar com verdade pertencer à natureza de Deus que existe. *Donde não se segue que Deus exista realmente, mas apenas que deve existir, se sua natureza for possível, ou não repugnar; isto é, que a natureza ou a essência de Deus não pode ser concebida sem existência, de tal modo que, se [essa essência] for, Ele existirá realmente* (*Segundas objeções* – AT VII, p.127).

Em resposta a essa ponderação, Descartes sublinha que as notas que entram no conceito de Deus, dentre as quais a da existência, estariam de tal modo "conexas" que seria *contraditório* pensar alguma como integrante e outra excluída desse conceito[47]. Ora, salienta mais adiante, a contradição ou impossibilidade se apresenta ou manifesta unicamente no domínio do conceber ou pensar, e não no domínio das próprias coisas, já que estas não podem ser contraditórias ou impossíveis. E o modo como isso se manifesta reside precisamente na impossibilidade da combinação de ideias, decorrente da incompatibilidade entre elas. Diz ele:

> Pois toda implicação ou impossibilidade repousa somente em nosso pensamento <*conceptu*>, que conjuga

[47] "Pois ou por '*possível*' o senhor entende, como comumente todos, tudo aquilo que não repugna ao pensamento <*conceptui*> humano, e nesse sentido é manifesto que a natureza de Deus, conforme a descrevi, é possível, porque nada supus nela a não ser o que clara e distintamente percebemos dever pertencer a ela, de tal modo que não poderia repugnar ao pensamento. Ou o senhor certamente forja alguma outra possibilidade, da parte do próprio objeto, a qual, a não ser que convenha com a precedente, nunca pode ser conhecida pelo entendimento humano; e portanto, não tem mais força para negar a natureza de Deus ou a existência que para destruir todas as restantes coisas conhecidas pelos homens. Pois com o mesmo direito que se nega que a natureza de Deus seja possível, ainda que nenhuma impossibilidade seja encontrada da parte do conceito ou do pensamento, mas que ao contrário todas as notas que neste conceito da natureza divina são abarcadas, sejam tão conexas entre si que parece-nos implicar [contradição] alguma delas não pertencer a Deus, poderia também ser negado ser possível que os três ângulos do triângulo sejam iguais a dois retos, ou que aquele que pensa em ato exista" (AT VII, pp.150-151).

> mal ideias que se repugnam mutuamente, e não pode ser em nenhuma coisa posta fora do entendimento, porque, disso mesmo que uma coisa seja fora do entendimento, resulta manifesto que ela não implica [contradição], mas que é possível (AT VII, p. 152).

Poderíamos ancorar nessa réplica a conclusão de que, diferentemente do que foi estimado acima, para Descartes, a distinção da ideia, se é para ser suficiente para a evidência, não pode se exaurir meramente na clareza de cada uma de suas partes, mas requer também a ideia clara *de que* elas são compatíveis entre si, isto é, *de que* sua combinação não envolve nenhuma inconsistência. No caso da ideia de Deus como de um ser absolutamente perfeito – ideia da qual se deixa inferir a existência –, sua evidência faz-se acompanhar do conhecimento de que ela não encerra nenhuma contradição interna, o que não sucederia à caracterização do movimento maximamente veloz, do qual, portanto, não se poderia admitir nenhuma ideia distinta. Em apoio a essa distinção entre o exemplo do ser maximamente perfeito e do movimento maximamente veloz, poderíamos enfim alegar o primeiro dos argumentos destacados acima, concernente às condições de clareza da ideia de Deus já assinaladas: tal clareza se asseguraria já na *Meditação terceira* por um outro argumento, qual seja, o argumento pelos efeitos. Esse argumento garantiria que a ideia do meu próprio ser – que já goza do estatuto de um conhecimento evidente –, tanto quanto a própria ideia de perfeição em mim, seriam ambas ininteligíveis, salvo se se supusesse um ser perfeitíssimo diferente de mim e autor do meu próprio ser. A prova ontológica se ancoraria então, nesse sentido, no que já foi assumido: que é necessário supor um ser perfeitíssimo como condição de inteligibilidade do meu próprio ser e da ideia de perfeição em mim. Tomando essa perfeição como atributo principal, todos os demais, dentre os quais a existência, se seguiriam necessariamente – e recusá-lo implicaria uma contradição, visto que tais atributos são "conexos" entre si –, assim assegurando a ideia distinta de Deus. Ora, o mesmo não se daria com a ideia de movimento maximamente veloz, cuja clareza não pode ser ratificada por nenhuma outra ideia clara e distinta da qual aquela seria uma condição de inteligibilidade.

Tudo pareceria se resolver não fosse um outro aspecto do problema: aquele concernente à clareza e à distinção daquelas "naturezas verdadeiras e imutáveis" <*veras & immutabiles naturas*> (AT VII, p.64) que constituem os objetos da geometria, cujas propriedades podemos conhecer clara e distintamente. Para introduzir a questão, recordemos algumas conclusões de Descartes em suas *Meditações.* Ao se deparar com a dificuldade relativa à essência e à existência dos corpos, ele considera, seguindo a trilha da ordem no raciocinar, em primeiro lugar, o que já se pode admitir apto a proporcionar a seu respeito um conhecimento claro e distinto: a essência dos corpos, isto é, a extensão, com suas respectivas propriedades, é ratificada quanto à possibilidade de ser concebida clara e distintamente, propiciando assim a evidência no conhecimento dos objetos da matemática. Ora, provar a essência dos corpos é provar que são possíveis: ter uma essência é ser um possível. E se a existência não pertence a essa essência, isto é, não está envolvida nela, ao menos certas propriedades podem ser clara e distintamente conhecidas de certas formas corporais. Assim, por exemplo, podemos conhecer clara e distintamente que pertence à essência do triângulo que a soma de seus ângulos internos é igual a dois retos. Ora – sustenta Descartes – não podemos conhecer clara e distintamente que uma certa propriedade pertence a um certo algo se esse algo é um nada absoluto. Se é verdadeiro que "*A* tem a propriedade *B*", então, *na realidade, A* efetivamente *tem* a propriedade *B*. Mas a condição para que *A* tenha a propriedade *B* é que *A seja* alguma coisa, isto é, não seja um mero nada. É claro que esse ser de *A* diz respeito não à sua atualidade, isto é, existência, mas apenas a um certo grau de realidade que não implica existir; nas palavras de Descartes, uma "natureza verdadeira e imutável", que "não foi produzida por mim, nem depende do meu espírito". Diz Descartes:

> E o que aqui estimo <*puto*> mais considerável, é que encontro em mim inúmeras ideias de algumas coisas que, mesmo que quiçá não existam fora de mim, nem por isso podem ser ditas serem nada; e embora esteja em meu arbítrio de algum modo serem pensadas, nem por isso são forjadas por mim, mas têm suas naturezas verdadeiras e imutáveis. Como, por exemplo, quando imagino um triângulo, mesmo se eventualmente tal figura não existir fora do meu pensamento em nenhum lugar do mundo, nem nunca tiver existido, mesmo assim, há, sem dúvida, uma certa natureza ou essência ou forma determinada, imutável e eterna, que não é produzida por mim, nem depende de meu espírito. Como resulta manifesto <*patet*> disso poderem ser demonstradas várias propriedades desse triângulo, tais como seus três ângulos serem iguais a dois retos, o maior ângulo ser sustentado pelo maior lado, e semelhantes, as quais, queira ou não queira, reconheço claramente agora quando imagino o triângulo, mesmo que não tivesse antes pensado nelas de nenhum modo; elas não foram, portanto, produzidas <*effictae*> por mim" (AT VII, p. 64).

Admitindo, pois, com Descartes, as essências dos objetos da matemática, restaria agora por examinar como podemos, pelos critérios da clareza e da distinção, conhecer efetivamente que uma certa ideia nossa corresponde a uma essência matemática.

Seria distanciar-se do pensamento de Descartes pretender que o intuicionismo cartesiano envolvesse a tese de que o conhecimento se efetue pelo exercício do puro pensar, com a exclusão de qualquer remissão a outras faculdades da alma. Descartes mostra-se persuadido de que o mero conceber parece ter sucesso em propiciar, dentre os nossos conhecimentos, apenas uma parcela. O conhecimento dos corpos, vale dizer, não de sua mera essência, mas de sua natureza efetiva, do modo como vêm à existência, considera Descartes, requer os sentidos[48]. Já para se conhecer sua mera essência, isto é, aquilo que constitui propriamente as "naturezas verdadeiras e imutáveis" pertinentes à matemática, é recomendável, embora talvez não imprescindível, que se recorra ao auxílio da imaginação[49] – enquanto a faculdade de delinear mentalmente as formas corporais cuja ideias são concebida no entendimento puro – e também da memória – enquanto depositária das nossas evidências passadas, quais sejam, aquelas que, já não mais ocupando nossa intuição, aí estiveram precedentemente.

Feita esta observação, o próximo passo é examinar de que modo a imaginação e a memória poderiam se articular com o pensamento puro no conhecimento das verdades matemáticas. Comecemos pela primeira, partindo do que podemos extrair,

[48] Para uma discussão a respeito, ver Donatelli (2002).

[49] "Primeiramente, portanto, observo uma grande diferença entre esses três tipos de noções: o que a alma não concebe senão pelo entendimento puro; o corpo, quer dizer, a extensão, as figuras e os movimentos, que podem também ser conhecidos pelo entendimento sozinho, mas muito melhor pelo entendimento auxiliado pela imaginação; e enfim, as coisas que pertencem à união da alma e do corpo, que não são conhecidas senão obscuramente pelo entendimento sozinho, e mesmo pelo entendimento auxiliado pela imaginação, mas se conhecem muito claramente pelos sentidos" (AT III, pp. 691-692. Ver também AT X, pp. 411 e 416-417).

das afirmações de Descartes, com respeito ao que ele considera ser a natureza e o papel da imaginação.

I.1.1.2 A imaginação e seus limites

Segundo Descartes, a imaginação "outra coisa não parece ser senão uma certa aplicação da faculdade de conhecer ao corpo..."[50]. E esclarece mediante um exemplo comparativo:

> Para esclarecê-lo, primeiramente examino a diferença que há entre a imaginação e a pura intelecção. Por exemplo, quando imagino um triângulo, não apenas entendo ser aquela figura compreendida por três linhas, mas também intuo, pela força do espírito, estas três linhas simultaneamente enquanto presentes, e isto é o que chamo imaginar (AT VII, p. 72)[51].

Aquela aplicação peculiar da faculdade de conhecer ao corpo, pela qual se define a imaginação, consiste então nisto: em conceber cada uma das partes de uma ideia relativa ao corpo, tendo-as simultaneamente presentes à mente de modo a, a partir daí, construir mentalmente uma imagem desse corpo. Quanto

---

[50] "Pois considerando mais atentamente o que é a imaginação, ela não parece ser nada senão uma certa aplicação da faculdade cognoscente ao corpo a ela intimamente presente" (AT VII, pp. 71-72. Ver também op. cit., p. 28).

[51] Nessa passagem, o verbo "intuir" assumiu uma acepção mais ampla do que aquela que lhe foi reservada precedentemente, que ficou restrita à evidência. Na passagem, Descartes parece referir "intuir" a um, por assim dizer, "*experimentum mentis*" de uma imagem corporal. Esse emprego não compromete os resultados já obtidos, se levarmos em conta que o que se arbitrou aqui chamar de "intuir" corresponde ao que, no âmbito da filosofia cartesiana, diz respeito a uma certeza ou uma evidência.

a este, trata-se justamente daquele corpo concebido no pensamento puro, e a cujas partes a mente se aplica, a tal ponto que sua forma ou imagem pode ser construída mentalmente, quer dizer, figurada, por assim dizer, aos "olhos do espírito". Pode-se daí concluir que, segundo Descartes, a diferença entre puro conceber e imaginar consistiria fundamentalmente em que a imaginação seria a passagem do que se concebe meramente no entendimento à construção mental da figura correlativa, de tal modo que, se a imagem for corretamente construída, a figura resultante estará plenamente conforme ao que é concebido na sua ideia. Afinal, a única maneira da imagem guardar alguma defasagem ou diferença com respeito à ideia correlativa seria ela não preservar todos e exatamente os elementos envolvidos nesta última. Ora, nesse caso, a imagem não seria correlativa à referida ideia, mas corresponderia a uma outra; ela teria sido, nesse sentido, não corretamente, mas erroneamente construída. Se é para ser, no rigor, a imagem referida a uma certa ideia, ela tem que estar em perfeita conformidade com esta.

Por seu turno, a passagem que constitui a imaginação seria possível graças àquela força feita pelo espírito em conceber uma ideia atendo-se à minúcia de cada uma de suas partes simultaneamente. Diz Descartes:

> (...) e manifestamente me dou conta de que para imaginar é-me preciso uma peculiar contenção da alma <*animi*>, a qual não uso para entender: e esta nova contenção da alma <*animi*> mostra claramente a diferença entre a imaginação e a pura intelecção (AT VII, pp. 72-73).

Parece correto concluir daí que a imaginação é em alguma medida posterior ao puro conceber e o supõe: seria porque preliminarmente concebemos em conjunto um certo grupo de propriedades que, a partir daí, imaginamos ou construímos mentalmente a imagem daquilo que reúne essas propriedades. Seria, pois, porque o entendimento concebeu prévia e conjugadamente todas aquelas ideias que, a partir daí, seria possível formar uma imagem. De modo que, se uma certa ideia for impossível, quer dizer, se a conjunção de ideias pretendida for inconsistente, obviamente nenhuma imagem poderá ser corretamente relacionada a ela.

Isso, porém, não parece esgotar tudo o que a imagem demanda do entendimento para ser construída. Descartes salienta que cada uma daquelas ideias concebidas deve ser *intuída enquanto presente*, quer dizer, devemos de tal modo ser conscientes de cada uma a ponto de nos certificarmos *de que* elas estão presentes; em uma palavra, devemos concebê-las claramente a um só turno. Ora, se as concebemos todas e cada uma com clareza, dispomos de todos os requisitos seja para obter uma ideia distinta do resultado de sua conjunção, seja para lograrmos uma ideia distinta de que sua conjunção é impossível. Como quer que seja, a passagem da conjunção de ideias claras à ideia distinta revela-se uma condição da correta construção da imagem correspondente: é porque concebi com clareza e simultaneamente todas as ideias que compõem uma certa ideia única que posso, com base nesta, construir na mente a figura correlativa. Uma ideia distinta de uma essência corporal, pois, ainda que não chegue a ser sua própria imagem, seguramente é um requisito para que esta seja construída. Essas conclusões permitem afirmar que, seja de que modo for que a imaginação auxilie no conhecimento das verdades matemáticas, ela sempre requer, em alguma medida, ideias distintas para ser posta em marcha.

Por seu turno, a contenção do espírito a que alude Descartes na passagem supracitada, que consiste, ao fim e ao cabo, na constituição de uma ideia distinta como uma condição prévia da imagem, impõe – reconhece ele – uma restrição ao que se pode imaginar relativamente ao que se pode meramente conceber. Quando o que se concebe é mais complexo, quer dizer, é uma ideia composta por um número considerável de partes, nossa capacidade de prestar atenção em cada uma delas simultaneamente fica comprometida[52]. Assim, observa Descartes,

> (...) se quiser pensar em um quiliógono, certamente entendo ser aquela figura que consta de mil lados, tão bem quanto entendo ser o triângulo uma figura que consta de três; mas não imagino do mesmo modo aquela de mil lados, ou seja, [não] a intuo enquanto presente (AT VII, p. 73)[53].

A imaginação, portanto, não acompanha o entendimento porque o espírito é limitado em sua capacidade de manter presentes ideias na mente, quer dizer, de intuí-las conjuntamente. De sorte que os limites da imaginação, embora não acarretem limites ao conceber, impõem limites ao conceber distinto: não posso imaginar uma certa figura porque não posso conceber distintamente sua ideia, isto é, não posso ter presentes claramente

---

[52] Como assinala M. Gueroult (1994), "quanto mais a noção é complexa, mais esse esforço deve crescer; quanto mais a realização imaginativa torna-se difícil, mais ela se torna confusa, até o ponto em que nossa capacidade resulta completamente ultrapassada" (Vol. II – p. 42).

[53] "Pois, visto que o espírito pode facilmente formar três linhas no cérebro e representar sua figura <*eas depingere*>, ele pode então facilmente as examinar, e imaginar assim um triângulo, um pentágono, e semelhantes. Mas, visto que ele não pode traçar mil pequenas linhas e formar [um quiliógono] no cérebro dessa maneira, mas apenas confusamente, daí decorre <*hinc*> que também não imagina distintamente um quiliógono, mas apenas confusamente; e tanto é assim que já nos seria dificílimo poder imaginar o heptágono ou o octógono (...). Daí já fica manifesto também de que modo intuímos aquelas pequenas linhas enquanto presentes, de que modo para imaginar é preciso uma contenção singular da alma <*animi*>, e também para assim examinar os corpos" (AT V, p. 163).

todas as ideias que a integram. Dito de outro modo, a diferença entre o que se pode imaginar e o que se pode conceber fica marcada por aquele limite a partir do qual o espírito, por mais que se aplique, revela-se incapaz de formar ideias distintas.

Para Leibniz, essa conclusão não é sem consequências. Dessas consequências, uma das mais manifestas será a constatação da insuficiência dos critérios cartesianos de clareza e de distinção para a certeza. Diz ele:

> Adverti alhures[54] que não é de grande utilidade aquela regra tão aclamada de que se deve aprovar apenas o que for claro e distinto, a não ser que sejam fornecidas de claro e distinto notas melhores do que aquelas que Descartes ofereceu. São preferíveis as regras de Aristóteles e dos Geômetras, como, por exemplo, a de que, exceto os princípios (isto é, as primeiras verdades ou hipóteses), não devemos admitir nada que não tenha sido provado por um argumento legítimo. E com "legítimo" quero dizer que não padeça de nenhum defeito, nem de forma, nem de matéria. Um defeito de matéria ocorre se for assumido algo além dos princípios e do que foi provado por um argumento legítimo a partir dos princípios. Por uma forma correta entendo não apenas a silogística comum, mas qualquer outra [forma] já demonstrada em que se conclui pela força de sua estrutura; tais são também as formas das operações aritméticas e algébricas, as formas dos livros de cálculos, e mesmo de algum modo as formas do processo judiciário, pois às vezes nos contentamos em agir segundo um certo grau de probabilidade. Até o momento, contudo, há muito a tratar sobre a parte da Lógica,

[54] *Meditações sobre o Conhecimento, a Verdade e as Ideias.*

> muito útil na vida, relativa à estimação dos Graus de Probabilidade, sobre a qual não foi pouco o que já escrevi (*Animadiversiones*, *Ad artic. (43. 45. 46)* - GP IV, p. 363)[55].

Não parece difícil vislumbrar as razões que subjazem a essa conclusão. Afinal, o próprio Descartes estima que a contribuição da imaginação no conhecimento das verdades matemáticas é restrita. Ora, se, ainda de acordo com Descartes, essa restrição decorre de uma outra, atinente ao próprio entendimento, quer dizer de uma incompetência deste em chegar à evidência no caso de ideias muito complexas, então, resulta difícil avançar na investigação preservando a garantia da veracidade dos seus resultados, já que tal avanço exigirá considerar conhecimentos cada vez mais complexos. Resultaria difícil, portanto, distinguir, dentre as combinações cuja complexidade não puder ser apanhada pela imaginação, as ideias mal formadas daquelas que correspondem a naturezas verdadeiras e imutáveis. Com base apenas nos critérios da clareza e da distinção - concluirá Leibniz -, traçar aquela distinção parece inviável, pouco importando se esses critérios aplicam-se segundo um uso da

---

[55] "Alibi a me adminotum est non magnam esse utilitatem jactatae illius regulae: de claris tantum et distinctis approbandis, nisi meliores afferantur notae clari et distincti, quam quas Cartesius dedit. Praestant regulae Aristotelis et Geometrarum, ut scilicet exceptis principiis (id est primis veritatibus aut hypothesibus) nihil admittamus nisi legitimo argumento probatum: legitimo inquam, id est nec formae nec materiae vitio laborante. Materiae autem vitium est, si quicquam praeter principia, aut rursus ex principiis legitimo argumento probata assumatur. Formam autem rectam intelligo non tantum vulgarem syllogisticam, sed et aliam quamcunque praedemonstratam, quae vi suae dispositionis concludit; quod faciunt etiam formae operationum arithmeticarum et Algebraicarum, formae librorum computatoriorum, quin et aliquo modo formae judiciarii processos: nam interdum contenti sumus ad agendum certo verisimilitudinis gradu. Quanquam supersit adhuc tractanda pars Logicae máxime in vita utilis de Gradibus Probabilitatum aestimandis, de qua non pauca a me sunt annotata".

razão independente dos sentidos ou não[56]. A pretensa certeza que haurimos de que uma longa combinação de ideias claras forneceria as condições necessárias e suficientes à distinção do seu resultado teria, segundo ele, o valor de uma convicção meramente subjetiva e, como tal, suscetível de erro. A crença de que aquela multiplicidade de ideias resultaria na constituição de uma única ideia, de uma ideia de algo efetivamente, poderia ser falsa, visto que não estaria eliminada a possibilidade de que nenhuma união pudesse resultar daquela multiplicidade. E seria precisamente uma crença falsa assim constituída o tipo de erro que os critérios de clareza e de distinção seriam inaptos, seja a evitar, seja a corrigir[57].

I.1.1.3 A dedução e os limites da memória

Os limites da imaginação, com as inevitáveis limitações cognitivas que eles impõem, tampouco passaram despercebidos a Descartes. Talvez tenha sido justamente em face deles que Descartes se teria visto forçado a buscar um sucedâneo para a evidência naqueles casos em que o entendimento não pode abarcar a um só turno todos os conteúdos em questão. A saída nesse caso seria apelar para um outro modo de uso da razão, em que a certeza se asseguraria não mais pela evidência, mas sim por um encadeamento de evidências. Esse encadeamento, embora não constitua por si uma evidência, em virtude de sua extensão, permanece apto a proporcionar a certeza. Isso porque ele não contém em si senão um conjunto de evidências; e obviamente aquilo que não contém senão uma cadeia

[56] Para uma interpretação distinta, ver Ethel Rocha (2016), Seção 3. 4: *Ideias claras e distintas, Deus enganador, Cogito e a prova da existência de Deus.*

[57] Ver a respeito Racionero (1994).

de evidências não pode envolver erro. A essa cadeia de evidências Descartes chama de '*dedução*' e pondera que, como a evidência, ela "também não pode ser mal feita pelo homem" (AT X, p. 368):

> Agora pode-se perguntar por que acrescentamos aqui à intuição outro modo de conhecer que é a *dedução*, pela qual entendemos tudo aquilo que é necessariamente concluído a partir de certas outras [coisas] já conhecidas com certeza. Mas foi preciso fazer assim porque muitas coisas são conhecidas <*sciuntur*> de uma maneira certa ainda que elas não sejam evidentes, contanto que somente sejam deduzidas de princípios verdadeiros e conhecidos por um movimento contínuo e sem nenhuma interrupção do pensamento que intui perspicuamente [cada coisa] singular. Não é de outro modo que conhecemos que o derradeiro elo de uma longa cadeia qualquer [está] conectado com o primeiro, mesmo que não contemplemos por um única e mesma intuição dos olhos todos os [nexos] intermediários dos quais depende aquela conexão, contanto que percorramos sucessivamente e recordemos conectar-se cada qual <*singulos*> ao próximo, do primeiro ao último (AT X, pp. 369-370)[58].

Esse segundo modo de uso da razão não contribui com nenhum novo critério de certeza, quer dizer, ele não agrega àqueles critérios de clareza e de distinção nenhum critério complementar. As condições de certeza permanecem as mesmas e o que há de novo é apenas a incorporação das evidências obtidas no passado estendendo também a elas o mesmo estatuto de

[58] Ver também p. 408.

certeza de que goza a evidência presente. A legitimidade de se conferir um tal estatuto à evidência passada repousa, conforme destaca o trecho citado acima, na recordação. A ampliação da nossa capacidade de conhecimento, isto é, das condições da certeza, ampara-se na capacidade da nossa memória de armazenar nossas evidências passadas, as quais podem ser tomadas por tão certas e tão indubitáveis quanto as presentes:

> Portanto, distinguimos aqui a intuição do espírito da dedução certa por isto: que nesta se concebe um certo movimento ou sucessão, ao passo que naquela, não; além disso, porque a evidência presente não é necessária para a dedução como o é para a intuição; antes, ela toma sua certeza de empréstimo de algum modo da memória (AT X, p. 370).

É claro que a pretensão de atribuir à memória a aptidão para desempenhar uma tal tarefa depende, na ordem da argumentação, dos resultados da *Meditação terceira*: depende de que já se tenha rejeitado a hipótese do Gênio maligno graças à prova de que Deus existe e é perfeito. Pois caso persistisse aquela hipótese, jamais poderíamos estar seguros de que aquilo que julgamos no presente ter sido no passado uma evidência de fato o foi. Dizendo de outro modo, persistindo a hipótese, jamais poderíamos estar seguros de que o que julgamos ser a lembrança de uma evidência seria de fato a lembrança de uma evidência, antes que a mera ilusão de uma lembrança[59]. A substituição da hipótese do Gênio maligno pela prova de Deus como um ser perfeito permite justamente essa segurança, resgatando a credibilidade da memória. Se querer que nos enganemos revela-se incompatível com a perfeição de Deus, resulta *eo ipso* incompatível com aquela perfeição – na medida em que Ele é nosso

[59] Para uma discussão a respeito, ver Landim Filho (1992), Cap. V, ii.

autor – que haja em nossa alma alguma faculdade destinada a conduzir-nos ao engano. Assim, estamos autorizados a confiar à memória a tarefa de armazenar nossas evidências passadas, de tal maneira que uma evidência nela arquivada, embora não mais seja uma evidência presente, pode pretender o mesmo estatuto de certeza que qualquer de nossas intuições atuais.

Essa ponderação, porém, não basta para eximir a memória de qualquer suspeição, já que ela é finita e, portanto, limitada. É então importante averiguar até que ponto a memória está apta a conservar e disponibilizar as evidências passadas de modo a franquear livre curso aos nossos raciocínios. A questão pode ser aqui colocada em termos analógicos: se a intuição, não obstante assegure certeza plena naquilo que alcança, não pode assegurar que o conhecimento se estenda além de certo limite – e isto em virtude de nossa finitude, que não permite que acumulemos a um só tempo um grande número de evidências – e, ademais, se aí tampouco a imaginação pode vir em nosso socorro, já que seu exercício correto depende daquela nossa capacidade finita de acumular ideias distintas a um só tempo, resulta razoável suspeitar que essa mesma finitude imponha limites também à memória. Afinal, nossa finitude torna muito pouco plausível a hipótese de que alguma de nossas faculdades se exerça com perfeição. Assim, admitindo provável que nossa memória seja finita, deve-se averiguar se de fato o é, e, caso o seja, quais as consequências disso para as condições de certeza das deduções. Cumpre então examinar se essa provável finitude da memória poderia em alguma medida comprometer a certeza quanto a cadeias de raciocínios que se estendessem além de um certo limite.

Descartes não negligencia a falibilidade da memória, falibilidade que, a seus olhos não reside tanto em arquivar mal ou corromper as certezas obtidas, pois isso seria talvez incompatível com a bondade divina, mas, antes, na limitação em disponibilizar tudo o que porventura viesse a ser necessário à boa consecução de uma cadeia dedutiva[60]. Essa limitação se traduziria evidentemente na impotência para vir em nosso socorro quando a lembrança de uma evidência passada se fizesse necessária ao raciocínio. Em uma palavra, a incapacidade da memória é esquecimento, e é algo, diga-se de passagem, não apenas possível, mas bastante corriqueiro[61]. Assim, admitido que podemos nos esquecer de certas coisas, ou, aliás, diagnosticado o esquecimento como um fato, cumpre examinar em que termos ele impõe limites às nossas cadeias de certezas.

O esquecimento em uma cadeia de raciocínios resulta, como não poderia deixar de ser, na dissolução da certeza. Descartes alerta:

> e certamente, onde o mínimo que seja é esquecido, imediatamente a cadeia se rompe, e fica abalada toda a certeza da conclusão (AT X, p. 388).

Essa consequência torna imprescindível traçar as condições sob as quais a correção dos raciocínios respaldados pela memória permanece assegurada. Como resposta a essa exigência, Descartes propõe-nos uma, por assim dizer, espécie de desoneração da memória, consistente em dela desalojar algumas evidências com sua substituição por certezas resultantes de cadeias de raciocínios prévia e cuidadosamente efetuadas. Trata-se então de ocupá-la com alguns conhecimentos não evidentes, os quais, por resultarem de uma dedução correta, vale dizer, por

---

[60] Para um exame dessa questão de uma perspectiva diferente, que leva em consideração a noção de tempo, ver Pinheiro (2019), cap. III – *O Tempo da Escrita*, especialmente p. 157 e seguintes.

[61] "A observação do que é aqui proposto é necessária para aquelas verdades que devem ser admitidas como certas, as quais dissemos acima não ser deduzidas imediatamente dos princípios primeiros e conhecidos por si. Pois isso às vezes se faz por um tecido tão longo de consequências que, tendo chegado àquelas verdades, já não nos recordamos facilmente de todo o percurso que a elas nos conduziu" (AT X, p. 387).

resultarem de certezas pregressas, podem enfim ocupar o lugar destas últimas na memória. Isso porque:

> (...) o encadeamento de consequências é tão longo que, ao chegarmos às verdades, não nos recordamos facilmente de todo o caminho que a elas nos conduziu; é por isso que dizemos que é preciso socorrer a fraqueza da memória com um certo movimento contínuo do pensamento. Portanto, se, por exemplo, por diversas operações conheci primeiramente qual relação há entre as grandezas A e B, em seguida entre B e C, então entre C e D, e por fim entre D e E, nem por isso vejo qual relação há entre A e E, e não posso entendê-la com precisão a partir das já conhecidas a não ser que me recorde de todas. Por essa razão, percorro-as algumas vezes por um certo movimento contínuo da imaginação, intuindo com simultaneidade cada qual e passando à outra, até aprender a passar da primeira à última com tanta rapidez que, sem deixar quase nenhuma parte à memória, pareça-me intuir a coisa toda simultaneamente; pois deste modo, uma vez a memória tendo sido desonerada, é corrigida também a morosidade do espírito, e sua capacidade é de certo modo ampliada" (AT X, pp. 387-388)[62].

A atividade mnemônica seria empregada, portanto, não tanto para resguardar evidências, mas para alojar conclusões de

[62] Trata-se então de empregar a memória não tanto com as evidências quanto com os resultados daqueles raciocínios tão reiteradamente efetuados que chegamos a decorar. Como faz o escolar que, tendo dominado as quatro operações aritméticas, e tendo-as aplicado com sucesso a pequenos números, necessita, para se tornar ágil em sua aplicação a números maiores, decorar os resultados daquelas primeiras aplicações, o que vulgarmente chamamos de decorar a tabuada.

deduções pregressas de modo a assegurar que, à medida em que nossos raciocínios forem se tornando mais complexos, nesta mesma medida possamos dispor de um expediente mediante o qual todas as certezas que se façam necessárias à sua consumação possam ser apresentadas em conjunto e na ordem requerida[63]. Dessa maneira, lograríamos ampliar o alcance dos nossos raciocínios sem deixar escapar a certeza. Uma tal saída parece levar em consideração que, sendo também a memória, como a intuição e a imaginação, limitada em sua extensão, ela logo se tornaria abarrotada de evidências, já não mais podendo nos socorrer quando os raciocínios fossem demasiado longos. Assim, dispondo por ordem e em conjunto não mais uma sequência de evidências, mas uma sequência de certezas resultantes de raciocínios, disporíamos de um instrumento seguro para chegar a novas certezas, ampliando assim as fronteiras do cognoscível.

Leibniz não se satisfaz com essa solução. Segundo ele, ainda que ela proporcione uma estratégia dirigida a otimizar, por assim dizer, a atividade mnemônica, essa estratégia é um mero paliativo, incapaz de efetivamente eliminar o problema decorrente da natureza finita da memória. Ele pondera que o teor da falha intrínseca à nossa memória não permite internamente uma correção, vale dizer, não permite uma correção que se valha unicamente dos recursos da própria memória. Ao contrário, pondera Leibniz, a memória não se comporta, por exemplo, como a imaginação, cujas limitações são pronta e facilmente detectáveis pelo reconhecimento da incapacidade em nela construir a imagem pretendida. Nem como a intuição, que conta

[63] Nada impediria aqui, na medida em que pretendemos avançar no conhecimento, de novamente substituir na memória um certo conjunto de certezas derivadas de raciocínios por uma única certeza decorrente daquele conjunto. Isso sendo possível, a memória poderia sempre contar com um procedimento que viabilizasse, por assim dizer, a reiterada atualização de seu acervo. E desde que operemos as substituições com zelo, observando todas os requisitos necessários para garantir a certeza, esta não nos escaparia (Cf. AT X, pp. 388-392).

com um dispositivo pelo qual se pode, no ato mesmo de intuir, separar o que é claro e distinto do que não o é. Ao contrário, visto ser a falha da memória justamente o esquecimento, jamais podemos, ao encadearmos raciocínios, estar seguros de que não estamos nos esquecendo de nada. Dito de outro modo, dada a possibilidade do esquecimento, nunca poderemos ter certeza de estarmos nos lembrando de tudo o que é necessário, ou de tudo o que o que é requerido à consumação do raciocínio correto. E essa insegurança subsiste por mais que desoneremos nossa memória, isto é, por mais que nos empenhemos em dela dispor para manter apenas um número reduzido de certezas. Assim, ainda que se deva admitir que quanto mais extensa é a dedução, tanto mais estamos sujeitos à desatenção, nem por isso está afastada a possibilidade de que uma negligência ocorra mesmo nos mais elementares raciocínios. Porque mesmo aí jamais podemos saber se nossa memória foi impecável ou não. No opúsculo dedicado a comentar os *Princípios da Filosofia* de Descartes – as *Animadversiones*[64], já aludidas precedentemente, – Leibniz observa:

> (...) seguramente, todo raciocínio, até o cartesiano, quaisquer que sejam sua solidez e exatidão, estaria sempre sujeito a essa dúvida, pouco importa o que ficasse estabelecido sobre um gênio poderoso e enganador ou sobre a distinção entre o sono e a vigília (GP IV, p. 356)[65].

Eis por que Leibniz não pode se satisfazer com a saída cartesiana para os limites da memória. A peculiaridade que nela

[64] GP IV, pp. 350-392.

[65] ... "sane omnis, etiam Cartesiana, ratiocinatio utcunque proba aut accurata, huic tamen dubitationi obnoxia erit; quicquid demum de potente aliquo genio decepturiente, aut de somnii et vigiliae discrimine statuatur".

vislumbra o persuade de que a proposta de Descartes, como qualquer outra tentativa de buscar na própria memória, se não o método para sua correção, ao menos as ferramentas que viabilizem precisar as condições do seu emprego seguro não poderia ser coroada de sucesso. Afinal, qualquer método aí também estaria sujeito a ser mal empregado por distração; qualquer ferramenta poderia ser negligenciada por um descuido de atenção. Diz Leibniz:

> Já notei na observação ao artigo 5 que é vão lembrar aqui os erros oriundos das falhas da memória ou da atenção e que podem ocorrer nos cálculos aritméticos (mesmo após encontrado o método perfeito, como nos números), porque nenhuma arte pode ser inventada na qual não se devesse temê-los, sobretudo se for preciso estender longamente o raciocínio" (*Ad artic. 13* - GP IV, p. 358)[66].

Assim, sentencia Leibniz,

> (...) esta debilidade do espírito humano, oriunda da falta de atenção e de memória, não pode ser superada, e debalde Descartes a menciona como se lhe trouxesse o remédio" (GP IV, p. 356)[67].

[66] "Jam notavi ad artic 5 errores qui ex defectu memoriae aut attentionis nasci et arithmeticis quoque calculis invervenire possunt (etiam post perfectam methodum repertam ut in Numeris), frustra hic memorari, quia nulla ars excogitari potest, in qua non metui debeant praesertim cum ratiocinatio longe producenda est". Ver também pp. 361-362.

[67] "Haec mentis humanae imbecillitas orta ex defectu attentionis et memoriae perfecte tolli non potest, frustraque huc adducitur a Cartesio tanquam remedium allaturo".

As dificuldades acarretadas pela peculiaridade da memória, aliadas à sua falibilidade, evidentemente não param por aí. Como para Descartes, também aos olhos de Leibniz, uma falha da memória, com o rompimento da cadeia dedutiva, redunda na dissolução da certeza[68]. Ora, a dissolução da certeza dá origem à dúvida: quando uma cadeia dedutiva se rompe por desatenção, e por desatenção nos iludimos em dar sequência ao pretenso raciocínio, é no erro que corremos o risco de desembocar (Cf. GP IV, p. 361). A dificuldade é que, no caso da memória, e à diferença da intuição e da imaginação, jamais podemos saber se estamos avançando em uma sequência de certezas ou se, ao contrário, estamos incorrendo em erro. Porque jamais podemos estar seguros de detectar, no decurso do raciocínio, o instante do deslize. Nas palavras de Leibniz, é sempre possível, por uma falha da memória, incorrer em erro por "fazer o que não é devido ou não fazer o que é devido, ou considerarmos ter feito o que não fizemos, ou não ter feito o que fizemos" (GP IV, p. 361)[69].

Vê-se que as dificuldades que Leibniz aponta na memória, ao contrário daquelas que se observa na imaginação e na intuição, não imporiam meramente, como parece pretender Descartes, um limite nas condições de sua aplicabilidade. Antes que isso, elas subtrairiam a essa faculdade qualquer competência para assegurar a certeza e, com ela, a verdade: um raciocínio que se consuma com base na memória jamais poderia estar totalmente isento de dúvida. A seguirmos as conclusões de Leibniz, podemos dizer que não se trata aqui meramente, como vínhamos fazendo, de tentar remediar os limites de uma faculdade da alma por remissão a uma outra

[68] Ver supra AT X, p. 388.

[69] "Nam saepe fit defectu attentionis aut memoriae ut agamos indebitum aut omittamus debitum, aut putemus nos egisse quod on egimus, aut quod egimus non egisse".

na ampliação do conhecimento. Trata-se, antes, de reconhecer que todas aquelas pretensas certezas que apoiamos na memória são apenas aparências de certezas, convicções de alcance meramente subjetivo, insuficientes para sustentar conhecimento genuíno. Em uma palavra, trata-se de recusar que a memória esteja apta a oferecer qualquer contribuição para o alargamento do domínio da certeza. Em bom cartesiano, Leibniz estaria autorizado a alegar que a memória deve ser sempre posta em dúvida, visto ser forçoso desconfiar daquilo que alguma vez já nos conduziu ao engano.

Ainda em bom cartesiano, Leibniz pode sustentar que esses resultados em nada se contrapõem à conclusão cartesiana de que nos enganarmos quanto à evidência passada seria incompatível com a bondade divina. Porque aqui não se supôs que a falha da memória residisse em uma deformação dessa faculdade, que ocasionasse alguma corrupção dos conhecimentos nela armazenados. A falha resultaria de uma incapacidade em abarcar todas as certezas passadas. Essa incapacidade, que outra coisa não é senão esquecimento, é esperável se levarmos em conta que seu oposto – a competência para preservar todos os conhecimentos que se pudesse adquir – seria a infalibilidade e, nesta medida, a perfeição – algo superior ao que nossa natureza promete. Ora, reconhece Descartes, não podemos por em dúvida a bondade divina por ter-nos Deus agraciado com uma faculdade menos perfeita do que almejaríamos (AT VII, p. 61). Se dispomos de todos os expedientes para detectar os limites da nossa memória, bem como daí extrair todas as consequências com respeito à sua competência para assegurar a evidência passada, não podemos responsabilizar senão a nós mesmos por nos termos enganado ao nos fiarmos nela.

I.1.2 A reconciliação com o corpo

É da natureza do espírito criado que seja finito, e da natureza do espírito finito que também suas faculdades sejam finitas, estima Descartes (AT VII, p. 60). Dessa maneira, assim como as limitações da intuição e da imaginação, as falhas da memória revelam-se conformes à nossa natureza e decorrentes dela.

Se assim é, quer dizer, se os limites impostos à certeza decorrem das próprias limitações da alma, onde buscar o remédio que contorná-los? A resposta de Leibniz para essa questão é: em alguma capacidade nossa que resida *fora* da alma. Por exclusão, no corpo. Seria, para empregar terminologia de inspiração cartesiana, em algum modo misto do pensamento que se deveria procurar os dispositivos que viabilizem a ampliação das condições da certeza no conhecimento. A imaginação não se candidata aqui, haja vista aos limites já revelados por ela.

Resta o sentir. E é aí que Leibniz encontrará sua solução para o problema, reconciliando, novamente em bom cartesiano, a bondade divina com a finitude do nosso aparato cognitivo. Como veremos em detalhe adiante, Leibniz encontrará nos sentidos os dispositivos aptos a amparar o entendimento puro de sorte a proporcionar a certeza quando a intuição se esgota. A maneira segundo a qual isso pode ser alcançado, estima ele, consiste em tornar sensíveis os nossos pensamentos, recorrendo a traços materializados que os simbolizem:

> Portanto, se tivermos as ideias daqueles ingredientes que integram a definição de alguma coisa qualquer, daí não se segue que teremos a ideia inteira da coisa toda, a não ser que possamos pensar tudo simultaneamente (...). E isso faz com que não possamos facilmente julgar sobre a possibilidade de uma coisa

> a partir da pensabilidade dos seus requisitos, quando pensamos cada um desses requisitos, mas não os unimos em um só. Mas visto que não podemos juntar ideias opostas em um só pensamento, embora possamos uni-las graças a caracteres e representar simultaneamente toda uma série inteira de pensamentos opostos, por esse motivo, não podemos julgar sobre a impossibilidade pelo pensamento, a não ser que nos representemos cada uma das ideias simultaneamente, o que não pode ser feito a não ser *sentindo*, ou imaginando simultaneamente todos os caracteres. Isso se faz graças àqueles caracteres que representam as ideias na imaginação, os quais são cada qual caracteres de uma só ideia. E visto que algumas vezes tamanho é o número de caracteres que a ideia não pode ser apresentada toda inteira à imaginação, é preciso uma delineação na matéria, para que, examinando por ordem, estejamos certos de que, ao avançarmos aos posteriores, os precedentes não escaparam[70].

Eis o que explica que já na abertura de suas *Animadversiones* Leibniz questione o procedimento cartesiano de suspensão da

---

[70] "Non ergo sequitur, ideas habemus eorum quae definitionem alicuius rei ingrediuntur, ergo ideam habemus totius; nisi omnes simul cogitare possimus. (...) Et hoc facit, ut non possimus facile judicare de rei possibilitate, ex cogitabilitate eius requisitorum, quando singulia eius requisite cogitavimus, neque in unum conjunximus. Quoniam autem non possumus in unam conjungere cogitationem ideas diversas, etsi ope caracterum unire possimus, et cogitationum diversarim seriem totam simul representare, ideo non possumus judicare de impossibilitate cogitando, nisi singulas ideas simul repraesentemus nobis; quod non potest fieri nisi *sentiendo* sive imaginando simul caracteres omnium, quod fit characteribus representatis imaginationi illlis, qui sunt singuli caracteres idea unius. Et quoniam aliquando tantus est caracterum numerus ut totus imagination obversari non possit, opus est delineatione in materia; ut ordine examinantes, certi interim simus dum ad posteriora progredimur priora non elabi" (AA VI, iii, 462-463).

crença apresentado no §1 dos *Princípios da Filosofia*[71]. Leibniz aí censura a opção cartesiana de deixar de lado, ao invés de examinar e testar, cada uma das proposições que se acata habitualmente como verdadeiras. Diz ele:

> O que é dito por Descartes, que é preciso duvidar de tudo em que há um mínimo de incerteza, teria sido compreendido melhor e mais claramente com o preceito de que se deve pensar o grau de assentimento e de discordância que cada caso merece; ou, mais simplesmente, deve-se investigar as razões de cada opinião. Assim teriam cessado as querelas sobre a dúvida cartesiana. (...) [S]e Descartes quisesse executar o que é melhor em seu preceito, deveria ter se dedicado à demonstração dos princípios das ciências, e ter feito em filosofia o que Proclo queria em geometria, onde, aliás, é menos necessário (GP IV, pp. 354-355)[72].

Nessa passagem já se insinua o que Leibniz reconhece como o critério legítimo e satisfatório para a certeza: é preciso avaliar as razões para o assentimento de cada asserção, testar, mediante prova, seu valor de verdade e, por fim, nada

[71] "Visto que nascemos sem discernimento e fizemos vários juízos acerca das coisas sensíveis antes de ter o uso pleno de nossa razão, vemo-nos desviados do conhecimento da verdade por muitos preconceitos dos quais parece que não podemos ser libertos de outra maneira senão aplicando-nos uma vez na vida a duvidar de todas as coisas nas quais encontramos a menor suspeita de incerteza".

[72] "Quod de omnibus in quibus vel minimum est incertitudinis dubitandum a Cartesio dicitur, praestabat hoc meliore atque expressione praecepto complecti: cogitandum esse quem quodque assensus aut dissensus gradum mereatur; vel simplicius inquirendum esse in cujusque dogmatis rationes. Ita cessassent de dubitatione Cartesiana vitilitigationes. (...) si voluisset Cartesius id exequi, quod in praecepto ejus optimum est, debuisset elaborare in demonstrandis principiis scientiarum, et agere in Philosophia, quod Proclus volebat in Geometria, ubi minus necesse est" (GP IV, pp. 354-355).

empregar que não tenha passado pelo crivo de um raciocínio correto, quer dizer, que não padeça de nenhum defeito, nem de forma nem de matéria. Ao invés de um critério que dependa de uma duvidosa infalibilidade da memória, é preciso dispor de uma prova cuja força resida na forma do raciocínio, ou seja, na forma de seu ordenamento. Em uma palavra, seria preciso substituir o que não poderia fundar certezas genuínas, tais como foram caracterizadas acima, pelo que se funda nas verdades de razão, quer dizer, verdades que aparentemente não nos ensinam nada, mas que constituem a forma de todo raciocínio correto (Cf. *N.E.*, IV, II, §1): "aquelas que Aristóteles recomendava em sua Lógica, e mesmo que não sejam suficientes para as descobertas, bastam contudo quase sempre para julgar, ao menos quando se trata das consequências necessárias"[73].

Por seu turno, as verdades de razão fundam-se todas em um princípio formal primeiro, que Leibniz toma por uma verdade de razão primitiva (Cf. *N.E.*, IV, II, §1 – p. 255). Ele o apresenta sob o que considera suas duas versões, uma das quais afirmativa, a saber, o Princípio de Identidade "A = A", a outra, negativa, a saber, o Princípio de Contradição "não (A ≠ A)". Esse princípio, estima Leibniz, constitui o fundamento formal de todo raciocínio válido e, por isso mesmo, ele não é, enquanto tal, demonstrável. O caráter indemonstrável do princípio não o torna, contudo, algo em si mesmo ininteligível; bem ao contrário, ele mostra-se indemonstrável justamente por ser imediatamente inteligível, sendo a condição da inteligibilidade em geral. Ele exibe a forma do que é necessário *vi formae*, apresentando, por conseguinte, justamente a razão

[73] "Quae in Logica sua praescripsit Aristoteles, etsi non sufficiant ad inveniendum, sufficiunt tamen fere ad judicandum, ubi de necessariis saltem consequentiis agitur" (*Animadversiones*, *Ad. Artic.* (75) – GP IV, p. 366). Ver também AA VI, iv, pp. 590-591).

dessa necessidade. Sua evidência é indubitável não porque se apresente como um fato, mas porque é imediatamente compreensível através do que se vê pelos símbolos:

> Necessário é aquilo cujo contrário implica contradição. Ora, a única proposição cujo contrário implica contradição sem que se a possa demonstrar é a idêntica formal. Isto se diz expressamente aí, portanto, isto não pode ser demonstrado; "demonstrar" quer dizer: mostrar pela razão e pelas consequências. Isto se pode mostrar à vista, portanto, isto não pode ser demonstrado. Os sentidos mostram que *A é A* é uma proposição cujo oposto *A não é A* implica contradição formalmente. Ora, o que os sentidos mostram é indemonstrável" (*Phil., VI, 12, f, 23 - OFI*, p. 186)[74].

Em sua edição desse excerto, Couturat deixa uma nota registrando seu estranhamento em relação à ocorrência da palavra "sentidos". Segundo ele, "esse apelo à evidência *sensível* é pouco condizente com o racionalismo leibniziano" (op. cit., n. 2).

Essa aparente inconsistência com o racionalismo habitualmente atribuído a Leibniz se dissolve se levarmos em conta a importância crucial que este confere aos símbolos, enquanto expedientes sensíveis, nas operações dianoéticas. Isso será explorado adiante (I, 1.3). Por ora basta considerar o contraste tecido na passagem supracitada entre, por um lado, a força persuasiva própria da demonstração, que repousa – para

[74] "*Nécessaire*, c'est-à-dire, dont le contraire implique contradiction. Or, la seule proposition dont le contraire implique contradiction, sans qu'on la puisse démontrer est l'identique formelle. Cela se dit expressément là-dedans, donc cela ne s'y peut pas démontrer. Démontrer, c'est-à-dire, faire voir par la raison et par les conséquences. Cela s'y peut montrer à l'œil, donc cela ne s'y peut pas démontrer. Les sens font voir que '*A est A*' est une proposition dont l'opposée '*A n'est pas A*' implique contradiction formellement. Or, ce que les sens font voir est indémontrable".

retomarmos as palavras de Leibniz – nas razões e nas consequências, e, por outro, a evidência com que uma verdade indemonstrável se deixa apresentar. Essa evidência repousa na simplicidade dessa verdade, quer dizer, no fato de que ela não se resolve em outras verdades cujo encadeamento encerraria, assim, sua explicação e fundamento, e constituiria, nesta medida, sua demonstração (Ver AA II, I, p. 602 – N. 168). Não estando fundada no encadeamento de outras verdades, uma verdade indemonstrável não pode fundar-se senão em sua própria forma – forma que, por seu turno, não se nos manifesta senão por meio dos símbolos. Visto que os símbolos são dispositivos eminentemente sensíveis, resulta que a forma na qual se funda a verdade se nos evidencia sensivelmente. De sorte que o que por intermédio dos sentidos se alcança é algo de formal, e não de material; porque o que é sensível são os caracteres, mas o que eles representam é a forma da inteligibilidade.

Se, assim compreendido, o termo "sentir" pode talvez ser resguardado das dificuldades que lhe poderiam ser atribuídas ordinariamente, uma outra dificuldade se ergue. Ela concerne às limitações de um princípio puramente formal relativamente às condições de ampliação do conhecimento. Em seu estudo comparativo entre Leibniz e Descartes, Yvon Belaval já proporia uma possível réplica do último àquele, inspirando-se justamente nesta questão. Segundo Belaval (1960, p. 34), Descartes poderia sustentar que o puro formalismo proposto por Leibniz seria vazio, não contendo nem produzindo nenhum conhecimento novo. Afinal, como o próprio Leibniz reconhece, parece que as proposições idênticas "mais não fazem do que repetir a mesma coisa, sem nos ensinarem nada" (*N.E.*, IV, II, p. 255).

Esse assunto será discutido adiante, no capítulo I, 1.3, reservado ao debate entre Leibniz e Hobbes sobre a estrutura da linguagem. Por ora, é oportuno adiantar apenas que, para Leibniz, a vacuidade das proposições idênticas não implica que sua relevância para o conhecimento seja nula, porquanto o papel dessas proposições não é proporcionar conteúdos cognitivos novos, quer dizer, não é incrementar a matéria dos nossos conhecimentos. Seu papel é meramente expressar simbolicamente a estrutura do raciocínio correto, assim proporcionando um instrumento por meio do qual possamos, ao representar sensivelmente nossos conhecimentos, concatená-los em consonância com aquela estrutura, de sorte a, por meio dessa concatenação, obter resultados novos, bem como checar a correção desses resultados – o que não poderíamos com segurança alcançar contando apenas com nossos recursos mnemônicos, como já ficou claro precedentemente.

Desse ponto de vista, pode-se afirmar que o que se apresenta como um objeto de investigação ou como ponto de partida do conhecimento, aos olhos de Leibniz, portanto, não é um enunciado específico, que é preciso descobrir, como se afigura o caso para Descartes, mas todo enunciado que se pretenda verdadeiro, quer dizer, toda e qualquer asserção ou proposição[75]. Para Leibniz, uma investigação terá em mira, ou verificar se a pretensão à verdade do enunciado é legítima, ou explicá-la, se essa verdade já foi previamente atestada. E a tarefa que se deve colocar, então, é de explicitar as condições sob as quais um enunciado pode se pretender e se justificar como verdadeiro.

De acordo com ele, a condição segundo a qual uma proposição pode ser tal é que ela afirme ou negue algo[76].

---

[75] "*Proposição* é aquilo que acrescenta ao termo que ele é verdadeiro ou falso" <Propositio est quae termino addit quod sit verus vel falsus> (*GI*, § 198, 5). Deixemos de lado aqui as perguntas, pedidos, exclamações, ordens, enfim todo tipo de enunciado cujas condições de validade não dizem respeito à verdade. Compreendamos pelas expressões "enunciado", "asserção", "proposição", unicamente o tipo de enunciado que se caracteriza por poder ser verdadeiro ou falso.

[76] "Chamo *proposição*: A é B ou A não é B" <*Propositionem* voco: *A est B*, vel *A non est B*> (AA VI, iii, p. 505).

A condição para que se obtenha um enunciado assim é que a articulação dos nomes que o compõem pretenda designar ou simbolizar, quer dizer, apresentar algo como aquilo que ela expressa. É preciso, portanto, que cada um dos nomes que ela articula contribua de algum modo para a apresentação do que é afirmado ou negado na proposição. E eles o fazem na medida em que também simbolizam. Os nomes tornam-se tais, quer dizer, tornam-se símbolos através das respectivas definições. Por seu turno, a definição é a descrição do que é visado pelo nome como sendo o que ele simboliza. Uma tal descrição faz-se por caracteres que devem igualmente designar algo; dito de outro modo, os caracteres que compõem uma definição também devem ser nomes. Os nomes reunidos em uma definição constituem o que se poderia chamar de sua significação. Enquanto nome, um caracter pode ser encarado sob um duplo aspecto: 1) ele simboliza, quer dizer, ele 'está por' algo, que é o simbolizado; e 2) ele possui uma significação, quer dizer, ele evoca certas noções ou nomes que juntos especificam o simbolizado. Em um opúsculo redigido no início dos anos oitenta, Leibniz afirma:

> Nome é o termo que significa a coisa, o qual é assumido arbitrariamente (AA VI, iv, p. 287)[77].
> Se assumirmos um termo simples qualquer como equivalente de alguma composição, ou seja, como exprimindo a mesma coisa, o termo simples será o *definido*, e o termo composto será a *definição*. A esse definido, que se exprime por um caracter, chamaremos doravante o *nome* da coisa (AA VI, iv, p. 294)[78].

[77] "*Nomen* est terminus rem significans pro arbitrio assumtus".

[78] "Si assumimos terminum aliquem simplicem velut compositio alicui aequivalentem, seu eandem rem experimentem, terminus simplex erit *definitum*, terminus compositum erit *definitio*. Hoc definitum charatere expressum subinde vocabimus rei *Nomen*. Ut si pro *a b animal rationale* dicamus, nos compendii

No que concerne à primeira dessas passagens, é importante assinalar que não se pode interpretar a relação entre nome e coisa aí tecida como uma relação de nomeação tal como se a compreende habitualmente. Conforme lemos na segunda passagem, por "*nome*", Leibniz compreende não um nome próprio, mas a expressão linguística que serve de abreviatura para uma definição. Correlativamente, por "*coisa*" <*res*> é preciso entender aquela unidade que se pretende significada pelo nome. "*Coisa*" não se emprega aqui, por conseguinte, para designar um indivíduo, um objeto singular ou uma realidade ideal qualquer, mas para apresentar o que unifica as notas elencadas na definição. Nem por isso se deve presumir que o termo *coisa* tal como empregado por Leibniz designe um tipo qualquer de realidade ou existência própria. As coisas possuem tanta realidade quanto lhes confere o procedimento de sua instituição através das definições. Não se pode, portanto, supor que, aos olhos de Leibniz, as coisas constituam um domínio de ser diferente e independente dos existentes atuais. Pois se por um lado, para Leibniz, as possibilidades não se engendram a partir da sua instituição pelas definições, por outro, é certo que, se as definições instituem as coisas, então é legítimo concluir que as coisas – e por conseguinte os indivíduos que lhes são conformes – haurem suas naturezas das definições que as instituem. Essas coisas – assim como os respectivos indivíduos – seriam outras se as definições tivessem sido forjadas de outro modo. Em face dessas ponderações, utilizemos os termos "nome" e "coisa" no sentido em que Leibniz os compreende, e reservemos as expressões "indivíduo", "singular", bem como expressões que lhes façam referência, como "substância individual" ou "objeto singular", para os indivíduos que podem ser reconhecidos como satisfazendo uma definição qualquer.

causa dicere imposterum vele *c* seu homo, tunc *c* seu vox *homo* erit nomen ejus rei cujus definitio est *animal rationale* seu vox *homo* erit nomen *hominis*".

Uma segunda observação relevante a propósito da passagem supracitada é que nela não se verifica exatamente a terminologia estabelecida acima, já que então Leibniz parece empregar a palavra "significar" para referir-se ao que se estabeleceu aqui como sendo "designar" ou "simbolizar". De fato, ele parece preocupado não tanto com uma distinção tal como a que se pretendeu efetuar entre simbolizar e significar, mas, antes, em correlacionar o ato de pretender simbolizar àquele de significar. Para Leibniz, o que faz de um nome um nome, isto é, um símbolo, é a definição que o institui enquanto nome. Por outro lado, toda definição encerra em si a afirmação tácita da relação de simbolização do nome. Dito de outro modo, a pretensão de fazer do nome um símbolo é intrínseca ao ato de definir. Nem por isso a distinção aqui tecida é inadequada ou supérflua. Antes, conforme se constatará mais à frente (I, 1.3), ela é fulcral para que se evite certas confusões e ambiguidades indesejáveis na abordagem do pensamento leibniziano. Nessa abordagem, convém, portanto, levar em conta a referida distinção, sem perder de vista as nuances entre o vocabulário empregado aqui e aquele que se poderá encontrar nesses escritos[79].

A ligação intrínseca entre pretensão de significação e simbolização realça um traço fundamental das definições: estas não são propriamente passíveis de verdade ou falsidade, se por *ser verdadeiro* se entende *corresponder ao simbolizado*. As definições, diz Leibniz, "não são verdades, mas sim explicações dos termos" (Math., I, i, b – OFI, p. 538)[80]. Vincular a um nome uma definição é pretender-lhe a natureza mesma de ser um símbolo. O nome não nomeia senão aquilo que sua definição diz que ele nomeia

[79] Especificações diferentes da terminologia leibniziana serão adotadas unicamente na medida em que uma maior precisão no uso dos termos se mostrar necessária. A fim de evitar mal-entendidos, será preferível sempre empregar os termos seguindo a terminologia cunhada por Leibniz.

[80] "Sub *veritatum praeliminarium* nomine hic tantum Axiomata et postulata intelligo, exclusis definitionibus, quae non sunt veritates sed explicationes Terminorum".

e, portanto, a relação entre o simbolizado e sua definição não é algo demonstrável. Demandar a demonstração da correção desta relação é não compreender a natureza da definição, pois, para que a questão da demonstração se coloque para um enunciado, é preciso que ele erga uma pretensão à verdade. Ora, a definição não pretende ser verdadeira ou falsa, já que, mais do que meramente pretender descrever o definido, ela o *institui*. A ligação entre o nome e o simbolizado não é, portanto, descritível verdadeira ou falsamente por uma definição, mas é *imposta* por esta[81]. Em resumo, antes que pretender ser uma verdade, a definição pretende ser a condição da pretensão da verdade em geral. Assim, o fato de ser indemonstrável não torna a relação definicional ininteligível. Ao contrário, compreender a natureza dessa relação é compreender que ela não pode ser objeto de demonstração:

> *Definição* (*Definido* ou *Nome*) é o termo mais composto (simples) em uma proposição recíproca admitida arbitrariamente, consistente em um termo simples e um composto. Eis por que a definição é a proposição cuja razão não pode ser dada, mas que usamos apenas para resumir. Portanto, a definição é uma hipótese, sobre cuja verdade não se deve discutir, mas apenas questionar se é apta, clara, e se é prudente assumi-la (AA VI, iv, p. 288)[82].

O estreito vínculo entre pretensão de simbolização e significação faz do nome o ingrediente eminente, quer dizer, o material genuíno de toda proposição. Uma asserção é ou bem a

---

[81] Examino essa questão em Moreira (2006).

[82] "*Definitio* (*Definitum* seu *Nomen*) est terminus magis compositus (simplex) propositionis reciprocae pro arbítrio assumtae, ex termino simplici et composito constantis. Itaque definitio est propositio cujus ratio non redditur, sed quam compendii tantum causa adhibemus. Est ergo definitio hypotheis quaedam, de cujus veritate disputari non debet, sed tantum an sit apta, clara, prudenter assumta".

afirmação ou negação daquilo que se presume ser simbolizado e significado por um nome, ou bem a afirmação ou negação de uma certa relação entre o que se presume ser simbolizado e significado por certos nomes.

O estabelecimento das definições mostra-se um momento fulcral do procedimento de conhecimento e mesmo do discurso em geral. Pois ele fornece os elementos materiais de tudo aquilo que pode ser explicado ou sustentado, na medida em que constitui as condições para que uma proposição se pretenda tal: pretenda afirmar ou negar algo. Sem as pretensões de significação, nada há para ser afirmado ou negado; não há nada a que se possa acrescentar "*é*" ou "*não é*" de sorte a pretender algo como verdadeiro.

Como assinala Q. Racionero (1994, p. 265), essa doutrina leibniziana das definições de Leibniz nada tem de original ou de inovador, pois, no essencial, Leibniz segue a este respeito os mesmos passos já palmilhados por Hobbes. Vejamos isso mais de perto.

I.1.3 Leibniz e a verdade em Hobbes

Para Hobbes, o papel da definição é ser a base para o cálculo racional, e isto justamente em virtude de sua natureza institucional. Segundo ele, cabe à definição instituir a relação de nomeação:

> Não é necessário disputar sobre se as definições devem ser admitidas ou não. Pois, porquanto se trate de algo apenas entre o mestre e o aprendiz, se o aprendiz entende todas as partes do definido resolvidas na definição e mesmo assim não quer admitir a definição, a controvérsia então se encerra, pois isso é o mesmo que não querer ser ensinado. E se não

> entende, a definição não é boa, sem qualquer controvérsia, porque a natureza da definição consiste em exibir claramente a ideia da coisa; com efeito, os princípios ou são cognoscíveis por si, ou então não são princípios (Hobbes, 2009, vi, §15, iii - pp. 162-165)[83].

Essas afirmações evidenciam a proximidade entre o pensamento de Hobbes e o que acabamos de verificar ser também o posicionamento de Leibniz. Esse diagnóstico, no entanto, dificulta precisar em que medida este último acreditava distinguir-se do primeiro de modo a escapar à sua própria objeção. Afinal, se ele não rejeita as teses hobbesianas nem no que concerne ao arbitrário da relação de nomeação, nem no que concerne à natureza fundamental da definição como a base da demonstração, o que, então, ele recusaria em Hobbes e que sustentaria sua censura de para este a verdade seria arbitrária? Se para um como para outro a verdade se garante e se mostra através do cálculo racional, cuja base se constitui pelas definições e pelo procedimento orientado por regras logicamente aceitáveis, então o que explicaria que Leibniz pudesse acusar Hobbes de conceber a verdade como arbitrária sem se ver igualmente alvo desta mesma acusação? São essas as perguntas para as quais é preciso buscar doravante a resposta.

Iniciemos por considerar um manuscrito estimado datar do início dos anos oitenta, no qual Leibniz tece a seguinte afirmação:

---

83 "Ora, as definições que, como dissemos, são princípios ou proposições primeiras, são discursos, e porque são empregadas para suscitar na mente do aprendiz a ideia de alguma coisa, se a essa coisa é imposto um nome, a definição não pode ser outra coisa que a explicação desse nome por meio de um discurso. E se o nome for imposto em virtude de um conceito composto, a definição não é senão a resolução desse nome em suas partes mais universais. Como quando definimos *homem* dizendo *homem é um corpo animado sensível racional*" (Id., §14 - p. 160-161).

> Ao ver que toda verdade pode ser demonstrada a partir das definições e acreditando, ademais, que toda definição é arbitrária e nominal, visto que depende do arbítrio impor nomes às coisas, Hobbes queria que também as verdades consistissem em nomes e fossem arbitrárias. Mas deve-se saber que não se pode juntar as noções arbitrariamente, mas deve-se formar delas um conceito possível, a fim de se obter uma definição real (AA VI, iv, p. 542)[84].

Essa passagem permite circunscrever com mais precisão o alvo da crítica leibniziana a Hobbes. Leibniz não parece recusar que toda verdade possa ser demonstrada a partir das definições, nem tampouco que as definições tenham sua origem no arbítrio. Sua crítica parece focada no que, a seus olhos, Hobbes extrairia como consequência dessas duas convicções, a saber, a tese de que a própria verdade das proposições também repousaria no arbítrio. Dito de outro modo, Leibniz parece censurar Hobbes por transferir à verdade o caráter arbitrário que ele entenderia inerente às significações dos nomes a partir dos quais as proposições são construídas. Ele objeta que o arbítrio na construção das definições não vigora de forma irrestrita, já que o êxito daquela construção se determina pela coerência interna de seus resultados, isto é, pelas possibilidades internas das definições construídas. Para compreender melhor o que está em jogo aqui, detenhamo-nos um pouco mais nas teses de Hobbes a esse respeito.

---

84 "Hobbesius scilicet cum videret omnes veritates posse demonstrari ex definitionibus, autem omnes definitiones esse arbitrarias et nominales crederet, quia in arbitrio est nomina rebus imponere, volebat et veritates in nominibus consistere, et arbitrarias esse. Sed sciendum est, non posse pro arbitrio conjungi notiones, sed debere ex iis conceptum formari possibilem, ut habeatur definitio realis".

Para este, a linguagem revela-se o expediente sensível através do qual raciocinamos. Conquanto razão e linguagem sejam distintas, estão intrinsecamente relacionadas: não podemos raciocinar a não ser mediante o emprego de símbolos, isto é, dos sinais sensíveis que constituem a linguagem. Inversamente, esta se explica em vista da consecução da razão: a linguagem afigura-se um artifício cuja finalidade seria permitir o exercício da razão e a otimização dos raciocínios[85]:

> Por aí se vê que a razão não nasce conosco como a sensação e a memória, nem é adquirida apenas pela experiência, como a prudência, mas é obtida com esforço, primeiro, através de uma adequada imposição de nomes e, em segundo lugar, através de um método bom e ordenado de passar dos elementos, que são os nomes, a asserções feitas por conexão de um deles com o outro, e daí para os silogismos, que são as conexões de uma asserção com outra, até chegarmos a um conhecimento de todas as consequências de nomes... (Hobbes, 1983, p. 30)[86].

Conforme já discutido anteriormente, Leibniz põe-se aqui completamente de acordo. No pequeno *Diálogo* de 1677 em que discute as teses hobbesianas sobre verdade, ele manifesta sua

[85] Poderia ser lembrado que a linguagem para Hobbes tem um emprego mais amplo, servindo também para "agradar e para nos deliciarmos, e aos outros, jogando com as palavras, por prazer e ornamento" (*Leviathan* I, iv – p. 21). Este uso secundário da linguagem, porém, não nos interessa aqui, e sua desconsideração não compromete a presente discussão.

[86] Pouco antes na mesma obra, em um capítulo dedicado à linguagem, Hobbes observa que "os gregos têm uma só palavra, *lógos*, para *linguagem* e *razão*", e acrescenta o que obviamente não se reduz a uma mera interpretação do que os gregos pensavam, mas é, antes de mais nada, sua própria convicção: "não que eles [gregos] pensassem que não havia linguagem sem razão, mas sim que não havia raciocínio sem linguagem" (Id., p. 24).

anuência à convicção de que a linguagem é uma condição do uso da razão; e salienta que, ainda que prescindamos, no raciocínio, do emprego de palavras, não prescindimos aí de sinais (Leibniz, 2003, p. 115 e 119 - AA VI, iv, pp. 22-23). Algum dispositivo sensível, estima ele, faz-se sempre necessário ao uso da razão. Alhures, ele completa:

> Todo raciocínio humano se consuma por meio de certos sinais ou caracteres. Pois não são apenas as próprias coisas, mas também as ideias das coisas que não podem e nem devem ser sempre distintamente observadas no ânimo (AA VI, iv, p. 918)[87].

Leibniz e Hobbes permanecem de acordo em que a explicação para isso repousa nos limites de nossas competências mentais ou mnemônicas. Para Hobbes, não apenas não somos capazes de ter presente uma ideia a não ser mediante uma imagem ou um sinal que a marque ou fixe de alguma maneira, como também, quando a ideia é muito complexa, ou o encadeamento de ideias no raciocínio se faz muito longo, não somos capazes de ter presentes todas as suas partes de uma vez. Nessas circunstâncias, é preciso apelar para expedientes sensíveis. Ele observa:

> Não há quem não saiba por experiência própria quão inconstantes e efêmeros são os pensamentos humanos e quão fortuita é a sua recordação. Pois ninguém é capaz de se recordar das quantidades sem medidas sensíveis e presentes, nem das cores sem

[87] "Omnis humana ratiotinatio signis quibusdam sive characteribus perficitur. Non tantum enim res ipsae, sed et rerum ideae semper animo disctincte observari neque possunt neque debent, et itaque compendii causa signa pro ipsis adhibentur". Ver também AA VI, iv, p. 22.

> exemplares sensíveis e presentes, nem dos números sem os nomes dos numerais (dispostos em ordem e aprendidos de cor). Portanto, sem um tal auxílio, o que quer que um homem tenha reunido na mente ao raciocinar imediatamente se esvai, não podendo ser evocado senão repetindo-se a operação. Donde se segue que, para a aquisição da *filosofia*, são necessários alguns lembretes sensíveis, pelos quais os pensamentos passados possam ser retomados e como que registrados, cada qual em sua ordem (Hobbes, 2009, II, §1, pp. 36-39).

Leibniz vai além, salientando que a complexidade a que pode chegar uma ideia ou cálculo torna falhos mesmo os expedientes sensíveis representados pelos sons, afinal quase tão efêmeros quanto os pensamentos. Para assegurar a correta consecução dos raciocínios, não há senão os caracteres, que são "sinais escritos, delineados ou esculpidos" (GP VII, p. 204) que, por se fazerem desse modo perenes, mantêm-se sempre à vista, encerrando as condições sensíveis excelentes para a consecução do cálculo. E, conforme já aludido, salienta que, "visto que algumas vezes tamanho é o número de caracteres que a ideia não pode ser apresentada toda inteira à imaginação, é preciso uma delineação na matéria, para que, examinando por ordem, estejamos certos de que, ao avançarmos aos posteriores, os precedentes não escaparam" (AA VI, iii, p.463 – cf. supra – n. 61).

Isso torna compreensível o zelo com que Leibniz e Hobbes abordam a linguagem. Sendo esta estimada uma *conditio sine qua non* do exercício da razão, um exame das condições deste exercício não pode dispensar aquele das regras que é preciso seguir na linguagem a fim de assegurar que esta sirva como instrumento do raciocínio. Eis o que motiva o empenho de Leibniz na elaboração de uma Língua Característica. O célebre "*calculemos*" (Leibniz, 2016d, p. 415 - AA VI, iv, p. 913) testemunha a convicção de que, sendo a linguagem o veículo sensível através do qual damos consecução aos nossos pensamentos, uma linguagem que se apresentasse como um veículo perfeito, isto é, que em sua estrutura permitisse explicitar todos e apenas os encadeamentos lógicos dos pensamentos, proporcionaria o instrumento por excelência de avaliação da correção dos nossos raciocínios:

> Se houvesse alguma *língua* exata (que alguns chamam *Adâmica*), ou ao menos um gênero de *escritura verdadeiramente filosófica*, pela qual as noções fossem reconduzidas a algum *Alfabeto dos pensamentos humanos*, tudo o que se seguisse racionalmente do que foi dado poderia ser encontrado por *um certo gênero de cálculo* do mesmo modo como são resolvidos os problemas aritméticos ou geométricos (Leibniz, 2016d, pp. 411-412- AA VI, iv, p. 911)[88].

Quanto a Hobbes, a discussão sobre a linguagem é tecida sobretudo no manuscrito *Cálculo ou Lógica*, trabalho que abre seus *Elementorum philosophiae*. Já no primeiro capítulo, consagrado à caracterização da filosofia, Hobbes apresenta o que entende por razão: raciocinar é calcular, isto é, juntar e separar itens de modo a chegar a algum resultado:

> Por raciocínio entendo cálculo. Ora, calcular é *ou coletar a soma de muitas coisas adicionadas conjuntamente, ou conhecer o que resta quando uma coisa é retirada da*

[88] "Si daretur vel *lingua* quaedam exacta (qualem quidam *Adamicam* vocant) vel saltem *genus* Scripturae vere philosophicae, qua notiones revocarentur ad *Alphabetum quoddam cogitationum humanarum*, omnia quae ex datis ratione assequi licet, inveniri possent, *quodam genere calculi*, perinde ac resolvuntur problemata Arithmeticae aut Geometriae".

> *outra. Raciocinar*, portanto, é o mesmo que *adicionar* ou *subtrair* (Hobbes, 2009, i, §2, pp. 20-21).

Os elementos genuínos, os materiais a partir dos quais raciocinamos, ou a que em última instância remetemos os resultados dos nossos cálculos são, evidentemente, os nossos conteúdos mentais, as nossas ideias ou nossos pensamentos. Pois empregamos a razão e o cálculo para compreender o que se nos apresenta; e entender algo ou compreendê-lo é torná-lo presente, ou poder fazê-lo, ao pensamento:

> Quando um homem ao ouvir qualquer discurso tem aqueles pensamentos para os quais as palavras desse discurso e a sua conexão foram ordenadas e constituídas, então dizemos que ele o compreendeu, não sendo o entendimento outra coisa senão a concepção causada pelo discurso (Hobbes, 1983, I, iv, p. 25).

A linguagem, como já aludido, é o instrumento graças ao qual calculamos. Ela apresenta os expedientes sensíveis que, marcando nossos pensamentos, permitem apresentá-los todos, e na ordem requerida, à consecução do raciocínio. E sendo essa a finalidade da linguagem, é também o seu limite. É na medida em que tem por finalidade propiciar o raciocínio que a linguagem deve ser apreciada e mesmo elaborada; é, pois, por remissão às condições do raciocínio que se a deve abordar.

Poderíamos ser conduzidos a concluir disso que, por estar estritamente vinculada ao pensamento, sendo apenas o expediente sensível para sua apresentação, a linguagem não merecesse uma atenção especial. Suas regras seriam naturalmente seguidas, visto que nela as palavras e suas articulações estariam de tal modo ligadas aos pensamentos que explicitariam por si sós os conteúdos e funcionamento daqueles. Desse ponto de vista, o exame das regras da linguagem não proporcionaria uma ampliação do conhecimento, mas apenas a estruturação de um formalismo vazio e estéril do ponto de vista do conhecimento, como, aliás, já foi mencionado que Descartes bem poderia objetar, conforme observa Y. Belaval (1960, p. 34).

Aos olhos de Hobbes e de Leibniz, essa convicção padece de um equívoco consistente em desconsiderar o que a reflexão sobre o pensamento cartesiano já apontou: que quando um raciocínio é demasiado longo, ou quando uma ideia é demasiado complexa, nossas faculdades mnemônicas e cognitivas não são capazes de abarcar conjuntamente todos os passos ou meandros do raciocínio ou da ideia. Nesse caso, como já visto na discussão sobre Descartes, Leibniz adverte que nossa eventual competência para concatenar todos os nomes respectivos expõe-nos à ilusão de termos presentes à mente todos os conteúdos nomeados, e é aí que nos enganamos (Cf. AA VI, iii, p. 462).

O equívoco diagnosticado por Leibniz e Hobbes, portanto, reside na negligência do descompasso incontornável entre nossa competência para manipular ou concatenar símbolos e nossa competência em trazer conjuntamente à mente toda a complexidade que essa manipulação propicia. Eles observam que, justamente por se apresentar como um expediente pelo qual podemos fixar pensamentos e raciocínios, por complexos que sejam, a linguagem, não obstante se volte para esses, a tal ponto deles se descola que o que ela produz não é tanto a rememoração de uma ideia, mas sim a substituição desta. Dito de outro modo, o que a linguagem promove – observam Hobbes e Leibniz – é uma autonomia do cálculo com símbolos em relação ao pensamento. Para falar em termos hobbesianos, a linguagem produziria uma substituição do que poderíamos considerar um encadeamento de pensamentos *sine verbis* por um cálculo com palavras[89]. Desse ponto de vista, pode-se afirmar que, em contraste com Descartes, para quem a linguagem afigura-se algo externo, talvez mesmo um estorvo para o pensamento[90], aos olhos de Leibniz e Hobbes ela seria intrínseca e em grande medida constitutiva deste.

O descompasso entre o que nos proporciona nossa competência mnemônica e o que nos proporciona nossa habilidade em manipular símbolos, portanto, não se afigura, aos olhos de Leibniz e de Hobbes, um problema. Ao contrário, ele realçaria o benefício prodigioso que a linguagem traz consigo. Leibniz sublinha:

> Se um geômetra, sempre que nomeasse uma hipérbole, ou espiral, ou quadratura durante a demonstração, fosse obrigado a prefigurar com exatidão as suas definições ou gerações, e a seguir, aquelas dos termos que as integram, seria com extrema lentidão que chegaria a descobrir algo novo; se, durante o cálculo, um aritmético pensasse continuamente nos valores de todas as notas ou cifras e na pluralidade das unidades, nunca resolveria os longos cálculos, do mesmo modo que se ele quisesse utilizar a mesma quantidade de pedras para isso. E um jurisconsulto, ao mencionar as ações e exceções e benefícios jurídicos não pode, e nem é preciso, percorrer sempre com a mente os requisitos essenciais, sempre longos, daquelas (AA VI, iv, p. 918)[91].

89 "O uso geral da linguagem consiste em passar nosso discurso mental para um discurso verbal, ou a cadeia de nossos pensamentos para uma cadeia de palavras" (Hobbes, 1983, p. 21). Para uma discussão sobre essa questão em Hobbes, ver Limongi (2000), pp. 109-135 e (2009), III, 4.

90 Para uma discussão a respeito, ver Pinheiro (2019).

91 "Si enim Geometra, quoties Hyperbolam aut Spiralem aut Quadratricem inter demonstrandum nominat, semper earum definitiones sive generationes et rursus

I.1.3.1 Linguagem e cálculo segundo Hobbes

As considerações precedentes evidenciam que o exame atento das regras da linguagem afigura-se, para Leibniz como para Hobbes, uma tarefa imprescindível. Porque se, por um lado, é ao se destacar do pensamento que a linguagem pode servir à finalidade que constitui sua natureza, por outro, é aí também que ela pode dele se perder. Isso ocorre quando, ao empregar os sinais linguísticos em substituição aos pensamentos, e combiná-los com vistas a efetuar cálculos, chegamos a resultados que não podem de modo algum evocar algo pensável[92]. Nesse caso, a linguagem se aniquilaria como tal, visto que, nada podendo haver na mente que corresponda aos resultados obtidos graças às operações com os sinais, estes, no rigor, deixariam de simbolizar. Em síntese, podemos então dizer que, para Hobbes, como também para Leibniz, a linguagem consiste em um sistema simbólico através do qual podemos raciocinar, isto é, representar os pensamentos e, a partir daí calcular sobre eles. Este procedimento, ao requisitar uma dissociação entre aquela e os próprios pensamentos, envolve sempre o risco de uma perda, por parte da linguagem, de sua competência simbólica. De acordo

---

terminorum eas ingredientium definitiones sibi exacte praefigurare cogeretur, tardissime ad nova detegenda perveniret; si Arithmeticus inter calculandum omnium notarum sive ciphrarum quas scribit valores unitatumque multitudinem continuo cogitaret, nunquam prolixos calculos absolveret, perinde ac si totidem lapillis uti vellet; et JCtus aliquis, quoties actiones aut exceptiones aut juris beneficia memorat, requisita harum rerum essentialia saepe prolixa semper mente percurrere non potest, neque opus est".

[92] Como ficará mais claro adiante, a impossibilidade da qual se trata aqui nada tem a ver com uma limitação mnemônica ou psicológica daquele que exerce o pensamento, mas decorre do próprio modo como os elementos unidos foram articulados. Melhor dizendo, não se trata de algo que não pode ser pensado em sua integralidade por nós em virtude de sua complexidade, mas sim por uma junção de elementos linguísticos que não se deixam articular, não formando um todo que possa ser pensado em si mesmo como uma unidade.

com Hobbes, quando isso ocorre, somos levados às raias da loucura[93], porque, pior que uma aniquilação da linguagem, nesse caso somos conduzidos ao absurdo.

Essas considerações já nos indicam o caminho a seguir na abordagem da linguagem enquanto instrumento do cálculo. Se pretendemos nos manter nos limites da sanidade, progredindo nos raciocínios, há que abordar a linguagem à luz das condições do pensamento. Trata-se de tomar as condições da pensabilidade como princípios para a descoberta das regras e dos limites nos quais se circunscreve a linguagem, a fim de que esta satisfaça sua finalidade e natureza. Assim, uma linguagem será sempre adequadamente empregada quando se puder garantir que o que aí se efetua com os nomes pode ser acompanhado no pensamento. Este ato de acompanhar com o pensamento as operações com os nomes é o que Hobbes denomina "evidência", que ele caracteriza como a

> ...concomitância da concepção de um homem com as palavras que significam tal concepção no ato de raciocínio. Pois quando um homem raciocina com seus lábios apenas, para o que a mente sugere apenas o início, e não segue as palavras da sua boca com as concepções da sua mente (...), embora ele comece seu raciocínio com proposições verdadeiras, e proceda com silogismos perfeitos, e através disso sempre faça conclusões verdadeiras, suas conclusões ainda não são evidentes para ele, por falta da concomitância da concepção com suas palavras. Pois se as palavras apenas fossem suficientes, um papagaio poderia ser ensinado a conhecer a verdade tanto quanto a falá-la (Hobbes, 1999, I, vi, §3).

[93] Cf. Hobbes (1983) I, iv, pp. 23-24, e v, pp. 28-29.

Podemos daí concluir que a noção hobbesiana de evidência está intrinsecamente associada à de unidade do pensamento. Ter uma evidência relativamente a um nome ou um nexo de nomes é reunir em pensamento tudo aquilo que o nome ou nexo de nomes visa simbolizar, e precisamente naquela concatenação e ordem indicados nos símbolos. É pensar, então, na forma de uma unidade articulada, todos os elementos evocados pelo símbolo correlativo. A noção de unidade faz-se assim fundamental: referir um nexo de nomes a um pensamento ou concepção de sorte a chegar a uma evidência é remeter a *um só conteúdo mental* toda a multiplicidade unida nos nomes.

É claro que, como princípio a partir do qual se examina as condições de uso da linguagem no cálculo, a evidência não deve ser exigida como uma condição efetiva da correção deste. Como já vimos, a memória e a atenção impõem um limite cognitivo, ou melhor, meramente psicológico, à nossa mente com respeito ao pensamento atual, limite que a linguagem tem por fim justamente remediar. Assim, ao se pretender a evidência como um princípio para o estabelecimento das regras da linguagem, tem-se em vista o que consideraríamos a evidência *possível*, concernente à garantia de que, a despeito de não sermos capazes, em virtude daquela limitação psicológica, de abarcar simultaneamente em um só pensamento uma certa articulação de ideias, nem por isso esta carece por si mesma de uma unidade passível de ser pensada. A noção de evidência possível, que deve nortear o exame das regras e limites da linguagem, remete, portanto, àquela ideia de uma unidade articulada, a qual, justamente por se constituir assim, é admitida estruturar *um* pensamento possível, ou um conteúdo pensável.

As regras da linguagem com vistas ao cálculo apresentam-se, portanto, a partir da noção de evidência possível. A evidência, por seu turno, consiste na unidade do pensamento que se pretende correlativo aos nomes, se é para estes se comportarem como símbolos. Cumpre, então, examinar em que consiste o pensamento segundo Hobbes; mais precisamente, cumpre examinar em que consiste essa entidade mental a que se remetem os símbolos linguísticos. Para respondê-lo, cumpre considerar o pensamento abstração feita da linguagem. Se o que está em questão é a relação de representatividade dos signos linguísticos, então é preciso remeter-se a um momento logicamente anterior a estes, a saber, ao momento de sua instituição como tais. É então preciso averiguar o que se pode apresentar como conteúdo mental anteriormente à instituição dos símbolos linguísticos, enquanto o elemento genuíno que se pretende simbolizar através desses.

Como visto, segundo Hobbes, todo o conteúdo dos nossos pensamentos, abstração feita das construções que efetuamos pelo cálculo, tem sua origem na sensação. Se a razão, em seu exercício, está intrinsecamente associada à linguagem, tratar dos conteúdos mentais abstração feita desta última implica, de algum modo, considerar esses conteúdos abstração feita da própria razão. Ora, ainda que supuséssemos que nossa competência conceptiva não se restringe ao que é ofertado pelos sentidos, é certo que a liberdade em relação a estes parece requerer um concurso racional. E deve, portanto, ser desconsiderada aqui. Abstração feita de qualquer uso da razão, o que se pode admitir como mobília da mente restringe-se ao que compartilhamos com outros seres dotados de memória. Restringe-se, nesse sentido, àquilo em relação a que a mente é passiva: àquilo que se supõe que ela recebe de algo que lhe é extrínseco – o que exige, por seu turno, que a mente seja dotada de uma certa capacidade de ser afetada, de sentir. Donde se pode inferir que a fonte do que poderíamos considerar os ingredientes genuínos dos pensamentos é o que se pode denominar uma certa faculdade passiva, por Hobbes chamada de sentido. O que, no plano do pensamento, corresponde, como ideia, ao que se apresenta no sentido é o que Hobbes denomina um conteúdo da imaginação:

> Assim como a água parada colocada em movimento pelo impacto de uma pedra, ou sopro de vento, não deixa de mover tão logo o vento cesse, ou a pedra pare: assim tampouco o efeito que o objeto provocou no cérebro cessa tão logo se tenha desviado o órgão ou o objeto cesse de operar; quer dizer, embora o sentido seja passado, a imagem ou concepção permanece, embora mais obscuramente, enquanto nós estamos acordados, porque algum objeto ou outro continuamente se impõe <*plieth and soliciteth*> a nossos olhos e ouvidos, mantendo a mente em um movimento mais forte, através do qual o mais fraco não pode aparecer. E esta concepção obscura é o que nós chamamos *fantasia* ou *imaginação*: imaginação sendo (para defini-la) a concepção que permanece e pouco a pouco diminui a partir e depois do ato do sentido (Hobbes, 1999, I, iii, § 1).

A imaginação é, portanto, a fonte do material dos pensamentos. Sendo assim, é a ela que deve se remeter, em última instância, a condição da evidência. Pois não obstante o exercício da razão incremente nossa autonomia com relação ao que podemos construir na imaginação, as condições da evidência não nos permitem nos desprendermos dela. De modo que, se podemos construir pensamentos cujo conteúdo, tomado como uma totalidade, não remete a nada que seja dado na sensação, nem por isso podemos construir pensamentos cujo conteúdo envolva algum ingrediente que, de nenhum modo, possa ser imaginado. Assim, na linguagem, ou bem os símbolos evocam pensamentos cujos conteúdos se resolvem em conteúdos da imaginação, ou bem não evocam pensamentos, quer dizer, não simbolizam nada.

Esgotam-se com isso as condições da evidência: esta tem como forma a ideia da articulação de um complexo passível de se apresentar ao pensamento como um todo uno e, como ingredientes, os conteúdos da imaginação. Dizendo com outras palavras, para que um nome ou um cálculo tenham êxito em sua pretensão de simbolizar algo, é preciso que aquilo que evocam tenha a unidade como forma e imagens como matéria.

Isso dito, retornemos à linguagem. Podemos melhor divisar o tipo de dificuldade que, em sua origem, ela pode remediar a partir da abordagem de alguns aspectos da concepção hobbesiana de erro. Erramos, diz Hobbes, quando concatenamos mal sinais naturais, isto é, sinais que se constituem como tais por motivos psicológicos; por exemplo, quando, ao ver uma nuvem, imediatamente imaginamos a chuva, e, desse nexo, passamos à expectativa desta última. Ou quando, vendo a imagem de uma pessoa refletida no rio, imaginamos haver ali efetivamente uma pessoa. O que ocorreu nesse caso foi uma conexão de imagens na mente, como se uma prometesse a outra, isto é, como se a ela estivesse vinculada por algum nexo intrínseco (Hobbes, 2009, v, §1, pp.112-117). Erramos nesse caso não porque tais imagens não se fizessem presentes, mas porque aquela concatenação não havia nelas; uma não era promessa da outra. Diz Hobbes:

> Erra-se pelo sentido e pelo pensamento quando, de uma imaginação presente, imaginamos outra, ou quando de uma pretérita, uma que não ocorreu <*praecessere*>, ou de uma futura, uma que não ocorrerá e, contudo, as fingimos como pretérita ou futura (Id., pp. 114-115).

Esse tipo de erro – pondera Hobbes – corrige-se pela linguagem, pela correta imposição de nomes às coisas. E essa correta imposição de nomes nada mais é do que a substituição dos sinais naturais por sinais artificiais.

Um sinal, diz ele, é um item da imaginação que associamos a um outro de tal maneira que estimamos o último como se seguindo do primeiro. Nesse caso, no rigor, ambos são sinais um do outro: o segundo é sinal do primeiro na medida em que evoca na mente a ideia da ocorrência pregressa do outro; o primeiro é um sinal do segundo porque, inversamente, traz à mente a ideia dele como aquilo que se sucederá:

> Costumamos chamar-se *sinais* os *antecedentes de consequentes e os consequentes de antecedentes, sempre que temos experiência de que na sua maior parte das vezes eles precedem e se sucedem de modo semelhante* (Hobbes, 2009, ii, § 2, pp. 38-39 – com alterações).

Um sinal natural é aquele que se constrói a partir da apresentação constante à mente de uma certa sequência de imagens; ou melhor, a partir da experiência de que, sempre que uma ocorreu, a outra também ocorreu, sempre consoante uma certa ordem. Somos aí naturalmente conduzidos, através da memória, a conectar as duas imagens como se compusessem uma só imagem, quer dizer, como se ambas estivessem efetivamente conectadas em um só conteúdo mental. É aí que surge a possibilidade do erro; pois tal conexão se constrói sobre a base de uma tendência meramente psicológica, que de modo algum se pode admitir no rigor intrínseca às respectivas imagens. Assim é que, por mais que nuvem e chuva, ou calor e fogo se nos apareçam consoante uma determinada ordem e concatenação, nem por isso é necessário que os primeiros sejam efetivamente conectados aos segundos. Aquela ordem não é de modo algum suficiente para assegurar a dependência veiculada na relação de sinalização. E assim, ao supor aquela dependência, estamos sempre sujeitos ao erro.

Como já adiantado acima, evita-se esse tipo de erro por meio da substituição dos sinais naturais pelos artificiais. Tais são os nomes, que compartilham com os sinais naturais aquela relação de dependência com aquilo de que são sinais. Um certo conteúdo da imaginação, quando nomeado por um nome, é tal que sempre o referido conteúdo vem à mente de quem ouve o nome respectivo e vice-versa: quando se pretende provocar certo conteúdo na mente de outrem, recorre-se à pronúncia do nome respectivo. E para se lograr segurança de que essa relação de sinalização é infalível, de sorte a podermos nos precaver dos erros a que está sujeita a relação natural, é preciso que a relação de sinalização tenha uma necessidade da qual carecem os sinais naturais. Isso se alcança quando a relação de sinalização é instituída, isto é, quando cabe a quem institui escolher como estabelecerá a relação. Porque então poderá precisar com absoluta exatidão de que imagens os nomes são sinais, e que imagens evocam certos nomes. Hobbes daí conclui que, para corrigir as falhas dos sinais naturais, as relações de sinalização dos nomes devem ser arbitrárias, quer dizer, devem repousar no arbítrio daquele que então decidiu convencionar tal e tal relação de sinalização. Diz ele:

> *Nome* é uma *palavra empregada ao arbítrio do homem, para que seja uma marca pela qual se possa suscitar na mente um pensamento semelhante a um pensamento passado e que, disposta na oração, e pronunciada aos outros, seja o sinal de qual pensamento teve ou não teve aquele que a proferiu* (Hobbes, 2009, ii, § 4, pp. 42-43).

Eis a explicação para tais sinais serem ditos artificiais, e a linguagem – que, afinal, constitui-se a partir deles – ser considerada um artifício. Assim entendida, a linguagem não depende da competência racional do artífice no sentido de ser posterior e decorrente dela. Ao contrário, a linguagem é um artifício destinado a viabilizar que aquela competência racional se exerça, libertando o artífice das limitações da memória. O caráter artificial da linguagem não supõe, portanto, o concurso da razão, mas é esta que, para ser concebida como tal, depende da suposição da linguagem, e desta como um artifício. E a vantagem da razão sobre a memória repousa na aptidão da primeira a uma exatidão e necessidade que a segunda, calcada que está em sinais naturais, revela-se incapaz de proporcionar.

Portanto, para manter aquela relação necessária, um nome não pode envolver ou supor qualquer vínculo natural, decorrente de expedientes psicológicos, em sua constituição. Isso quer dizer que, quaisquer que sejam nossas inclinações com respeito aos nexos de nossas imaginações, esses não podem ser preservados como tais no estabelecimento das relações de nomeação que constitui a linguagem. Mesmo que um nome guarde alguma relação de similaridade com o nomeado, como sucede nos casos onomatopaicos, nem por isso tal tipo de relação é essencial para um nome. Uma relação de nomeação não apenas não pode se pautar pelo que preside as relações naturais – quer dizer, não deve se restringir a traduzir para uma linguagem verbal os nexos psicológicos inerentes aos sinais naturais –, como tampouco precisa guardar qualquer relação natural – quer dizer, psicologicamente explicável – com aquilo de que é nome.

Eis por que também a definição, enquanto aquele enunciado que explica o nome, isto é, veicula sua relação de simbolização, deve ser arbitrária em um duplo sentido: em primeiro lugar, o nome que nela se pretende explicar – o *definiendum* – deve ser arbitrariamente escolhido, o que torna irrelevante qualquer eventual semelhança com o nomeado. Em segundo lugar, a explicação do nome – o *definiens* – também deve ser arbitrariamente elaborada: não podendo depender daquilo que é dado a partir dos sinais naturais sem reproduzir a falibilidade destes, a definição, ainda que, de alguma maneira, se mantenha próxima das relações naturais, não pode ser fundada nestas[94].

É claro que todo esse artifício tem por limite a evidência. Por destacadas que sejam das nossas experiências pré-linguísticas, por assim dizer, as definições devem poder suscitar na mente uma concepção, um pensamento. Visto que não se trata aí necessariamente de uma imagem que naturalmente tenhamos, trata-se de algo que sejamos capazes de construir. E se a evidência supõe uma unidade articulada, trata-se de algo que podemos articular em uma unidade consoante as relações de sinalização dos nomes veiculados nos respectivos *definiens*. Eis por que uma definição, para Hobbes, deve apresentar o modo de geração do definido: deve expressar o algoritmo que instrui a construção de uma ideia do definido na imaginação, isto é, no domínio do pensamento *sine verbis* (Hobbes, 2009, vi, §13, pp. 156-161).

Dado que o *definiens* é arbitrário, o modo de geração nele descrito não pode estar atrelado à maneira consoante a qual o nomeado foi efetivamente construído. Quer dizer, não se trata de reproduzir, na definição, os sinais naturais que conduzem a um certo conteúdo de pensamento. Trata-se, ao contrário, de expressar de que modo na imaginação somos competentes para, por nós mesmos, construir aquele conteúdo com independência dos sinais naturais a ele associados (Id. ibid). Eis a razão por que, na elaboração da definição, podemos desconsiderar o modo segundo o qual a imagem foi efetivamente construída, em favor do seu modo de geração possível (Cf. Hobbes 2009, i, §5, pp. 24-27). E se algo que se pretenda um algoritmo nesses termos tem sucesso em poporcionar a elaboração de um pensamento, isso basta para que uma relação de simbolização

[94] Ver a respeito Limongi (2009), III, 4.

se institua entre o nome e a respectiva ideia. Se tal construção não pode ter lugar, nenhuma evidência é possível, o resultado é o fracasso em se instituir uma significação para um nome.

A maneira segundo a qual se pode apresentar a construção na imaginação, isto é, no cálculo *sine verbis*, é apresentada por Hobbes por remissão àquela ideia de unidade que constitui a noção de evidência. Ela apresenta-se como uma justaposição de imagens na *composição* de *uma só* imagem ou ideia. Diz ele:

> Se alguém vir obscuramente algo longínquo, ainda que nenhum vocábulo tenha sido atribuído, tem, contudo, daquela coisa a mesma ideia por causa da qual, agora, atribuídos os vocábulos, diz-se que a coisa é um *corpo*. E se, depois de chegar mais perto, vir a mesma coisa ora em um certo lugar, ora em outro, terá uma nova ideia dela, por causa da qual a coisa se chama agora *animada*. Por fim, quando, estando próximo, vê a figura, escuta a voz e atenta para outras coisas que são sinais de uma mente racional, tem uma terceira ideia, mesmo que até então não haja um nome para ela; a saber, aquela por causa da qual se diz que algo *racional*. Finalmente, quando ele já concebe plena e distintamente a coisa toda vista como una, essa ideia é composta das precedentes, e deste modo a mente compõe as ideias mencionadas na mesma ordem pela qual são compostos no discurso os nomes isolados *corpo*, *animado*, *racional* em um único nome *corpo animado racional*, ou seja, em *homem* (Hobbes, 2009, i, §3, pp. 20-22).

Um enunciado que se pretenda uma definição, portanto, só pode ser recusado caso falhe em instruir a construção de uma imagem mental. Pois sendo apenas a explicação da significação de um nome, se a imagem mental correspondente for construtível e ainda assim a definição for recusada, então a recusa dirige-se ao aprendizado da significação do nome. O que se recusa é, portanto, a dominar uma linguagem, ou, o que resulta no mesmo, a dominar as condições de exercício da razão. Diz Hobbes:

> Não é necessário disputar sobre se as definições devem ser admitidas ou não. Pois, porquanto se trate de algo apenas entre o mestre e o aprendiz, se o aprendiz entender todas as partes resolvidas na definição e mesmo assim não quiser admitir a definição, a controvérsia então se encerra, pois isso é o mesmo que não querer ser ensinado (Hobbes, 2009, vi, §15, iii, pp. 162-165)[95].

Motivações semelhantes conduzirão a convicções semelhantes por parte de Leibniz. Os conhecidos e não poucos escritos em que ele se consagra a dar consecução ao que Louis Couturat (1985, Cap. V) considera seu projeto enciclopédico norteiam-se por esta convicção: a certeza quanto aos resultados dos raciocínios requer e repousa sobre o emprego exclusivo de "caracteres determinados" (AA VI, iv, p. 910), isto é, sinais cuja significação esteja apresentada com absoluta exatidão. E isso se assegura, reconhece ele, se a definição for instituída, isto é, se a significação do nome for estabelecida por arbítrio. Eis por que a respeito de uma definição não se pergunta se é verdadeira,

95 "Ora, as definições das quais dissemos ser princípios ou proposições primeiras são discursos que são utilizados para suscitar na alma do discípulo a ideia de alguma coisa, e se um nome é imposto a algo, a definição não pode ser outra coisa que a explicação daquele nome por um discurso. Ora, contanto que o nome seja imposto em virtude de um conceito composto, a definição não é outra coisa que a resolução daquele nome em suas partes mais universais; como quando definimos *homem* dizendo *homem é um corpo animado sensível racional*" (Id., §14). Ver a respeito Limongi (2000).

"mas apenas questionar se é apta, clara, e se é prudente assumi-la" (Cf. AA VI, iv, p. 288 – ver supra n.73).

É sensato esperar que, acompanhando Hobbes neste ponto fundamental, Leibniz esteja também comprometido, em alguma medida, com as conclusões que constituem alguns de seus desdobramentos. Como vimos, a exigência a ser satisfeita pelo caráter institucional das definições requer não apenas que se reconheça o arbítrio inerente à escolha do sinal que desempenha o papel de nome, mas sobretudo que a concatenação mesma dos nomes que comparecem na posição do *definiens* seja resultado do arbítrio.

Essa é, de fato, uma tese cara a Leibniz. No contexto de sua discussão do *Ensaio* de Locke sobre o entendimento humano, é nela fundamentalmente que ele se ancora para responder à dúvida que Locke ergue sobre nossa competência para circunscrever as definições de sorte a refletir as essências efetivas. Seguindo uma trilha paralela àquela que percorremos com Hobbes, Leibniz pondera que, para as condições de certeza do nosso conhecimento, ao invés de pretender reproduzir os vínculos pretensamente naturais entre os itens que nos são dados, é mister apresentar definições ou caracterizações de cuja conceptibilidade possamos estar seguros. Assim, quaisquer que sejam "os regulamentos que os homens estabeleçam para suas denominações e para os direitos conferidos aos nomes, desde que o seu regulamento seja coerente ou ligado e inteligível, ele terá o seu fundamento na realidade" (*N.E.*, III, vi, §14); de tal maneira que, na composição dos *definiens*, "todo aquele que elabora uma combinação possível, não se engana nisso, nem ao atribuir-lhe um nome" (id., §29-§30).

Pelas mesmas razões de Hobbes, Leibniz manifestará as mesmas preocupações no que concerne às condições de sucesso das definições. Assim é que, para ele, se por um lado há que reconhecer, como intrínseco à sua natureza arbitrária, um componente aleatório na formulação do *definiens*, por outro lado, é preciso avaliá-lo à luz da finalidade inerente à definição, que é instituir a relação de nomeação. Na esteira de Hobbes, e por razões semelhantes, Leibniz deverá então fazer repousar o sucesso da relação de nomeação na remissão do pretenso nome a um *cogitabile*, e unicamente a ele.

Isso não quer dizer que esses autores compartilhem as mesmas convicções quanto à natureza das definições. Para Leibniz, o que caracteriza uma definição é a mera pretensão de explicar um nome. Assim, todo nexo de nomes que veicule as condições suficientes para a determinação ou o reconhecimento do pretenso definido satisfaz os requisitos para ser chamado de definição. Mas visto que nem todo elenco de nomes é apto enquanto tal a resultar em um *cogitabile*, há que se regular as pretensas definições por uma regra pela qual se possa estar seguro quanto ao sucesso na instituição da relação de nomeação. Como será examinado com mais detalhe adiante (I, 2), Leibniz introduzirá, então, no interior das definições, uma distinção conforme sua aptidão para assegurar seu êxito em instituir o definido. Ele aí mantém, como princípio, a mesma regra hobbesiana. Assim, uma definição que apresenta as condições suficientes para atestar o sucesso da relação de nomeação é aquela que veicula o modo de geração possível do definido. A esta será reservado o nome de definição real. Definições que não satisfaçam essa condição tampouco estão aptas por si a assegurar que uma relação de nomeação tenha sido efetivamente instituída. Seu emprego nos raciocínios, precisamente por seu caráter problemático, depende de que sejam respaldadas por uma definição real do mesmo item. Eis por que elas não podem gozar do mesmo estatuto das definições reais, mas ao contrário devem ser devidamente distinguidas e separadas dessas. Leibniz as chama de definições nominais. Ele diz:

> Poucas pessoas explicaram bem em que consiste a diferença entre estas duas definições, a qual deve permitir discernir também a essência e a propriedade. Na minha opinião, essa diferença é que a real faz ver a possibilidade do definido, e a nominal não o faz (*N.E.*, III, iii, §18 - Leibniz, 2019, p. 75)[96].

Por aí se vê que, conquanto Leibniz seja mais permissivo, por assim dizer, na consideração do que conta para algo ser uma definição, sua permissividade não chega a se produzir um distanciamento insigne do pensamento hobbesiano. Motivado por razões semelhantes, ele compartilha com Hobbes as mesmas convicções no que tange à natureza arbitrária das definições em geral, bem como no que tange aos limites pertinentes à arbitrariedade na instituição dos nomes. Donde é sensato admitir que também deverá chegar, nas suas linhas gerais e no seu cerne, às mesmas conclusões com que aquele está comprometido ao assumir essas teses.

Não é, porém, isso o que se constata. Ao contrário, tendo acompanhado Hobbes até aqui, Leibniz passa doravante a distanciar-se a tal ponto das teses hobbesianas que culminará na objeção a Hobbes já aludida precedentemente e, na esteira dela, na acepção intensional de verdade. Mas para examinar isso com mais detalhe, voltemos primeiramente nossa atenção para as consequências que Hobbes extrai das teses que até aqui diagnosticamos serem partilhadas por Leibniz e ele.

---

[96] "Peu de gens ont bien expliqué en quoi consiste la différence de ces deux définitions, qui doit discerner aussi l'essence et la propriété. A mon avis cette différence est que la réelle fait voir la possibilité du défini, et la nominale ne le fait point" (Ver também AA VI, iv, pp. 1567-1569 e AA VI, iv, pp. 539-541).

I.1.3.2 Verdade e arbítrio

Para Hobbes, a substituição das relações naturais de simbolização por relações artificiais tem como consequência um descolamento, por assim dizer, da linguagem com respeito a um pretenso domínio ontológico a que supostamente os nomes se remeteriam em última instância. Ele parece avaliar que, se ainda era plausível supor que os símbolos naturais, em sua constância, refletissem de algum modo os comportamentos das pretensas entidades exteriores que, supostas impor-se aos sentidos, evocavam aqueles símbolos, isso não pode mais ser admitido nas relações artificiais de simbolização. Porque o desprendimento exigido dos sinais artificiais com respeito àquela regularidade dos naturais obriga a que se renuncie a qualquer remissão àqueles pretensos existentes. Assim como os sinais artificiais não estão comprometidos com a reprodução da regularidade dos naturais, tampouco o estão relativamente a algo extrínseco ao que se decidiu instituir. Hobbes pode então pretender que:

> (...) uma vez que, como definido, os Nomes dispostos no discurso são sinais de conceitos, é evidente que eles não são sinais das próprias coisas. Pois em que sentido se pode entender que o som da palavra *pedra* é sinal de uma pedra senão que quem tiver ouvido esse som depreende que o falante havia pensado em uma pedra? (Hobbes, 2009, ii, §5- pp.44-45).

Além disso, os nomes estão comprometidos, em seu sucesso, com a evidência. E esta repousa na construtibilidade da ideia na imaginação. Para um nome simbolizar, isto é, nomear, ele não depende de que algo efetivamente exista que seja por ele nomeado; ao contrário, basta-lhe que um pensamento seja construtível a partir de sua definição. É por isso que nomes cujo emprego é absolutamente imprescindível a certos raciocínios, tais como "nada", "impossível", "futuro", podem legitimamente ser denominados tais. Afinal, observa Hobbes, quando se afirma que, ao se subtrair dois e três de cinco, nada resta, conquanto a palavra "nada" não seja empregada visando designar algo existente, ela nem por isso é inócua na oração; nem por isso ela aí deixa de nomear (Cf. Hobbes, 2009, ii, § 6 – pp. 44-47).

Instituídos os nomes, instituem-se as condições do raciocínio, isto é, do cálculo. E um cálculo na linguagem não consiste senão, dadas as caracterizações, em uma adição ou subtração com nomes. E visto que essas operações devem se pautar pela evidência, uma adição ou subtração com nomes deve, não apenas apresentar como resultado algo que possa se construir na imaginação, como também poder se fazer acompanhar, no seu percurso, por operações *sine verbis*. Claro que se trata aqui da mera possibilidade disso. Como visto, o benefício propiciado pela linguagem é libertar-nos dos limites psicológicos da evidência impostos pela memória. As regras da linguagem, ou melhor, do cálculo com nomes, devem se pautar pela noção de evidência *possível*. E esta é garantida por aquela suposição de uma unidade articulada inerente ao pensamento constitutivo da evidência.

É essa ideia de unidade articulada que se fará, então, princípio a partir do qual se definem e examinam todos os itens e regras constitutivos da linguagem. A mais elementar operação de soma e subtração que podemos efetuar com nomes é a *proposição*. Uma proposição é uma oração ou discurso que veicula uma operação com dois nomes a partir da qual se visa uma evidência possível, o que requer, aos olhos de Hobbes, que essa operação comporte uma unidade. Isso explica a caracterização que ele oferece para proposição como um discurso consistente em uma cópula de nomes na qual se veicula que ambos nomeiam uma mesma coisa. Diz ele:

> Uma proposição é um discurso que consiste em dois nomes copulados, significando que aquele que fala concebe que o nome posterior é nome da mesma coisa de que o primeiro é nome (Hobbes, 2009, iii, §2 – pp. 68-69).

Antes de prosseguir, é importante tecer algumas observações sobre o emprego da palavra "coisa" <*res*> neste contexto. É claro que ela não significa um suposto item extralinguístico e extra-mental pertinente ao domínio ontológico independente da linguagem, que, para Hobbes, está, como já visto, afastado do universo da significação. Nos termos em que é aqui empregada, a palavra "coisa" comparece como um substituto da noção de evidência. Efetivamente, o que se tem relativamente às condições do cálculo é a evidência possível, e não a evidência atual. Basta, para tomar uma operação com nomes como correta, que ela remeta a uma unidade que possa ser, enquanto tal, pensável. O que importa sobretudo é preservar, no cálculo, como princípio, essa unidade, que, como visto, é a condição formal da evidência possível. A palavra "coisa", tal como empregada por Hobbes, satisfaz precisamente esta condição. Uma "coisa" é tudo aquilo que pode ser nomeado por um nome. É, pois, tudo aquilo que se pode admitir como passível de constituir um conteúdo uno de um pensamento possível, independentemente de ser existente em ato, ou de ser conteúdo de um pensamento efetivo. É por isso que também palavras como "nada", ou "futuro", na medida em que nomeiam, nomeiam coisas. Diz Hobbes:

> Ora, visto que todo *nome* tem uma relação com algum *nomeado*, mesmo que o nomeado nem sempre seja uma coisa existente na natureza, é lícito, por razões especulativas, chamar o *nomeado* de *coisa*, na

> medida em que resulta no mesmo, seja aquela *coisa* existente verdadeiramente, seja ela fictícia (Hobbes, 2009, ii, § 6 – pp. 46-47).

Feita essa ressalva, voltemos às definições. Na medida em que veiculam as significações de nomes, as definições têm uma estrutura proposicional. E o que elas veiculam é que aquele nexo de nomes que comparece na posição do predicado nomeia precisamente aquilo que o nome na posição de sujeito nomeia. Enquanto proposições, contudo, elas gozam de um estatuto institucional, pois, como vimos, não veiculam senão as explicações dos nomes enquanto as entidades linguísticas elementares. Por isso são chamadas *verdades primeiras*: verdades, porque o que elas veiculam de fato se dá, porquanto o nexo que constitui o *definiens* nomeia precisamente aquilo que o *definiendum* nomeia. E é isso que é ser verdadeiro para uma proposição:

> *Verdadeira* é uma proposição cujo *predicado* contém em si o *sujeito*, ou seja, cujo *predicado* é nome de cada uma das coisas de que o *sujeito* é nome (...). Mas aquela que não é verdadeira, ou seja, cujo *predicado* não contém o sujeito, é chamada *Falsa* (Hobbes 2009, III, §7 - pp. 76-77).

As definições são verdades, ademais, primeiras, graças à sua natureza institucional: o que elas veiculam é o caso unicamente porque se instituiu que assim seria. Precisamente por isso, essas verdades, enquanto tais, são indubitáveis. Porque, como vimos, recusá-las é "recusar-se a ser ensinado".

À diferença das definições, as proposições que não são verdades primeiras não visam instituir significações para nomes. Elas satisfazem à pretensão de calcular com nomes, uma vez que a linguagem já tenha sido construída. Nesse sentido, uma proposição é uma cópula de nomes que pode ou não ser verdadeira. E uma proposição será verdadeira se o que ela enuncia for o caso, isto é, se efetivamente seu termo predicado nomear tudo o que seu termo sujeito nomeia. Ora, visto que o que um nome nomeia é aquele pensamento que é especificado por sua definição, a verdade ou falsidade de uma proposição se determinará exaustivamente pelas significações dos nomes nela envolvidos. Quer dizer, a verdade ou falsidade de uma proposição se determinarão consoante as significações dos nomes envolvidos remeterem ou não a uma unidade reconhecida pensável. De tal maneira que uma análise continuada das respectivas definições – isto é, a substituição reiterada dos nomes por suas respectivas definições – deve bastar para atestá-la. Assim, considera Hobbes, para nos certificarmos da verdade de uma proposição resultante de um cálculo, é preciso

> ... antes conhecer a definição de cada um dos nomes e, ainda, as definições dos nomes colocados na definição, até que por uma resolução continuada, se chegue ao nome absolutamente simples, quer dizer, ao supremo ou absolutamente universal naquele gênero de coisas. Pois se nesse momento nem a verdade nem a falsidade aparecerem, trata-se de uma questão de filosofia, a ser investigada por um raciocínio começando pelas definições. Com efeito, toda proposição universalmente verdadeira é ou uma definição, ou uma parte de uma definição, ou deve ser demonstrada a partir de definições (Hobbes, 2009, v, §10 – pp. 124-125).

Atestar a verdade de uma proposição, aos olhos de Hobbes, é, então, mostrar pelos símbolos que os nomes na posição de sujeito e de predicado remetem a um só pensamento possível.

Ou melhor, é mostrar pelos sinais linguísticos que é possível reunir em uma mesma coisa os pensamentos daqueles dois nomes. E a verdade consiste justamente nisso: em que os nomes copulados remetem a um só pensamento possível; portanto, que de sua cópula, é possível uma evidência. Eis o que conduz Hobbes a considerar que, nos raciocínios com nomes, ou chegamos a proposições verdadeiras ou chegamos a absurdos. Porque, para uma proposição ser verdadeira, basta, pelas razões alegadas acima, que dela se tenha uma evidência possível. Ora, sabemos, esta é condição da significatividade do discurso: a impossibilidade da evidência é o absurdo. Diz Hobbes:

> ... quando raciocinamos com palavras de significação geral, e chegamos a uma inferência geral que é falsa, muito embora seja comumente denominada erro, é na verdade um *absurdo*, ou um discurso sem sentido. Pois o erro é apenas uma ilusão, ao presumir que algo aconteceu, ou está para acontecer, acerca do que, muito embora não tivesse acontecido, não existe, contudo, nenhuma impossibilidade aparente. Mas quando fazemos uma asserção geral, a menos que seja uma asserção verdadeira, sua possibilidade é inconcebível. E as palavras com as quais nada mais concebemos senão o som são as que denominamos *absurdas*, *insignificantes*, e *sem sentido* (Hobbes, 1983, I, v, p. 28)[97].

[97] Poderíamos ser convidados a pensar que esta restrição colocada por Hobbes às palavras de significação geral visasse garantir que a verdade de proposições singulares, ou mesmo particulares, não teriam suas condições de verdade exauridas pelas definições. Convém observar, contudo, que sejam quais forem tais condições de verdade, que não nos interessa aqui examinar, elas se remetem aos pensamentos, e não a entidades extralinguísticas. Porque quaisquer que sejam as proposições, elas consistem de nomes, e estes, vimos, são sinais de pensamentos, e não de entidades extra-mentais. É por isso que a verdade de uma proposição repousa em condições eidéticas, seja qual for sua quantidade,

Pode-se afirmar, com base nisso, que a diferença entre as verdades primeiras e aquelas que se constroem a partir delas reside somente em que as primeiras concernem às condições de instituição da linguagem, ao passo que as demais supõem já esta instituição. Elas não se distinguem com respeito àquilo em que repousa sua verdade, isto é, a evidência possível. A condição necessária e suficiente para a verdade de uma proposição é que ela veicule algo que possa proporcionar uma evidência possível. Além disso, assim como as definições veiculam o que se concebe por um certo nome, também as proposições em geral, ao copular nomes, veiculam a proposta de que se conceba uma determinada coisa a partir daquela cópula.

Poderíamos daqui concluir que, para Hobbes, o que é propriamente verdadeiro ou passível de verdade são as proposições entendidas como sinais linguísticos que visam exprimir pensamentos. Estes, bem como pretensas entidades extralinguísticas e extra-mentais, não são passíveis de verdade ou falsidade. As últimas não são passíveis de verdade ou falsidade porque decorre do caráter institucional da linguagem que se as exclua do universo da significação; os pensamentos tampouco o são porque são aquilo sobre o que repousa a verdade de uma proposição. Pensamentos, nesse sentido, não são passíveis de verdade ou falsidade, mas são aquilo frente a que se determina o valor de verdade de uma proposição. Donde podemos concluir que a verdade ou a falsidade se atribuem às cópulas de nomes conforme tais nomes remetam ou não a um só conteúdo mental. Por seu turno, visto que a verdade e a falsidade repousam nisso, estão intrinsecamente limitadas, em seu escopo, às definições instituídas. Sendo atributos de proposições, e sendo

---

ou seu conteúdo. Porque os nomes que nela comparecem remetem a pensamentos. Poderíamos então admitir que, no caso das proposições singulares, suas condições de evidência talvez requeressem certos traços específicos, mas não que tal evidência indique ou suponha a remissão a algo além do pensamento enquanto o que se pretende significar com a referida proposição.

as proposições ou bem institucionais (verdades primeiras), ou bem construídas a partir dos nomes instituídos, o domínio do verdadeiro e do falso se circunscreve àquele das proposições construtíveis em um determinado sistema linguístico. Ele se circunscreve, portanto, a partir das definições que instituíram este sistema. Ora, é justamente esse resultado que Leibniz alega para acusar Hobbes de "mais que nominalista". Diz ele:

> Thomas Hobbes, como é preciso convir, parece-me ser mais que nominalista. Pois, não contente em, com os nominalistas, reduzir os universais a nomes, diz que a própria verdade das coisas consiste em nomes e o que é mais, que ela depende do arbítrio humano, porque a verdade depende das definições dos termos, e as definições dos termos, por seu turno, do arbítrio humano (GP IV, p. 158)[98].

Precisamente nesse "mais que nominalismo" repousaria o que Leibniz reputa ser a "dificuldade hobbesiana". Ele completa:

> Hobbes, ao ver que todas as verdades podem ser demonstradas a partir das definições, e ainda acreditando serem todas as definições arbitrárias e nominais, porque depende do arbítrio impor nomes às coisas, queria que também as verdades consistissem em nomes e fossem arbitrárias (AA VI, iv, p. 542 - N. 129)[99].

---

[98] "Thomas Hobbes, qui, ut verum fatear, mihi plusquam nominalis videtur. Non contentus enim eum Nominalibus universalia ad nomina reducere, ipsam rerum veritatem ait in nominibus consistere, ac, quod majus est, pendere ab arbítrio humano, quia veritas pendeat a definitionibus terminorum, definitiones autem terminorum ab arbítrio humano".

[99] "Hobbesius scilicet cum videret omnes veritates posse demonstrari ex definitionibus, autem omnes definitiones esse arbitrarias et nominales crederet,

Assim entendida a crítica, resta por explicar de que maneira Leibniz, tendo se mantido em linha com o percurso de Hobbes, pode, já em momento tão avançado, desviar-se a ponto de não se reconhecer obrigado a aceitar o que se mostrou apenas um desdobramento das teses iniciais, por ambos compartilhadas. Como veremos a seguir, o descolamento dos resultados a que chega Hobbes se explica porque tem como ponto de partida não a recusa de alguma das teses assumidas, mas sim sua radicalização. É por se fazer, por assim dizer, mais hobbesiano que o próprio Hobbes que Leibniz culminará por contrastá-lo.

I.1.3.3 Unidade, realidade e evidência segundo Leibniz

Para compreender melhor o percurso de Leibniz, examinemos de que maneira ele apresenta suas críticas. Em resposta ao que julga a pretensão de Hobbes de estender às verdades o caráter arbitrário das definições, ele advertiria, em linhas gerais, "que não se pode unir noções arbitrariamente, mas que se deve formar delas um conceito possível para que se tenha uma definição real" (AA VI, iv, p. 542 – N. 129)[100]. Contra a tese do "mais que nominalismo", ele pretenderia que a verdade das proposições não se esgotaria nas relações internas dos nomes, mas teria seu "fundamento" na natureza das coisas.

Com respeito à primeira dessas objeções, é desnecessário assinalar que ela não pode pretender denunciar alguma displicência por parte de Hobbes relativamente às condições de êxito de uma definição. Como já visto, para este, as

quia in arbitrio est nomina rebus imponere, volebat et veritates in nominibus consistere, et arbitrarias esse".

100 "Sed sciendum est, non posse pro arbitrio conjungi notiones, sed debere ex iis conceptum formari possibilem, ut habeatur definitio realis". Ver também AA VI, iv, pp. 589-590 – N. 141.

definições são estabelecidas arbitrariamente, mas têm sempre como princípio e limite a evidência possível, isto é, uma concepção ou conceito possível. Assim, se é justamente para esse limite e princípio que Leibniz chama atenção em sua crítica, esta última não pode encerrar a acusação de que Hobbes teria negligenciado aquele limite. Segue-se que a objeção deve dirigir-se meramente ao estatuto que aquele teria atribuído a esse limite uma vez reconhecendo-o como princípio fundamental da significatividade.

Dessa perspectiva, a crítica de Leibniz poderia ser remetida à ponderação de que Hobbes não teria levado em consideração que os limites da evidência possível e, com eles, da possibilidade do discurso verdadeiro, são anteriores ao teor arbitrário da linguagem. Ou, dizendo de modo mais claro, que o arbitrário das definições, ao circunscrever um campo no interior do âmbito da evidência possível, determina apenas o universo das proposições verdadeiras que efetivamente se podem formular, mas não aquele da verdade enquanto tal. No que tange a este último, vale dizer, o âmbito da verdade enquanto tal, ele tem como limite a própria evidência possível. Leibniz daí parece concluir que seria nele, antes que no arbitrário inerente à elaboração das definições, que repousaria o fundamento da verdade. Examinemos isso com mais detalhe.

Para Hobbes, como já visto, as definições são fruto do arbítrio e seu êxito se mede pela possibilidade da evidência. Para que uma conexão de nomes tenha sucesso em sua pretensão de instituir a significação de um nome, é necessário e suficiente que viabilize uma evidência possível. Isso não implica, porém, que basta que algo seja uma evidência possível para que seja apresentado por uma definição, ou descritível por uma verdade. Não basta que uma certa significação de um nome seja possível para que seja efetivamente formulada. Pelo contrário, se assim fosse, teríamos uma consequência incompatível com o que foi admitido. Se toda definição possível fosse *eo ipso* uma definição efetiva, então não poderia haver outras definições, mas apenas as que efetivamente se construíram. E estas, por seu turno, deveriam ser necessariamente construídas. As definições não seriam arbitrárias, mas, sim, necessárias. É, pois, condição do arbitrário das definições que se admita um hiato entre as definições efetivamente formuladas e o espaço das possibilidades de sua elaboração, de tal maneira a se poder assegurar que outras definições poderiam ser pensadas em lugar das que efetivamente foram forjadas; e isso, claro, ainda dentro dos limites da evidência possível. É manifesto que com isso as verdades variariam na mesma medida: as definições sendo outras, as concepções correlativas também o seriam; quer dizer, os conteúdos dos nossos pensamentos, representados pelos nomes, seriam outros. E os conteúdos para uma evidência possível sendo outros, também as verdades que os descreveriam seriam, correlativamente, outras.

Esse resultado parece reforçar a concepção hobbesiana. Afinal, se os próprios conteúdos das verdades variam consoante as definições estabelecidas, nada mais razoável do que admiti-los dependentes dessas definições. Leibniz, contudo, parece concluir o inverso. A possibilidade de outras verdades possíveis, de outras definições ainda dentro dos limites da evidência possível, atestaria que não é o arbitrário das definições o que impõe o limite à verdade e constitui sua natureza. Se para além do arbitrário, e como condição deste, ainda é preciso admitir a possibilidade de outras definições factíveis desde que dentro dos limites da evidência possível, então é porque é esta, e não aquele arbitrário, que determina o escopo do significativo e do passível de verdade ou falsidade.

Assim entendida a objeção de Leibniz, poderíamos afirmar que o que ele recusa em Hobbes é ter sobreposto às condições formais das possibilidades das verdades as condições materiais relativas às verdades efetivas. Por considerar que proposições só podem ser construídas a partir da linguagem, Hobbes teria concluído que a verdade, enquanto atributo de proposições, repousaria no arbítrio inerente às definições estabelecidas. Leibniz, em contrapartida, pondera que, embora isso deva ser admitido com relação a cada uma das verdades que se possa enunciar – visto ser condição material destas – não pode ser estendido para a verdade enquanto tal, já que o que constitui sua possibilidade não são aquelas condições materiais, mas sim o domínio no interior do qual elas podem ser estabelecidas. E, para circunscrever este domínio, a noção de evidência possível se afiguraria necessária e suficiente. Para Leibniz, seria então isso que permitiria que diferentes linguagens, quer dizer, diferentes sistemas linguísticos constituídos a partir de corpos definicionais distintos, sejam traduzíveis entre si. É porque a condição da evidência permanece a mesma que é sempre possível estabelecer uma regra de conversão entre aqueles diferentes corpos definicionais, pouco importa quão diferentes possam ser os modos de combinar conteúdos mentais. Diz Leibniz:

> E é sempre verdade, sem qualquer arbítrio nosso, que se tais caracteres forem postos, tal raciocínio se efetuará e, se forem postos outros, cuja relação com os anteriores seja conhecida, certamente um outro raciocínio se efetuará, mas a relação resultante também preservará a relação dos primeiros caracteres, a qual aparecerá por substituição ou comparação (Leibniz 2003, p. 117 - AA VI, iv - p. 25)[101].

[101] "semperque verum est sine ullo arbitrio nostro, quod positis talibus characteribus talis ratiocinatio sit proventura, et positis aliis, quorum nota ad priores relatio

Ora, mas que dizer da própria evidência? Também aqui, e ainda para preservar a natureza arbitrária das definições, é importante supor um hiato entre o conjunto das evidências possíveis que atestamos nos nossos cálculos, ou a que podemos chegar a partir das definições instituídas, e aquele suposto abarcar quaisquer que sejam as evidências possíveis. Se os conteúdos das evidências possíveis variam consoante variam as definições que se instituem, então o espaço dentro do qual as evidências possíveis se reúnem tampouco pode coincidir com aquele relativo à noção de evidência possível enquanto tal. Seria preciso também aqui introduzir uma distinção entre condições materiais da evidência possível e condições formais desta, cabendo situar nas segundas a condição da significatividade e, na esteira desta, da verdade[102].

Como visto, o que há de formal relativamente à noção de evidência possível para Hobbes consiste na unidade do pensamento possível. Estão excluídos os procedimentos arbitrários graças aos quais definições se elaboram, bem como aquilo que se admitiu a condição material da evidência possível, a saber, os dados oferecidos pelos sentidos. Por seu turno, aquela

---

sit, alia quidem; sed etiam relationem servans ad priores ex characterum relatione resultantem, quae substituendo vel comparando apparet".

[102] Em realidade, pode-se afirmar que essa distinção se impõe como um desdobramento da própria perspectiva sob a qual Leibniz objeta à concepção hobbesiana sobre o arbitrário da verdade. Como visto, o que ele censura nessa concepção é, em última instância, a incorporação, na consideração da natureza de algo – no caso, da verdade – daquilo que constitui suas condições materiais. Seria isso, genuinamente, que, levando Hobbes às últimas consequências, Leibniz culminaria por recusar. Ora, na identificação ou redução da pensabilidade à imaginabilidade é precisamente disso que se trata: de incorporar condições materiais do pensamento àquilo que concerne à natureza deste. Assim, para preservar a coerência de sua argumentação, pela mesma razão pela qual rejeitou anteriormente a concepção da verdade como arbitrária, deverá rejeitar agora a identificação entre pensamento e imaginação. Se em um e outro caso é do mesmo procedimento que se trata – a incorporação das condições materiais de algo àquilo que especifica sua natureza –, então é preciso ou rejeitar ambos ou endossar ambos.

condição formal da evidência possível não pode ser dependente desta; quer dizer, não pode ela própria estar fundada sobre a evidência possível. Caso contrário não apenas estaríamos às voltas com um círculo vicioso, mas ainda seríamos reconduzidos ao que já foi recusado, a saber, que o domínio que circunscreve a evidência possível enquanto tal possa coincidir com aquele da evidência possível a que se pode chegar a partir das definições instituídas. Se fosse a própria noção de evidência possível o princípio pelo qual se delimitasse a condição da unidade do pensamento, e, com ele, o espaço da possibilidade de evidência, então este dependeria de que se atestasse em ato uma evidência possível. Antes que circunscrever dentro do espaço da evidência possível uma região de evidências possíveis atestáveis, as definições imporiam os limites do próprio âmbito da evidência possível enquanto tal. Contudo, como já visto, isso é incompatível com a natureza arbitrária das definições.

Essa ponderação obriga a buscar a natureza daquela unidade fora da evidência possível. Devendo ser anterior à evidência possível, aquela unidade deve *eo ipso* ser algo dela independente. Ela deve, assim, preservar-se independentemente de que seja pensada como tal, ou, em uma palavra, deve ter uma natureza extraconceitual, ou extra-mental. Leibniz exprime essa conclusão considerando que o fundamento daquela evidência repousa nas coisas mesmas, ou nas possibilidades das coisas: naquilo que, admitido ser correlato ao pensamento, não tem sua realidade fundada neste. E precisamente por considerar que ditas possibilidades têm sua realidade independente do pensamento, Leibniz pode pretender que elas "permanecem as mesmas quaisquer que sejam os caracteres assumidos" (AA VI, iv - p. 281 – N. 69)[103]. Seriam essas possibilidades, então, o fundamento derradeiro da significatividade, e, por via de consequência, da verdade:

[103] "(...) quae characteribus quibuscunque assumtis eaedem manent".

> Pois mesmo que os caracteres sejam arbitrários, contudo, seu uso e conexão têm algo que não é arbitrário, a saber, uma certa proporção entre os caracteres e as coisas, e relações que guardam entre si os diferentes caracteres que exprimem a mesma coisa. E essa proporção ou relação é o fundamento da verdade (Leibniz, 2003, p. 116 - AA VI, iv, p. 24)[104].

Esse deslocamento não é sem consequências. Ao menos duas já de saída podem ser assinaladas. A primeira é que, na esteira dele, é preciso subtrair à noção de evidência o estatuto de fundamento da verdade das proposições e transferi-lo àquele domínio das possibilidades, que, vimos, funda e constitui a evidência. A segunda consequência é que projetar para fora do âmbito do pensamento o fundamento da significatividade e da verdade é, ato contínuo, estender ao pensamento os quesitos pelos quais se pode pretender atribuir verdade ou falsidade a algo. Dito de outro modo, é estender ao âmbito do próprio pensamento a aptidão à verdade e à falsidade. Afinal, não sendo mais o fundamento da verdade, o pensamento revela-se o veículo através do qual as proposições podem ser confrontadas com o domínio extra-mental dos possíveis, podendo ser determinadas quanto a seu valor de verdade. Esse veículo, por seu turno, habilita-se como tal justamente por ser o que corresponde, no plano mental, ao conteúdo da proposição correlativa. E assim como as proposições são passíveis de verdade ou falsidade, também o devem ser aqueles pensamentos que as encarnam e por meio dos quais elas podem se determinar quanto à verdade ou a falsidade.

---

[104] "Nam etsi characteres sint arbitrarii, eorum tamen usus et connexio habet quiddam quod non est arbitrarium, scilicet proportionem quandam inter characteres et res; et diversorum characterum easdem res exprimentium relationes inter se. Et haec proportio sive relatio est fundamentum veritatis".

No rigor, pode-se afirmar que, do ponto de vista operacional, não é o pensamento o veículo pelo qual se determina o valor de verdade de uma sentença, mas o contrário: é análise dos termos na sentença que nos permite decidir se ela corresponde a algo pensável como uma unidade. Dito de outro modo, do ponto de vista da consecução do raciocínio, é fundamentalmente nas operações com caracteres que repousam as condições de determinação do valor de verdade dos resultados do raciocínio. Por outro lado, do ponto de vista de sua estrutura real, é sobretudo porque uma sentença se comporta como um símbolo, isto é, simboliza um pensamento que é pertinente examiná-la a fim de determinar seu valor de verdade.

Compreende-se assim, finalmente, que Leibniz rejeite a tese de que a verdade consista na cogitabilidade relativa a uma certa união de sinais em uma sentença para fazer repousá-la na correspondência do pensamento expresso pela respectiva sentença a algo concernente ao domínio extra-mental das coisas, isto é, das suas possibilidades:

> Contentemo-nos em procurar a verdade na correspondência das proposições que estão no espírito com as coisas em questão (*N.E.* IV, v, §§3-11 - Leibniz, 2004c, p. 282)[105].

É claro que isso não quer dizer que uma evidência seja passível de verdade ou falsidade. Se um pensamento se constitui em uma evidência, ou uma evidência possível, então não pode ser falso. Nesse sentido, a evidência, enquanto exprime e se constitui por aquela unidade que está no fundamento da verdade, permanece sendo o expediente graças ao qual se comprova o valor de verdade de uma proposição. Por outro lado,

[105] "Contentons-nous de chercher la vérité dans la correspondance des propositions qui sont dans l'esprit avec les choses dont il s'agit".

é preciso distinguir pensamento de evidência. O domínio do pensamento, mais amplo, abarca todos os nexos mentais que se podem tecer como correlatos dos nexos efetuados nas proposições. Uma evidência, por seu turno, caracteriza-se por ser o expediente, no âmbito do pensamento, pelo qual efetivamente se logra comprovar o valor de verdade das proposições. Por conseguinte, de um pensamento não se pode mais pretender a unidade que constitui a evidência. Ao contrário, deve-se reconhecer como inerente a ele a multiplicidade constitutiva das proposições. Apenas àquele pensamento do qual se tem uma evidência se pode afirmar que sua multiplicidade intrínseca se apresenta à mente articulada na unidade que funda a evidência. Quer dizer, o que tem esse pensamento de específico em relação aos pensamentos em geral é que à multiplicidade que caracteriza o gênero se justapõe a unidade que especifica o âmbito dos pensamentos evidentes.

Vemos que, conquanto preserve, em sua letra, as convicções hobbesianas a respeito da natureza e do papel da evidência, Leibniz deverá introduzir alterações substantivas relativamente às acepções sob as quais se deve tomar a evidência. Claro que a unidade do pensamento permanece intrinsecamente vinculada, aos olhos de Leibniz, à noção de evidência. Leibniz resguarda também a convicção de que a evidência atesta a verdade. Em contrapartida, ele não mais entenderá a evidência como a unidade intrínseca ao pensamento, graças à qual se determinaria a significatividade ou não de uma conexão qualquer de sinais. Ao contrário, aos olhos de Leibniz, a evidência passará a ser entendida como a unidade inerente a certos nexos de pensamentos, na medida em que esses nexos podem ser eles próprios pensados como unificados em um só pensamento. Dito de outro modo, a evidência será concebida como uma característica de certos pensamentos, quais sejam, aqueles cuja multiplicidade intrínseca é passível de uma articulação interna de modo a perfazer uma unidade passível de ser concebida enquanto tal.

I.1.3.4 A evidência em Leibniz e a tipologia dos nomes hobbesiana

Essas conclusões lançam luz sobre as motivações da crítica que Leibniz dirige à tipologia de nomes elaborada por Hobbes, que será examinada doravante. A crítica consiste em considerar que essa tipologia - aliás, qualquer tipologia de inspiração semelhante à hobbesiana - não é apta a assegurar as condições do discurso coerente ou da significatividade possível. Para compreender melhor o alvo da preocupação de Leibniz, consideremos em linhas gerais a tipologia de Hobbes.

De acordo com essa tipologia, os nomes se dividem, segundo seu papel, em quatro gêneros. Diz ele:

> Ora, os gêneros das coisas nomeadas são quatro, quais sejam, os *corpos*, os *acidentes*, os *fantasmas* e os próprios *nomes*. E assim, em toda proposição verdadeira, é necessário que os nomes copulados sejam ou ambos de *corpos*, ou ambos de *acidentes*, ou ambos de *fantasmas* ou ambos de *nomes*. Nomes conjugados diferentemente constituem uma incoerência e uma proposição falsa. Também pode ocorrer que um nome de coisa seja copulado com um nome de discurso. Há portanto sete modos em que os nomes copulados não constituem algo coerente (Hobbes, 2009, v, §2, pp.116-119)[106].

[106] Ver também Hobbes (1983) I, V, pp. 29-30.

Somente combinações de nomes homogêneos, quer dizer, de nomes de um mesmo tipo, poderiam produzir resultados coerentes[107]. Servindo-se da passagem citada para exibir um uso de certas regras do seu cálculo combinatório, Leibniz dá do procedimento proposto por Hobbes a seguinte versão:

> *Th. Hobbes Element. de Corpore p. I, c. 5.* As *coisas*, das quais há os *termos* que integram as proposições, ou, conforme seu estilo, os *nomeados*, dos quais há os nomes, dividem-se em *corpos* (isto é, substâncias, porque toda substância é um corpo), *acidentes*, *fantasmas* e *nomes*. Assim, os nomes são ou de *corpos*, por exemplo, homem, ou de *acidentes*, por exemplo, todos os abstratos, racionalidade, movimento, ou de *fantasmas*, que diz respeito ao espaço, ao *tempo*, a todas as *qualidades* sensíveis, etc., ou de *nomes*, que diz respeito à segunda ordem Com2nando esses nomes entre si, obtém-se seis combinações, daí resultando a mesma quantidade de proposições. Adicionando a estas aquelas em que termos homogêneos são com2nados (quando corpos são atribuídos a corpos, acidentes a acidentes fantasmas a fantasmas, noções segundas a noções segundas), que são 4, surgem 10. Destes, julga Hobbes, unicamente os termos homogêneos são combinados de modo útil (AA VI, i, p. 178)[108].

---

[107] Ver a esse respeito Limongi (2009), III, 4.

[108] "V. Th. Hobbes Element. de Corpore p. I e 5. Res, quarum dantur Termini in propositionem ingredientes, seu suo stylo, Nominata, quorum dantur nomina, dividit in *Corpora* (id est substantias, ipsi enim omnis substantia corpus), *Accidentia, Phantasmata* et *Nomina*, et sic nomina esse vel *Corporum* v. g. homo, vel *Accidentium* v.g. omnia abstracta, rationalitas, motus, vel *Phantasmatum*, quo refert spatium, Tempus, omnes Qualitates sensibiles etc., vel *Nominum*, quo refert secundas intentiones. Haec cum inter se sexies com2nentur, totidem oriuntur genera propositionum, et additis iis ubi termini homogenei com2nantur (corpusque attribuitur corpori, accidens accidenti,

Para Leibniz, as possibilidades combinatórias dos tipos de nomes visadas por Hobbes se distinguiriam entre, de um lado, os quatro tipos de combinações de palavras homogêneas, quer dizer, portadoras dos mesmos papéis, combinações que seriam todas úteis, e, de outro, os tipos restantes, em que as palavras combinadas seriam heterogêneas, e sua combinação forneceria resultados inúteis. Para compreender melhor o que significaria esta diferença entre resultado útil e inútil no contexto do cálculo combinatório leibniziano, esbocemos, em linhas gerais, em que consiste esse cálculo.

O princípio fundamental sobre o qual repousa o cálculo combinatório é a ideia de que, a partir de um número dado de qualidades primeiras, pode-se constituir, pela composição das referidas qualidades, todas as espécies factíveis de noções compostas. Em um cálculo assim, faz-se abstração de qualquer particularidade relativa aos elementos aí postos em relação, os quais constituem o material do cálculo. As regras seguidas dependem essencialmente da quantidade das possibilidades combinatórias oferecida pelo número das noções que se supõe participar da matéria sobre a qual o cálculo se efetua[109]. Segundo R. Kauppi (1960, III, 1), seria possível resumir a aplicabilidade do cálculo

phantasma phantasmati, notio secunda notioni secundae), nempe 4, exsurgunt 10. Ex iis solos términos homogêneos utiliter combinari arbitratur Hobbes". Ao passo que Leibniz chega a dez possibilidades de combinação das palavras em Hobbes, este encontra onze. Isso porque Hobbes acrescenta uma ulterior possibilidade de equívoco, consistente em combinar nomes de coisas com nomes de proposições. No mesmo texto, §9, Hobbes apresenta-nos um exemplo possível deste tipo de equívoco, que consistiria na transferência de uma necessidade *de dicto* a uma necessidade *de re*. Poderia ser sugerido que, considerando os nomes de nomes como nomes referindo *secunda intentione*, Leibniz teria incorporado os nomes de proposições, considerados separadamente por Hobbes, como espécies particulares de nomes de nomes.

[109] Tendo por base esse critério, pode-se evidentemente estabelecer regras que observem outras particularidades, por exemplo, a ordem segundo a qual os elementos são agrupados, ou a aceitabilidade ou não da repetição de um mesmo elemento em uma mesma compleição, etc. (Ver por exemplo *Dissertatio de arte combinatoria*, Problemas IV - VI – AA VI, i, pp. 211-219).

combinatório aos problemas seguintes: (1) quando o fundamento de uma divisão é dado, é possível encontrar todas as espécies concebíveis; (2) quando um certo número de divisões de um certo gênero é dado, é possível encontrar o número de todas as espécies formadas a partir desta divisão; (3) se as espécies são dadas, é possível encontrar o gênero subalterno que contém todas.

Para compreender melhor o que Leibniz concebe como relativo à utilidade ou inutilidade dos resultados do cálculo, é oportuno examinar seu cálculo sobre a forma dos silogismos factíveis. Tendo por base o estudo levado a cabo por Hospinianus, Leibniz estipula inicialmente que um silogismo se caracteriza por ser constituído de três proposições da forma categórica "A é (não é) B", em que as duas primeiras são as premissas e a última é a conclusão. Depois, ele separa dois critérios (modos) a partir dos quais os silogismos podem ser distinguidos em espécies: segundo a quantidade e segundo a qualidade, ambos se referindo aos tipos de proposições que integram silogismos. Segundo a quantidade, uma proposição pode ser universal (*U*), particular (*P*), singular (*S*) e indefinida (*J*). Segundo a qualidade, uma proposição pode ser afirmativa (*A*) ou negativa (*N*) (AA VI, iv, p. 179). Isso posto, é preciso estabelecer o cálculo das combinações. Quanto à quantidade, as formas de silogismos factíveis são 64, ou seja, 4 – o número das qualidades que especificam as espécies – elevado a 3 – o número das proposições que compõem um silogismo. Quanto à qualidade, o cálculo é o mesmo: 2 – o número das qualidades especificando as espécies – elevado a 3 – o número das proposições – o que dá 8. Depois, é preciso multiplicar 64 por 8, o que rende 512 (Id. Ibid.). Enfim, pode-se estimar este resultado vis-à-vis as quatro figuras do silogismo, o que nos permitiria ainda multiplicar 512 por 4, obtendo finalmente 2.048 (AA VI, iv, p. 184), que é a soma de todas as formas de silogismos factíveis, segundo os critérios apresentados inicialmente.

Claro que, uma vez efetuado todo esse cálculo, é preciso separar as combinações úteis das inúteis. O critério para essa triagem é a validade dos silogismos resultantes: combinações úteis seriam aquelas que produziriam silogismos válidos; inúteis as que não lograriam proporcionar silogismos válidos[110]. Para dar alguns exemplos do procedimento de exclusão de Leibniz, tomemos aquele guiado pela regra de que a conclusão não pode superar as premissas em quantidade: nenhuma combinação que se constitua de duas premissas particulares e uma conclusão universal proporciona resultado útil. Leibniz deve efetuar o procedimento de exclusão, ao cabo do qual não lhe resta mais do que o minguado montante de 24 formas válidas de silogismos.

Por aí se vê que a utilidade e a inutilidade das combinações é aquilatada por um critério amplo, que varia segundo o resultado que se pretende alcançar pelo cálculo. Assim, em um cálculo sobre a quantidade das proposições enunciáveis, o qual teria por elementos as palavras factíveis, os resultados úteis seriam os conjuntos de signos proposicionais tendo uma relação de simbolização, e os inúteis seriam aqueles que não se habilitam a expressar nada (Ver a respeito Leibniz, 1991). Correlativamente, no que concerne aos resultados úteis e inúteis vis-à-vis a tipologia hobbesiana, os resultados úteis seriam as combinações das palavras homogêneas, combinações que se estima produzirem proposições coerentes; os resultados inúteis seriam aqueles que redundariam em incoerências, as quais Hobbes consideraria como proposições falsas (Cf. Hobbes, 2009, 5, §2 – pp. 116-117).

No procedimento de cálculo que resultou nas 2.048 combinações proposicionais acima, vemos que o estabelecimento dos elementos sobre os quais o cálculo se faz observa as regras impostas por uma tipologia como a hobbesiana. Com efeito,

[110] Os critérios são: "de meras particulares nada se segue"; "a conclusão não supera as premissas quanto à quantidade"; "de meras negativas nada se segue"; "a conclusão segue-se da parte mais fraca" (Id., pp. 47-48). Ver a respeito Kauppi (1960, III, § 1, pp. 132 - 133) e Couturat (1985, I, §4 - §12).

esses elementos possuem todos um mesmo papel do ponto de vista da sua relação de significação. Trata-se de proposições que se distinguem entre si unicamente segundo a quantidade e a qualidade. E, conforme atestam os resultados úteis, essa diferença é legítima, porquanto as formas de silogismos válidas distinguem-se entre si pela disposição das proposições segundo a quantidade e a qualidade. No entanto, os resultados inúteis excedem consideravelmente os úteis em quantidade. De sorte que, mesmo respeitando as regras estritas mediante as quais se pode classificar as proposições categóricas que constituem os elementos do silogismo, os resultados inúteis não foram evitados.

Aos olhos de Leibniz, esse resultado apenas ilustra uma dificuldade intrínseca ao raciocínio combinatório em geral, quer dizer, ao raciocínio consistente em unir ou dissociar nomes a partir de certo ordenamento estabelecido de elementos. Leibniz avalia que jamais se pode estar seguro de que a combinação que daí resulta seja útil. Diz ele:

> Mas isso ocorre igualmente nos modos, não só quando a sua obscuridade nos é impenetrável, como acontece, por vezes, na física, mas ainda quando não é fácil penetrá-la, como sucede profusamente na geometria. Efetivamente, em ambas as ciências referidas, não está ao nosso alcance fazer combinações ao sabor da nossa fantasia, caso contrário se poderia legitimamente falar de decaedros regulares e se procuraria no semicírculo um centro de grandeza, tal como há nele um de gravidade. Pois é surpreendente que haja um e que não possa haver o outro (*N.E.*, III, vi, §28 – Leibniz, 2004c, pp. 222-223)[111].

[111] "Mais cela a lieu encore dans les modes, non seulement quando leur obscurité nous est impénétrable, comme il arrive quelquefois dans la physique, mais

O uso da matemática aqui permite evocar pretensas definições cuja inconsistência não pode ser denunciada por nenhum outro procedimento, salvo a própria análise dos nomes aí contidos. Assim, por exemplo, exploremos um dos exemplos mobilizados no trecho supracitado, a saber, o de "decaedro regular". Segundo o critério da igualdade ou desigualdade das superfícies que os limitam e seus ângulos internos, os volumes dividem-se exaustivamente em duas espécies: regulares e irregulares. E dividem-se ainda, segundo o número daquelas superfícies, em uma inesgotável quantidade de espécies. E, com exceção daqueles cuja regularidade faz parte da definição, como é o caso do cubo, por exemplo, os volumes em geral não são determinados previamente como regulares ou não. Em princípio, quer dizer, segundo as regras combinatórias, cada espécie determinada pelo número de lados ou superfícies pode ser tanto regular quanto irregular. Por conseguinte, é sempre legítimo supor que qualquer dos poliedros – os tetraedros, os hexaedros, os decaedros, etcetera – presta-se a ser tanto regular quanto irregular. Assim, combinando os dois nomes, a saber, "decaedro", definido como o sólido de dez superfícies, e "regular", definido como figura cujas extremidades – sejam elas lados ou faces – são iguais, facilmente se formaria a definição "decaedro regular" como o sólido cujas faces são todas iguais entre si. Todavia, embora a irregularidade não esteja incluída na definição de decaedro, essa característica dela decorre necessariamente. Esse resultado mostra que, mesmo seguindo estritamente as regras do cálculo combinatório ou, mais especificamente, as normas relativas à tipologia hobbesiana, não se está resguardado do erro e do absurdo.

---

encore quando il n'est pas aisé de la pénétrer, comme il y en a assez d'exemples en géométrie. Car dans l'une et dans l'autre de ces sciences il n'est pas en notre pouvoir de faire des combinaisons à notre fantaisie, autrement on aurait droit de parler des *decaèdres réguliers* et on chercherait dans le demi-cercle un *centre de graundeur*, comme il y en a un de *gravité*. Car il est surprenant en effet que le premier y est et que l'autre n'y saurait être".

Em face dessa possibilidade de fracasso, sempre envolvida nas pretensões de simbolização inerentes às instituições de significação dos nomes, convém a esta altura abrir parênteses para uma especificação terminológica, garantindo à designação "símbolo" para os nomes que têm sucesso em sua pretensão de simbolização. A expressão "nome", em contrapartida, será empregada para designar, genericamente, não apenas os símbolos mas também quaisquer sinais a que se vincula um enunciado com pretensão definicional, seja ele coroado de sucesso ou não em satisfazer aquela pretensão. Por seu turno as expressões "signo" e "sinal" ficarão reservadas à consideração dos símbolos, ou, mais genericamente, nomes, enquanto se os considera como meras insígnias, uma vez deixadas de lado suas respectivas relações de significação.

Às conclusões precedentes poderia ser objetado que, da tese de que Hobbes considere inúteis as combinações das palavras cujos papéis são heterogêneos – para empregar a terminologia de Leibniz –, não se deve inferir que, para ele, as combinações tidas por Leibniz como inúteis seriam todas verdadeiras. A pertinência dessa objeção é atestada pela seguinte passagem:

> Mas quando nomes de corpos são copulados com nomes de corpos, nomes de acidentes com nomes de acidentes, nomes de nomes com nomes de nomes e nomes de fantasmas com nomes de fantasmas, nem por isso conhecemos imediatamente se aquelas proposições são verdadeiras, sendo preciso antes conhecer a definição de cada um dos nomes e, ainda, as definições colocados na definição, até que, por uma resolução continuada, se chegue aos nomes mais simples, isto é, o supremo ou mais universal naquele gênero de coisas. Mas se nem então a verdade ou a falsidade aparecerem, trata-se de

> uma questão de filosofia, a ser investigada por um raciocínio começando pelas definições. Pois toda proposição universalmente verdadeira é ou uma definição, ou uma parte de uma definição, ou deve ser demonstrada a partir de definições (Hobbes 2009, 5, §10 - pp. 122-125).

É nítido que para Hobbes haveria duas maneiras segundo as quais uma combinação de nomes bem formada, quer dizer, contendo unicamente palavras homogêneas, falharia em veicular um enunciado verdadeiro. Uma delas seria a possibilidade de que a reunião de certas definições contivesse um tipo qualquer de incompatibilidade, que seria explicitada pela avaliação do que cada uma das definições nela contidas encerra. A outra remeteria ao momento mesmo da instituição das definições e repousaria, portanto, em uma falha no procedimento de elaboração destas. Em um caso como no outro, o que parece ter chamado a atenção de Leibniz reside no reconhecimento, por parte de Hobbes, de que sua tipologia das palavras não basta para prevenir contra a incoerência, o absurdo e a falsidade. Mesmo que o procedimento de elaboração das definições tenha sido corretamente observado, e mesmo que as regras impostas pela tipologia tenham sido rigorosamente seguidas, ainda assim Hobbes adverte que é preciso realizar o trabalho suplementar de depurar as combinações de nomes corretas daquelas que acarretem alguma inconsistência. Conforme detalhado na passagem supracitada, esse trabalho suplementar consiste em resolver "a definição de cada um dos nomes e, ainda, as definições colocados na definição, até que, por uma resolução continuada, se chegue aos nomes mais simples", já que então sc poderia cotejar todos os nomes envolvidos na definição mais geral, de sorte a identificar suas incompatibilidades recíprocas.

Dessas considerações, Leibniz parece autorizado a concluir que a tipologia hobbesiana, ainda que proporcione talvez uma chave para explicar a natureza e os limites das operações intelectuais que efetuamos, revela-se insuficiente para prevenir o erro e a incoerência, e assegurar as condições de certeza. Quando o alvo é a certeza da verdade, essa tipologia se afiguraria de pouca serventia, já que o trabalho de triar as combinações de nomes, separando as que proporcionam resultados verdadeiros daquelas que redundam em incoerências e falsidades, não seria evitado, por rigorosa que fosse a aplicação da tipologia dos nomes. Desse ponto de vista, a ressalva que Leibniz dirige à tipologia hobbesiana não parece consistir em recusar algum aspecto ou desdobramento dessa tipologia, mas em salientar um resultado a que, como o trecho supracitado exibe, o próprio Hobbes havia chegado: que sua tipologia, por si apenas, não proporciona os dispositivos suficientes para assegurar a certeza do raciocínio. Anterior aos limites impostos pela tipologia dos nomes, há um limite imposto pela estrutura das possibilidades, que somente o escrutínio rigoroso das definições envolvidas nas combinações pode detectar, como, aliás, Hobbes parece reconhecer ao enfatizar que "se nem então a verdade ou a falsidade aparecerem, trata-se de uma questão de filosofia, a ser investigada por um raciocínio começando pelas definições".

Esses resultados confirmam aqueles já obtidos precedentemente com respeito ao fundamento da evidência. Leibniz reitera, agora por este segundo viés, a conclusão de que as estruturas das possibilidades das coisas não se deixam refletir unicamente pela consideração das condições linguísticas do discurso coerente. Certas impossibilidades, assim como certas relações entre os possíveis ou certas relações entre definições diferentes, permanecem, pouco importa o sistema definicional que se possa selecionar. Isso porque tais impossibilidades e tais relações pertenceriam à estrutura das possibilidades, quer dizer, diriam respeito às estruturas das coisas instituídas, e não àquelas das regras de instituição. Quando se constata, por exemplo, que como quer que se defina espaço, uma figura correspondendo ao que no espaço euclidiano se chamaria decaedro regular não poderia ser construída, constata-se que, embora seja através das definições que se instituem as coisas, as possibilidades mesmas destas instituições não são determinadas pelas definições. Embora dependa do nosso arbítrio servir-nos do procedimento definicional para instituir coisas, as possibilidades das coisas, assim como das suas relações, não se determinam unicamente pelas regras linguísticas da definibilidade coerente. Já em 1677, Leibniz observaria que:

> ... embora as verdades suponham necessariamente alguns caracteres, e mesmo por vezes tratem dos próprios caracteres (como nos teoremas concernentes à prova dos nove), elas não consistem naquilo que neles é arbitrário, mas naquilo que é permanente, a saber, sua relação às coisas (Leibniz 2003, p. 117 - AA VI,iv, p. 25)[112].

[112] "Quanquam ergo veritates necessario supponant aliquos characteres, imo aliquando de ipsis characteribus loquantur (ut theoremata de abjectione novenarii agentia) non tamen in eo quod in iis est arbitrarium, sed in eo quod est perpetuum, relatione nempe ad res consistunt". É sugestiva a comparação desse trecho com uma passagem do livro *La Logique ou l'art de penser*, em que seu autor, o teólogo cartesiano Antoine Arnauld, afirma que "há um grande equívoco nesta palavra "*arbitrário*", quando se diz que a significação das palavras é arbitrária. Pois é verdade que é uma coisa puramente arbitrária unir uma tal ideia a um tal som antes que a um outro; mas as ideias não são em absoluto coisas arbitrárias, e que dependam da nossa fantasia (...). Ora, quando um homem concluiu por seu raciocínio, que o eixo de ferro que passa pelos dois cilindros do moinho poderia girar sem fazer girar o de baixo se, sendo redondo, ele passasse por um buraco redondo; mas que não poderia girar sem fazer girar o de cima, se sendo quadrado fosse encaixado em um buraco quadrado desse cilindro de cima, o efeito que pretendeu segue-se infalivelmente. E, por conseguinte, seu raciocínio não foi uma mistura de nomes segundo uma

Pode-se afirmar que, a despeito das aparências em contrário, Leibniz se sentiria em casa em um ambiente correspondentista[113]. A seus olhos, a caracterização da verdade como inclusão da noção do predicado naquela do sujeito e a caracterização da verdade como adequação da proposição à coisa não se excluiriam, mas seriam, antes, complementares, cada qual respondendo por um aspecto específico das condições de verificação do valor de verdade das proposições. A natureza efetiva da verdade seria expressa com exatidão como adequação entre o discurso e a realidade. Por outro lado, visto que a mera concebibilidade de que certa proposição descrevendo um pretenso objeto simbolize, isto é, exprima uma realidade qualquer, revela-se insuficiente como critério para a distinção entre as definições bem sucedidas e as demais, é preciso sempre testá-la, recorrendo à verificação da possibilidade de que a noção do *definiendum* reúna o múltiplo apresentado no *definiens*, ou, dizendo mais geralmente, à possibilidade de que a noção do sujeito de uma proposição abarque aquela do predicado a ele atribuído. A caracterização da verdade como inclusão apresenta-se, assim, antes como um critério para a comprovação ou explicação do valor de verdade das proposições em geral do que propriamente como uma descrição da verdadeira essência da verdade, a qual pretendesse rivalizar com a tese da verdade como correspondência.

---

convenção que teria dependido inteiramente da fantasia dos homens, mas um juízo sólido e efetivo da natureza das coisas..." (Arnauld, 1993, I, i, p. 43). Para uma discussão sobre o tema, ver D. Marcondes (1989).

[113] Para uma discussão a respeito, ver Camacho (2016).

I.1.4 Definição e verdade em Leibniz

Se toda definição visa instituir uma coisa, mas se nem todas as definições o fazem, então é preciso avaliar sob que condições uma definição institui efetivamente uma coisa. Repitamos ainda uma vez que as definições são tipos muito particulares de enunciados. Conforme já foi observado, elas não são, no rigor, verdades, mas, antes, constituem as condições materiais das verdades em geral. De uma definição, pergunta-se se efetivamente institui uma coisa, e não se corresponde à coisa que pretende instituir: a definição corresponde sempre à coisa que define, porque esta coisa é instituída, e não simplesmente descrita por ela. Assim sendo, é preciso afastar o equívoco de se presumir que o fracasso da definição se situe na relação entre a definição e a coisa definida. Se uma definição fracassa, é porque a coisa pretendida não pode ser instituída: é porque aquilo que é visado pela definição como sendo uma coisa é impossível. Mais precisamente, é porque nada pode ser instituído da maneira pretendida na definição.

A maneira segundo a qual uma definição pretende instituir uma coisa consiste na reunião de certos nomes, que, por seu turno, resumem outras definições, como sendo todos nomes da coisa. Dito de outro modo, o que é instituído pela definição consiste em uma unidade abarcando todas as características especificadas pelos nomes que integram sua definição. Disto se pode concluir que, se uma definição não apresenta uma coisa, isto se dá porque os nomes que ela amealha não podem ser articulados de sorte a nomearem conjuntamente uma só coisa; ou, inversamente, porque uma mesma coisa não pode satisfazer todas as condições impostas pelo que os nomes amealhados contêm. Deve, portanto, haver uma impossibilidade qualquer no plano dos nomes, a qual se transfere ao plano da coisa: os nomes devem ser de tal sorte agrupados na definição que o que dela resulta é impossível[114]. Ora, a única condição para que isto ocorra é que, na definição, esses nomes encerrem uma impossibilidade qualquer, seja internamente – um nome em si mesmo – seja externamente – uns nomes em relação aos outros.

Para Leibniz, ser impossível desta maneira é ser contraditório[115]. Por conseguinte, para um nome ou uma definição, ser impossível é encerrar a afirmação e a negação conjuntas de um mesmo conteúdo. Se uma definição encerra uma contradição, então ela encerra uma impossibilidade; e isto basta para que ela fracasse na sua pretensão de apresentar uma coisa. Em contrapartida, se uma definição não encerra em si nenhuma contradição, ela é possível. E se ela é possível, o que apresenta é uma possibilidade – o que Leibniz designa também por "ser"[116] ou "essência"[117]; e isto basta para que ela efetivamente apre-

[114] Seria açodado suspeitar que aqui Leibniz retome os critérios hobbesianos de consistência. Para Leibniz, o que faz com que se retorne ao plano dos nomes é que a impossibilidade do sucesso da definição não pode se encontrar na coisa, visto que, em tal circunstância, nenhuma coisa há. E é justamente a falta da coisa que faz com que a estimação da possibilidade se faça pela avaliação da definição. Pois é sobretudo um defeito da definição que redunda no fracasso da sua pretensão de instituir uma coisa.

[115] "Se algo envolver uma contradição, é chamado de *impossível*; caso contrário, é entendido como possível" <Si quid involvat contradictionem, dicitur *impossibile*, alioqui possibile intelligetur> (AA VI, iv, p. 626); "*Não-ser* ou *impossível* é aquilo cuja definição contém *A não-A*, isto é, o que implica contradição" <*Non-Ens* seu *impossibile* est, cujus definitionem ingreditur *A non-A*, seu quod implicat contradictionem> (AA VI, iv, p. 930); "*Impossível*: é o que envolve contradição" <*Impossibile* est quod involvit contradictionem> (Phil., VII, B, ii, 36 - *OFI*, p. 253). "Impossível é um termo, ou não ser, que uma vez posto, segue-se uma contradição. Possível é o termo ou ser ou real do qual nada se segue que seja tal < *Impossibilis* est terminus, vel Non Ens, qui si ponitur esse, sequitur esse contradictorium. *Possibilis* autem est terminus vel Ens vel Reale, ex quo nihil tale sequitur> (AA VI, iv, p. 810 – N.171-2).

[116] "*Ser*: termo possível. *Possível*: o que não implica contradição" <*Ens*: terminus possibilis; *Possibile*: quod non implicat contradictionem> (AA VI, iv, p. 867).

[117] "No fundo a essência outra coisa não é senão a possibilidade daquilo que se propõe. O que se supõe possível é expresso pela definição" (*N.E.*, III, iii, §15 – Leibniz, 2004c, p. 201) <L'essence dans le fond n'est autre chose que la possibilite de ce qu'on propose. Ce qu'on suppose possible est exprimé par la définition>.

sente uma coisa – aliás, pode-se dizer que as expressões "*ser*", "*essência*" e "*coisa*" têm, para Leibniz, todas o mesmo sentido. O critério da consistência interna, quer dizer, a ausência de contradição interna, mostra-se para ele uma condição necessária e suficiente para que a definição apresente uma coisa (Ver AA VI, iv, p. 542).

Diferentemente de uma tipologia de nomes como a hobbesiana, portanto, o critério indicado por Leibniz constitui uma regra precisa e eficaz para distinguir, em meio às combinações que se estabelece visando apresentar definições, as úteis das inúteis. A certeza do critério funda-se, por seu turno, na consideração de que aquele se apoia unicamente no princípio fundamental que constitui a forma do possível em geral, a saber, o Princípio de não-Contradição.

Face a esse critério, aquele proposto por Hobbes na sua tipologia das palavras torna-se supérfluo. Já foi observado que, para Leibniz, a pretensão de estabelecer as condições da significação possível tomando em consideração unicamente as condições do raciocínio sintético não é capaz de recobrir todas as condições necessárias da simbolização possível. Por seu turno, ao exigir que a definição satisfaça a pura forma do que é possível enquanto tal, o critério da consistência encerra as condições necessárias e suficientes da simbolização. E, ao fazê-lo, torna supérflua a tentativa de estabelecer de início – antes do momento da construção das definições – as condições discursivas gerais do raciocínio sintético. É por isso talvez que não se encontra em Leibniz nenhuma tentativa similar à de Hobbes, já que Leibniz tem razões para considerar que, mesmo que fosse correta, uma tipologia como a de Hobbes seria inútil, visto que ela não nos poderia poupar o trabalho ulterior de testar a consistência de cada uma das definições aprovadas segundo os crivos daquela tipologia. E visto que a verificação da consistência das definições permite determinar todos os erros de raciocínio, tanto aqueles que seriam denunciados através de uma tipologia de inspiração hobbesiana, quanto aqueles que escapam a todos os critérios que uma tipologia assim pode oferecer, Leibniz tem razões bastantes para considerar suficiente, para assegurar as condições da certeza, adotar esse procedimento, em detrimento do hobbesiano.

Ele então elege essa consideração da consistência como condição necessária e suficiente do sucesso das definições em geral como regra para a verdade em geral. Se ser verdadeira para uma proposição é ter a noção do predicado contida naquela do sujeito, então uma afirmação verdadeira é aquela em que se atribui a uma coisa um predicado cujo nome é ou uma definição da coisa, ou um nome figurando em uma definição da coisa. No entanto, não é evidente que se possa legitimamente estender às verdades o que se mostra aplicável no domínio estrito das condições materiais das verdades em geral, isto é, das definições. Se Leibniz pretende fazê-lo, ele deve fornecer para isso uma justificação.

Sabe-se que, para ele, uma proposição é ou a afirmação ou negação do que é significado e simbolizado por um nome, ou a afirmação ou negação de certa relação entre o que é significado e simbolizado por certos nomes. Correlativamente, uma proposição é ou a afirmação ou negação de certa presumida coisa, ou a afirmação ou negação de certa presumida relação entre coisas. Assim sendo, as condições para determinar a verdade ou a falsidade das proposições podem ser estabelecidas da maneira seguinte: quando o que é afirmado na proposição é satisfeito no plano das coisas, a proposição é verdadeira; caso contrário ela é falsa. De outra parte, uma vez que o que se encontra no plano das coisas é simbolizado pelos nomes resumindo suas definições, então, se uma proposição é verdadeira, as relações entre os nomes que nela figuram devem encerrar as condições para explicitar sua verdade. Se, ao contrário, a proposição é falsa, sua falsidade deve igualmente ser tornada explícita pelos símbolos que a constituem.

À primeira vista, parece plausível daí concluir que as condições de verdade ou falsidade das proposições devam ser explicitadas a partir dos nomes nelas contidos. Se a proposição é função exaustiva das relações entre os nomes que nela comparecem e se, além disso, as condições de significação e simbolização destes nomes guardam em si uma perfeita conformidade, então parece correto concluir que a proposição também encerra uma perfeita conformidade entre suas condições de significação e simbolização. Todavia, tal não é de modo algum o caso; embora as significações das proposições sejam função exaustiva daquelas dos nomes que nelas comparecem, as condições de verdade de uma proposição não se deixam ver pela simples inspeção das significações dos nomes que nela comparecem.

Para compreender melhor esse detalhe, examinemos mais atentamente o que decorreria de uma possibilidade já tratada, a saber, de que duas definições simbolizem uma mesma coisa. Examinemos, por exemplo, a proposição verdadeira "a soma dos ângulos de um trilátero é 180°". Conforme já foi observado, embora os nomes "trilátero" e "triângulo" remetam a duas definições diferentes, eles simbolizam uma mesma coisa. Isto quer dizer que a coisa que é um trilátero possui todas as qualidades exigidas para ser um triângulo e reciprocamente. Ora, decorre necessariamente da definição de triângulo que a soma dos seus ângulos internos seja 180°. Pertence, portanto, necessariamente à coisa que é trilátero que a soma dos seus ângulos internos seja 180°. Por outro lado, não parece que a definição "trilátero" como a figura plana que possui três lados encerre em si a propriedade que lhe é atribuída pelo fato de que a coisa que é trilátero seja a coisa que é triângulo. E eis justamente o que ratificaria a suspeita de que não se pode pretender que o que vale para as definições – a saber, que as condições de sua validade sejam determináveis a partir da avaliação de sua significação – valha também para as proposições em geral: as condições de verdade da proposição "a soma dos ângulos de um trilátero é 180°" não se esgotam na simples significação de cada um dos nomes que aí figuram.

Pode-se responder a uma tal dificuldade considerando-se que, se a coisa que é triângulo é a coisa que é trilátero, então é preciso que esse diagnóstico possa ser tornado explícito a partir das noções constituintes das respectivas significações de triângulo e trilátero. Dito de outro modo, assim como se pode mostrar a inconsistência da definição "decaedro regular" a partir das definições nela envolvidas, pode-se também mostrar a inconsistência de uma pretensa definição "trilátero não-triângulo". E se se mostra a inconsistência desta definição, mostra-se que o triângulo é um trilátero[118], que, portanto, o triângulo possui todas as propriedades que pertencem ao trilátero. Daí, a verdade da proposição "a soma dos ângulos do trilátero é 180°" torna-se mero corolário.

Sendo assim, pode-se dizer que, mesmo que o nome "ângulo" não figure na definição de trilátero, é necessário que as propriedades relativas aos triângulos decorram de algum modo da definição de trilátero, uma vez suposto que trilátero e triângulo sejam ambos nomes de uma mesma coisa. Deste ponto de vista, a expressão "possui três ângulos internos", figurando na definição de triângulo, deve ser de algum modo implicada pela definição de trilátero. Caso contrário, as relações no plano das coisas não seriam expressas no plano das significações das definições correlativas, o que contudo já foi negado. Pode-se concluir portanto que, quando o nome-predicado não comparecer expressamente na definição do sujeito de uma proposição

[118] Sob a suposição, bem entendido, de que se conheça a consistência tanto da definição de triângulo, quanto da definição de trilátero.

verdadeira, será preciso que ele aí esteja envolvido de algum modo, e que se suponha que ele emerja pela inspeção das relações de significação dos nomes envolvidos.

Esses resultados não resolvem todos os problemas relativos à questão, pois os problemas concernentes à possibilidade de que se ligue a um certo nome-sujeito em uma proposição verdadeira um nome-predicado que não comparece na definição do primeiro não esgotam as dificuldades a respeito. Uma outra dificuldade, ainda mais delicada, e que constitui aliás um tema central desta investigação, subsiste: nem todas as relações no plano das coisas são fixas, mas podem variar. A consequência disso, no âmbito proposicional, é que um mesmo enunciado pode ter dois valores de verdade diferentes: ele pode ser verdadeiro em um momento e falso em um outro momento. Dito de outro modo, sucede que enunciados contraditórios referindo-se a uma mesma coisa podem ser reconhecidos como ambos verdadeiros. E, por via de consequência, a coisa pode encerrar condições que permitam tornar explícita, no plano dos símbolos, a verdade de dois enunciados contraditórios entre si. Ora, se dois enunciados contraditórios entre si são verdadeiros, então a coisa de que tratam encerra em si propriedades incompatíveis, permitindo cada uma que se exprima, no plano proposicional, a verdade de cada um dos dois enunciados contraditórios respectivos. Todavia, admitir uma tal possibilidade exigiria renunciar ao critério da consistência como princípio para a possibilidade das coisas, já que, se houvesse coisas tendo propriedades incompatíveis, então haveria definições inconsistentes aptas a apresentar coisas. Pouco importa aqui considerar o tempo, dizendo que cada uma das proposições são verdadeiras em tempos diferentes. O que conta é que se trata sempre de uma mesma coisa que, enquanto tal, permite que dois predicados contraditórios sejam atribuídos verdadeiramente a um mesmo sujeito.

Ora, Leibniz não dá qualquer indício de hesitação quanto ao critério da consistência. Como já examinado, para ele o Princípio de Contradição é o limite das possibilidades em geral. Assim, se dois nomes-predicado contraditórios entre si se atribuem a um mesmo nome-sujeito, então este último encerra uma inconsistência, cuja consequência é que ele não simboliza nada. Será preciso portanto encontrar uma outra solução para o problema. Leibniz parece tê-la encontrado na consideração de que, se duas proposições verdadeiras relativas a uma mesma coisa são contraditórias entre si, e se essa coisa permanece sendo uma coisa, então a inconsistência que essa coisa supostamente encerra deve ser uma aparência. E deve haver na coisa uma propriedade evidenciando ser consistente essa aparente inconsistência. Correlativamente, deve haver no plano das definições da coisa as condições suficientes para exibir, pelos nomes nelas presentes, o fundamento dessa consistência. Isto estando admitido, pode-se resguardar a noção de inclusão como constitutiva da natureza da verdade em geral.

Poderia ser sugerido que a solução escolhida por Leibniz talvez não fosse a única opção possível. Poderia ser alegado que, a partir do reconhecimento de que as relações no plano das coisas podem variar, Leibniz talvez preferisse renunciar à caracterização da verdade como a inclusão da noção do predicado naquela do sujeito. Para avaliar melhor se essa opção lhe era facultada, examinemos as consequências do que está implicado na recusa da noção intensional de verdade.

A tese da verdade como inclusão decorre, conforme já examinado, da consideração da consistência como princípio para as possibilidades em geral. As proposições, enquanto o que pode ser verdadeiro ou falso, haurem condições materiais de verdade das definições conferindo aos nomes a natureza de serem símbolos. Por seu turno, essas definições instituem as coisas na medida em que instituem as significações dos nomes.

O que a proposição simboliza é, portanto, a relação entre as coisas simbolizadas pelos nomes nela contidos. Ora, a proposição será verdadeira, já se observou, se essa relação for o caso, e falsa se ela não for o caso. Por outro lado, se as coisas são instituídas pelas definições, então é preciso que os símbolos na proposição encerrem em si as condições que permitam mostrar a verdade ou a falsidade do que nela é dito. Caso contrário os símbolos não exprimiriam as coisas simbolizadas, o que contudo é incompatível com a tese de que as coisas são instituídas pelas definições.

Se Leibniz pretende manter a natureza institucional da definição, bem como a tese correlativa de que, na proposição, o nome da coisa *é* exatamente a coisa, então ele deve preservar as relações de significação e simbolização no plano das proposições. Poderia ser sugerido que isso não o compromete forçosamente com a concepção da verdade como inclusão. Poderia ser ponderado que a variação no plano da coisa acarretaria como consequência unicamente que as múltiplas definições possíveis de uma mesma coisa seriam de algum modo incomunicáveis. Acarretaria, portanto, que de uma definição da coisa, não se poderia chegar a extrair todas as definições que entram em todas as outras definições da coisa, conforme se supôs no caso do triângulo e do trilátero. Ora, em um tal caso não haveria, no plano dos símbolos, nenhuma razão para se recusar que eles simbolizam coisas distintas ao invés de uma única. A consequência disso seria que a afirmação de que se tratam de duas coisas seria consistente, ao menos tanto quanto aquela de que se trata de uma só coisa. Nesse caso, porém, o critério da consistência estaria novamente ameaçado como critério delimitador, no plano dos símbolos, das condições sob as quais estes apresentam coisas. Se duas definições instituem uma mesma coisa, é forçoso que a negação de que uma dessas definições envolve os nomes que figuram na outra acarrete uma inconsistência. Pois, pelo critério da consistência, se tal negação se mostra consistente, então não se trata de uma só coisa, mas de duas coisas diferentes. O critério da consistência como princípio para o sucesso das definições, aliado a duas outras convicções – a saber, primeiro, de que a definição institui a coisa e que portanto na proposição o nome da coisa é a coisa, e, segundo, de que a significação da proposição é função exaustiva daquela dos nomes que nela figuram – parece assim acarretar inevitavelmente o engajamento de Leibniz com a doutrina da verdade como inclusão.

A supor que Leibniz não pretenda renunciar a nenhuma dessas três premissas, a única saída para o problema da possibilidade de que as relações entre as coisas varie é considerar esta variação mesma como uma possibilidade. Assim sendo, é preciso supor que toda coisa compreendendo a possibilidade da variação deve encerrar em si o princípio dessa possibilidade. Correlativamente, é preciso supor que as definições de uma coisa compreendendo a variação devam ser tais que elas encerrem em si as condições para tornar manifesta, no plano dos símbolos, a consistência da variação.

Pode-se enfim compreender, com base nessas considerações, as razões que conduziram Leibniz a sustentar a concepção de verdade como inclusão. Renunciar a uma das três premissas de cuja conjunção se segue tal concepção mostra-se muito mais oneroso que assumi-la protelando as dificuldades que porventura daí resultarem. Apoiado, portanto, nessas três premissas, Leibniz pode sustentar o que considera um princípio para a verdade em geral, a saber, que *"é preciso sempre que haja algum fundamento da conexão dos termos de uma proposição que se deve encontrar nas suas noções"*[119]. Ele conclui:

---

[119] "*... il faut toujours qu'il y ait quelque fondement de la connexion des termes d'une proposition, qui se doit trouver dans leurs notions*" (AA II, ii, p. 80 – N. 14).

> Ora, consta que toda predicação verdadeira tem algum fundamento na natureza das coisas e quando uma proposição não é idêntica, isto é, quando o predicado não está expressamente compreendido no sujeito, é preciso que ele nele esteja compreendido virtualmente. A isso chamam os filósofos *in-esse*, dizendo que o predicado *está no* sujeito (*D.M.* §8 - AA VI, iv, p. 1540 – Leibniz, 2004b, p. 16)[120].

I.2 Definições reais e nominais

O papel fundamental que as definições desempenham – de estabelecer as condições materiais da verdade em geral –, aliado ao reconhecimento de que uma definição não apresenta forçosamente uma coisa, impõe a necessidade de precisar as condições mediante as quais se pode servir de uma definição de sorte que as relações de simbolização dos nomes nas proposições sejam sempre garantidas. Leibniz divulgaria suas reflexões a respeito no artigo *Meditações sobre o Conhecimento, a Verdade e as Ideias*, já aludido precedentemente. Daí em diante,

[120] "Or il est constant que toute prédication véritable a quelque fondement dans la nature des choses, et lors qu'une proposition n'est pas identique, c'est à dire lors que le prédicat n'est pas compris expressement dans le sujet, il faut qu'il y soit compris virtuellement, et c'est ce que les philosophes appellent *inesse*" (Ver também, p. 671 - N. 157). As duas formulações, de que o predicado está no sujeito e de que a proposição deve ser reduzida a uma identidade, redundam no mesmo para Leibniz, porque, segundo ele, se o predicado está no sujeito da proposição, então é possível descobri-lo pela resolução dos nomes que constituem a definição deste sujeito. Se é assim, então sempre se pode colocar este sujeito, digamos A, em uma relação de identidade consigo mesmo, enquanto o sujeito ao qual o predicado, digamos B, se atribui. Conforme se verá adiante, quando for examinada a lógica de Leibniz, notadamente a operação de adição real (Cap. II, 1.5), isso pode ser simbolizado, segundo as regras da Característica, como "(A é B) = (A = AB)".

ele retornaria em diversas ocasiões às teses então expostas (Ver *D.M* §24-§25 e AA VI, iv, pp. 541-542), mantendo inalteradas as caracterizações e distinções fundamentais até mesmo nos escritos mais tardios (*N.E.*, III, iii, § 18).

O primeiro passo a ser efetuado com respeito às distinções que devem ser estabelecidas relativamente às definições seria uma classificação destas segundo a certeza que guardam relativamente à possibilidade do definido. As definições que encerram em si a certeza da possibilidade do definido, Leibniz as designa por *definições reais*. As outras satisfazem evidentemente as condições para serem definições, já que elas significam[121]. Mas elas não encerram as condições suficientes para garantir que a reunião que apresentam seja consistente, quer dizer, que o definido seja possível; Leibniz as designa por *definições nominais* (Cf. AA VI, iv, p. 589). Claro que uma definição nominal não contém forçosamente uma contradição; o que a caracteriza é simplesmente não encerrar as condições para evidenciar ou não sua possibilidade. O critério geral para distinguir as definições reais das nominais é, portanto, este: se uma definição exibe as condições para proporcionar o conhecimento da possibilidade do definido ela é real; de outro modo, é nominal.

Se não podemos decidir se uma definição nominal é consistente, então não sabemos se o definido é uma coisa, isto

[121] Já se sabe que o que constitui a definição é a pretensão de instituir uma coisa. E ela o faz amealhando certos nomes enquanto aquilo cuja soma compõe sua significação. Sabe-se igualmente que o fracasso de uma definição consiste na impossibilidade de instituir a coisa, fracasso que se denuncia por uma inconsistência no plano da sua significação. Sendo assim, pode-se sustentar que, se uma definição não deixa de ser uma definição quando ela se mostra inconsistente, então ela não deixaria de ter uma significação por esta significação encerrar uma inconsistência. Pois é a significação da definição que lhe permite instituir uma coisa. Assim, pode-se considerar que, embora um nome não possa simbolizar sem significar, ele pode, contudo, significar sem simbolizar, no caso em que sua significação encerrar uma inconsistência.

é, se a definição apresenta um ser ou uma essência. Pode-se portanto sugerir que a definição nominal resulta de um procedimento de raciocínio essencialmente combinatório: ela supõe apenas um agregado de qualidades estimadas determinar uma natureza qualquer; nesse sentido, ela simplesmente ergue a pretensão de que aquele agregado apresente a unidade que especifica uma coisa determinada. O que faz com que a definição nominal não garanta a possibilidade do definido é sua inaptidão para fazer reconhecer que esse agregado constitua a unidade requerida para que se possa falar de *uma* coisa. É a passagem da composição à unificação, quer dizer, à certeza de que a unidade da combinação seria consistente, que a definição nominal não oferece (Cf. AA VI, iv, pp. 540-541). E eis o que caracteriza a definição real: ela encerra não apenas os caracteres suficientes para reconhecer a coisa, mas também a garantia de que eles podem ser reunidos formando a unidade constitutiva da coisa.

A definição real, por seu turno, nem sempre oferece um conhecimento absolutamente demonstrativo do definido; de fato, tudo o que se exige de um tal tipo de definição é que uma vez que ela tenha sido posta, a questão sobre a possibilidade do definido cesse. Mas pode-se por vezes perguntar como o que torna esse definido possível é, em si mesmo, possível. Leibniz traça então a distinção entre as definições reais provisionais e as definições reais causais. As primeiras seriam aquelas que trazem em si a resposta à pergunta pela possibilidade não se ergue, mas não à pergunta pelo fundamento dessa possibilidade. Assim, tem-se sempre definições reais quando a possibilidade do definido é atestada pela experiência, pois a atualidade garante a possibilidade: *ab actu ad potentiam valet consequentia* (*Teodiceia*, Discurso, §35). Mas quando não se compreende de monstrativamente o fundamento dessa possibilidade, a definição real não é perfeita. Leibniz afirma:

> Eu preferiria dizer, segundo o uso corrente, que a essência do ouro é aquilo que o constitui e que lhe dá aquelas qualidades sensíveis que permitem reconhecê-lo e que formam a sua *definição nominal*, ao passo que, se pudéssemos explicar essa contextura ou constituição interior, teríamos a sua *definição real* e *causal*. No entanto, também a definição nominal chega a ser real, não por si própria (pois ela não dá a conhecer *a priori* a possibilidade ou geração desse corpo) mas pela experiência, porque nós experimentamos que há um corpo no qual essas qualidades se encontram juntas: sem isso poderíamos duvidar que tal peso fosse compatível com tal maleabilidade, como se pode duvidar até o presente que seja possível à natureza um cristal maleável a frio (*N.E.*, III, iii, §18 – Leibniz, 2004c, p. 202)[122].

As definições causais seriam aquelas em que se exibe o fundamento da possibilidade do definido, quer dizer, aquelas que encerram uma explicação do procedimento de constituição do definido. Todavia, essa explicação pode não ser absolutamente perfeita. Nesse caso, ela permite compreender como algo é possível, mas não de modo absolutamente demonstrativo, o que sucede quando se pode conduzir a análise da definição causal até certo ponto sem, contudo, alcançar as noções

[122] "J'aimerais mieux de dire, suivant l'usage reçu, que l'essence de l'or est ce qui le constitue et qui lui donne ces qualités sensibles, qui le font reconnaître et qui font sa *définition nominale*, au lieu que nous aurions la *définition* réelle et *causale*, si nous pouvions expliquer cette contexture ou constitution intérieure. Cependant la définition nominale se trouve ici réelle aussi, non par elle-même (car elle ne fait point connaître *a priori* la possibilité ou la génération de ce corps où ces qualités se trouvent ensemble : sans quoi on pourrait douter si tant de pesanteur serait compatible avec tant de malléabilité, comme l'on peut douter jusqu'à présent si un verre malléable à froid est possible à la nature". Ver também AA VI, iv, pp. 589-590.

indemonstráveis por meio das quais se elucida demonstrativamente o fundamento *a priori* da possibilidade do definido.

As definições causais recebem seu nome porque, de um modo ou de outro, mais ou menos perfeitamente, elas veiculam sempre as noções que estão no fundamento daquelas que integram a definição. Sua natureza é exibir de modo mais ou menos avançado a resolução das noções que constituem o definido. Quando essa resolução é completa, quer dizer, quando ela contém somente noções absolutamente simples e cuja evidência é imediata, então a definição real é perfeita ou essencial. E essa natureza perfeita ou essencial reside em exibir o verdadeiro fundamento de possibilidade da coisa: ela encerra todos os elementos suficientes para fazer derivar todos os nomes componentes das definições não essenciais da coisa:

> ... mas quando a prova da possibilidade se faz *a priori*, a definição é ainda *real e causal*, como quando ela contém a geração possível da coisa. E quando ela leva a análise a termo até as noções primitivas, sem supor nada que tenha necessidade de prova *a priori* da sua possibilidade, a definição é perfeita ou *essencial* (*D.M.*, §24 - AA VI, iv, p. 1569)[123].

Uma vez efetuada essa classificação, é conveniente tecer algumas observações importantes. A primeira é que não se deve

---

[123] "...mais lors que la preuve de la possibilité se fait à priori, la définition est encore *causale*, comme lors qu'elle contient la génération possible de la chose. Et quand elle pousse l'analyse à bout jusqu'aux notions primitives, sans rien supposer, qui ait besoin de preuve a` priori de sa possibilité, la définition est parfaite ou *essentielle*". Ver também *N.E.*, III, iii, §18 - Leibniz, 2004c, p. 202-203. Justamente por desprezar a importância fundamental da noção de geração para a caracterização da definição real, C. D. Broad (1994, pp. 70-82) reduz a definição real à definição nominal, considerando que a definição real depende do que se considera como sendo a 'propriedade definitória', "e parece que não há fundamento objetivo para tomar uma antes que a outra" (Id., p.73).

descartar uma definição pelo simples fato de que ela se mostre nominal; deve-se antes examiná-la a fim de descobrir se simboliza algo ou não. Deve-se, por conseguinte, resolver os nomes que nela figuram, e depois os nomes que daí surgirem, e assim sucessivamente, até que se possa decidir, pelos símbolos, se ela é consistente ou não.

A segunda observação é que, embora não seja evidente o que foi afirmado acima, a saber, que a definição essencial da coisa encerra em si as noções que permitam derivar todos os atributos da coisa, isto decorre do que já foi admitido. Com efeito, conforme já examinado, é sempre necessário que, se duas definições convergem na instituição de uma mesma coisa, essa coisa forçosamente encerrará em si o fundamento dessa convergência. A contrapartida é que as definições que instituem a referida coisa devem envolver em si os nomes que possibilitem ver que tal é o caso. Esses nomes o fazem se eles estão envolvidos em cada uma das definições em questão. Dito de outro modo, mostra-se pelos nomes presentes em duas definições diferentes que estas são definições de uma mesma coisa quando se mostra, pelo exame das significações relativas a essas definições, que aquelas significações envolvem os mesmos símbolos. É justamente por isso que se pode supor, conforme já examinado, que, de uma definição da coisa, sempre se pode deduzir os nomes constantes em cada uma das outras definições da mesma coisa.

Assim sendo, pode-se supor um conjunto de nomes que estaria envolvido em cada uma de todas as definições de uma mesma coisa. Não o supor implicaria não admitir que se possa mostrar pelos símbolos que, para cada um dos pares de definições que se pode formar de uma mesma coisa, esse par envolve os mesmos nomes. Ora, uma vez que isso viola a regra da consistência, é preciso assumir um certo conjunto de nomes no qual se resolve cada uma de todas as definições de uma coisa. E é preciso assumir também que esse conjunto é único, pois, se houvesse um segundo conjunto de nomes especificando a mesma coisa, e se esses dois conjuntos fossem irredutíveis um ao outro, então, pela regra da consistência, seria preciso concluir que haveria não uma, mas duas coisas diferentes. Dito de outro modo, seria preciso concluir que esses conjuntos especificariam cada qual uma coisa distinta, e não ambos uma mesma coisa. Sendo assim é forçoso admitir uma definição da coisa na qual se resolvem todas as suas outras definições; e aquela definição satisfaz todas as exigências para que seja admitida como a definição essencial da coisa. Leibniz pôde concluir daí que não há senão uma única maneira de compreender o fundamento *a priori* da coisa, quer dizer, não há senão uma maneira de compreender a necessidade que ela encerre todas as suas restantes propriedades.

I.3 Ideias

A contraparte epistemológica dessas conclusões sobre as definições corresponde à teoria leibniziana das ideias. A ideia é a expressão, no plano do pensamento, da unidade visada por uma definição. Nesse sentido, ela articula, no plano do pensamento, o que aí corresponde aos nomes combinados em uma definição. Três características parecem ser constitutivas da natureza da ideia segundo Leibniz: em primeiro lugar, a ideia é expressão de algo; em segundo lugar, a realidade da ideia não depende da sua apresentação efetiva no pensamento: ela nem começa nem se dissolve com a atualização dos pensamentos; por fim, a ideia encerra uma pretensão de unidade.

Comecemos pela noção de expressão, estimada essencial à ideia. Uma coisa *A* exprime uma coisa *B* quando *A* pode ser posto em uma relação com *B* segundo certa regra, de tal sorte que a cada variação de *B* corresponde uma variação de

A segundo a referida regra. Assim por exemplo, quando se coloca uma fórmula de uma linha reta como sendo $y = 2x + 4$, diz-se que nessa fórmula *y* exprime *x*, na medida em que *y* entra em certa relação com *x* segundo a regra $2x + 4$. Igualmente, essa fórmula exprime a linha na medida em que ela reproduz, pela relação entre as variáveis, a mesma figura que, no plano, corresponde à linha. Para Leibniz, portanto, a expressão não se limita a evocar o que ela exprime, porque a evocação é arbitrária e não responde forçosamente à integralidade daquilo a que se dirige. A expressão é uma relação absolutamente determinada e exata entre seus polos, de modo que se pode tomar, de acordo com certas regras, o que exprime como sendo a coisa expressa (Cf. AA VI, iv, pp. 1370-1371). E isso não requer uma relação de similaridade ou analogia entre o que exprime e o que é expresso: basta que se precise a regra que estabelece a relação de expressão[124].

A legitimidade da pretensão de considerar a ideia como uma expressão da coisa decorre da relação intrínseca que ela mantém com a definição: assim como o definido não pode ser outra coisa senão o que sua definição determina que é, assim também a ideia de uma coisa não pode ser a ideia de uma outra coisa. A ideia é a expressão, no plano do pensamento, da definição; e assim como ela não é outra coisa que a definição correlativa no pensamento, o ideado não pode, no pensamento, ser outra coisa senão o definido.

Essa relação intrínseca entre a ideia e a definição transfere ao plano da ideia as mesmas distinções necessárias no plano das definições: assim como há definições de possíveis e definições inconsistentes, assim também há ideias verdadeiras e ideias falsas. E assim como as definições se distribuem segundo tipos de acordo com a precisão do conhecimento que proporcionam, assim também as ideias podem ser mais ou menos

[124] Ver a respeito H. Ishiguro (1990), II, §3.

aptas a exibir as essências a que correspondem. Tentemos portanto compreender as classificações que Leibniz faz das ideias à luz do que já se sabe sobre as definições.

Comecemos pelas ideias verdadeiras e falsas. A insuficiência do raciocínio sintético para assegurar a consistência dos resultados a que se chega por meio dele abre a possibilidade de que nos enganemos crendo pensar algo quando nada pode ser inteligivelmente concebido como satisfazendo a descrição correlativa. A inconsistência que eventualmente vem à tona como resultado de um raciocínio sintético transfere-se ao plano da ideia do definido: crê-se ter a ideia de um possível quando a definição não pode apresentar uma essência. A ideia correspondente a tal sorte de definição é falsa. Se, ao contrário, a definição é consistente, a ideia que lhe corresponde é sempre verdadeira:

> (...) prefiro chamar às *ideias verdadeiras* ou *falsas* relativamente a uma outra *afirmação* tácita, que todas elas encerram, que é a da possibilidade. Assim, as ideias possíveis são *verdadeiras* e as ideias impossíveis são *falsas*" (*N.E.*, II, xxxii - Leibniz, 2004c, p. 182)[125].

A falsidade de uma ideia é, portanto, o fracasso da pretensão da definição correlativa de apresentar um ser, uma coisa que reúna as propriedades simbolizadas pelos nomes que figuram na definição. Ela é intrinsecamente ligada a essa noção de unidade, e eis talvez uma razão suficiente para tentar uma distinção no interior da ideia entre o que concerne à pretensão de unidade e o que concerne à multiplicidade a ser reunida sob essa unidade pretendida.

---

[125] "... j'aime mieux appeler les *idées vraies* ou *fausses* par rapport à une autre *affirmation* tacite, qu'elles renferment toutes, qui est celle de la possibilité. Ainsi les idées possibles sont *vraies* et les idées impossibles sont *fausses*".

Alguns autores já assinalaram a dificuldade de se estabelecer, na terminologia empregada por Leibniz, uma diferença essencial entre ideia e conceito. Se por vezes ele afirma que se trata da mesma coisa, ele também tenta distingui-los, considerando que os conceitos podem ser formados, ao passo que as ideias não dependem de um procedimento de constituição[126]. Pode-se sugerir, contudo, que a distinção entre ideia e conceito reside na consideração de que a ideia constitui a pretensão de unidade que conforma um objeto do pensamento enquanto um objeto. O conceito, ao contrário, não se caracteriza por ser tomado em sua unidade; antes que isto, Leibniz parece reservar o termo "conceito" para se referir à multiplicidade suposta em uma definição. O conceito resultaria da ação do espírito <*mentis*> espontâneo (*Grua*, p. 512 – AA VI, iv, p. 1411). Ideia e conceito concernem, portanto, a dois aspectos da coisa visada: o conceito enquanto tal supõe-se ser apresentado através do arranjo de uma multiplicidade de noções sob uma definição; a ideia enquanto tal supõe-se encerrar uma unidade, quer dizer, uma só coisa.

As ideias e os conceitos, portanto, não se distinguem entre si com respeito à natureza de seus objetos. Trata-se antes de uma só coisa considerada sob dois aspectos. A ideia seria a faculdade (AA VI, iv, p. 1.370) de apresentar certa síntese de noções como pretendendo constituir *uma* só coisa; Leibniz estima que a ideia é a forma do conceito (*Grua*, p. 512 – AA VI, iv, p. 1411). Pode-se compreender a partir daí por que ele sustenta que a ideia é independente de ser efetivamente pensada, o que conduz à tese de que ela é não a forma do pensamento, mas seu objeto (*N.E.*, II, i, §1).

---

[126] "Assim estas expressões que estão na nossa alma, seja que se as conceba ou não, podem ser chamadas ideias, mas aquelas que se concebe ou se forma podem ser ditas noções, conceptus" <Ainsi ces expressions qui sont dans notre âme, soit qu'on les conçoive ou non, peuvent être appelées *idées*, mais celles qu'on conçoit ou forme, se peuvent dire *notions, conceptus*> (*D.M.* §27 - AA VI, iv, p. 1.572). Ver a respeito, R. McRae (1976), p. 72.

Isto não quer dizer que haja um mundo de ideias cuja realidade não repouse sobre o ato do pensamento, como uma leitura apressada dos textos de Leibniz poderia nos conduzir a suspeitar. Ao contrário, a anterioridade e a independência da ideia reside em sua pretensão de conferir ao conceito uma característica concernente à natureza mesma das coisas enquanto tais, a saber, a unidade. E visto que essa pretensão responde à pretensão de que um conceito apresente uma coisa, a ideia corresponde não ao pensamento efetivo da coisa enquanto tal, mas apenas à presunção de que dita coisa em sua unidade se apresente ao pensamento.

A possibilidade do fracasso da pretensão constitutiva da ideia – de propor um múltiplo como apresentando um ser – impõe que se discrimine o conceber do conceber distintamente. Se se compreende a faculdade de conceber como aquela de formar conceitos, então se poderia dizer que o procedimento combinatório é prodigioso em oferecer à faculdade de conceber combinações que não podem constituir uma unidade. Sempre podemos conceber ideias falsas, pois sempre podemos nos enganar julgando consistente uma definição que não obstante encerra uma contradição. Nesse caso, concebemos efetivamente, pois tomamos uma multiplicidade conceitual como constituindo um ser, como passível da unidade da ideia; podemos, portanto, nos enganar ao conceber. Por seu turno, conceber distintamente envolve compreender o fundamento da possibilidade do múltiplo concebido; envolve, nesta medida, conhecer distintamente a natureza desse fundamento. Podemos, portanto, conceber ideias verdadeiras e falsas, e, dentre as ideias verdadeiras, muitas há que não concebemos distintamente, porque o conhecimento da possibilidade não é forçosamente o conhecimento *a priori* do fundamento da possibilidade. Conceber distintamente, o que Leibniz chama "entender"

<*intelligere*>[127], designa justamente este conhecimento *a priori* da possibilidade da ideia, quer dizer, do fundamento da unidade pretendida pela síntese conceitual. Leibniz pode, portanto, estabelecer que podemos conceber contradições, quando ignoramos que são contradições: podemos ter falsas ideias. Mas não podemos de modo algum conceber distintamente uma contradição, pois o reconhecimento da contradição como tal torna inconcebível a pretensão mesma à unidade. Não se pode ter a ideia de um conteúdo que, enquanto tal, é contraditório.

Uma vez estabelecidos os pontos extremos entre as ideias – as verdadeiras, de um lado, e as falsas, de outro –, tentemos distribuí-las de acordo com os graus de certeza relativos à faculdade de conceber. Leibniz apresenta-nos esta categorização geral: as ideias podem ser claras ou obscuras, conforme sua aptidão para fazer reconhecer as coisas correlativas: as ideias claras são aquelas que bastam para fazê-lo; caso contrário, são obscuras. As ideias podem ainda ser ou distintas ou confusas, conforme sua aptidão para apresentar as qualidades que constituem as coisas correlativas, permitindo distingui-las de todas as outras a partir dessas qualidades; só as distintas possuem uma tal aptidão, e distinguem-se ainda em adequadas e inadequadas. As adequadas são aquelas que fornecem também o conhecimento distinto de todas as qualidades da coisa; dito de outro modo, elas unificam nãoapenas o que entra na definição correlativa, mas também tudo o que é envolvido nela. Se esse conhecimento distinto alcança as noções mais primitivas e cuja realidade é evidente, então o conhecimento da ideia é intuitivo. Caso contrário, permanece simbólico:

[127] "*Entender* ou conceber distintamente, de modo a poder considerar distintamente as notas da coisa <*Intelligens*, id est distincte concipiens, ita ut possim distincte considerare rei notas>" (AA, VI, iv, p. 394). "*Entender* é conhecer quais são os requisitos <*Intelligens* est cognoscens quae sint requisita>" (AA, VI, iv, p. 2772). "*Entendemos* (ou seja, concebemos distintamente...)"<*Intelligimus* (seu distincte concipimus)> (AA, VI, iv, p. 396).

A fim de entender melhor a natureza das ideias, é preciso abordar algo da variedade dos conhecimentos. Quando posso reconhecer uma coisa dentre as outras, sem poder dizer em que consistem suas diferenças ou propriedades, o conhecimento é *confuso*. É assim que nós conhecemos, por vezes, *claramente*, sem estar de modo algum em dúvida, se um poema ou um quadro está bem ou mal feito, porque há um *não sei o quê* que nos satisfaz ou que nos choca. Mas quando posso explicar as marcas que tenho, então o conhecimento chama-se *distinto*. Tal é o conhecimento de um perito, que discerne o ouro verdadeiro do falso por intermédio de certas provas ou marcas que constituem a definição do ouro. Mas o conhecimento distinto tem graus, pois por via de regra, as noções que entram na definição precisariam elas próprias de definição e só são conhecidas confusamente. Mas quando tudo o que entra em uma definição ou conhecimento distinto é conhecido distintamente, até às noções primitivas, chamo esse conhecimento de *adequado*. E quando meu espírito compreende ao mesmo tempo e distintamente todos os ingredientes primitivos de uma noção, ele tem dela um conhecimento *intuitivo*; este é bem raro, a maior parte dos conhecimentos humanos não sendo senão confusos ou *supositivos* (*D.M.*, §24 - AA VI, iv, pp. 1.567-1.568)[128].

[128] "Pour mieux entendre la nature des idées, il faut toucher quelque chose de la variété des connaissances. Quand je puis reconnaître une chose parmi les autres, sans pouvoir dire en quoi consistent ses différences ou propriétés, la connaissance est confuse. C'est ainsi que nous connaissons quelques fois clairement, sans être en doute en 20 aucune façon, si un poème, ou bien un tableau est bien ou mal fait, parce qu'il y a un *je ne sais quoi* qui nous satisfait ou qui nous choque. Mais lors que je puis expliquer les marques que j'ay, la connaissance s'appelle *distincte*. Et telle est la connaissance d'un essayeur, qui discerne le

O critério que está na base da classificação das ideias segundo o par formado por clareza e obscuridade refere-se à relação entre a ideia e os conteúdos empíricos que lhe permitem conferir a unidade visada. A ideia clara é ou bem adquirida pela experiência ou bem aquela cuja possibilidade é atestada pela experiência. Por exemplo, quando se experimenta um certo sabor ou se vê uma certa cor, adquire-se uma ideia clara desse sabor ou dessa cor. Ou quando se constata pela experiência certo objeto satisfazendo certa definição, então se adquire uma ideia clara da possibilidade dessa definição. De outra parte, quando se forma uma ideia por analogia a partir de outros conhecimentos claros que se tem – por exemplo, quando se conjetura o sabor do sapoti a partir da descrição que dele ouvimos em uma canção, elabora-se uma ideia da natureza desse sabor, presume-se a que tipo de sensação corresponde, a descrição pode informar que se trata antes do doce do que do amargo, e assim por diante. Mas o sabor do sapoti ele próprio, unicamente a experimentação pode fornecer, pouco importa o quanto a descrição faça imaginar. Esta ideia do sabor do sapoti permanece, pois, uma ideia obscura.

O critério para discriminar entre distinção e confusão refere-se, em contrapartida, às condições de conhecimento das notas características apresentadas na definição. Assim, temos uma ideia distinta de uma coisa quando temos dela uma definição, seja

vrai or du faux par le moyen de certaines e´preuves ou marques qui font la définition de l'or. Mais la connaissance distincte a des degrés, car ordinairement les notions qui entrent dans la définition, auraient besoin elles-mêmes de définition et ne sont connues que confusément. Mais lors que tout ce qui entre dans une définition ou connaissance distincte est connu distinctement, jusqu'aux notions primitives, j'appelle cette connaissance adéquate. Et quand mon esprit comprend à la fois et distinctement tous les ingrédients primitifs d'une notion, il en a une connaissance intuitive qui est bien rare, la plupart des connaissances humaines n'étant que confuses ou bien *suppositive*". Ver também AA VI, iv, pp. 586-588; *N.E.*, II, xxix, §2-§4. Leibniz utiliza não apenas o termo "ideia" para proceder a esta caracterização, mas também "conceito", o que é legítimo se se aceita as observações feitas precedentemente. Ver por exemplo AA VI, iv, pp. 973-973 – N. 206; ver também AA VI, iv, p. 528 – N. 126.

nominal, seja real. Temos uma ideia apenas confusa de uma coisa quando conhecemos as notas características necessárias, mas ainda insuficientes para compor uma definição dela. Pode-se, portanto, afirmar que, quando dispomos de uma definição de uma coisa, temos dela uma ideia distinta, o que não significa que tenhamos a ideia clara respectiva. Podemos por exemplo supor um físico cego de nascença que seja especialista nas leis da reflexão; esse cego conheceria bem as cores, embora não pudesse ter ideias claras das próprias cores, visto que estas apenas a visão pode proporcionar (Leibniz, 1993b, p. 17). Pode-se ainda supor um físico daltônico, que então possuiria um conhecimento distinto e obscuro do azul, do lilás e do verde, na medida em que o conhecimento claro que tem das demais cores compartilhando com aquelas cores a natureza comum de serem cores lhe propicia conhecer o que há de comum entre elas, quer dizer, a maneira como, *qua* cores, elas afetam os órgãos visuais. Mas isso ainda não basta para proporcionar-lhe as ideias claras do azul, do lilás e do verde.

Quando temos uma definição somente nominal de algo, temos deste uma ideia distinta, mas inadequada, pois tal definição não nos habilita a explicar a consistência interior do definido. E se este jamais foi apresentado, podemos até mesmo duvidar se é possível. Possuindo dele apenas uma definição nominal, temos, é claro, uma ideia distinta; todavia, não se poderia decidir se é verdadeira ou falsa. Quando resolvemos os nomes que constituem a definição até lograrmos nos certificar da consistência da ideia, adquirimos uma ideia adequada. A ideia adequada é, por conseguinte, proporcionada pela definição real e causal. Não se pode, portanto, confundir o que constitui a ideia distinta com o que é necessário para conceber distintamente. O simples ato de conceber basta para permitir ideias distintas, mas quando as ideias distintas são falsas, elas não podem ser concebidas distintamente. Para conceber distintamente é preciso uma ideia adequada ou intuitiva.

Enfim, a ideia adequada não é forçosamente intuitiva, pois pode ocorrer que o conhecimento *a priori* da possibilidade da definição não seja alcançável sem o socorro dos símbolos. Em uma circunstância assim, o fundamento da possibilidade da coisa seria conhecido, mas não se teria uma ideia absolutamente perfeita desse fundamento, pois não se poderia concebê-lo sem apelo aos símbolos. Quando se pode conceber a coisa sem necessidade de símbolos, dela se tem uma ideia intuitiva. Nesse caso, se possuiria uma ideia perfeita da coisa, graças à qual se abarcaria pelo puro pensamento e de uma só vez tudo o que a coisa encerra:

> E certamente, se a noção é muito composta, não podemos pensar simultaneamente todas as noções que a integram; mas quando isto pode ser feito, ou ao menos enquanto pode ser feito, chamo o conhecimento de *intuitivo* (AA VI, iv, p. 588)[129].

Sendo imediato e independente da experiência, um tal conhecimento é evidentemente *a priori*. Ele prescinde da mediação dos símbolos, e é tão imediato quanto o conhecimento claro. Leibniz acredita que um tal tipo de conhecimento é raro, e que nossos conhecimentos dependem em grande medida dos símbolos. Essa dependência constitui o conhecimento simbólico, que dizer, o conhecimento que, não obstante não tenha necessidade da presença atual do objeto, requer o amparo dos signos gerais. Diz ele:

> Mas geralmente, sobretudo quando a análise é muito longa, não intuímos toda a natureza da coisa simultaneamente, mas utilizamos os sinais no lugar

[129] "Et certe cum notio valde composita est, non possumus omnes ingredientes eam notiones simul cogitare: ubi tamen hoc licet, vel saltem in quantum licet, cognitionem voco intuitivam".

> das coisas, e costumamos então, para abreviar, negligenciar a explicação delas, sabendo ou acreditando que a possuímos: assim é que ao pensar em um quiliógono ou polígono de mil lados iguais nem sempre considero a natureza do lado, da igualdade, e do mil (ou o cubo de dez), mas uso mentalmente esses vocábulos (cujo sentido contudo apresenta-se ao espírito de modo obscuro e imperfeito) no lugar das ideias que tenho daquelas, porque tenho presente que possuo a significação desses vocábulos, e julgo na ocasião que sua explicação não é necessária; costumo chamar esse conhecimento de *cego* ou *simbólico* (AA VI, IV, p. 587)[130].

Pode-se observar que, malgrado a diferença fundamental que separa o critério da clareza daquele das ideias intuitivas, eles possuem uma característica comum essencial: esses dois critérios respondem às condições do conhecimento imediato da coisa. De fato, o que opõe a clareza à distinção é que aquela nos faz conhecer a ideia independentemente da consideração da definição correlativa. Quando se tem uma ideia clara da coisa, dela se tem um conhecimento imediato, o que é possível graças à experiência: graças à sensação que nos suscita a ideia (Cf. *N.E.*, II, 29, §2). A ideia intuitiva também se caracteriza pela independência dos signos que exprimem seus

---

130 "Plerumque autem, praesertim in Analysi longiore, non totam simul naturam rei intuemur, sed rerum loco signis utimur, quorum explicationem in praesenti aliqua cogitatione compendii causa solemus praetermittere, scientes aut credentes nos eam habere in potestate: ita cum Chiliogonum seu Polygonum mille aequalium laterum cogito, non semper naturam lateris et aequalitatis et millenarii (seu cubi a denario) considero, sed vocabulis istis (quorum sensus obscure saltem atque imperfecte menti obversatur) in animo utor loco idearum quas de iis habeo, quoniam memini me significationem istorum vocabulorum habere, explicationem autem nunc judico necessariam non esse; qualem cogitationem *caecam* vel etiam *symbolicam* appellare soleo".

constituintes. Mas, à diferença da primeira, a ideia intuitiva é obtida pelo intelecto, e não pelos sentidos. O critério que opõe distinção e confusão introduz a mediação dos elementos constitutivos da definição como procedimento para determinar o objeto da ideia. Quando se considera uma ideia segundo o critério do par formado por distinção e confusão, o que se estima é justamente o grau de exatidão da relação entre a definição e a ideia do definido. A ideia distinta é aquela que permite individualizar seu correlato através do conhecimento das qualidades que constituem seu conceito. A ideia permanece, contudo, inadequada se não se conhece a definição essencial do ideado. O fato de que se possa tomar como consistente uma definição inconsistente revela que, sem o apoio de uma ideia clara ou de uma ideia intuitiva, não se pode estar absolutamente certo da possibilidade do que é expresso na definição. Disso Leibniz conclui que "não é senão quando nosso conhecimento é *claro* nas noções confusas ou quando ele é *intuitivo* nas distintas que vemos a ideia inteira" (*D.M.*, §25).

Pode-se finalmente compreender por que Leibniz deve traçar uma distinção, no interior das ideias simples, entre aquelas que são simples em si mesmas e aquelas que são simples apenas em relação a nós (*N.E.*, II, ii, §1 – Leibniz, 2004c, p. 80)[131]. Uma ideia simples é aquela que não pode ser desmembrada em outras ideias. No caso das ideias claras, o corolário disso é que, na medida em que se pode decompor certa ideia clara em outras ideias claras, aquela não é simples. Assim, por exemplo, temos uma ideia clara do abacaxi, pois já o vimos, já experimentamos seu sabor e aroma. Ora, se podemos abstrair cada uma das ideias que cada uma dessas diferentes experiências com o abacaxi proporciona, a ideia clara que dele temos não é simples. Por outro lado, não podemos decompor a ideia que o sabor do abacaxi nos proporciona em

[131] Ver também III, iv, §4 - §7 – Id., pp. 203 - 204.

outras ideias igualmente claras e cuja composição forneceria a ideia clara desse sabor. O sabor do abacaxi constitui, assim, uma ideia sensível simples. No caso das ideias adequadas, *mutatis mutandis*, também uma multiplicidade de ideias concorre para proporcionar uma ideia adequada: para se compreender, ainda que com o amparo dos símbolos, a possibilidade de certa unidade, é necessário articular as várias ideias em que a ideia respectiva se decompõe. Assim, por exemplo, para tornar adequado o conhecimento da possibilidade do círculo – ou, o que redunda no mesmo, para se compreender como o círculo é possível considerando-se determinado percurso de uma linha – deve-se conhecer adequadamente que algo como um percurso é possível, que algo como uma linha é possível, e deve-se ainda conhecer adequadamente que uma linha pode ser concebida como descrevendo um percurso – no caso do círculo, certo percurso preciso – no espaço. A ideia do círculo não é, portanto, uma ideia simples. Inversamente, se uma ideia intuitiva é tal que não admite nenhuma explicação, então ela é simples; não há maneira de explicá-la justamente porque ela não admite explicação por meio de outras ideias mais simples[132].

Pode-se dizer, com base nisso, que o que distingue as ideias simples claras das simples intuitivas é que a simplicidade das primeiras reside em que seu conhecimento imediato não traz consigo o fundamento da possibilidade do ideado; enquanto tais, elas não são intuitivas:

> As noções primeiras (...) são ou distintas ou confusas (...); são confusas (mas claras) aquelas que são

---

[132] "De uma noção distinta primitiva nenhum outro conhecimento há senão o intuitivo, assim como o pensamento das compostas geralmente não é senão simbólico" <Notionis distinctae primitivae non alia datur cognitio, quam intuitiva, ut compositarum plerumque cogitatio non nisi symbolica est> (AA VI, iv, p. 588).

> percebidas por si, como colorido, que não podemos explicar a alguém a não ser mostrando; e embora [colorido] seja, pela sua natureza, resolvível, visto que tem uma causa, não há, contudo, nenhuma nota explicável separadamente pela qual pudesse ser descrito ou reconhecido por nós de modo satisfatório, mas é conhecido apenas confusamente (AA, VI, iv, p. 539-540)[133].

As ideias intuitivas, por seu turno, haurem sua simplicidade do fato de que a questão sobre sua explicação sequer se coloca, visto que elas são concebidas por si, quer dizer, são imediatamente compreendidas. Elas não são explicáveis:

> Há também um conhecimento distinto de uma noção indefinível, quando ela é *primitiva*, ou seja, notada por si mesma, isto é, é irresolúvel e não é compreendida senão por si mesma, carecendo por isso mesmo de requisitos (AA VI, iv, p. 587)[134].

Pode-se, portanto, dizer que o critério para a divisão no interior das ideias imediatamente conhecidas é a admissão ou não de resolução: se as ideias simples imediatas não são resolvíveis, quer dizer, se elas exibem em si sua possibilidade, então são intuitivas; caso contrário são claras.

---

[133] "Primae notiones (...) aut sunt distinctae aut confusae; (...) confusae (et tamen clarae) quae per se percipiuntur, ut coloratum, quod non possumus alteri explicare nisi monstrando, nam etsi sua natura sit resolubile cum causam habeat, nullis tamen notis separatim explicabilibus describi agnoscique satis potest a nobis, sed confuse tantum cognoscitur".

[134] "Datur tamen et cognitio distincta notionis indefinibilis, quando ea est *primitiva* sive nota sui ipsius, hoc est cum est irresolubilis ac non nisi per se intelligitur, atque adeo caret requisitis".

I.4 Demonstração

O fato de que as definições e, correlativamente as ideias, variem conforme o grau de perfeição com que apresentam a coisa[135] obrigou Leibniz a reconhecer que, salvo no caso das definições essenciais ou das ideias adequadas, sempre há uma assimetria entre a significação e a simbolização do nome. Uma definição – assim como a ideia correspondente – apresenta uma coisa através da apresentação de certas notas suficientes para especificá-la; conforme já se sabe, essas notas não simbolizam forçosamente todas as propriedades inerentes à coisa. Assim, à exceção das definições essenciais e das ideias adequadas, uma definição – e evidentemente a ideia correlativa – apresenta a coisa apenas sob certo aspecto. De sorte que, em uma proposição, o nome apresenta sempre a coisa efetivamente, mas segundo um aspecto parcial. O mesmo vale, *mutatis mutandis*, no caso do pensamento correlativo.

Leibniz considera essa assimetria a principal, talvez mesmo a genuína causa do erro no raciocínio combinatório. O fato de podermos definir e conceber uma coisa unicamente a partir de alguns de seus aspectos abre a possibilidade de que associemos certos aspectos incompatíveis de diferentes coisas na crença de constituir uma nova coisa, ou mesmo de que

[135] Desnecessário assinalar aqui que esse grau de perfeição não se refere à aptidão da definição para apresentar a coisa. Já se sabe que a definição da coisa institui a coisa, e justamente por isso não se ergue a dúvida se a definição apresenta a coisa que visa apresentar. O grau de perfeição de que se trata aqui refere-se à correlação entre a totalidade das propriedades essenciais da coisa e as propriedades elencadas na definição. A relação institucional entre definição e coisa garante unicamente que uma definição apresenta as condições suficientes para especificar o definido, mas não garante que a definição apresente todas as condições necessárias e suficientes para especificar a coisa. O grau de perfeição concerne justamente a este aspecto da definição: a perfeição de uma definição ou de uma ideia se mede pelo volume das condições que apresenta permitindo conhecer não apenas mais completamente a coisa, mas também sua possibilidade.

dissociemos certos aspectos de uma mesma coisa, acreditando preservá-la. No primeiro caso a incompatibilidade pode se mostrar por meio de outros aspectos desconsiderados ou ignorados; no segundo, a indissociabilidade de certos aspectos de uma mesma coisa pode se exibir unicamente por um exame mais minucioso do que ela encerra. Em tais tipos de associações ou dissociações inconsistentes, teríamos construído definições julgando equivocadamente que sseriam consistentes. Teríamos, por conseguinte, concebido falsas ideias crendo-as verdadeiras, quer dizer, teríamos acreditado ter a ideia de uma coisa quando nenhuma coisa haveria da qual se pudesse ter ideia. Daí Leibniz conclui que estamos sempre sujeitos ao erro quando nos apoiamos em nossa capacidade de conceber para efetuar raciocínios. E que, por conseguinte, não podemos de modo algum estar seguros do resultado do raciocínio efetuado se contamos apenas com a mera presunção de que o resultado é concebível.

Pode-se, portanto, dizer que para Leibniz a possibilidade de que as definições que constituímos sejam inconsistentes não está isolada. Ela se faz acompanhar da possibilidade de nos enganarmos ao raciocinar, ou, mais precisamente, da possibilidade de julgarmos consistente uma definição que não o é. Com efeito, se o simples pensamento bastasse para garantir a possibilidade do pensado, então a exigência de verificação das definições, assim como uma tipologia de tipo hobbesiana, seriam dispensáveis. É porque *julgamos* legítimas definições que não o são que a demonstração se torna necessária: nem todo pensamento é o pensamento de um possível; podemos ter pensamentos contraditórios.

A saída que Leibniz propõe para essa dificuldade consiste na consideração de que é preciso registrar os passos do raciocínio por algum expediente sensível perene, o que se faz com o auxílio de signos visíveis, por ele designados de caracteres:

> *Caracteres* são certas coisas que exprimem relações de outras coisas entre si e que são mais fáceis que elas. Assim, a toda operação, que se faz sobre caracteres, corresponde uma certa enunciação nas coisas: e frequentemente podemos adiar a consideração das coisas para o fim da operação. Encontrado nos caracteres o que se procurava, este facilmente será encontrado nas coisas pelo acordo estabelecido desde o início entre as coisas e os caracteres"[136].

Os caracteres teriam por função, portanto, registrar por meio de uma marca sensível duradoura cada passo do raciocínio efetuado, na ordem em que foi tecido, assim deixando sempre à vista as condições de verificação do que porventura tenha sido feito de modo errado, bem como as lacunas a indicar o que ainda faltar por completar. Leibniz então distinguiu dois procedimentos para raciocinar: aquele que não se serve de caracteres, que ele denomina de procedimento por

---

[136] "*Characteres* sunt res quaedam quibus aliarum rerum inter se relationes exprimuntur, et quarum facilior est quam illarum tractatio. Itaque omni operationi, quae fit in characteribus, respondet enuntiatio quaedam in rebus: et possumus saepe ipsarum rerum considerationem differre usque ad exitum tractationis. Invento enim quod quaeritur in characteribus, facile idem invenietur in rebus per positum ab initio rerum characterumque consensum". (GM V, p. 141 – Leibniz, 1995a - p. 142). "Dentre os sinais compreendo as palavras, letras, figuras químicas, astronômicas, chinesas, hieroglíficas, notas musicais, estenográficas, aritméticas, algébricas, e todas as outras que utilizamos no lugar das coisas para pensar. Os sinais escritos, seja delineados, seja esculpidos, são chamados de caracteres. Além disso, os sinais são tanto mais úteis quanto mais exprimem a noção da coisa simbolizada, de tal forma que possam servir não apenas para a representação, mas também para o raciocínio" <Signorum igitur numero comprehendo Vocabula, literas, figuras chemicas, Astronomicas, Chinenses, Hieroglyphicas, notas Musicas, steganographicas, arithmeticas, algebraicasque, aliasque omnes quibus inter cogitandum pro rebus utimur. Signa autem scripta, vel delineata vel sculpta characteres appellantur. Porro tanto utiliora sunt signa, quanto magis notionem rei signatae exprimunt, ita ut non tantum repraesentationi, sed et ratiocinationi inservire possint> (AA VI, iv, p. 918-919; Ver também AA VI, iv - pp. 462-463 e pp. 964-965).

ideias, e aquele que se efetua por meio de caracteres, que ele denomina de procedimento por definições. Evidentemente, apenas este segundo seria aprovado por ele como apto a garantir a certeza do resultado:

> Há uma diferença entre o processo por ideias e o processo por definições ou caracteres; com efeito, a definição é a explicação do caracter. Todo processo por definições contém em si um processo por ideias. Com efeito, eu suponho que aquele que fala pensa. O processo por definições acrescenta ao processo por ideias que o pensado é tornado fixo, para que possa sempre se mostrar a nós e aos outros, para que todo o nosso processo de pensamento possa ser nitidamente visto por um só olhar. A conexão das definições faz a demonstração. O processo por definições está para o processo por ideias assim como o processo por delineação está para o processo por simples imaginações; estas, sendo por si vagas, são fixadas daquela maneira. Ao procedermos por imaginações ou ideias, sem delineações ou definições, somos enganados pela memória e tomamos como concluído o que não fizemos (AA VI, iii – p. 462)[137].

[137] "Differentia inter processum per ideas, et processum per definitiones, vel characteres, definitio enim characteris explicatio est. Omnis processos per definitiones continet in se processum per ideas. Suppono enim qui loquitur cogitare. Processus per definitiones addit processui per ideas, ut cogitatio fiat fixa; ut nobis ipsis aliisque semper patere possit; ut totus noster cogitandi processus uno obtutu perspici possit. Definitionum connexio facit demonstrationem. Ita est definitionum processus ad processum per ideas; ut processus per delineationes, ad processum per simplices imaginationes; quae vagae per se hoc modo figuntur. Cum per imaginationes aut ideas procedimus, sine delineationibus aut definitionibus: fallimur a memoria, videmurque nobis saepe praestitisse quae non fecimus".

O critério para que nos asseguremos de que uma definição apresente uma coisa é, sabemos, aquele da consistência: vemos por meio de caracteres que uma definição é consistente quando vemos por meio deles que ela não envolve nada da forma "*A não-A*". Uma proposição mostra-se verdadeira pelos símbolos se ela pode ser reduzida a algo do tipo "*AB é B*", o que quer dizer, de acordo com a notação lógica leibniziana, que o que comparece como predicado, a saber *B*, é um ingrediente do sujeito *AB* (*B* é um ingrediente de *AB*)[138]. O procedimento por meio do qual se chega a explicitar essas formas de proposições verdadeiras e definições consistentes é o que Leibniz denomina "*análise*" ou "*resolução*". Esta consiste na substituição sucessiva do nome pela definição que lhe corresponde[139]. E a continuação desse procedimento até que finalmente se chegue a mostrar pelos símbolos a consistência de uma definição ou a verdade de uma proposição é a demonstração[140]. A demonstração consiste, por conseguinte, no procedimento de raciocínio que se efetua por meio de símbolos visando tornar sensível, notadamente à visão, seja a consistência ou a inconsistência das definições, seja a verdade ou a falsidade das proposições[141].

[138] "Um caracter é dito *integrar* <*ingredi*> uma fórmula em que é expressamente posto; ele igualmente integra um caracter em cuja significação é expressamente posto. Um caracter é dito *estar envolvido* se ao menos se pode fazer de modo que os integre, pela substituição dos equipolentes". <Character dicetur *ingredi* formulam, in qua expresse ponitur, item characterem in cujus significatione expresse ponitur. *Involvi* autem dicetur, si saltem per substitutionem aequipollentium effici potest, ut tum demum ingrediatur> (AA VI, iv, p. 921).

[139] "A *resolução* é a substituição da definição no lugar do definido" (*Phil., VII, B, II, 57 - OFI*, p. 258). "A análise outra coisa não é que a resolução do definido na definição, ou da proposição na sua demonstração, ou do problema na sua resolução" <Analysis autem nihil aliud est quam resolutio definiti in definitionem, aut propositionis in suam demonstrationem, aut problematis in suam effectionem> (Carta a Conring - GP I, pp. 185-186.)

[140] "...uma demonstração outra coisa não é que a resolução de verdades em outras verdades já reconhecidas" <demonstratio nihil aliud quam veritatis in alias veritates jam notas resolutio est> (GP I, p. 194).

[141] "*Demonstração* é o raciocínio que certifica uma proposição" <*Demonstratio* est ratiocinatio qua propositio aliqua fit certa> (GP I, p. 194).

Leibniz estima que toda proposição encerra em si as condições suficientes para poder se submeter ao procedimento demonstrativo, e é compreensível que o faça. Afinal, se toda verdade é tal que o que figura na posição do predicado deve ser envolvido pelo nome-sujeito, então é correto supor que, pela análise do nome-sujeito de uma proposição verdadeira – pela substituição continuada dos nomes aí envolvidos por suas respectivas definições – é possível chegar a um momento em que o nome-predicado finalmente aparece. Ou ao menos que, no simples procedimento de resolução do nome-sujeito, nenhum obstáculo poderia surgir que impedisse de se chegar finalmente ao nome comparecendo como predicado na proposição[142].

Para Leibniz, o que conta não é a consumação da demonstração completa. Ele reconhece que nem sempre é factível, nem mesmo recomendável, empreender a demonstração de tudo. Nem sempre é factível por uma razão epistêmica: porque as demonstrações podem requerer um nível de análise que está além do nosso conhecimento da constituição interna do que é expresso pelos nomes que emergem na demonstração. Isso porque nem sempre dispomos do conhecimento demonstrativo de uma premissa qualquer, o que nos obriga a assumi-la *ex hypothesi* – desde que, naturalmente, sua possibilidade já esteja de antemão atestada pela experiência. E não é recomendável por uma razão pragmática: porque obstruiríamos desnecessariamente o cálculo, se nos dedicássemos a refazer as demonstrações já feitas (AA VI, iv, p. 918). Leibniz sustenta que, quando se chega a ideias claras do que é enunciado nas premissas, pode-se considerar a demonstração concluída – não absolutamente, mas o bastante para explicar, ainda que parcialmente, a possibilidade do demonstrado.

142 Pode-se objetar a esta pretensão que as verdades negativas, assim como aquelas que não possuem a forma sujeito-predicado, imporiam uma dificuldade a esta pretensão. As saídas de Leibniz para objeções desse teor serão examinadas no Capítulo II.

É importante sublinhar, porém, que essa aceitação de uma consumação *ad hoc* da demonstração não implica uma impossibilidade da consumação da demonstração da proposição enquanto tal, pois isto comprometeria o que foi assumido, a saber, que em toda verdade o nome-sujeito deve envolver ou implicar em sua significação o nome-predicado. A inviabilidade de se consumar uma demonstração, conforme já examinado, tem uma dimensão estritamente epistêmica, dizendo respeito ao estágio em que se encontra o conhecimento conceitual daquele que demonstra, que não necessariamente possui o conhecimento intuitivo de absolutamente tudo o que entra nos conceitos que mobiliza. Não se trata, portanto, de uma impossibilidade lógica.

Resta agora considerar as condições efetivas mediante as quais o procedimento demonstrativo tem lugar. Dado que ele se mostra o único procedimento de raciocínio apto a conferir certeza a seus resultados, e que ele se efetua eminentemente pela utilização de símbolos, é importante avaliar as condições simbólicas a partir das quais uma demonstração pode ser corretamente efetuada.

Leibniz mostra-se incrédulo com respeito à adequação das línguas ordinárias ao procedimento demonstrativo, pois elas acomodam várias ambiguidades e elementos que atendem não a exigências lógicas, mas a questões de estilo, comodidade e costume. Segundo ele, as línguas em geral são úteis para fixar a memória e permitir a comunicação, mas – e talvez justamente por isso – não são satisfatórias quando se trata de aplicar símbolos para representar e testar o rigor de um raciocínio[143].

---

[143] "As línguas ordinárias, mesmo que sejam muito úteis ao raciocínio, são, contudo, sujeitas a inúmeros equívocos, e não podem desempenhar o ofício de um cálculo, para que os erros do raciocínio possam ser revelados a partir da formação e constituição dos vocábulos, como os solecismos e barabarismos. Este é certamente o benefício admirável que até agora apenas prestam as notas dos aritméticos e algebristas, em que todo o raciocínio consiste no uso de

Eis o que explica sua obstinação em elaborar uma linguagem artificial, específica e apropriada ao objetivo da demonstração, obstinação que se atesta pelos inúmeros trabalhos e esboços do que denominou *Característica*. Tal linguagem seria uma espécie de *organon*, ou, para utilizar a formulação de M. Fichant, uma "técnica que permite formar 'expressões', quer dizer, agregados de caracteres, isomorfos às relações dos pensamentos expressos" (Leibniz, 1991 - p. 148). Ela deve poder ser aplicada a "tudo o que cai sob o raciocínio humano, mas sob a envergadura de um cálculo ininterrupto e evidente de demonstrações" (AA, VI, iv, p. 920)[144], pouco importa o domínio de conhecimento sobre o qual se exerce:

> O progresso da Arte de inventar depende, em sua maior parte, da perfeição da arte característica. Não há nenhuma outra causa para que as demonstrações não sejam buscadas, pelos homens, apenas nos números e linhas, e nas coisas que os representam, senão que não existe fora dos números *caracteres manejáveis que correspondam às noções*. Essa é também a causa pela qual a Geometria até agora não tenha sido tratada de maneira analítica, senão enquanto remetida aos números por uma análise especiosa, na qual os números gerais são designados por letras. (...)

caracteres, e o erro do cálculo é idêntico àquele do espírito" <Linguae vulgares etsi plurimum prosint ad ratiocinandum, attamen innumeris aequivocationibus sunt obnoxiae, nec officium calculi facere possunt, nempe ut errores ratiocinationis ex ipsa vocabulorum formatione et constructione detegi possint, tanquam soloecismi et barbarismi. Quod sane admirabile beneficium hactenus solae praestant notae Arithmeticorum et Algebristarum, ubi ratiocinatio omnis in usu characterum consistit, et idem est error animi qui calculi> (AA VI, iv, p. 919).

144 "...omnium quae sub humanam ratiocinationem cadunt, sed perpetuis calculi evidentis demonstrationibus vestitae contineatur".

> Se houvesse uma língua exata (como a que alguns chamam de *Adâmica*) ou um gênero de *escritura verdadeiramente filosófica*, que remetesse as noções a um *Alfabeto dos pensamentos humanos*, tudo que segue de dados da razão poderia ser descoberto por *uma espécie de cálculo*, assim como são resolvidos os problemas aritméticos ou geométricos (Leibniz, 2016d, p. 411-412 - AA, VI, pp. 910-911)[145].

Vê-se por aí que o projeto leibniziano relativamente à Característica guarda diferenças fundamentais em relação ao projeto hobbesiano da distribuição categorial das palavras. A pretensão de Hobbes, para relembrá-la em linhas gerais, era estabelecer as condições formais do discurso coerente. Persuadido de que nenhum procedimento assim é capaz de evitar o erro e o absurdo, e de que unicamente a análise proporciona as condições seguras e suficientes para detectá-los sempre que ocorrerem, Leibniz, por seu turno, empenha-se em encontrar as regras formais que permitam reduzir toda verdade a uma identidade e toda falsidade a uma contradição. Pode-se concluir que o objetivo eminente da Característica, a seus olhos, é apresentar as regras formais do procedimento demonstrativo tal como ele o concebe, a saber, como o procedimento de resolução de uma

---

[145] "Progressus Artis inventoriae rationalis pro magna parte pendet a perfectione *Artis* Characteristicae. Causa cur non nisi in solis Numeris et Lineis, et rebus quae his repraesentantur Demonstrationes quaeri ab hominibus soleant, nulla alia est, quam quod *caracteres tractabiles notionibus respondentes* extra Numeros non habentur. Quae causa est etiam, cur ne Geometria quidem hactenus Analytice tractata sit, nisi quatenus ad numeros revocatur per Analysin Speciosam, in qua numeri generales literis designantur.

(...)

Si daretur vel *lingua* quaedam exacta (qualem quidam *Adamicam* vocant) vel saltem *genus Scripturae vere philosophicae*, qua notiones revocarentur ad *Alphabetum* quoddam *cogitationum humanarum*, omnia quae ex datis ratione assequi licet, inveniri possent, *quodam genere calculi*, perinde ac resolvuntur problemata Arithmeticae aut Geometriae.

noção complexa, até que se chegue seja a uma verdade evidente por si e indemonstrável, seja a uma contradição.

Essa interpretação opõe-se à maneira como L. Couturat e H. Ishiguro concebem o lugar da Característica na filosofia de Leibniz. Para Couturat (1985), a inspiração essencial da filosofia da lógica de Leibniz encontra-se no seu projeto combinatório. Seria preciso primeiramente desmembrar as noções compostas para repertoriar e classificar as noções simples das quais se engendram todos os tipos de combinação factíveis. Tal seria o projeto da Enciclopédia. Uma vez catalogadas as noções simples derradeiras de todas as combinações – o Alfabeto dos pensamentos humanos –, seria preciso conferir símbolos apropriados às noções simples para que se pudesse empreender corretamente as demonstrações. E esse seria o papel da Característica:

> Leibniz é, portanto, levado, pelo próprio progresso do seu projeto de Língua universal, ou, antes, pelo desenvolvimento da ideia que era o seu princípio, a ultrapassá-lo. Com efeito, para constituir o *Alfabeto dos pensamentos humanos* que deveria ser o fundamento do vocabulário, seria preciso analisar todos os conceitos e reduzi-los a elementos simples por meio da definição. Ora, isto seria fazer o inventário dos conhecimentos humanos, e mesmo, como a análise dos conceitos é ao mesmo tempo a análise das verdades, demonstrar todas as verdades conhecidas conduzindo-as a princípios simples e evidentes, quer dizer, edificar uma Enciclopédia demonstrativa. De outra parte, uma vez que os conceitos primitivos tenham sido enumerados e classificados, seria preciso representá-los pelos caracteres apropriados, e inventar sinais para exprimir as combinações e suas

> relações. Eis propriamente a obra da Característica universal.
> Assim a verdadeira Língua universal ou, antes, filosófica pressupõe ao mesmo tempo esse duplo e gigantesco trabalho: a instituição de uma Característica e a elaboração de uma Enciclopédia. E esses dois empreendimentos, por seu turno, implicam-se um ao outro e deveriam ser levados em frente: pois a Característica supõe todas as noções científicas reduzidas a um sistema lógico e subordinadas a um pequeno número de categorias, quer dizer, a Enciclopédia acabada ou ao menos bastante avançada; de outra parte a Característica parece indispensável à constituição da Enciclopédia, pois é ela que serve para determinar o encadeamento lógico das verdades científicas e mesmo a ordem hierárquica das ciências (Couturat, 1985, III, §18 - pp. 79-80).

Segundo Couturat, o projeto lógico de Leibniz suporia um tipo de teoria dos tipos lógicos, ou, para empregar suas próprias palavras, que "as noções científicas pudessem ser reduzidas a um sistema lógico e subordinadas a um pequeno número de categorias" a partir do qual a lógica da invenção poderia efetivamente operar[146].

Leibniz parece de fato aceitar que um tal sistema de categorias seja frutuoso para facilitar o cálculo combinatório (Cf. AA

[146] H. Schepers (1966) sustenta uma tese afim. Segundo ele, a Característica teria duas partes fundamentais: uma, o lado formal desta linguagem, seria constituída pelas regras lógicas de demonstração. A outra concerniria a seu material, que seria constituído pelos termos mais simples, o Alfabeto dos pensamentos humanos; tais termos simples seriam os "*predicamenta*", tipos de categorias do pensamento a partir das quais seriam formados todos os compostos. De acordo com Scheppers, a enumeração completa desses *predicamenta* seria uma condição fundamental para que todas as verdades pudessem ser demonstradas (Ver também Schepers,1969).

VI, iv, pp. 538-540), já que, como examinado precedentemente, a distribuição categorial de nomes pode eventualmente encurtar alguns passos na depuração das combinações corretas. Contudo, isto não quer dizer que a Característica responda a uma suposta pretensão de Leibniz de inventariar todas as noções simples possíveis a fim de exibir as regras de suas combinações[147]. Ao contrário, a Característica responde à necessidade de suprir a falha incontornável do raciocínio combinatório, a saber, a insuficiência da categorização das palavras para prevenir o equívoco.

Por estas mesmas razões pode-se também recusar a interpretação proposta por H. Ishiguro sobre o assunto. Ishiguro compartilha com Couturat a avaliação de que a Característica atenda às pretensões de Leibniz ligadas ao projeto combinatório. Segundo ela, embora vários contemporâneos de Leibniz "estivessem preocupados com a criação de uma linguagem universal, somente a *Characteristica Universalis* (o sistema dos signos universais), a qual exprimia a *Ars Combinatoria* (a arte da combinação de conceitos), pode ser estimada como uma expressão do atomismo lógico. Só Leibniz tinha uma compreensão das relações de identidade de conceitos e condições de verdade. Ele é o precursor do Russell da *Filosofia do Atomismo Lógico* e do Wittgenstein do *Tractatus*. Muito do fracasso do projeto de Leibniz da *Ars Combinatoria*, parece-me, é um fracasso inerente ao programa do atomismo lógico em geral" (Ishiguro, 1990, p. 12).

Ishiguro não compartilha com Couturat a tese do repertório das noções simples e da relação entre a Enciclopédia e a Característica, mas, ao associar a pretensão de Leibniz relativamente à Característica às regras do procedimento combinatório, e, por consequência, à filosofia do atomismo lógico, ela compromete Leibniz com as mesmas dificuldades que vê nessa filosofia. É essa convicção que conduz Ishiguro a concluir que Leibniz era obrigado a admitir a compatibilidade de todas as

[147] Para uma discussão a este respeito, ver M. Fichant (1991), §6.

noções simples, obrigação que ela crê indissociável de uma filosofia do gênero daquela do atomismo lógico:

> Examinando por que suas teorias da lógica simbólica necessitam de simples que são mutuamente compatíveis, nós talvez entenderemos melhor por que Leibniz (como Wittgenstein do *Tractatus* e Russell) requeria que houvesse simples lógicos independentes. Nós já vimos que Leibniz quis construir uma linguagem formal com uma sintaxe que refletia as relações lógicas dos conceitos. Nós seremos então aptos a raciocinar corretamente sem ter que pensar na interpretação dos signos (i.e. pelo que os signos estão ou significam), mas apenas pensando nas regras para combinar e transformar e substituir signos.
> 'Mas se queremos construir um sistema lógico no qual a sintaxe lógica pode ser estabelecida sem menção à interpretação dos signos, somos compelidos a ter uma série de signos que são logicamente independentes um do outro (...). Eis por que Leibniz, que queria considerar a lógica como uma pura arte de combinação de caracteres, teve que postular termos simples que eram mutuamente compatíveis (Ishiguro, 1990, pp. 54 – 55).

Ora, se o que conduziu Leibniz a se ocupar das condições de consistência das definições foi a convicção de que as regras do raciocínio sintético não bastam, por si apenas, para fundar uma lógica da certeza, então não se pode aceitar que a Característica seja "uma pura arte de combinação de caracteres". A Característica é um método formal para analisar definições. Neste sentido, embora seja uma linguagem formal, ela aplica se sem pre a um conteúdo. A pura arte de combinação de caracteres é a combinatória. A tarefa da Característica é proporcionar a notação e as regras a partir das quais a consistência das noções formadas pode ser verificada.

Leibniz compromete-se, é verdade, com a tese de que há necessariamente noções simples, enquanto os elementos do pensamento (Cf. AA VI, iii, p. 504). Mas sua avaliação de que o raciocínio regulado por uma "pura arte de combinação de caracteres", como defende Ishiguro (1990, pp. 54 - 55), jamais está ao abrigo do erro o exime de postular que todas as noções simples sejam compatíveis. Se assim fosse, uma simples tábua de categorias lógicas de palavras bastaria para resguardar o discurso do absurdo, o que, não obstante, Leibniz recusa. Se ele afirma que a tese de que todas as noções simples são compatíveis decorre de sua lógica (Cf. GP IV, p. 296), essa afirmação, por seu turno, não implica que ele considere a Característica uma linguagem formal das regras sintéticas de combinações de caracteres.

I.5 Análise e combinatória

Antes de nos consagrarmos ao exame do projeto leibniziano da Característica, tentemos responder a uma questão que emerge quando se confronta o concluído anteriormente com os escritos de Leibniz dedicados ao método. Leibniz considera que há dois métodos de conhecimento, a saber, a análise e a combinatória ou síntese. Segundo ele, a distinção entre esses métodos residiria em que a análise consistiria em, partindo das noções mais complexas, chegar, por resolução sucessiva, às noções mais simples que são o fundamento daquelas, ao passo que a síntese ou combinatória faz o caminho inverso: ela parte das noções mais simples e, por combinação, chega às mais complexas, tomando as primeiras como elementos constitutivos:

> O método é analítico se uma questão qualquer, uma vez sendo proposta, é resolvida reiteradamente em noções mais simples até que se chegue à sua solução. O método é sintético se, partindo de noções mais simples, progredimos em direção às compostas até que cheguemos ao propósito (*Math.*, *III, A, 26, b – OFI*, p. 572)[148].

Pode-se concluir que, para Leibniz, somente a análise constitui o verdadeiro método da certeza. Compete à análise regular os resultados obtidos através de um raciocínio combinatório. Enquanto não se tem um conhecimento demonstrativo de uma definição ou proposição estabelecidas através de um raciocínio combinatório, não se está jamais seguro da sua verdade ou consistência[149]. Todavia, se se leva em conta as declarações de Leibniz relativamente ao método combinatório, observa-se que ele não rejeita esse método, nem despreza sua contribuição para a invenção e a descoberta. Bem ao contrário, para Leibniz, a combinatória é um método útil e, mais que isso, indispensável para a invenção[150].

---

[148] "Est autem methodus analytica, cum quaestio aliqua proposita tamdiu resolvitur in notiones simpliciores, donec ad ejus solutionem preveniatur. Methodus vero synthetica est, cum a simplicioribus notionibus progredimur ad compositas, donec ad propositam deveniamus". "A Síntese é, começando com princípios e percorrendo as verdades em ordem, depreender algumas progressões e fazer por assim dizer Tábuas ou às vezes até mesmo fórmulas gerais, nas quais pode ser descoberta a resposta ao problema que se apresentará posteriormente. A análise, por seu turno, a partir apenas da causa dos problemas apresentados, regride aos princípios, como se nada tivesse sido descoberto antes, por nós ou por outros" <Synthesis est cum a principiis inchoando, et ordine veritates percurrendo progressiones quasdam deprehendimus et velut Tabulas vel etiam interdum formulas generales condimus, in quibus postea oblata inveniri possint. Analysis vero solius oblati problematis causa ad principia regreditur, perinde ac si nihil antea inventum jam a nobis vel aliis haberetur> (AA VI, iv, p. 544).

[149] "A combinatória nem sempre é demonstrativa, mas frequentemente opera por várias adivinhações e tentativas" <Combinatoria non semper demonstrativa est, sed saepe agit variis divinationibus et tentamentis> (AA VI, iv, p. 426).

[150] "Da perfeita descoberta de todas as espécies, mesmo das subalternas, que não pode ser feita por dicotomias, a não ser que sejam estabelecidas de várias

Essas conclusões impõem a tarefa de averiguar qual seria, de acordo com Leibniz, a relação entre análise e síntese, e qual dos dois métodos constituiria para ele o método da verdadeira ciência. Uma resposta que se poderia sugerir para essas questões seria considerar que o interesse leibniziano pela combinatória teria se manifestado durante sua iniciação em filosofia, antes de seu aprofundamento na matemática. O interesse pela análise, em contrapartida, teria surgido mais tarde, quando as dificuldades concernentes ao raciocínio combinatório já haviam conduzido Leibniz a recusar à combinatória o estatuto de método da certeza. Conforme ele próprio declara, seu célebre trabalho sobre a combinatória foi escrito mal havia ele saído da adolescência e, não obstante já insinue um indício da sua invenção, traz ainda os traços do debutante[151].

As reflexões tardias e as reservas que seu próprio autor faz ao *De Arte Combinatoria* em obras posteriores não levam muito longe essa sugestão, pois não é difícil encontrar nos escritos datados do período de maturidade filosófica de Leibniz passagens dedicadas a realçar a importância da combinatória. Observa-se, aliás, que, embora ele reconheça que o procedimento analítico possa ser inventivo, é antes à combinatória que ele atribui a capacidade de proporcionar a invenção e a descoberta[152]. Mesmo em textos tardios, como, por exemplo, os *N.E.*, é possível detectar a

---

maneiras, mas apenas por combinação e *a priori*" <De perfecta inventione omnium specierum etiam subalternarum, quod fieri non potest per dichotomias nisi pluribus modis institutas, sed tantum per combinationem a priori> (*Phil., VI, 12, b, 4 - OFI*, p. 163 - AA VI, iv, p. 81).

[151] Ver *N.E.*, IV, III, §18; GP III, p. 620; GP IV, pp. 103-104; e AA VI, iv, p. 266.

[152] "É mais profícuo efetuar uma síntese, pois este trabalho tem uma validade perpétua, ao passo que, ao estabelecer a análise de problemas particulares, frequentemente fazemos o que já está feito" <Praestantius est synthesin condere, quia is labor in perpetuum valet, cum analysin ob singularia problemata instituendo saepe actum agamus> (AA VI, iv, p. 544).

importância que Leibniz confere ao procedimento sintético (Cf. *N.E.*, IV, II, §2-§7).

Em realidade, é forçoso reconhecer que Leibniz não manifesta nenhuma inclinação a eleger um destes métodos como o verdadeiro e único método de conhecimento, em detrimento do outro. Ao contrário, ele reitera amiúde que ambas, a análise e a combinatória, são igualmente legítimas e necessárias[153]. Aliás, vai ainda mais longe, buscando um tipo de complementaridade entre a análise e a síntese. De acordo com ele, antes de constituírem métodos independentes para disciplinas diferentes, a análise e a combinatória constituem, de fato, dois momentos de um método mais geral, o qual seria o verdadeiro método da invenção:

> Diviso duas partes na Arte de inventar, a Combinatória e a Analítica; a Combinatória consiste na arte de inventar questões; a Analítica, na arte de encontrar soluções às questões. Ocorre, porém, amiúde, que as soluções de algumas questões sejam Combinatórias antes que Analíticas, como é o modo como se procura produzir algo em matéria natural ou civil, pois nesse caso os meios procurados são externos à coisa. Em suma, a combinatória

[153] "Dois são os métodos, sintético ou por arte combinatória, e analítico. Um e outro pode mostrar a origem da invenção, e isto não é, portanto, um privilégio da análise" <Duae sunt Methodi Synthetica seu per artem combinatoriam, et analytica. Utraque ostendere potest inventionis originem; neque ergo hoc est privilegium analyseos> (AA VI, iv, p. 351). "Engana-se quem pensa que se escreve de forma analítica para revelar, e de forma sintética para ocultar, a origem da invenção. Sempre notei que dos talentos capazes de invenção, uns são mais analíticos, outros mais combinatórios" <Errant vero qui putant analytice scribi cum detegitur, synthetice cum supprimitur origo inventionis. Saepe notavi ingenia inventionis capacia, alia magis analytica, alia magis combinatoria esse> (AA VI, iv, p. 545; cf. também GP VII, p. 544; *Math., I, 26, d - OFI*, p. 557; *Math., III, A, 26, b - OFI*, pp. 572-573).

> é melhor para inventar questões, a analítica para resolvê-las (*Phil., VI, 12, c, 6 – OFI*, p. 167)[154].

As considerações feitas nas páginas precedentes relativamente ao papel das definições segundo Leibniz podem nos ajudar a explicar o que teria o conduzido a sustentar a complementaridade entre análise e síntese. Afinal, se se faz corresponder um e outro desses métodos aos dois requisitos das condições materiais da verdade em geral, a saber, aquele do estabelecimento das definições e aquele da avaliação da correção da definição, observa-se que combinatória e análise podem ser referidas cada uma a cada um desses momentos respectivamente. Compreendida como o procedimento pelo qual se chega às noções mais complexas a partir de combinações dos mais simples, a combinatória mostra-se a regra formal do procedimento para a elaboração das definições em geral. Com efeito, se a relação de nomeação instituída pela definição consiste no estabelecimento de um nome como um signo para a combinação de nomes na definição, então a própria combinação de nomes enquanto tal pressupõe essencialmente um método combinatório[155]. Por outro

---

154 "Duas partes invenio Artis inveniendi, Combinatoriam et Analyticam; Combinatoria consistit in arte inveniendi quaestiones; Analytica in arte inveniendi quaestionum solutiones. Saepe tamen fit ut quaetionum quarindam solutiones, plus habeant Combinatoriae quam analyticae, ut cum modus quaeritur efficiendi aliquid in re naturali aut civili, tunc enim media quaerenda sunt extra rem. In summa tamen quaestiones invenire combinatoriae potius, solvere Analyticae est". "O Método Combinatório vai das causas aos efeitos, ou dos meios ao fim, ou da coisa ao uso da coisa. O Analítico vai do efeito à causa. Cada um deles pode ser científico, desde que seja direcionado à demanda proposta" <Methodus Combinatoria est a causis ad effectus, seu a mediis ad finem, seu a re ad rei usum. Analytica ab effectu ad causam, a fine ad media. Utraque postest esse scientifica, cum scilicet ad propositum quaesitum dirigitur> (*Math. III, A, 26, b – OFI*, p. 573).

155 Uma carta dirigida a Conring parece contradizer esta afirmação. Nela, Leibniz escreve: "Toda a arte de demonstrar consiste de duas, a arte de *definir* e a arte *combinatória*" <Ars demonstrandi tota consistit in duobus, arte *definiendi* et

lado, sendo o procedimento inverso, de decomposição dos complexos em mais simples, a análise revela-se o método a partir do qual as definições podem ser demonstradas, quer dizer, resolvidas de modo a permitir a estimação da consistência da conjunção dos nomes que encerram. A complementaridade entre a combinatória e a análise repousa, portanto, em que a primeira fornece as regras a partir das quais se pode constituir as definições e, a partir daí, estabelecer as condições materiais do conhecimento, ao passo que a outra concerne à dimensão formal do conhecimento: ela fornece as regras a partir das quais se pode averiguar se a definição satisfaz as condições formais para a simbolização.

---

arte *combinatoria*> (GP I, p. 174). Isso pareceria significar que não competiria à combinatória regular o procedimento de constituição das definições. Se todavia continuamos a leitura da carta, ("pois uma Demonstração nada mais é que uma cadeia de definições" - id. ibid.), e se a comparamos com os esclarecimentos que faz ulteriormente a respeito*, observamos que a combinatória é compreendida nesse contexto como o procedimento de disposição das definições de sorte a dar consecução à demonstração de certa proposição. Nesse sentido, não se trata realmente de um cálculo sintético, como se deveria supor pelo termo "combinatória", mas de um procedimento ordenado visando satisfazer às regras da análise. A despeito desse uso do termo "combinatória", não é menos verdadeiro que o procedimento de instituição de definições fornecendo a base do raciocínio continua sintético. Quando Leibniz afirma aí que a arte de demonstrar consiste naquela de definir e na combinatória, o que parece pretender dizer é que dois são os requisitos para se demonstrar uma proposição: um, as definições permitindo a análise de todos os termos nela envolvidos (neste sentido as definições já são supostas, e não algo que seja ainda preciso estabelecer), e a outra, a disposição ordenada das definições de sorte a fazer aparecer a verdade do *demonstrandum*.

*"*Demonstração* é o raciocínio pelo qual uma proposição é tornada certa (...). Ora, todas as proposições cuja verdade é mostrada pela resolução dos termos e é reconhecida necessariamente pelo intelecto, são demonstráveis pelas resoluções deles, isto é, pelas definições. Donde fica claro que a Demonstração é uma cadeia de definições" <*Demonstratio* est ratiocinatio qua propositio aliqua fit certa (...). Omnes autem propositiones quarum veritatem ex terminorum demum resolutione et intellectu patere necesse est, demonstrabiles sunt per eorum resolutionem, id est per definitionem. Hinc patet, Demonstrationem esse catenam definitionum> (GP I, p. 194).

Essas conclusões permitem compreender a natureza da relação que, segundo Leibniz, vigora entre a análise e a síntese, assim como o papel e a importância de cada uma para o avanço do conhecimento. Se por um lado a combinatória não garante a consistência de seus resultados, por outro, unicamente ela é apta a apresentar com certeza a integralidade das combinações factíveis, uma vez dados certos elementos. Em contrapartida, visto que o conhecimento genuinamente falando não se dá enquanto se permanece na ignorância quanto à utilidade do resultado, a análise é fundamental para que se descubra a consistência das combinações formadas[156]. O resultado de uma investigação é absolutamente satisfatório quando primeiramente se leva a cabo o procedimento combinatório, formando por meio dele todas as definições ou arranjos factíveis, para, em seguida, empreender a análise, única apta a permitir detectar a consistência ou inconsistência de cada uma das combinações formadas[157]. Nessa medida, como já notou C.-A. von Peursen (1986, p. 184), para Leibniz, combinatória e análise poderiam ser relacionadas, ao que habitualmente se denomina, respectivamente, de "contexto da descoberta" e "contexto da justificação" de um conhecimento.

[156] Como assinala M. Fichant (1998, p. 338), "enquanto uma ciência demonstrativa não retorna às proposições idênticas primitivas, ela não pode estabelecer o 'perfeito retorno' que torna análise e síntese recíprocas, cada uma percorrendo a mesma sequência de proposições na direção inversa da outra. Mas a razão disso é o defeito das definições, ou o emprego, a título de definição, de descrições que não fazem senão delimitar uma ideia confusa fornecida pela imaginação".

[157] Para tomar ainda uma outra formulação de M. Fichant, "o progresso da ciência efetua-se assim em um duplo sentido: um pelo qual ela se edifica graças à aquisição de resultados novos, outro pelo qual ela se funda regressando aos princípios absolutamente primitivos de toda demonstração. A estreita solidariedade da *ars inveniendi* e da *ars demonstrandi* associa, por uma ligação recíproca no desenvolvimento efetivo das ciências, os dois movimentos que Platão separava como dois níveis hierarquizados do conhecimento: aquele que vai das hipóteses às consequências e aquele que reconduz a um termo primeiro não-hipotético <*anhypothétique*>" (1998, pp. 336-337).

Por aí se compreender por que Leibniz considera importante submeter à análise todo tipo de proposição, e mesmo os axiomas da geometria de Euclides. A seus olhos, ela seria o único método apto a assegurar o que nossos raciocínios sintéticos não podem, a saber, a certeza da inteligibilidade dos resultados destes. A demonstração teria, nesta medida, este objetivo fundamental: dar a razão de uma verdade reduzindo-a a uma identidade. No que concerne à geometria de Euclides, Leibniz não a considera plenamente analítica visto que, segundo ele, nela se toma por axiomas proposições que poderiam ser demonstradas. De acordo com ele, embora isso não afete a certeza daquela geometria, graças à chancela empírica de que ela goza, compromete, contudo, sua perfeição, mais precisamente, o fundamento da certeza que a sustenta[158].

Essas considerações conduzem a recusar a interpretação que L. Couturat propõe para a relação entre análise e síntese em Leibniz. Como já mencionado, segundo Couturat (1985, VI, §3), caberia à análise a tarefa de resolver as noções complexas não propriamente para permitir a avaliação da sua consistência, mas para aí descobrir as noções simples a partir das quais novas noções complexas poderiam ser compostas. Deste ponto de vista, a combinatória seria um procedimento posterior à análise, e deveria, portanto, bastar para garantir a

[158] "O defeito mais geral, e do qual o próprio Euclides não está resguardado, é que se supõe axiomas que se poderia demonstrar. É verdade que esse defeito não prejudica a certeza, quando esses axiomas são justificados por uma infinidade de experiências como o são aqueles dos Matemáticos. Mas esse defeito prejudica a perfeição do espírito e é a principal razão pela qual a síntese dos Geômetras ainda não pode ser convertida em Análise" <Le defaut le plus general, et dont Euclide même n'est pas exemt, c'est, qu'on suppose des axiomes qu'on pourroit demonstrer. Il est vray que ce defaut ne nuit pas à la certitude, quand ces axiomes sont justifiés par une infinité d'experiences, comme le sont ceux des Mathematiciens. Mais ce defaut nuit à la perfection de l'esprit et c'est la principale raison, pourquoy la synthese des Geometres n'a pû estre changé encor en Analyse> (AA VI, iv, p. 969).

correção de seus resultados. Couturat conclui que "a Lógica, e mais precisamente a Arte de inventar, depende inteiramente da Combinatória, que ensina a encontrar por ordem todas as combinações possíveis de conceitos simples (ou de seus signos), e a determinar seguramente suas relações de inclusão e exclusão, quer dizer, ensina a descobrir todas as verdades relativas a tal ou tal conceito" (Id. II, §12 – pp. 49-50).

É forçoso reconhecer que Leibniz tentou estabelecer tábuas de definições em que manifesta o interesse em definir tudo[159]. No que concerne à totalidade dos enunciados verdadeiros, ele pretendeu, se não os encontrar, ao menos estimar seu número (Cf. Leibniz, 1991, III, pp. 39-53 - LH IV, 5, 9, f. 2-5). No entanto, conforme diagnosticado precedentemente, isso não implica que esses esforços atendam a suas preocupações relativamente às condições para a correção e a objetividade do conhecimento, já que, para estas, o que conta é a garantia de que as noções de que nos servimos para conduzir as experiências e resolver problemas nas ciências exatas sejam corretas; e que tais noções permitam não apenas descrever o que acontece, mas também explicá-lo, torná-lo inteligível. Para isso, é preciso sobretudo fazer apelo à análise, pois, se se pretende chegar a conhecimentos certos, não se pode empregar uma definição sem saber se ela apresenta uma coisa ou não[160]; ademais, não se pode explicar

---

[159] Ver por exemplo *Phil., VII, D, II, 2, f. 1-52 – OFI*, pp. 437 – 509; *De affectibus* – AA VI, iv – N. 269; et *Catena definitionum*, Grua, pp. 537 – 541 (AA VI, iv – N 593).

[160] "Evidentemente não podemos tecer demonstrações com segurança a partir de uma noção a não ser que saibamos que ela é possível, pois de noções impossíveis ou que envolvem contradição podem ser demonstradas proposições contraditórias, e esta é a razão *a priori* pela qual a possibilidade é requerida na definição real" <Et scilicet non possumus de ulla Notione secure texere demonstrationes, nisi sciamus eam esse possibilem, nam de impossibilibus seu contradictionem involventibus etiam contradictoria possunt demonstrari, quae est ratio a priori cur ad definitionem realem requiratur possibilitas> (AA VI, iv, p. 542).

uma coisa cuja possibilidade é atestada pela experiência se sua definição ainda não foi analisada de sorte a exibir seus fundamentos. Assim, no que concerne às condições da explicação das verdades, quer dizer, do conhecimento das razões, a análise deve sempre se seguir à combinatória.

Antes de encerrar esta discussão, é preciso fazer algumas ressalvas, a fim de evitar equívocos, a respeito de duas distinções terminológicas importantes. Em primeiro lugar, é preciso observar que, para Leibniz, combinatória e análise especificam métodos de conhecimento, e não tipos distintos de conhecimentos ou juízos, como habitualmente se entende depois de Kant. Para Leibniz, exceção feita às proposições idênticas, cuja analiticidade é evidente por sua própria formulação, todas as proposições são formadas sinteticamente. Por serem assim formadas, elas prestam-se a se submeter ao procedimento analítico, considerado o único a partir do qual se pode justificar seu valor de verdade[161].

Em segundo lugar, é preciso igualmente observar que essa concepção de análise não basta para aproximar as filosofias de Leibniz e de Descartes, em que pese essas duas filosofias compartilhem duas teses sobre a análise. A primeira tese seria que esta qualifica o método de conhecimento, e não o

[161] "Donde unicamente as idênticas são indemonstráveis, ao passo que todos os axiomas, ainda que alguns sejam tão claros e fáceis que não precisem de demonstração, são não obstante demonstráveis, porque tão logo os termos são compreendidos (isto é, substituindo a definição no lugar do definido), fica evidente que são necessários ou que o contrário implica contradição nos termos (...). Por seu turno, todas as proposições cuja verdade se evidencia ao intelecto como necessária precisamente pela resolução dos termos, são demonstráveis pela resolução destes, isto é, por definições" <Unde solae identicae sunt indemonstrabiles, Axiomata autem omnia, quanquam plerumque ita clara ac facilia sint ut demonstratione non indigeant, sunt tamen demonstrabilia vel ideo quia demum terminis intellectis (id est substituindo definitionem in definiti locum) patete a esse necessaria seu contrarium implicare in terminis (...). Omnes autem propositiones quarum veritatem ex terminorum demum resolutione et intellectu patere necesse est, demonstrabiles sunt per eorum resolutionem, id est per definitionem> (Carta a Conring, GP I, p. 194).

conhecimento efetivo. A segunda seria que a análise constitui o único método capaz de tornar o conhecimento evidente. Uma diferença fundamental há, não obstante, entre as concepções daqueles dois filósofos com respeito à aplicabilidade do método. Com efeito, correlativamente à diferença dos critérios que cada um elege para a evidência, uma outra diferença há, concernente ao que é eleito como ponto de partida de um procedimento de análise. Para Descartes o ponto de partida da análise é uma certeza indubitável, a saber, o *cogito*: é porque se parte desta e se prossegue explicitando o que daí se segue que se chega, pelo método analítico, a um resultado seguro[162]. Para Leibniz, ao contrário, a necessidade da análise decorre da convicção de que nem sempre uma proposição exibe as condições que permitem avaliar sua consistência interna. A seus olhos, portanto, o ponto de partida da análise não é uma certeza, mas uma dúvida: cabe à análise fornecer as condições da avaliação da consistência das combinações propostas pelo método combinatório.

[162] Conforme assinala M. Gueroult (1994, p. 26), "a ordem da análise é a ordem da invenção, portanto aquela da *ratio cognoscendi*. Ela se determina segundo as exigências da nossa certeza; ela é o encadeamento das condições que tornam possível [a nossa certeza] (...). Assim, segundo a ordem analítica, parte-se do conhecimento certo do meu eu que, como primeira verdade para o sujeito (*Cogito*), é para mim o princípio primeiro".

CAPÍTULO II

Característica

II.1 A elaboração da Característica: os treze trabalhos de Leibniz

Conforme já observado, Leibniz considera a Característica uma linguagem por meio da qual se pode colocar à prova a exatidão dos nossos pensamentos e raciocínios. Ela seria uma linguagem artificial destinada a proporcionar o registro e o acesso sensível àquela estrutura, com a finalidade de pôr à mostra a estrutura dos raciocínios e das relações entre eles. Um benefício dessa linguagem é evidentemente permitir detectar, através do registro sensível do pensamento, a falsidade onde ela ocorrer. Inversamente, na mesma medida em que o erro seria inevitavelmente detectável, a atestação de sua ausência aí seria o expediente graças ao qual se poderia garantir as condições formais da certeza e da verdade.

Para desempenhar essa função, a Característica deve evidentemente satisfazer determinadas condições, das quais a primeira e fundamental é não conter nenhum daqueles aspectos corriqueiros – e quiçá mesmo intrínsecos – nas línguas ordinárias, os quais as tornam pouco adequadas a proporcionar uma representação simbólica exata dos raciocínios: uma língua característica nada deve conter que permita abreviar um raciocínio. Ao contrário, ela deve tornar explícitos todos os passos de um argumento, de sorte a permitir flagrar qualquer falácia ou ambiguidade que porventura aí estejam escondidos (AA VI, iv, p. 718), bem como atestar a correção de um raciocínio sem falhas.

Para tanto, ela não pode conter nenhum elemento além daqueles que se mostram logicamente fundamentais. Por outro lado, ela tampouco pode prescindir destes últimos. Em síntese, ela deve conter todos e somente os ingredientes logicamente fundamentais aptos a assegurar que o raciocínio se efetue de forma correta.

A segunda exigência pode ser considerada um corolário da primeira: não obstante a Característica deva satisfazer os requisitos da análise, ela deve conter todas as operações lógicas fundamentais do raciocínio combinatório. Visto que a análise opera sobre o que foi sintetizado, sem síntese não poderia haver análise. Consequentemente, para que possamos resolver uma combinação de modo a poder satisfazer as exigências da demonstração, é preciso que a linguagem da qual nos servimos proporcione a formalização de raciocínios combinatórios. É oportuno observar que as duas operações fundamentais do raciocínio combinatório são, em primeiro lugar, a conjunção, através da qual a combinação de nomes se expressa; em segundo lugar, a identidade, através da qual a referida combinação se liga a um nome determinado, de modo a simbolizar que a coisa que se nomeia através do último seja a mesma coisa que se descreve através da combinação posta.

A terceira exigência concerne à universalidade da Característica. Visto que a noção intensional de verdade pode ser estendida a todo tipo de verdade, é preciso que a Característica seja indiferente às formas proposicionais específicas ou às matérias particulares sobre as quais versam as proposições. A Característica deve se aplicar a tudo o que cai sob o nome "proposição", pouco importam as questões de forma e de conteúdo que distinguem as proposições em particular. Na medida em que uma Característica só pode se aplicar a um domínio de ciência particular, nesta mesma medida essa Característica não pode ser considerada senão um ramo da Característica genuína, a qual concerne à pura forma do raciocínio em geral.

A quarta exigência é que nela se possa tratar as proposições de sorte a proporcionar o objetivo visado, que é a análise de toda e qualquer verdade. A representação das operações do pensamento nela deve se dar de tal modo a não apenas exibir, por meio dos símbolos sensíveis, a estrutura do raciocínio, mas igualmente dar continuidade à análise dos nomes, salvo se se chegar seja a uma identidade, seja a uma contradição. Esta última exigência, aliada àquela da universalidade, permite que se negligencie na Característica a diferença entre proposições e definições, vale dizer, respectivamente, enunciados descritivos e definitórios. Como será examinado mais detalhadamente adiante, pode-se considerar que, qualquer que seja a diferença entre esses dois tipos de enunciados, essa diferença não desempenha papel relevante no interior da Característica. Esta não prevê um procedimento específico para tratar as definições e outro para tratar as proposições ordinárias em geral, visto que, no caso das primeiras, assim como no caso das últimas, trata-se sempre de resolver as noções envolvidas até que se chegue seja a um enunciado idêntico, seja a uma contradição[163]. Para a característica, as proposições e as definições afiguram-se indistintas, devendo ser todas tratadas de uma mesma maneira[164].

Para que sua Característica logre satisfazer todos esses requisitos, Leibniz se lança a uma empreitada que promete ser árdua. Acompanhar essa empreitada é o desafio das próximas páginas. Antes, porém, de darmos nosso primeiro passo nessa direção, é importante tecer uma advertência metodológica.

[163] Conforme já foi observado, a fórmula "AB é B", que constitui a forma de toda verdade segundo Leibniz, é uma identidade estrita, dado que negar "B" de "AB" é negar o predicado do sujeito, malgrado o sujeito encerre o predicado.

[164] No seu *Specimen calculi universali*, Leibniz permite-se até mesmo caracterizar a definição servindo-se de expressões relativas a proposições. Ele afirma: "toda definição é, de um nome, o predicado recíproco composto a partir do qual todos os outros são demonstrados" <omnis definitio est praedicatum nominis reciprocum compositum ex quo alia omnia demonstrantur> (AA VI, iv, p. 288).

Leibniz desenvolveu um sistema simbólico próprio, que guarda diferenças significativas com relação aos sistemas simbólicos da lógica contemporânea, e isso do ponto de vista tanto da notação quanto da interpretação semântica dos símbolos. No que concerne à notação, dificilmente se poderia esperar outra coisa, já que Leibniz não publicou seus manuscritos de lógica, o que os manteve durante muito tempo praticamente incógnitos. No que tange às peculiaridades de interpretação, elas podem ser atribuídas em alguma medida ao tratamento eminentemente intensional que Leibniz pretende conferir ao procedimento demonstrativo. Trata-se sempre de mostrar as relações de continência ou exclusão entre as definições dos nomes, antes que explicitar relações entre as extensões dos conceitos ou nomes. Isso pode ser confirmado pela comparação, por exemplo, do tratamento leibniziano da quantificação com aquele da lógica contemporânea. Conforme teremos ocasião de esmiuçar, Leibniz dá à quantificação uma interpretação que privilegia as conotações dos nomes, em desfavor de suas extensões. Para ele, um nome tomado particularmente é um nome ao qual se supõe a adjunção de uma determinação ulterior, que indica a introdução de uma diferença específica em um gênero.

Essas peculiaridades indicam a conduta que se deve adotar doravante. Ao invés de interpretar ou explicar a lógica leibniziana à luz da lógica contemporânea, ou propor para ela uma tradução utilizando a notação desta última[165], será preciso examinar, observando a notação forjada por Leibniz, e sem nada pressupor, os manuscritos dedicados ao cálculo lógico, a fim de compreender esse cálculo em seu próprio contexto. O objetivo da investigação será alcançado se seus resultados

[165] O apelo a outros sistemas diferentes daquele de Leibniz mas mais familiares a nós tem a vantagem de tornar nossa tarefa mais fácil, mas traz consigo o risco de deformar a estrutura da lógica leibniziana, introduzindo elementos a ela estranhos, disfarçados em uma notação que não lhe é própria.

permitirem compreender por que Leibniz sempre se mostraria tão persuadido de sua concepção de verdade, bem como do que se apoia sobre esta, a saber, a convicção de que toda verdade satisfaz as condições para ser demonstrada.

II.1.1 Concreto e abstrato

Leibniz abre suas *GI* com a seguinte advertência:

> Deixemos de lado ao menos por ora todos os abstratos, como se nenhum termo fosse entendido senão de concretos, seja aqueles que são substâncias, como *eu*, seja fenômenos, como *arco-íris*. Assim não nos preocuparemos aqui em discriminar entre abstratos e concretos, ou ao menos não utilizaremos quaisquer outros abstratos, salvo aqueles que são *lógicos* ou *nocionais*, por exemplo, a *Beidade de A*, que não significa outra coisa que isto: "*A ser B*"[166].

Essas afirmações atestam que, aos olhos de Leibniz, uma das providências a serem adotadas na elaboração de uma língua característica será a conversão dos termos que signifiquem itens assim ditos abstratos em termos que signifiquem concretos. Saber como Leibniz formula as condições dessa conversão requer, naturalmente, detalhar mais o que ele entende por "concreto" e por "abstrato".

---

[166] "Omittamus nunc quidem omnia Abstracta, ita ut Termini quicunque non nisi de Concretis, sive ea sint substantiae, ut Ego, sive phaenomena, ut Iris, intelligantur. Itaque nec de discrimine inter abstracta et concreta nunc erimus soliciti, vel saltem non alia nunc adhibebimus abstracta, quam quae sunt Logica seu Notionalia, verb. grat. ut Beitas ipsius A, nihil aliud significet quam τὸ A esse B" (AA VI, iv, p. 740).

A diferença entre concretos e abstratos pode ser exposta a partir da consideração de dois aspectos do nome. O primeiro, que Leibniz denomina "concreto", concerne ao nome em seu papel de símbolo, ao menos enquanto encerra a pretensão de ser um símbolo[167]. Se o nome é considerado como um concreto, sua significação é compreendida a partir da relação de identidade essencial que o nome mantém com a pretendida coisa simbolizada. Assim, tomado como um concreto, o nome na proposição está sempre em lugar da coisa que sua definição visa instituir, quer dizer, o nome enquanto concreto é, na proposição, a coisa pretendida. Por seu turno, o abstrato é o nome considerado abstração feita da sua relação de simbolização. Nesse caso considera-se unicamente os conteúdos que delimitam sua significação, por meio dos quais se institui a relação de simbolização que mantêm. Leibniz considerou o abstrato como a razão formal do nome, quer dizer, o modo ou o aspecto da coisa pretendida a partir do qual o nome a simboliza. Segundo ele, "*abstrato* é o ser no ser o qual constitui a razão imediata (ou razão formal) de ser predicado desse ser" (*AA* VI, iv, p. 570 - N.134$_2$). Assim, um abstrato e o concreto correlativo nascem de dois modos distintos de considerar uma mesma expressão linguística; enquanto tais, eles preservam as mesmas condições formais que constituem sua significação. Diz ele:

> Os termos abstratos foram inventados para significar as razões formais dos termos concretos. Por exemplo '*justiça*' é a razão formal de '*justo*', '*beleza*' é a razão formal de '*belo*' (*AA* VI, iv, p. 987)[168].

[167] É oportuno lembrar que, segundo Leibniz, um nome mantém duas relações distintas, a primeira das quais – a relação de significação – com os nomes que integram sua definição. A outra é a relação de simbolização, que o nome mantém com a coisa nomeada, isto é, com a unidade que se presume resultar da composição que constitui sua significação, e que efetivamente resulta desta, caso dita significação seja internamente consistente.

[168] "Sunt autem Abstracti termini inventi ad significandas concretorum terminorum rationes formales. Exempli causa justitia est ratio formalis justi, bonitas boni".

E completa: "*abstrato* é, com respeito ao *concreto* respectivo, um ingrediente oblíquo inerente, envolvendo o mesmo na mesma ordem" (*AA* VI, iv, p. 989 - N. 208 - nota marginal 2)[169].

Leibniz estimou que a assimetria entre a significação e a simbolização do nome, quer dizer, o fato de que a significação e a simbolização de um nome não necessariamente se recubram, pode conduzir a confusão quando se aborda as relações de identidade entre nomes. E, como veremos com mais detalhe adiante (II, 1.11), reservou a designação de "idênticos" entre si àqueles nomes que nomeiam uma mesma coisa, quer dizer, que mantêm a mesma relação de simbolização. Em virtude disso, quando se considera os nomes enquanto concretos, as condições de determinação de suas relações de identidade são sempre satisfeitas, pois basta avaliar se dois nomes são dois nomes de uma mesma coisa ou não para determinar se são idênticos ou não.

O mesmo não sucede, porém, no caso dos abstratos. Quando se considera dois nomes de significações distintas tomados como abstratos, não se pode divisar entre eles nenhuma identidade, mesmo se, enquanto concretos, eles simbolizarem uma mesma coisa. Isso porque, em virtude da própria maneira de caracterizar abstrato, segue-se que as únicas relações de identidade que os abstratos podem manter entre si são relações de sinonímia. O problema é que essas relações têm importância secundária quando se visa obter o conhecimento das coisas simbolizadas pelos nomes, pois, com base na consideração exclusiva de relações de

[169] Leibniz evidentemente não ignora que, a partir dessa dupla maneira de se tomar um nome, se possa forjar nomes cuja própria significação seja constituída por um abstrato, caso em que se pode considerar que a relação de simbolização do nome reduz-se à sua relação de significação. Ilustram esse caso os substantivos abstratos como "beleza" ou "justiça", como veremos adiante, cuja relação de simbolização constitui-se pela relação de significação dos concretos correlativos, correspondendo à razão formal destes.

sinonímia, dificilmente se pode descobrir aspectos diferentes de uma mesma coisa. Relações de sinonímia tampouco permitem conhecer aspectos ignorados de uma coisa a partir da consideração de alguns de seus aspectos já conhecidos. Tais relações restringem-se a proporcionar a ampliação do conhecimento do vernáculo por parte do falante. Leibniz parece concluir daí que, quando o objetivo é aprimorar não tanto a erudição idiomática, mas sim o conhecimento das coisas, a consideração inadvertida dos abstratos envolve inclusive o risco de erro. Segundo ele, é

> verdade, e já notei que é tão evidente dizer *ecteticamente* em particular "A é A" como dizer em geral "é-se *aquilo que se é*". Mas, como também já notei, nem sempre é seguro negar sujeitos de ideias diferentes entre si; como se alguém quisesse dizer *o trilátero* (ou o que tem três lados) *não é triângulo*, porque, efetivamente, a trilateralidade não é a triangularidade (*N.E.*, IV, vii, §2 - §4 – Leibniz 2004c - pp. 289)[170].
>
> ...pois nos enganaríamos ao dizer: *o triângulo e o trilátero não são o mesmo*, visto que, considerando bem, ocorre que os três lados e os três ângulos ocorrem sempre juntos. E nos enganaríamos ainda dizendo: *o retângulo quadrilátero e o retângulo não são o mesmo*. Pois ocorre que unicamente a figura de quatro lados pode ter todos os seus ângulos retos. Todavia, pode-se sempre dizer em abstrato que

[170] "[Il est] vrai, et j'ai déjà remarqué qu'il est aussi évident de dire *ecthétiquement* en particulier : *A est A* que de dire en général : *On est ce qu'on est*. Mais il n'est pas toujours sûr, comme j'ai déjà remarqué aussi, de nier les sujets des idées différentes l'une de l'autre ; comme si quelqu'un voulait dire *le trilatère* (ou ce qui a trois côtés) *n'est pas triangle*, parce qu'en effet la trilateralité n'est pas la triangularité" (Leibniz, 1990, p. 321).

> [*a triangularidade não é a trilateralidade*]; ou que *as razões formais* do triângulo e do trilátero não são as mesmas, como falam os filósofos. São diferentes relações de uma mesma coisa (*N.E.*, IV, ii, §1)[171].

Leibniz conclui que uma operação com abstratos que se resguarde de equívocos pode proporcionar pouco mais que truísmos. De acordo com ele:

> Seguramente *B refere-se imediatamente* a *A*, a sabedoria ao sábio, isto é, se sabedoria não for, sábio também não será, e isto aparece não como uma consequência, mas a partir do próprio estabelecimento desse tipo de termos. E, portanto, pode-se dizer que a sabedoria é a condição imediata do sábio. E '*o sábio tem sabedoria*' é uma proposição evidente por si e não é necessário que seus termos sejam explicados para que sua razão seja conhecida.
> Além disso, concreto e abstrato envolvem exatamente o mesmo, e do mesmo modo ou na mesma ordem. E porque dizer é mais que envolver (pois *dizer* é conter manifestamente ou em todo caso como uma consequência fácil), é correto asserir que um e outro dizem o mesmo, uma vez que efetivamente ambos envolvem o mesmo na mesma ordem, a consequência é que aquilo que um contém

171 ..."car disant *le triangle et le trilatère n'est pas le même*, on se tromperait, puisque, en le bien considérant, on trouve que les trois côtés et les trois angles vont toujours ensemble. En disant : *le rectangle quadrilatère et le rectangle n'est pas le même*, on se tromperait encore. Car il se trouve que la seule figure à quatre côtés peut avoir tous les angles droits. Cependant on peut toujours dire dans l'abstrait que [la *triangularité* n'est pas la *trilateralité*] ; ou que *les raisons formelles* du triangle et du trilatère ne sont pas les mêmes, comme parlent les philosophes. Ce sont de différents rapports d'une même chose" (Leibniz, 1990, p. 286).

> manifestamente, o outro conterá da mesma maneira (*AA* VI, iv, pp.988-989)[172].

Os exemplos mobilizados nas passagens acima conduzem Leibniz à conclusão de que considerar os nomes fazendo abstração de suas relações de simbolização implica suprimir a possibilidade de que os resultados de um cálculo com eles possam estender sua validade às coisas simbolizadas por esses nomes. Amparado nessa ponderação, ele depreende que a pretensão de trazer os abstratos para o interior do procedimento demonstrativo é fruto de uma confusão sobre a natureza dos nomes, confusão que ameaça as condições do raciocínio correto:

> É também conveniente advertir a esta altura, pois em geral se opina o contrário, que *para filosofar rigorosamente apenas os concretos devem ser usados* (...) parece

---

[172] "*Immediate* nimirum *pertinet B ad A*, sapientia ad sapientem, hoc est si sapientia non est, etiam sapiens non erit, idque apparet non consequentia aliqua, sed ex ipso hujusmodi terminorum instituto. Et proinde dici potest sapientiam esse immediatam conditionem sapientis. Et sapientem habere sapientiam, propositio est per se nota, nec opus est ut ejus cognoscendae causa explicentur termini.

'Praeterea Concretum et abstractum eadem omnia involvunt, et quidem eodem modo seu ordine. Et quia plus est dicere quam involvere (*dicere* enim est continere manifeste vel certe facili consequentia) recte asseretur utrumque etiam eadem dicere, cum enim ambo eadem eodem ordine involvant, consequens est ut quod unum manifeste continet, id contineat alterum similiter".

"Por exemplo, se se diz '*o calor é grande*', o calor seria o ser cujo predicado seria '*grande*'; e no calor seria encontrado um outro ser, a saber, a grandeza, que é a razão imediata ou expressa pela qual algo é dito '*grande*'. Mas quando o próprio abstrato é predicado de algo, como '*qualidade*' é predicada de calor, então não há um outro ser que seria sua razão imediata, mas aquele basta-se a si mesmo. Pois é vão introduzir a caloreidade enquanto a razão formal do calor" <Exempli causa, cum dicitur Calor est magnus, erit calor Ens cujus praedicatum: magnus; et in calore reperitur aliud Ens, nempe magnitudo, quae est ratio immediata vel expressa cur quid dicatur magnum. Quando autem ipsum abstractum de aliquo praedicatur, ut qualitas de calore, tunc aliud Ens non datur, quod sit ratio immediata, sed ipsum sibi sufficit. Frustra enim introducetur caloreitas, tanquam ratio formalis caloris> (*AA* VI, iv - pp. 570-571).

> certo que essa paixão em tratar com palavras abstratas tem obscurecido quase toda a nossa filosofia, não obstante se possa muito bem prescindir delas para filosofar. De fato, os concretos são realmente coisas, os abstratos não são coisas, mas modos das coisas; ora, em sua boa parte, os modos nada mais são que relações da coisa ao intelecto, ou faculdades do aparecer. E de fato, os modos dobram-se sobre si mesmos ao infinito, havendo qualidades de qualidades, e números de números, e se todos são coisas, engendra-se não apenas o infinito, mas também uma contradição. Pois se Entidade for ser, se realidade for real, se a característica de ser algo for algo, então a forma será idêntica àquilo de que é forma, ou a uma parte de seu conceito, o que implica contradição. Se, portanto, alguém pretende estabelecer perfeitamente os Elementos da Filosofia, é necessário afastar quase totalmente os abstratos (GP IV, p.147)[173].

Compreende-se por que Leibniz sustentou que os abstratos não são seres genuínos; afinal, eles seriam meramente "modos das coisas".

Benson Mates (1986, X, p. 170 e seg.) considera diferentemente a distinção entre abstratos e concretos em Leibniz. Para

[173] "Illud quoque hoc loco admonitu dignum visum est, quia vulgo contra sentium, *inter accurate philosophandum concretis tantum utendum esse* (...) cum contra pro certo compertum sit istam abstracta vocabula excogitandi libidinem pene totam nobis philosophiam obscurasse, quibus tamen careri in filosofando sic satis potest. Nam concreta vere res sunt, abstrata non sunt res, sed rerum modi, modi autem plerique nihil aliud sunt quam relationes rei ad intellectum, seu apparendi facultates. Et vero datur modorum in infinitum replicatio, et qualitatum qualitates et numeri numerorum, quae si omnia res sunt, non infinitas tantum, sed et contradictio oritur. Nam si Entitas Ens est, si Realitas res est, si aliquiditas aliquid est, idem erit forma sui ipsius seu pars conceptus sui quod implicat. Si quis igitur aliquando Elementa Philosophiae perfecte constiturus est, eum abstractis prope penitus abstinere necesse est".

ele, a raiz dessa distinção seria o nominalismo que ele atribui a Leibniz, nominalismo que envolveria a convicção de que os únicos seres seriam as substâncias individuais. Segundo Mates, seria esse nominalismo o que teria conduzido Leibniz à tentativa de constituir uma linguagem que permitisse conhecer os seres genuínos, a saber, "exclusivamente as substâncias-com--acidentes" (Id. X, §3 - p. 182). A distinção entre concretos e abstratos, e a consecutiva exclusão dos últimos, residiria em tomar os abstratos como universais, quer dizer, como os nomes enquanto tais, os quais não teriam nenhuma realidade efetiva, reservando às substâncias individuais, quer dizer, aos indivíduos, a designação de concretos.

Dois problemas se erguem para a interpretação de Mates, um dos quais é textual: Leibniz não menciona indivíduos senão em alguns exemplos. Quando se trata de abordar a diferença entre concreto e abstrato, ele sublinha os dois papéis distintos dos nomes, enfatizando tratar-se em ambos os casos de predicados, pouco importando se estes denotam indivíduos ou não. Diz Leibniz:

> Além disso, o predicado cuja razão formal é dada desta maneira é chamado *concreto*. Ora, no concreto o sujeito é ou subentendido ou conotado. Subentendido quando digo, por exemplo, *a mulher* é *bela*, isto é: *é uma coisa bela*; conotado, se digo "*Pedro é homem*", isto é, "*sujeito humano*" (AA VI, iv, p. 571)[174].

O segundo problema é que, por situar a distinção entre concreto e abstrato no âmbito da diferença entre indivíduo e nome, Mates se vê sem instrumentos suficientes para explicar a diferença

[174] "Porro praedicatum cujus datur hujusmodi ratio formalis, dicitur *concretum*. In concreto autem vel subintelligitur vel connotatur subjectum. Subintelligitur, ut si dicam foemina est pulchra, hoc est: est res pulchra, connotatur, si dicam, Petrus est homo hoc est subjectum humanum".

entre as duas relações sob as quais, de acordo com Leibniz, se pode tomar um nome. Isto o conduz a acusar Leibniz de ter cometido justo a confusão que, como evidenciam as ponderações precedentes, Leibniz parece preocupado em evitar. Segundo Mates,

> o próprio Leibniz, por confundir os conceitos com as expressões linguísticas que os representam, cai em uma confusão irremediável sobre a individuação dos conceitos. Pois (...) um de seus princípios fundamentais implica que, se as proposições "todo *A* é *B*" e "todo *B* é *A*" são verdadeiras, os conceitos *A* e *B* devem conter um ao outro e consequentemente (presumivelmente) devem ser idênticos. Mas Leibniz nega este resultado; ele explicitamente menciona vários pares de conceitos – por exemplo, o conceito Triângulo e o conceito Trilátero – dos quais afirma que os conceitos diferem embora ambas as respectivas generalizações universais vigorem (Mates, 1986, III, §1 - pp. 50-51).

Ora, conforme observado acima, Leibniz serve-se do exemplo do triângulo e do trilátero para mostrar que a origem desse tipo de equívoco reside na confusão entre abstratos e concretos. Quando adverte que no caso dos abstratos o princípio de identidade nem sempre funciona, o faz não meramente para sustentar que o princípio admite exceções, mas sobretudo para mostrar que essas pretensas exceções ocultam um tipo de confusão nociva ao raciocínio, como veremos com mais detalhe adiante (II, 1.12).

Pode-se daí inferir que, para Leibniz, não se trata de ignorar sumariamente os enunciados em que figuram abstratos, mas sim de apresentar para eles uma versão em que apenas concretos compareçam, preservando suas condições de significação. Assim, por exemplo, uma proposição como "a sabedoria é uma virtude" pode ser reescrita como "[algo] ser sábio é [algo] ser virtuoso", "sábio" e "virtuoso" se comportando como dois concretos em que o conteúdo simbolizado é subentendido. A explicitação do sujeito redundaria finalmente em uma proposição como "uma coisa sábia é uma coisa virtuosa", em que aquele conteúdo é explicitamente expresso (Cf. AA VI, iv, p. 992 e seg. - N. 208). Um abstrato como "animalidade" converte-se em algo do tipo "algo ser animal"; correlativamente, "a animalidade do humano" torna-se "humano ser animal", o que Leibniz chama um abstrato lógico, a saber, uma predicação reduzida a termos (Cf. *N.E.*, III, VIII, §1). Um tal abstrato lógico consiste na redução de uma proposição do tipo "A é B" a um termo do tipo "o 'A ser B'". Diz ele:

> Naturalmente, se a proposição A é B for considerada como um termo, e explicamos de que modo isso pode ser feito, será engendrado um abstrato, a saber o $\overline{A \textit{ ser } B}$, e se da proposição *A é B* se segue *D é C*, então daí surge que a nova proposição o $\overline{A \textit{ ser } B}$ é ou contém o $\overline{D \textit{ ser } C}$, ou a Beidade de A contém a Ceidade de D, ou a Beidade de A é a Ceidade de D. Além disso, geralmente quando se diz: algo é B, então isto: $\overline{\textit{algo ser } B}$ nada é senão Beidade; como o $\overline{\textit{algo ser animal}}$ outra coisa não é que *animalidade*. E o $\overline{\textit{homem ser animal}}$ é Animalidade do homem. Donde temos a origem tanto dos abstratos quanto de oblíquos deste tipo" (*GI*, §138-§139)[175].

[175] § 138) Nempe si propositio A est B consideretur ut terminus, quemadmodum fieri posse explicuimus, oritur abstractum, nempe τὸ $\overline{\textit{A esse B}}$, et si ex propositione A est B sequatur propositio [D est C], tunc inde fit nova propositio talis: τὸ $\overline{\textit{A esse B}}$ est vel continet τὸ $\overline{\textit{C esse D}}$, seu Beitas ipsius A, continet Ceitatem ipsius D, seu Beitas ipsius A est Ceitas ipsius D.

Leibniz admite tais abstratos no seu cálculo (AA VI, iv, p. 740), desde que seja explicitado o mecanismo pelo qual eles se engendram a partir de uma proposição[176] em que os nomes figuram como concretos. Na medida em que a regra da conversão é explicitada, pode-se sempre reconvertê-los em concretos sem prejuízo da correção do cálculo. Isto mostra finalmente a regra geral da conversão dos abstratos em concretos, passando-se pelos abstratos lógicos: "*a Beidade de A* não significaria nada além disto <τò>: *A ser B*", como citado logo acima (AA VI, iv, p. 740).

II.1.2 Proposições de segundo adjacente e de terceiro adjacente

"Ser" e "existir" designam noções distintas para Leibniz. "Ser" significa ser possível, o que ele também designa por "ser essência". Dizer de uma coisa que ela é é dizer que ela não encerra nenhuma contradição: "*Ser*: termo possível. *Possível*: o que não implica contradição" (AA VI, iv, p. 867)[177]. Por seu turno, "existir" é ser dado efetivamente em ato. Assim, dizer que uma coisa existe não é simplesmente dizer que é possível, mas é dizer que ela possui uma realidade atual. Evidentemente, é preciso aceitar que toda afirmação de existência encerra uma afirmação implícita da possibilidade, pois nada impossível poderia existir. Contudo, a afirmação de existência não se esgota na afirmação da mera possibilidade, já que afirmar que uma coisa é possível não é afirmar que uma coisa é real. Em face dessas distinções, Leibniz propôs

§ 139) Generaliter autem si dicatur: aliquid esse B, tunc ipsum hoc: *aliquid esse B* est nihil aliud quam ipsa Beitas. Sic τò *aliquid esse animal* nihil aliud est quam animalitas. At τò est *Animalitas* hominis. Unde habemus originem tam abstracti quam talis obliqui.

[176] Para uma discussão a respeito, ver J.-B. Rauzy (1993), §1.

[177] "*Ens*. Terminus possibilis. *Possibile* quod non implicat contradictionem".

uma caracterização de ser como o que pode ser distintamente concebido e de existente como o que pode ser distintamente percebido: "*Ser*: coisa que pode ser distintamente concebida. *Existente*: o que pode ser distintamente percebido" (*Phil., VII, D, 11, 2, f, 1 - OFI*, p. 437)[178]. Por seu turno, ser distintamente concebido e ser percebido significam respectivamente ser compreendido <*intelligi*> e ser distintamente sentido. Ele completa:

> ... inteligente (ou o que concebe distintamente), percipiente (ou o que sente distintamente) (onde deve ser notado que ser compreendido é uma marca da verdadeira essência ou possibilidade, e ser percebido é marca da existência verdadeira e atual) (Grua, p. 542)[179].

Vemos que, para Leibniz, a marca da existência é a capacidade de ser sentido distintamente, o que não se reduz a ser meramente sentido. De acordo com ele, quando sonhamos ou quando deliramos, somos de algum modo afetados, não obstante inexistam os objetos desses sonhos e delírios: "quando sonhamos com palácios, negamos com razão que existam. Portanto, existir não é ser sentido" (*Jag.*, p. 10 – AA VI, iii, p. 464)[180]. A marca da existência, portanto, não se esgota na capacidade de ser simplesmente sentido. Antes, dizer que uma coisa existe é dizer que ela pode ser objeto de uma sensação suficientemente pronunciada para que daí haurir uma ideia clara. Pode-se dizer que *existir* consiste em poder ser objeto de uma experiência[181].

---

178 "*Ens,* Res quod distincte concipi potes. *Existens* quod distincte percipi potest".

179 ... "intelligens (seu distincte concipiens), percipiens (seu distincte sentiens) (ubi notandum intelligi esse signum essentiae verae seu possibilitatis; et percipi esse signum existentiae verae et [actualis])".

180 "Cum somniamus palatia, ea existere recte negamus. Existere ergo non est sentiri".

181 Deve-se observar que o que se afirma quando se afirma que uma coisa existe é que ela *pode* ser objeto de experiência, e não que ela efetivamente *seja* objeto de uma experiência. Pois esta última alternativa acarretaria algo que Leibniz

A marca da possibilidade é, por seu turno, poder ser objeto de uma ideia adequada. Afinal, compreender algo é conhecer como esse algo é possível. Ora, a ideia clara basta para atestar a possibilidade da coisa, visto que a existência basta para a possibilidade. Mas ela não basta, aos olhos de Leibniz, como condição de determinação da possibilidade, já que para ele nem todos os possíveis são objetos de experiência, o que implica que nem todos os possíveis sejam distintamente sentidos.

No que tange ao caso específico das definições, Leibniz estima vigorar para elas – enquanto um tipo específico de proposição – o que já concluiu dever vigorar para as proposições em geral: todas elas devem encerrar em si a possibilidade de que se determine, pela análise dos nomes que nelas comparecem, seja sua consistência seja sua inconsistência. Por seu turno, determinar por análise uma definição como consistente é demonstrá-la. Demonstrar é fazer compreender pelos símbolos, o que corresponde a produzir uma ideia adequada do definido. Em contrapartida, fazer ver pelos símbolos a inconsistência de uma definição é mostrar que ela não apresenta coisa alguma. Assim, se se mostra que uma definição não pode apresentar uma coisa, mostra-se que não se pode conceber distintamente nada como especificado por ela, quer dizer, não se pode ter nenhuma ideia adequada da suposta coisa por ela visada.

Leibniz estima que, embora essa diferença entre essência e existência seja absolutamente fundamental para a determinação das condições de verdade das proposições respectivas, o comportamento dos nomes "*é*" e "*existe*" no que concerne ao cálculo demonstrativo é exatamente o mesmo. Ele justifica

---

recusa, a saber, que o que não é objeto de experiência não existe: "A sensação não é a existência das coisas, pois reconhecemos que existem coisas que não são sentidas" (Id. ibid.).

essa avaliação comparando duas maneiras de estruturar formalmente uma proposição, a saber, o que denomina respectivamente de "proposições de segundo adjacente" e "proposições de terceiro adjacente". Destas, as últimas correspondem àquelas da forma "*A é B*", em que figuram, como se vê, um sujeito, um predicado e a cópula, ao passo que as primeiras se formulam como "*AB é*", em que os verbos "ser" ou "existir" se atribuem ao termo combinando o sujeito e o predicado de uma proposição de terceiro adjacente[182]:

> As proposições são ou essenciais ou existenciais; e ambas são ou de segundo adjacente ou de terceiro adjacente. Uma proposição universal de terceiro adjacente é por exemplo: 'o círculo é uma figura plana'. Uma proposição essencial de segundo adjacente é por exemplo: 'figura plana que se comporta de um mesmo modo para com um certo ponto é'; por 'é' quero dizer que pode ser entendida, pode ser concebida, que dentre várias figuras alguma há que possui esta natureza; é como se eu dissesse: uma figura plana que se comporta de um mesmo modo para com um certo ponto é um ser ou uma coisa. Uma proposição existencial de terceiro adjacente: 'todo homem é ou existe sujeito ao pecado', e efetivamente esta proposição é existencial ou contingente. Uma proposição existencial de segundo

[182] Leibniz retoma aqui uma distinção que remonta ao tratado aristotélico *De Interpretatione* 10 (19b14-31). Aí, Aristóteles contrasta o conteúdo linguístico que exibe a forma mais primitiva de enunciado veritativo, em que o verbo "ser" acrescenta-se a um termo como um segundo termo, e um enunciado veritativo em que o verbo "ser" acrescenta-se como um terceiro termo articulando os dois primeiros. Para algumas indicações sobre a terminologia de Leibniz a este respeito, ver Parkinson (1966), xlv, n. 1. Sobre a questão em Aristóteles e sua herança, ver Landim Filho (2009), IV, 1.

> adjacente é: 'homem sujeito ao pecado é ou existe, ou é um ser em ato'.
>
> De toda proposição *de terceiro adjacente* pode ser feita uma proposição *de segundo adjacente* se o predicado for composto com o sujeito em um único termo e este for dito ser ou existir, isto é, for dito ser coisa, seja de uma maneira qualquer, seja existente em ato (*GI*, §144 e §145)[183].

Essa conversibilidade recíproca das proposições de segundo e de terceiro adjacente mostra que a noção de existência, no caso das proposições de existência, assim como aquela de essência, no caso das proposições de essência, nada acrescentam ao conteúdo das referidas proposições. Seja que se afirme, de um conteúdo proposicional, que este simboliza algo que é ou existe, seja que se suprima essa afirmação, o referido conteúdo ele próprio permanece inalterado. Visto que o procedimento demonstrativo consiste na análise desse conteúdo com o intuito de avaliar sua consistência, excluir as expressões "é" ou "existe", conforme o caso, integrantes das proposições respectivas

---

[183] "Propositiones sunt vel Essentiales vel existentiales; et ambae vel secundi vel tertii adjecti. *Propositio essentialis tertii adjecti* ut: Circulus est figura plana. Propositio *essentialis secundi adjecti* ut: figura plana ad unum aliquod punctum eodem modo se habens, est; est, inquam, hoc est intelligi potest, concipi potest, 25 inter varias figuras est aliqua quae hanc quoque naturam habet; perinde ac si diceremus: figura plana ad unum aliquod punctum eodem modo se habens, est ens sive res. Propositio *existentialis tertii adjecti.* Omnis homo est seu existit peccato obnoxius, haec scilicet est propositio existentialis seu contingens. *Propositio existentialis secundi adjecti*: Homo peccato obnoxius est seu existit, seu est ens actu".

'Ex omni propositione tertii adjecti fieri potest propositio [secundi] adjecti, si praedicatum cum subjecto componatur in unum terminum, isque dicatur esse vel existere, hoc est dicatur esse res sive utcunque, sive actu existens". Os §§ 146-151 apresentam com mais detalhe cada conversão das proposições *de terceiro adjacente* em proposições *de segundo adjacente*. Ver também o opúsculo de Leibniz conhecido geralmente como *Dificultates quaedam Logicae* em GP VII, pp. 214-215.

é excluí-las do que constitui o objeto da análise. Amparado sobre tal conclusão, Leibniz pode sustentar que a noção de existência, bem como aquela de essência, não se comportam genuinamente como predicados[184], de sorte que qualquer que seja a contribuição que cada uma dessas noções agregue à proposição que integra, essa contribuição não diz respeito ao conteúdo dessa proposição.

Pode-se, com base nessa consideração, afastar a objeção que W. Lenzen (1986, pp. 29 - 30) dirige a Leibniz de que este teria cometido um erro ao considerar que a negação de "homem existente não pecador" seria "homem existente pecador", antes que "não-(homem existente não pecador)". Segundo Lenzen, Leibniz teria cometido o equívoco de pretender correta a equivalência "¬ [(AB) ¬C] = (ABC)" – na notação utilizada por Lenzen aqui, $\overline{AB\overline{C}}$ = ABC. Na passagem em que Lenzen se apoia para roborar sua objeção, Leibniz afirma:

> Mas, dir-se-á, desta maneira é introduzida a necessidade. Por exemplo: a proposição '*todo homem peca*' é assumida como existencial: '*um homem não pecador não é um existente*'. Ou '*um homem existente não pecador é um não ser* ou *imposs*ível', ou, enfim, '*um homem existente pecador é um ser necess*ário'. Mas entenda-se a necessidade do consequente, a saber, que é posta com esta série de coisas e que é assinalada pelo acréscimo disso <τὸ> "*existente*", pois produz uma proposição existencial, a qual envolve o estado em ato das coisas (AA VI, iv, p. 1632)[185].

---

[184] Para uma discussão a respeito, ver Russel, B. (1968), III, 13. Ver também E. Curley (1994), § IV.

[185] "Sed inquies ita introducetur necessitas, exempli gratia: Omnis homo peccat, sumta propositione pro existentiali: Homo non peccans est non existens. Seu homo existens non peccans est non Ens sive impossibile. Id est postremo Homo existens peccans est Ens necessarium. Sed intellige necessitate

A declaração de Leibniz, de que o adendo "existente" teria sobretudo o papel de marcar a natureza existencial da proposição, referenda a conclusão de que, para ele, termos como "existe" e "existente" não integram o conteúdo da proposição, mas concernem à constituição desta enquanto tal. Esses termos diriam respeito, portanto, à natureza da proposição – seja aí especificando um tipo particular, uma espécie de proposição, seja constituindo a marca de algo de natureza proposicional. Se assim é, resulta correto dizer que, para Leibniz, a expressão "existe" não se comporta como um predicado, quer dizer, não conta como um elemento material da demonstração. E não pode, por via de consequência, comparecer nesta da mesma maneira que os termos que compõem seu conteúdo. Por conseguinte, uma formalização correta da passagem, quer dizer, uma formalização que observe o tratamento leibniziano da existência não pode ter a forma sugerida por Lenzen, na qual o predicado "existe" figura como um dos termos que fazem parte do conteúdo proposicional, como se partilhasse a mesma natureza destes. Ao contrário, uma formalização correta da passagem deve omitir a afirmação da existência, mantendo, evidentemente, o estatuto existencial da proposição – e, obviamente, da sua negação. Tal formalização deve preservar, portanto, a possibilidade de que a afirmação – e, correlativamente, a negação – da existência seja explicitada pela forma proposicional de segundo adjacente. Dita formalização deve, portanto, corresponder a algo como "*A não B não existe*"; "*homem não pecador não existe*". Como examinaremos adiante (II, 1.9), segundo Leibniz, uma tal proposição tem a forma de uma existencial universal afirmativa "*todo A é (existe sendo) B*".

consequentis, scilicet posita semel hac rerum serie et hoc semper notat τὸ A existens adjectum, facit enim propositionem existentialem, quae involvit actualem rerum statum".

Essas mesmas ponderações conduzem também a recusar a tese de H. Castañeda segundo a qual Leibniz "não estava em posição (...) de pensar a existência, ou o *ser* <*Entity*>, como um operador de formação de termos, o que o teria conduzido a atribuir à existência a propriedade da associatividade; ao fazê-lo, Leibniz teria acreditado legítimo inferir 'A implica a existência' a partir de 'A existe'" (Castañeda, 1976, pp. 489-490). Castañeda afirma:

> Leibniz não viu as dificuldades no tratamento da existência, ou *ser*, como um termo. A dificuldade mais óbvia repousa na transitividade da coincidência. Nessa abordagem, '*A* existe' é analisada como '*A* implica a existência'. Consequentemente, visto que *AB* implica *A*, pouco importa a natureza de *A* e *B*, se *A* existe, *AB* implica a existência, e consequentemente *AB* existe (Id., p. 489)[186].

Ora, se "existe" – ou "ser", como prefere Castañeda – não é um predicado, quer dizer, se essa expressão não pode figurar nas proposições aí agregando algo concernente às condições materiais da significação destas, não é correto propor uma proposição que enuncie que algo implica a existência[187]. Ao se converter uma proposição de terceiro adjacente em uma de segundo adjacente, não se acrescenta ou suprime nada em nenhuma dessas proposições. Assim, a formulação "*A existe*" é correta e veicula que um exemplar de *A* existe. Mas "*A implica a existência*" expressaria que um termo "*A*" qualquer, quer dizer, um conteúdo

[186] As fórmulas empregadas por Castañeda são, de fato, respectivamente '*A* existe' e '*AB* existe', pelo que ele entende "Algo é *A*" e "algo é *AB*", respectivamente.

[187] Além disso, conforme se verá com mais detalhe posteriormente, pelas regras do cálculo leibniziano, a inferência "*AB* é ou contém *A*" é correta, mas nenhuma regra desse cálculo permite daí inferir que se "*A* é (existe)" é verdadeira, então "*AB* é (existe)" é verdadeira.

proposicional qualquer, implicaria algo que é nulo com respeito à proposição resultante. De sorte que a proposição "*A implica a existência*" deveria expressar o mesmo que meramente "*A*", ou talvez, "*A implica*", o que, contudo, não corresponde a uma fórmula bem formada no cálculo leibniziano. Dado que a existência não participa do conteúdo material da proposição a ser demonstrada, uma pretensa inferência a partir da existência não se revela apta a constituir objeto de prova.

Essas conclusões sobre a conversibilidade das proposições de segundo e de terceiro adjacente permitem a Leibniz sustentar duas teses que, conforme veremos logo adiante (II, 1.3), são fundamentais para a Característica. Uma delas consiste na consideração de que, não modificando o conteúdo da proposição, as noções de essência e de existência tampouco podem modificar o que quer que seja relativamente às condições lógicas de demonstração. Dito de outro modo, visto que, contrariamente ao que sustentam Lenzen e Castañeda, essas duas noções não integram, aos olhos de Leibniz, o que constitui o material do que é analisável na proposição, nem uma nem outra pode introduzir qualquer especificidade na proposição, no que tange a seu conteúdo ou à maneira como as noções aí estão reunidas. A consequência disso é que as regras formais ou lógicas da demonstração, as regras de inferência válida, devem permanecer invariáveis com respeito ao caráter seja existencial, seja essencial da proposição a ser demonstrada.

A segunda consequência importante é que o que resta da proposição, abstração feita das afirmações de essência e de existência, conforme o caso, mostra-se o genuíno e único ingrediente da proposição apto a se submeter ao procedimento de análise. Dito de outro modo, seja que se considere as afirmações de existência ou de possibilidade inerentes alternativamente à natureza das proposições em geral, seja que se faça abstração das respectivas afirmações, o material disponível à análise permanece inalterado. Leibniz pode portanto assumir que, quando se suprime da proposição a afirmação de existência, se a proposição for existencial, ou a afirmação de essência, se a proposição for essencial, o conteúdo remanescente em nada se altera com respeito às condições formais para se submeter ao procedimento de análise. Esse conteúdo deixa-se demonstrar nos mesmos termos, de acordo com as mesmas regras e segundo os mesmos passos que a proposição correspondente. Essa conclusão conduziu Leibniz a estimar que o que distingue a proposição que afirma uma essência ou uma existência do conteúdo proposicional correlativo, abstração feita de uma tal afirmação – o que ele denomina "termo" – não tem relevância, do ponto de vista lógico, no que diz respeito às condições de análise em um caso e em outro.

II.1.3 Termo e proposição

"Termo", define Leibniz em abril de 1672, é o que pode se comportar como sujeito ou predicado em uma proposição categórica (AA VI, iv, p. 195 e 243). Leibniz exclui a cópula, a quantidade, a qualidade e as partículas, vale dizer, as palavras que indiquem seja relações, seja nuances linguísticas. E esclarece em acréscimo que não se ocupará senão das proposições categóricas. A justificativa para essa restrição pode ser encontrada na alegação de que tais proposições seriam o fundamento de todas as demais, como ele anuncia em seus *Elementa Calculi* (AA VI, iv, p. 195 - §2).

Alguns anos mais tarde, já nas *GI*, notam-se algumas diferenças, uma das quais é a consideração da cópula como um termo – mais precisamente, um termo parcial. Outra é a consideração das partículas como aptas a integrar os termos, não como termos por elas mesmas, mas como partes de termos. Expressões que veiculem relações, as quais, ao menos aparentemente, não se deixam combinar em uma proposição redutível a uma proposição categórica, são incorporadas no cálculo lógico leibniziano a título de ingredientes de termos. Essas mudanças exigirão uma delimitação ulterior na caracterização de termo: doravante será preciso distinguir os termos entre si consoante eles encerrem ou não relações. Leibniz estabelece a seguinte divisão:

> *Termo* é ou *inteiro* ou *perfeito*, como '*ser*', '*sábio*', '*idêntico* ou *semelhante a A*', que é aquele que pode ser sujeito ou predicado de uma proposição sem que nada seja acrescentado, ou *parcial* ou *imperfeito*, como '*idêntico*', '*semelhante*', em que algo precisa ser acrescentado obliquamente (aqui: *a A*) para que daí surja um termo inteiro (AA VI, iv, p. 740)[188].

As primeiras páginas das *GI* são reservadas a uma categorização minuciosa dos tipos de termos e de partículas, de sorte a distinguir as diferentes composições factíveis de termos inteiros. Leibniz então assinala que as partículas devem ser explicadas antes dos termos inteiros (AA, VI, iv, p. 741), o que naturalmente nos conduz a concluir que ele se ocuparia delas na sequência do trabalho. Não é, no entanto, isso que se constata: as partículas, assim como os termos parciais, são por ele estimadas como algo a ser evitado por não serem genuínos elementos do cálculo lógico. Nas primeiras páginas das *GI*, o que Leibniz nos apresenta são alguns procedimentos de constituição de termos inteiros que viabilizem prescindir dos termos parciais, das partículas, e dos casos, ou as

[188] "Terminus est vel *integralis* sive perfectus, ut Ens, ut Doctus, ut idem vel similis ipsi A, qui scilicet potest esse subjectum vel praedicatum propositionis, licet nihil accedat; vel est *partialis* sive imperfectus, ut: idem, similis; ubi aliquid addendum est (nempe: ipsi A) ut integer terminus exurgat".

declinações, da língua latina. Isso nos reconduz à composição "sujeito-predicado e cópula" – esta última, lembremos, sendo agora considerada como um termo parcial. A contribuição que as relações proporcionam às condições de significação da proposição não é mais assunto das *GI*; as expressões que encerram relações são sempre incorporadas nos termos inteiros que se apresentam como um só bloco, um só termo, na formalização:

> Ora, será útil procurar tornar os termos inteiros. Por isso se precisará de alguns sinais gerais para as coisas ou para os termos; pois se queremos sempre utilizar na nossa característica unicamente termos inteiros, não se deverá dizer '*César é semelhante a Alexandre*', mas '*César é semelhante ao* <τῷ> *A que* é *Alexandre*' ou '*semelhante* à *coisa que é Alexandre*'. Assim nosso termo não será '*semelhante*', mas '*semelhante a* <τῷ> *A*'. Do mesmo modo, não se enunciará expressões como '*a espada de Evandro*', mas '*a espada que é a coisa de Evandro*', de modo que '*que* é a co*isa de Evandro*' seja um só termo inteiro. Desta maneira poderemos dividir qualquer temo composto em inteiros. Mas até onde e com que razão isto pode ser feito, o progresso [da investigação] nos ensinará. E se isto sempre render um bom resultado, não teremos outros nomes senão os inteiros. Veremos se *das partículas* podem ser formados igualmente termos inteiros; como por '*A em B*', 'A *existindo em algo*, *que* é B' (AA, VI, iv, p. 741)[189].

[189] "Utile autem erit curare ut termini integrentur. Et proinde opus erit signis quibusdam rerum vel terminorum generalibus; ita si volumus semper uti in nostra characteristica non nisi terminis integralibus, non dicendum erit *Caesar est similis Alexandro*, sed *Caesar est similis* τῷ A *qui est Alexander* seu *similis rei quae est Alexander*. Itaque terminus noster non erit: *similis*; sed: *similis* τῷ

Pode-se, portanto, concluir daí que, embora reconheça que as partículas e os casos contribuam para as condições de significação da proposição, Leibniz não pretende considerá-los como genuínos elementos do cálculo. O que se observa nas *GI* é a pretensão de considerar essas relações como ingredientes de um só termo inteiro, que deve ser tratado sempre em bloco. É claro que os símbolos das relações devem ser preservados a fim de resguardar o sentido da proposição, quer dizer, a fim de preservar suas relações de simbolização. Eles não devem, contudo, ser tomados isoladamente, mas devem ser tratados sempre e unicamente enquanto ingredientes dos termos inteiros, os quais são os únicos a serem admitidos como os reais materiais do cálculo. Conforme já visto, sempre que se tratar de desmembrar um termo inteiro formado a partir de palavras que veiculem relações, será preciso fazê-lo de sorte a constituir unicamente termos inteiros; o indicador da relação se preserva como um ingrediente de um dos termos inteiros engendrados, como se observa no caso de "*A em B*".

Uma explicação para tal tratamento das partículas e dos casos na Característica remete às condições formais que Leibniz estimou necessárias para assegurar que todas as proposições possam se submeter ao procedimento demonstrativo. Com efeito, se se trata de encontrar as condições que viabilizam a demonstrabilidade exaustiva das verdades em geral, é preciso que o desmembramento da proposição seja tal que as partes dele resultantes possam ser posteriormente analisadas, salvo se forem imediatamente compreendidas,

A. Eodem modo non exprimetur verbotenus: *Ensis Evandri*, sed *Ensis qui est res Evandri*, ita ut: qui *est res Evandri*, sit unus terminus integralis. Hoc modo poterimus dividere terminum quemlibet compositum in integrales. Sed haec quousque et qua ratione exequi liceat, progressus docebit. Quod si hoc semper procedit, non alia habebimus nomina quam integralia. Videbimus an *ex ipsis particulis* similiter integralia formare liceat, ut pro *A in B*, *A inexistens in aliquo, quod est B*".

quer dizer, se forem noções simples. É preciso, portanto, garantir que o desmembramento da proposição em termos possa ter como resultado somente termos que preservem a possibilidade formal de serem aptos a se submeter ao procedimento demonstrativo. Assim sendo, o seccionamento da proposição deve produzir apenas dois tipos de termos: ou termos simples e inanalisáveis ou termos transformáveis em proposições de segundo adjacente mediante o acréscimo seja da afirmação "é", seja da afirmação "existe". Essa convicção parece ter conduzido Leibniz a outra, relativa à necessidade de se assimilar enunciados relacionais à forma das proposições categóricas.

Ele parece estimar que, se desmembrarmos uma proposição sem a preocupação de daí auferir unicamente termos inteiros, pode acontecer que surjam palavras que Leibniz já descartou por reputá-las inadequadas ao procedimento de cálculo que ele elabora. Se desmembrarmos, por exemplo, uma proposição como "*A padece sob B*" nos termos "*A*", "*padece*", "*sob*", "*B*", podemos aceitar que, pouco importa o que signifiquem, "*A*" e "*B*" são passíveis de se submeter ao procedimento de análise. O mesmo não ocorreria, aos olhos de Leibniz, com os termos "padece" e "sob" ou, alternativamente, o bloco "padece sob". Isso porque palavras assim, quando tomadas isoladamente, não corresponderiam a termos concretos, mas significariam como abstratos, visto que expressam modos das coisas, antes que propriamente coisas. Dessa perspectiva, no procedimento de análise, palavras assim não podem ser descoladas dos sujeitos aos quais se referem sem violar a condição prévia ao cálculo lógico, que prevê a conversão de todos os abstratos em concretos. Leibniz está então autorizado a concluir que as partículas, bem como outras expressões que isoladamente não compõem com as expressões "é possível" e "existe" uma proposição completa, devem sempre ser consideradas segundo a contribuição que dão para as condições de pretensão de simbolização da proposição, não podendo ser tomadas isoladamente.

Pode-se afirmar, portanto, que, para Leibniz, os únicos elementos que devem ser produzidos pelo procedimento de desmembramento quando se tem em vista não a análise gramatical, mas sim a análise lógica da proposição, são aqueles passíveis de se submeter ao procedimento demonstrativo. A eles Leibniz reserva a denominação de "termos inteiros". São os termos que, sem necessidade de que nada lhes seja acrescentado, são aptos a comparecer nas proposições categóricas como sujeitos ou predicados, ou, mais precisamente, habilitam-se a figurar como sujeitos ou predicados em proposições de segundo adjacente, cujo predicado seria "é possível" ou "é um existente".

Essas conclusões exigem que se busque estratégias lógicas que assegurem que qualquer proposição que seja possa ser desmembrada de sorte a daí não resultar senão termos inteiros. Essas estratégias estariam dirigidas a garantir que termos parciais resultassem sempre assimilados, de alguma maneira, a termos inteiros sem alteração do sentido da proposição. Assim, por exemplo, em uma proposição como "*A é grande*", pareceria que o predicado por si mesmo não poderia ser um termo inteiro, pois, sendo um adjetivo, ele não poderia compor com "existe" ou "é possível" uma proposição. Uma estratégia para solucionar a dificuldade seria considerar que o desmembramento adequado de uma proposição assim deveria ter como resultado "*A é*", por um lado, e "*uma coisa grande é*", por outro:

> Além disso, entenderemos aqui todo *termo* como completo ou substantivo; desta forma "*grande*" será idêntico a "*o ser grande*", ou por assim dizer *o grande*.

> Do mesmo modo que quem é *careca* é chamado de *o careca*; assim, não precisaremos da distinção entre adjetivo e substantivo, a não ser talvez para enfatizar o modo de significar (AA, VI, iv, p. 740)[190].

Essas estimações permitem concluir que o que é chamado "termo" (inteiro) no contexto do cálculo coincide com o que, no tratamento das definições, Leibniz denomina "nome"[191]. Para a sim-

---

[190] "Omnem quoque Terminum hic accipiemus pro completo, seu substantivo, ita ut *magnus* idem sit quod *Ens magnum* sive ut ita dicam *magnio*, quemadmodum qui *nasutus* est dicitur *naso*, itaque in his adjectivi et substantivi discrimine non indigemus, nisi forte ad emphasin significandi". "A distinção entre adjetivo e substantivo não é muito importante" <Discrimen adjectivi et substantivi in lingua rationali non est magni momenti> (AA, VI, iv, p. 885); "Todo substantivo equivale a um adjetivo acompanhando *ens* ou *res*" <Tout substantif équivaut à un adjectif accompagnant *Ens* ou *Res*> (*Phil., VII, B, III, 40-41 – OFI*, p.289; ver também AA VI, iv, p. 885).

[191] Em um opúsculo anterior às GI, Leibniz faz certas afirmações aparentemente incompatíveis com essa conclusão. Ele afirma:

"Por termo não compreendo um nome, mas um conceito ou aquilo que é significado por um nome, e que poderia ser dito noção, ideia" <Per Terminum non intelligo nomen sed conceptum seu id quod nomine significatur, possis et dicere notionem, ideam> (AA VI, iv, p. 288).

Considerada isoladamente, essa passagem parece insinuar que para Leibniz, ao passo que o nome estaria na proposição pela coisa pretendida, o termo nela estaria pela ideia ou noção da coisa pretendida. Evocando a diferença entre os dois aspectos do nome, a saber, o abstrato e o concreto, pareceria sensato concluir que nesse opúsculo Leibniz se restringiria à consideração do nome no seu papel de concreto, ao passo que o termo corresponderia ao nome enquanto é um abstrato. Essa interpretação mostra-se, contudo, frágil, já que os abstratos foram excluídos do cálculo. Somos então forçados a buscar outra versão para a passagem, o que é possível se a comparamos a outras passagens do mesmo opúsculo. Nelas, Leibniz afirma:

"Ser é o que é significado por um termo qualquer, como a ou b ou ab" <Ens est quod termino aliquo, ut a vel b vel ab significatur>* (Id., p. 284).

"Termo simples é aquele no qual não há senão um <termo>, como a. Termo composto é o que consta de muitos, como ab" <Terminus s implex est in quo non nisi est unus, ut a. Terminus compositus est qui constat ex pluribus, ut ab> (Id., p. 286).

"Nome é o termo arbitrariamente assumido, o qual significa uma coisa" <Nomen est terminus rem significans pro arbitrio assumtus> (Id., p. 287).

bolização dos termos inteiros, Leibniz reserva as primeiras letras do alfabeto em grafia maiúscula[192]. Um termo parcial especifica o que pode na proposição apresentar uma parte de uma ideia, isto é, do que é simbolizado pela expressão linguística respectiva. Contudo, nem um tal termo nem as partículas aí apresentam, por si mesmos, ideias, quer dizer, eles não pretendem estar na proposição como representantes de coisas. As proposições seriam o que resulta do acréscimo ao termo inteiro da pretensão à verdade. Por fim, na diferença entre proposição e termo Leibniz faz repousar aquela entre complexidade e incomplexidade:

> O pensável é ou simples ou complexo. O simples é dito *noção* ou *conceito*.

"Definição (Definido ou Nome) é o termo mais composto (simples) de uma proposição recíproca assumida arbitrariamente, a qual consta de um termo simples e um composto (...). Pois para nós todo termo simples é um nome" <Definitio (Definitum seu Nomen) est terminus compositus (simplex) propositionis reciprocae pro arbitrio assumtae, ex termino simplici et composito constantis (...). Nam nobis omnis terminus simplex est nomen> (Id., p. 288).

Essas passagens tornam manifesto que, antes que distinguir "termo" e "nome" a partir da diferença entre concretos e abstratos, Leibniz parece compreender o nome como uma espécie de termo. De fato, pode-se denominar "termo" cada um dos pólos de um enunciado que estabelecem uma definição. Igualmente, podem ser considerados termos cada um dos nomes que figuram em uma definição, bem como sua reunião. Em contrapartida, apenas os termos simples nela seriam nomes. Assim, na definição "humano = animal racional", "humano", "animal", "racional" e "animal racional" seriam os termos. Mas apenas os três primeiros seriam nomes. Pode-se concluir, portanto, a partir da passagem aqui em foco, que os nomes e os termos não se distinguiriam senão como a espécie com respeito ao gênero, desde que se estabelecesse uma estipulação, a saber, "se se estabelecer que todo termo simples seja um nome" <denique posito omnem terminum simplicem esse nomen> (AA VI, iv, p. 288).

*É importante não confundir o que Leibniz denomina "significação" com o que foi aqui caracterizado como "significação". É claro que na passagem citada Leibniz se serve da expressão "significar" para designar a relação de simbolização entre o nome e a pretensa coisa.

[192] Ele nem sempre utiliza esta notação. Nos escritos anteriores a 1686, são geralmente utilizadas as letras do alfabeto em minúsculo. É a partir das *GI* que ele fixa definitivamente os símbolos que serão empregados aqui para os termos.

> O complexo é o que envolve em si um *enunciado*, ou seja, a afirmação ou a negação, o verdadeiro ou o falso (AA VI, iv, p. 528)[193].

Essas estimações autorizam a assumir uma posição face a uma discussão concernente à verdadeira natureza da diferença entre termo e proposição em Leibniz. Alguns autores, como G. Parkinson, apoiam-se em formulações como as apresentadas logo acima para sustentar que a pretensão à verdade pertence exclusivamente aos complexos. Para Parkinson (1966, xxxiv), à diferença das proposições, os termos não encerrariam uma asserção. Em contraste com Parkinson, G. Nuchelmans e J.-B. Rauzy consideram que, na medida em que todo termo[194] encerra em si a pretensão a apresentar uma coisa, ele encerra em si a pretensão à possibilidade; nesse sentido pode ser considerado como contendo em si uma afirmação da sua possibilidade. Segundo Rauzy (1993, §1 – p. 112), "da noção à verdade, do termo à proposição, não há, portanto, diferença de natureza, e Leibniz propõe-se a mostrá-lo aplicando uma lei da composição única e válida em todos os casos"[195].

A citação que serve de apoio à tese de Parkinson pode enfraquecer, mas não chega a eliminar a interpretação partilhada por Rauzy e Nuchelmans. Pois, como o próprio Parkinson (1966, xxxiv) reconhece, várias passagens se encontram nas *GI* em que Leibniz concede verdade ou falsidade aos termos, do mesmo modo que às proposições[196]. E mais: encontram-se aí também

[193] "Cogitabile est aut simplex aut complexum. Simplex dicitur Notio seu Conceptus. Complexum est quod in se involvit Enuntiationem sive Affirmationem aut negationem, verum aut falsum"

[194] Visto que a seguir unicamente os termos inteiros serão tratados, compreendamos doravante "termo" como significando "termo inteiro", salvo se menção em contrário é feita.

[195] Ver também Nuchelmans (1983), 11.2.1 (p. 219).

[196] "De minha parte, chamo verdadeiro um Termo incomplexo que é possível, e chamo falso o que é impossível" (*GI*, §61 - *OFI*, p. 372).

passagens em que ele se refere às proposições como "termos complexos"[197], o que poderia insinuar que, segundo Leibniz, a proposição estaria para o termo como a espécie para o gênero. A isso poderia ser acrescentado que, na medida em que a proposição pode ser convertida em um termo, este pode se submeter ao procedimento demonstrativo, do mesmo modo que uma proposição. Visto que, para Leibniz, demonstrar algo é mostrar que é verdadeiro, é sensato dizer que, quando demonstramos um termo, demonstramos que ele é verdadeiro. Diz Leibniz:

> Donde fica manifesto que o mesmo se dá nos Termos complexos e nos incomplexos. Pois provar que um termo complexo é verdadeiro é reduzi-lo a outros termos complexos verdadeiros, e assim sucessivamente até aos primeiros termos complexos verdadeiros, isto é, aos axiomas (ou proposições conhecidas por si), definições dos termos incomplexos que são provados verdadeiros; e experiências. Igualmente prova-se que os Termos incomplexos são verdadeiros reduzindo-os a outros termos incomplexos verdadeiros, assim sucessivamente até aos primeiros termos incomplexos verdadeiros, isto é, a termos concebidos por si, ou a termos dos quais somos experientes (ou em cujos similares somos experientes). Ainda que não seja preciso acrescentar isso, pois pode ser demonstrado que se, dentre semelhantes, um existe, os outros são possíveis. De tal modo que toda resolução, tanto dos complexos quanto dos incomplexos, termina em axiomas, termos concebidos por si e experimentos (*GI*, §61 – AA VI, iv - p. 759)[198].

[197] Por exemplo, *GI*, §61 e §75.

[198] "Unde patet rem eodem modo procedere in Terminis complexis et in incomplexis. Nam probare verum esse terminum complexum est eum reducere in alios terminos complexos veros et hos tandem in terminos complexos primo veros, hoc est, in axiomata (seu propositiones per se notas), definitiones terminorum

Portanto, a despeito de sua aparente incompatibilidade, os dois eixos interpretativos parecem poder conviver na lógica leibniziana. Vistos como ingredientes das proposições, os termos não são os elementos realmente afirmados como verdadeiros ou falsos. Na proposição, eles são sempre supostos como verdadeiros, ou ao menos eles sempre encerram em si uma pretensão a apresentar uma coisa; mas aquilo cuja verdade é afirmada é a proposição ela própria. Assim, enquanto partes das proposições, os termos são afirmados não como verdadeiros ou falsos, mas como os ingredientes que concorrem para as condições de verdade da proposição. Por outro lado, a demonstração da proposição exige que se a desmembre em termos a respeito dos quais se ergue a pergunta pela verdade. A análise da proposição em vista de sua demonstração consiste, portanto, em um procedimento em que a asserção de verdade específica da proposição pode ser transferida aos termos que a constituem, de sorte a torná-los proposições. Aos olhos de Leibniz, portanto, a ausência da relação à verdade não se afigura uma característica intrínseca ao termo. Ela lhe concerne unicamente em função da sua posição quando do procedimento demonstrativo: se se trata de um momento em que ele está contido como parte em uma proposição, ou se, ao contrário, ele já está isolado como algo que seria preciso analisar. Em uma palavra, do ponto de vista do conteúdo, da capacidade de simbolizar uma ideia, quer dizer, de pretender estar por uma coisa – o que constitui o material da demonstração – nenhuma diferença de natureza se encontra entre proposição e termo.

---

incomplexorum quos probatum est esse veros; et experimenta. Similiter Terminos incomplexos esse veros probatur reducendo eos in alios terminos incomplexos veros, et hos tandem in alios terminos incomplexos primo veros, hoc est in terminos per se conceptos, vel in terminos, aut terminos quos sumus experti (aut quorum similes sumus experti, quanquam id adjici opus non sit, nam demonstrari potest uno similium existente possibili et alia esse similia). Ita ut omnis resolutio tam complexorum quam incomplexorum, desinat in axiomata, terminos per se conceptos, et experimenta".

O conteúdo de um termo é necessariamente idêntico àquele da proposição de segundo adjacente correspondente, donde se depreende que o material a ser analisado, ou, mais precisamente, demonstrado, é exatamente o mesmo nos dois casos.

Assim sendo, pode-se afirmar que as únicas proposições que se apresentam como objetos de demonstração enquanto tais são as proposições categóricas, quer dizer, aquelas da forma "*S é P*". Com efeito, visto que as palavras que encerram relações são incorporadas aos termos inteiros, nenhum elemento se apresenta quando do desmembramento da proposição, salvo os termos inteiros e o parcial "é". No que concerne às proposições hipotéticas, pode-se reduzi-las às categóricas mediante a conversibilidade entre proposição e termo. Assim, uma proposição do tipo "*Se A é B, então C é D*" converte-se na cópula "*A sendo B é C sendo D*":

> Uma *proposição hipotética verdadeira de primeiro grau* é: 'Se A é B, daí se segue que C é D'. Certamente elas coincidirão por substituição. Estabeleçamos que *A é B* seja chamada *L*, e estabeleçamos que *C é D* seja chamada *M*. Sucederia *L* ∞ *LM*, e assim a hipotética seria reduzida a categórica (*Phil., VII, C, 73-74 - OFI*, p. 408)[199].

No que concerne aos resultados do procedimento de desmembramento das proposições, portanto, eles esgotam-se em termos inteiros e no parcial "é", que é o símbolo da cópula. Após

[199] "*Vera propositio hypothetica* <primi gradus> est *si A est B, et inde sequitur C est D.* <nempe substitutione coincidentium> Status quo *A est B* vocetur *L*, et status quo *C est D* vocetur *M*. Erit *L* ∞ *LM* ita reducitur hypothetica ad categoricam" Ver também *GI*, §138. "A hipotética outra não é que a categórica, quando se converte o antecedente em sujeito e o consequente em predicado" <Hypothetica nihil aliud est quam Categorica, vertendo antecedens in subjectum, et consequens in praedicatum> (AA VI, iv, p. 811 - margem - *OFI*, p. 262). Por "∞" entenda-se "é idêntico a".

haver tratado dos primeiros, Leibniz volta-se para os dois papéis do segundo: a relação de inclusão e aquela de equivalência:

> Tentemos agora explicar os *termos parciais* ou *relativos* dos quais nascem as partículas que marcam as relações entre os termos. O que me ocorre primeiramente investigar é '*id*êntico'. "*A é id*êntico a B" significa que um pode ser substituído pelo outro em qualquer proposição *salva veritate*. Pois estas relações são explicadas por proposições, ou seja, por verdades.
> (...)
> Próxima noção, *A* será *sujeito*, *B*, o *predicado*, se *B* pode ser substituído no lugar de *A salva veritate*, ou se, resolvendo A e B, os mesmos [termos] que aparecerem em B também aparecerem em A. Isto pode ser explicado deste outro modo: A será B se *Todo A* e *algum B* coincidirem (AA VI, iv, pp. 746)[200].

Duas observações devem ser feitas a respeito dessa passagem. A primeira é que a noção de coincidência é aí apresentada como mais primitiva do que a de inclusão: esta consistiria na coincidência parcial entre os termos[201]. A segunda observação

---

200 "Tentemus nunc explicare *Terminos partiales* seu respectivos ex quibus et particulae nascuntur, notantes respectum terminorum. Quod primum mihi inquirenti occurrit est idem. Idem autem esse A ipsi B, significat alterum alteri substitui posse in propositione quacunque salva veritate. Nam respectus illi per propositiones sive veritates explicantur.
(...)
'Proxima notio, ut A sit subjectum, B praedicatum, si B substitui potest in locum ipsius A salva veritate, seu si resolvendo A et B, eadem quae prodeunt in B prodeunt etiam in A. Idem aliter explicari potest, ut A sit B, si omne A, et quoddam B coincidant".

201 À primeira vista, Leibniz pareceria considerar que a coincidência e a inclusão seriam interdefiníveis, já que ele também oferece uma definição da coincidência com base na noção de inclusão, considerando que: "*'A é B' e 'B é A'* é idêntico a *A e B coincidem* ou *A coincide com B que coincide com A*" *<A esse B et B esse*

diz respeito ao papel desempenhado pelo termo parcial. Sendo parcial, não pode, como já examinado, ser objeto de demonstração. O parcial "é" ou "é idêntico a" encerra justamente o expediente com base no qual o procedimento de análise é posto em marcha, pois é utilizando as regras de substituição de equivalentes, quer dizer, de coincidentes que a análise se faz possível. Além de desmembrar a proposição em termos inteiros, deve-se também substituí-los por equivalentes mais simples – os nomes por suas definições –, até que se chegue a satisfazer o objetivo da demonstração: mostrar pelos símbolos seja a verdade, seja a falsidade da proposição.

Evidentemente, esse papel da cópula merecerá um exame mais acurado. Mas antes de nos dedicarmos a ele, examinemos algumas outras questões já mencionadas e deixadas de lado, atinentes ao tratamento que Leibniz dá às partículas, às declinações, à quantidade e à qualidade das proposições. Pelo momento, sublinhemos apenas o que lhe teria permitido pretender determinar a identidade a partir da noção de substituição. Já sabemos que, para ele, dois nomes de significações diferentes são idênticos se e somente se simbolizam uma mesma coisa. Sabemos também que os nomes não são admitidos no contexto do cálculo a não ser no seu papel de concretos. Isso quer dizer que, para o procedimento do cálculo, o nome sempre é considerado a partir da relação de identidade essencial que mantém com a coisa. Assim sendo, um nome de uma coisa pode sempre substituir um outro nome da mesma coisa, pouco importam as significações de cada um deles, pois a coisa da qual se trata, ou

---

A idem est quod *A et B coincidere*, sive *A coincidere ipsi B quod coincidit ipsi A*> (*GI*, §30). É importante notar, porém, que, ao passo que a coincidência pode ser definida por apelo não à noção de inclusão, mas à de intersubstituição *salva-veritate*, como atestam os trechos supracitados, a inclusão, por sua vez, não pode ser definida senão pela alusão à noção de coincidência – o que reforça a conclusão de que, aos olhos de Leibniz, a coincidência é anterior e mais primitiva que a inclusão.

– o que redunda no mesmo – aquilo com que o nome mantém relação de simbolização, permanece inalterada. E se o simbolizado mantém-se indiferente ao processo de substituição, então as condições de simbolização – e, por conseguinte, de verdade – da proposição devem permanecer necessariamente as mesmas. No que concerne aos símbolos de identidade e de continência, acompanharemos aqui a notação das *GI*, empregando para essas noções os sinais "=" e "*é*", respectivamente[202].

II.1.4 Relações

Uma vez abordado o procedimento de desmembramento das proposições de sorte a que daí resultem unicamente termos inteiros e o parcial "é" indicando seja a coincidência entre termos, seja a inclusão de um termo por um outro, é preciso compreender como Leibniz trata as expressões que podem figurar em proposições e que não constituem por si termos inteiros. Em geral, essas expressões introduzem os diferentes tipos de relações entre as coisas simbolizadas por termos inteiros – ou conversíveis em termos inteiros – nas proposições. E agrupam-se todas no que Leibniz denomina "partículas"[203]. Leibniz acreditou que, na medida em que as proposições que encerram esses tipos de expressões exibirem condições objetivas de verdade ou falsidade, nessa mesma medida elas serão passíveis de ser analisadas.

---

202 Em outros textos, Leibniz se serve de outros símbolos, tanto para a identidade quanto para a inclusão. Para simbolizar a identidade, o mais frequente é "∞".

203 "*Palavras* são sinais ou de conceitos, como os nomes, ou dos modos de conceber, como todas as outras partes da oração <*Vocabula* sunt signa vel Conceptuum, ut Nomina, vel modorum concipiendi, ut caeterae partes orationis> (...)
'Os *modos de conceber* são designados pelas *partículas*" <*Modi oncipiendi* designantur *particulis*> (AA VI, iv, p.334-336).

Por outro lado, se o único termo parcial apto a viabilizar a continuação do procedimento demonstrativo é aquele por meio do qual o princípio *salva veritate* pode ser aplicado, é preciso que a contribuição que as partículas trazem à pretensão de significação da proposição seja exprimível em uma proposição da forma "*S é P*". Essa suposição, não obstante sua pertinência vis-à-vis as intenções filosóficas de Leibniz, parece corroborar a suspeita de que ele teria pretendido reduzir todo tipo de proposições a proposições da forma "*S é P*", nas quais o conteúdo relacional seria sumariamente dissolvido. Russell pode ser mencionado como um defensor dessa interpretação. De acordo com ele, a pretensão de eliminar as relações estaria no cerne das motivações de Leibniz para considerar certas noções, como a dos números e do tempo, como concernentes a fenômenos (Cf. Russell, 1968, pp. 15 - 16).

Contra Russell, alguns autores sugerem que a pretensão de reduzir todos os tipos de proposição àquelas da forma sujeito-predicado não acarreta como consequência necessária a redução das relações elas próprias a predicações não-relacionais[204]. Segundo eles, a paráfrase de uma proposição relacional por meio de outra proposição da forma "*S é P*" não acarretaria necessariamente a eliminação da relação, que poderia ser resguardada no que se poderia denominar um predicado relacional. Nas páginas que seguem, examinaremos estudos em que Leibniz se consagra a seu projeto de reformulação das proposições relacionais com o intuito de compreender melhor suas concepções acerca do estatuto lógico das relações.

Leibniz parece estimar que o problema filosófico concernente à redução das partículas não diz respeito ao cálculo.

[204] Massimo Mugnai (1992) merece ser destacado dentre os estudiosos que partilham essa interpretação (Ver também Mugnai, 1988). Ver também Marques (2007), Kulstad (1994), H. Ishiguro (1990, VI, §7), Mates (1986), XII, §4 et §5 e Mates (1979).

Indício disso é o fato de que as investigações dedicadas ao procedimento de reformulação de proposições relacionais por ele levadas a cabo encontram-se em obras voltadas para temas que considera gramaticais, antes que lógicos. Isso, aliás, conduziu Louis Couturat (1985, p. 437) a concluir que, embora Leibniz disponha de todos os elementos para elaborar uma lógica das relações, "ele os negligenciou sistematicamente, ou antes, excluiu-os da Lógica pura e remeteu-os à Gramática, o que privava a Lógica da sua matéria própria e de seu mais rico conteúdo". Em resposta a Couturat, é preciso ponderar que, se reconhecermos em Leibniz um projeto analítico tal como foi apresentado acima, seremos obrigados a concordar que ele não teria admitido para as proposições, na medida em que se oferecem à análise, outra forma lógica senão aquela sujeito-predicado, visto que a pretensão de incorporar outras formas proposicionais ao cálculo lógico ameaça minar o projeto de análise de termos inteiros por meio da substituição de equivalentes segundo o princípio *salva veritate*. De sorte que, ainda que as proposições que contenham partículas encerrem em seus termos inteiros conteúdos relacionais, elas devem poder se apresentar sob a forma "*S é P*", de tal sorte a se submeterem ao procedimento demonstrativo.

Por outro lado, a recusa de que certas formas gramaticais configurem um assunto para o cálculo não significa a recusa de que elas digam respeito à lógica. O interesse de Leibniz pela gramática emerge em grande medida de seu empenho em tornar todo tipo de proposição (exceto, claro, as identidades e contradições) formalmente apto a se submeter ao procedimento demonstrativo. Desse ponto de vista, as proposições relacionais – mais precisamente, toda proposição que não possua a forma "*S é P*" – têm interesse para a lógica, ainda que isso não baste para assegurar-lhes um estatuto próprio no cálculo lógico. Isso porque, caso se evidencie que elas podem ser parafraseadas ou reduzidas, sem alteração de suas condições de verdade, à forma sujeito-predicado, será correto concluir que elas não constituem formas lógicas específicas e irredutíveis[205] e, nessa medida, não merecem um tratamento à parte.

O primeiro detalhe que convém destacar nos fragmentos já disponíveis em que Leibniz se dedica à gramática é a aparente ausência de ordem. Antes que uma tábua dos tipos possíveis de relações, ou uma tábua dos possíveis tipos de reduções à fórmula sujeito-predicado, aí encontramos análises genéricas dos papéis de algumas categorias gramaticais[206], como os adjetivos, os advérbios, alguns exemplos de redução de proposições relacionais (Cf. AA VI, iv, p. 643 e p. 801) ou, por fim, exemplos de partículas que especifiquem tipos de relações, como se lê no opúsculo *Analysis particularum* (AA VI, iv – N. 155).

Esse procedimento à primeira vista pouco rigoroso pode ser explicado se consideramos o princípio geral pelo qual Leibniz se orienta na abordagem das relações. A convicção de que todas as proposições são passíveis de se submeter ao procedimento demonstrativo, aliada à de que nem todas as formas gramaticais são formas lógicas primitivas, legitimara-o a presumir que os itens linguísticos indicando tipos de proposições distintos daqueles que satisfazem a forma "*S é P*" poderiam esconder operações aptas a serem expressas a partir das operações lógicas fundamentais. Nesse caso, aqueles itens seriam, por assim dizer, modos abreviados de expressar séries ou blocos de proposições sujeito-predicado.

---

205 "Pois muitas inferências que ocorrem na Lógica devem ser demonstradas não a partir de princípios lógicos, mas a partir de princípios Gramaticais, isto é, da significação das flexões e das partículas" <Nam creberrimae in Logica illationes occurrunt, quae non ex principiis logicis, sed ex principiis Grammaticis, id est ex flexionum et particularum significatione sunt demonstrandae> (AA VI, iv, p. 344).

206 Para uma caracterização de advérbio, ver *Phil., VII, B, III, 7* - *OFI*, p. 281; ver também AA VI, iv, p. 112. Para uma de genitivo e preposição, ver *Phil., VII, B, III, 26* e *27*, respectivamente - *OFI*, p. 287. Ainda sobre preposição, ver AA VI, iv, p. 112.

A contraparte dessa tese seria a de que as operações lógicas fundamentais esgotariam aquelas que constituem as partículas. Esse desdobramento, porém, não deve motivar a pretensão de repertoriar os tipos de operações lógicas mais complexas que podem ser formadas com base nas operações lógicas fundamentais, pois as primeiras podem ser formadas indefinidamente, a partir da aplicação reiterada de uma operação ou bloco de operações a um certo conjunto de operações dado[207]. Por conseguinte, a quantidade de procedimentos de abreviação que se podem propor nas linguagens ordinárias não depende senão da nossa habilidade para produzir e efetuar a totalidade das operações que encerram. Igualmente, sua variedade repercute nas diferenças entre as regras gramaticais que se encontram nas línguas correntes, não sendo de modo algum necessário que as operações resumidas pelas partículas sejam sempre as mesmas em todas as línguas. Os resumos para operações compostas – aquelas que não são logicamente primitivas – constituem matéria de fato e são, enquanto tais, contingentes. Eles não podem ser considerados, por via de consequência, os reais objetos de uma disciplina dedicada aos princípios universais da forma do raciocínio.

Por outro lado, os pressupostos fixados por Leibniz o autorizam a adotar um procedimento geral a partir do qual todas as proposições que contenham partículas possam ser parafraseadas por proposições da forma "*S é P*", ainda que estas devam resguardar o conteúdo relacional seja em seu termo-sujeito, seja em seu termo-predicado. Se todas as partículas compartilham a característica comum de serem resumos para combinações de operações lógicas, então basta parafrasear a proposição em que comparecem explicitando aquelas operações, bem como os

[207] "Há vários gêneros de relações, para que utilizemos os caracteres de diferentes maneiras. Há algumas relações e significações que são replicáveis e reflexas ao infinito" <Dantur varia relationum genera, ut characteribus diverso modo utamur. Dantur relationes quaedam et significationes in infinitum replicabiles, et reflexae> (AA VI, iv, p. 879).

elementos proposicionais sobre os quais se aplicam. E para alcançá-lo, basta conhecer o uso da partícula na linguagem, quer dizer, conhecer a maneira como ela articula aquelas operações lógicas[208]. Leibniz acreditava então dispor de um procedimento único para tratar qualquer tipo de proposição relacional; aliás, mais geralmente, para tratar toda e qualquer partícula ou nuance gramatical. E isso – acreditava ele – poupava-o de tratá-las de modo sistemático e exaustivo. Ele poderia permitir-se abordá-las de maneira algo aleatória, unicamente para ilustrar alguns procedimentos de paráfrase factíveis.

Isso dito, examinemos algumas passagens dos escritos que Leibniz dedica à questão. Uma das mais simples operações seria aquela apresentada pelos verbos intransitivos, como "nadar", "dormir", andar, etc. Leibniz considerou que toda proposição do tipo "A anda" pode ser transcrita em uma outra do tipo "A é (está) andante". Essa transcrição evidencia que, de acordo com Leibniz, antes que resumir um conjunto de operações, o verbo intransitivo unifica em sua significação a agregação à cópula de um predicado significando geralmente um estado do sujeito; o verbo intransitivo resume, por assim dizer, a relação de predicação em uma só palavra[209]. A paráfrase de uma proposição como "A anda", nesta medida, apenas explicitaria a relação atributiva, condensando no predicado "andante" o estado ou qualidade que na proposição em tela se atribui ao sujeito.

[208] É importante sublinhar que essa conclusão não compromete Leibniz diretamente com a convicção de que as relações poderiam ser exaustivamente dissolvidas em proposições da forma categórica, como parece acreditar Russell. Como visto, segundo Leibniz, certas "relações e significações (...) são replicáveis e reflexas ao infinito" (AA VI, iv, p. 879 - ver supra, n. precedente), de sorte que desmembrá-las exaustivamente envolveria correlativamente o infinito.

[209] "Os verbos podem ser resolvidos em nomes. *Pedro escreve*, isto é, é escrevente. Donde todos os verbos são reduzidos a unicamente o verbo substantivo" <Verba possunt resolvi in nomina. *Petrus scribit*, id est *Est Scribens*. Unde omnia verba reducentur denique ad solum verbum substantivum> (AA VI, iv, p. 70).

Um outro elemento gramatical, aparentemente tão simples quanto o verbo, seria o que Leibniz considera um tipo de adjetivo do verbo, a saber, o advérbio[210]. Que a operação característica do advérbio seja apenas em aparência tão simples quanto aquela expressa no verbo atesta-se quando se desmembra uma proposição que encerra um advérbio:

> "*Advérbios. Pedro escreve belamente.* Isto é, *Pedro escreve algo belo* ou *Pedro escreve e o que Pedro escreve é belo*" (AA VI, iv, p. 106)[211].

Nesse exemplo, observa-se que a proposição em tela desmembra-se na afirmação conjunta de duas proposições diferentes, em contraste com o exemplo anterior, "*A anda*", que se deixa parafrasear simplesmente por outra proposição da forma sujeito-predicado. Neste segundo exemplo, temos uma descrição do ato realizado por Pedro que preserva a relação entre o substantivo "Pedro" e o verbo. Nela o advérbio "belamente", que qualifica o verbo, desmembra-se em uma nova proposição, constituída pelo adjetivo "belo" e pela relação atributiva desse adjetivo ao concreto que emerge no desmembramento da proposição inicial. Pode-se prosseguir o desmembramento da proposição segundo o procedimento aplicável a verbos e adjetivos[212] em geral, o que conduziria a um resultado como "*Pedro é escrevente e a coisa escrita por Pedro é bela*". É conveniente observar que a forma desta última proposição é diferente daquela da precedente, a saber, "*A anda*", em que o predicado se referia à mesma coisa que o sujeito. O desmembramento da proposição "*Pedro escreve belamente*"

---

[210] "Os advérbios são por assim dizer adjetivos dos verbos" <Adverbia sunt quase adjectiva verborum> (*Phil., VII, B, III, 7 - OFI*, p. 281).

[211] "*Adverbia. Petrus scribit pulchre.* Id est *Petrus scribit aliquid pulchrum* seu *Petrus scribit, et quod Petrus scribit est pulchrum*".

[212] Segundo o procedimento de eliminação dos abstratos, pode-se considerar o adjetivo como apresentando um concreto (Cf. *Phil., VII, B, III, 41 - OFI*, p. 289).

evidencia que os dois termos inteiros, a saber, "*Pedro*", por um lado, e "*a coisa escrita por Pedro*", simbolizam cada qual uma coisa distinta, sendo o que a proposição veicula uma certa relação entre essas coisas. Leibniz considera que esse tipo de proposição expressa relações, quer dizer, noções por meio das quais se pensa várias coisas conjuntamente[213]. O desmembramento da proposição mostra que ela contém duas predicações, cada qual atribuída a um sujeito: uma à coisa significada pelo termo "*Pedro*", a saber, que essa coisa escreve; a outra à coisa escrita por Pedro, a saber, que é bela.

Um outro exemplo desse tipo de composição de predicações múltiplas é apresentado por Leibniz nos *Novos Ensaios*. Trata-se do papel da palavra inglesa "but" na frase "*I saw but two planets*", "*vi apenas dois planetas*" (*N.E.*, III, vii - Leibniz, 2004c, pp. 230-231). Por ela se afirma na frase não apenas que dois planetas foram vistos, mas também que não foram vistos mais de dois planetas. A palavra "but" indica assim que o que a gramática da língua inglesa permite compor em uma única oração oculta, do ponto de vista da lógica, é uma conjunção de proposições que pode ser apresentada por uma formulação como "*Vi dois planetas* e *não vi mais que dois planetas*". A palavra "but" encerra uma ligação entre os termos inteiros "*eu*" e "*dois planetas*", e cada um desses termos pode ser considerado o sujeito da proposição; o outro faria correlativamente o papel do predicado. Assim, pode-se dizer da frase "*vi apenas dois planetas*" tanto que ela veicula uma afirmação sobre mim, que vi dois planetas, quanto sobre os planetas que foram vistos por mim.

Poderia soar estranho, à primeira vista, que uma proposição se deixasse resolver em mais de um sujeito. A esse respeito, é oportuno ponderar que se trata de um atributo dirigido a

---

[213] "Relação é aquilo segundo o que duas coisas são pensadas conjuntamente" <*Relatio* est secundum quod duae res simul cogitantur> (AA VI, iv, p. 28; ver também p. 866).

um conjunto de termos articulando-os de algum modo para apresentar um único pensamento composto. Isso autoriza a concluir que, a fim de explicar a contribuição de uma expressão relacional como essa para a significação da proposição em que comparece, é preciso exibir o que é requerido para que a relação expressa seja proposta com verdade aos termos relacionados. No exemplo apresentado acima, três condições devem ser satisfeitas: 1) é preciso que eu veja algo, 2) é também preciso que os dois planetas sejam vistos por alguém, e finalmente, 3) é preciso que meu ato de ver e o fato de que os planetas sejam vistos sejam articulados sob uma única descrição. É aliás essa unicidade da articulação que ilustra a natureza da relação enquanto o que permite pensar várias coisas conjuntamente. Assim entendida, a relação pode ser caracterizada como a expressão de que certa atribuição verdadeira a certo sujeito possui como correlato certa atribuição verdadeira a um outro sujeito[214]. Leibniz refere-se a isso afirmando que a relação exprime um pensamento que se dirige de uma coisa para outra coisa[215].

Essas considerações lançam luz sobre algumas das estratégias formuladas por Leibniz para empreender o desmembramento desses tipos de proposições em proposições da forma sujeito-predicado. Uma dessas estratégias pode ser identificada em sua abordagem das proposições que veiculam relações simétricas, quer dizer, relações que estabelecem que, se uma coisa A está em certa relação R com uma coisa B, então a coisa B está na mesma relação R com a coisa A:

[214] "...todo correlato constitui algum predicado do outro correlato, como *pai* constitui o predicado de *seu filho*, que é o outro [predicado]" (LH iv, 7, B III, Bl. 50-51 - apud Mugnai, M., 1988, p. 151).

[215] "Com efeito, na relação há ao menos uma direção do pensamento de um para o outro" (LH, iv, 7, B, III, Bl. 56 - apud. Mugnai, M., 1988, p. 151). Como assinala M. Mugnai, "Leibniz reconhece a) que, em geral, definir uma relação é interpretá-la seguindo uma determinada *direção* (*directio cogitationis*); b) que todo termo correlato faz apelo a (a expressão de Leibniz é mais forte: 'constitui') uma propriedade que caracteriza o outro correlato" (1988, p. 151).

> Todas as inferências oblíquas devem ser explicadas pelas explicações das Palavras. Ex. gr. '*Pedro é semelhante a Paulo*'. Portanto, '*Paulo é semelhante a Pedro*'. Tais inferências são vistas pela Lógica de Jungius. '*Pedro é semelhante a Paulo*' é reduzida às proposições: '*Pedro é A agora e Paulo* é A agora' (AA VI, iv, p. 107).[216].

Conforme Edgar Marques assinala, a redução proposta por Leibniz parece encerrar uma imprecisão, visto que, embora a partilha de uma propriedade *A* qualquer implique a relação de semelhança, a recíproca não é verdadeira: a relação de semelhança não implica a partilha de determinada propriedade *A*[217]. Para assegurar a bi-implicação que corresponde à equivalência pretendida na redução, faltaria acrescentar a cláusula, determinada pela própria definição de semelhança, de que, pouco importa qual seja a propriedade *A*, comungá-la equivale à semelhança. Levando em conta, porém, o papel que desempenham as letras alfabéticas maiúsculas no cálculo leibniziano, é pertinente suspeitar que, ao lançar mão uma letra assim para expressar a relação de semelhança, Leibniz já estaria pressupondo o caráter indeterminado da propriedade em tela, vale dizer, já estaria indicando que *A* não designa uma propriedade determinada, mas, ao contrário, deve ser entendida como a variável que pode ser instanciada por qualquer que seja

216 "Omnes illationes obliquae explicandae ex Vocum explicationibus. Ex. gr. *Petrus est similis Paulo.* Ergo *Paulus est similis Petro.* Videantur talia ex Jungii Logica. Reducitur ad propositiones: *Petrus est A nunc et Paulus est A nunc*".

217 "[A]inda que possamos dizer que a verdade conjunta de 'Paulo é *A* agora' e 'Pedro é *A* agora' implica a verdade de 'Paulo é semelhante a Pedro', é evidente que a implicação não pode ser sustentada no sentido contrário, uma vez que da afirmação de que Paulo e Pedro são semelhantes um ao outro não se segue que ambos possuam a propriedade *A*, dado que essa semelhança poderia estar fundada na posse conjunta de uma outra propriedade qualquer" (Marques, 2007 - p. 294).

a propriedade apta a verificar "*Pedro é A agora e Paulo é A agora*". A semelhança, nesse sentido, seria tratada como a característica, partilhada por certos itens, de comungar ao menos uma propriedade *A*, qualquer que seja ela. Assim, como Leibniz explicita alhures, semelhantes seriam aqueles que são intersubstituíveis *salva qualitate*[218], isto é, que são intersubstituíveis com respeito a uma propriedade *P* qualquer. No caso presente, seria preciso acrescentar uma proposição universal veiculando que, para qualquer que seja o *A*,'*X é A* e *Y é A' é idêntico a* '*X é semelhante a Y'*, ou, ainda, *X e Y são intersubstituíveis salva A*. Esse acréscimo legitimaria a bi-implicação pretendida por Leibniz no desmembramento que propõe na passagem. Um procedimento assim, no qual são explicitadas as definições dos termos que figuram nas proposições, não é estranho nos escritos leibnizianos. Podemos constatá-lo, por exemplo, em suas tentativas de provar o enunciado de que a parte é maior que o todo, habitualmente tido por axioma[219]. É conveniente lembrar, porém, que, conforme já sublinhado, o elenco das definições dos termos que figuram nas proposições corresponde a um procedimento que dever preceder a análise, o que autoriza Leibniz a desobrigar-se de reiterá-lo ao longo dela.

As relações simétricas restantes mostram possuir uma estrutura distinta. Antes que afirmar uma certa relação de identidade *salva qualitate*, elas estabelecem uma simples correlação entre duas proposições atribuindo um mesmo

---

[218] "São *iguais* aqueles cuja quantidade é idêntica ou que podem se substituir *salva quantitate*.

"São *semelhantes* aqueles que podem se substituir *salva qualitate* ou que não podem ser discernidos senão quando observados conjuntamente" <*Aequalia* quorum eadem est quantitas, seu quae sibi substitui possunt salva quantitate. *Similia* quae sibi substitui possunt, salva qualitate seu ita ut discerni nequeant, nisi simul spectentur> (AA VI, iv - p. 406).

[219] Cf. AA VI, iv - p. 1644 e AA VI, ii, 482-483. Para uma discussão a respeito, ver Fichant (1998), XII.

predicado a dois sujeitos diferentes, de tal maneira que a posse de um predicado por um dos dois sujeitos tem como contraparte aquela do mesmo predicado pelo outro. Para melhor ilustrá-lo, tomemos, por exemplo, a proposição "*Raoni é irmão de Motibau*". Essa proposição condensa três afirmações: afirma-se nela 1) de Raoni que possui um irmão; 2) de Motibau que possui um irmão, devido ao caráter simétrico da relação; e 3) que o que torna a proposição " Raoni é irmão" verdadeira é o mesmo que o que torna " Motibau é irmão" verdadeira. As condições de verdade da proposição "*Raoni é irmão de Motibau*" repousariam, nesta medida, na correlação entre as atribuições "é irmão" a Raoni e a Motibau. Mais uma vez, o caráter relacional da proposição ficaria resguardado na atribuição dupla do predicado relacional "é irmão" a Raoni e a Motibau.

Isso mostra que, para Leibniz, a estrutura destes últimos tipos de relações seria mais próxima daquela das relações assimétricas do que daquelas em que se afirma uma relação de semelhança. A única diferença notável entre as relações simétricas examinadas agora e as assimétricas é que, no caso destas últimas, a correlação das relações de predicação se faz por predicados diferentes. Quer dizer, nesse caso, a atribuição de certo predicado B a um sujeito A é correlativa àquela de um predicado $C \neq B$ a um outro sujeito $D \neq A$. Para melhor vislumbrá-lo, examinemos exemplos propostos por Leibniz:

> Davi é pai de Salomão e Salomão é filho de Davi (AA VI, iv – p. 1117)[220].

[220] "David est pater Salomonis et Salomon est filius Davidis". Trata-se de uma tábua reproduzindo uma parte da Lógica de Jungius, a "*Dianoea ou Consequentia*" (*OFI*, pp. 426 - 428); ver também *Phil. VII, C, 144 - OFI*, p. 426. Vera respeito Jungius (1957), *Logicae Generalis, Liber Secundus*, X, §12 - p. 89.

Pode-se exprimir a relação da paternidade de Davi à filiação de Salomão da maneira seguinte: "Davi é pai e *por isso mesmo* Salomão é filho". Leibniz o expõe em sua explicação de um exemplo similar:

> Assim se explicará muito bem *Paris ama Helena*, isto é: Paris ama *e por isso mesmo* <*et eo ipso*> Helena é amada. São, portanto, duas proposições reunidas resumidamente em uma. Ou: Paris é amante e por isso mesmo Helena é amada (AA VI, iv - p. 115)[221].

Leibniz propõe ainda um terceiro caso:

> O sentido de *Tito é mais sábio que Caio* é: Na medida em que Tito é sábio e Caio é sábio, nessa mesma medida Tito é superior e Caio é inferior (AA VI, iv - p. 643)[222].

A relação assimétrica é aqui mais complexa, pois envolve aparentemente duas relações antagônicas, a saber, uma relação de semelhança entre dois termos e uma relação de

---

[221] "Optime sic explicabitur ut Paris est amator Helenae, id est: Paris amat *et eo ipso* Helena amatur. Sunt ergo duae propositiones in unam compendiose collectae. Seu Paris est amator, *et eo ipso* Helena est amata".

[222] "*Titius est magis doctus Cajo*. Sensus est: quatenus Titius est doctus, et Cajus est doctus, eatenus Titius est superior et Cajus est inferior". Leibniz declara essa análise ótima, mas estima que uma outra, qual seja: "Tito é sábio e enquanto tal é superior, na medida em que Caius enquanto sábio é inferior" <Titius est doctus et qua talis superior, quatenus inferior qua doctus est Cajus> (Id. ibid.), tem sobre a primeira a vantagem de enfatizar o alcance das significações das palavras. Com efeito, este último desmembramento parece veicular (através da expressão *qua talis*) mais explicitamente os vínculos entre a superioridade de Tito e sua sabedoria e entre a inferioridade de Caio e sua sabedoria. Em que pese seja a primeira formulação a examinada aqui, isso não representa forçosamente nenhum inconveniente, já que os referidos vínculos foram levados em consideração.

diferença entre esses mesmos termos, sempre sob um mesmo aspecto. Assim, se Tito é sábio e Caio é sábio, pode-se dizer que "Tito = Caio *salva sabedoria*"; em contrapartida, na medida em que Tito é mais sábio que Caio, um e outro são de algum modo distintos com respeito ao mesmo predicado "ser sábio", quer dizer, um é mais sábio do que o outro. Todavia, na verdade, a relação de semelhança é apenas um suporte que dá sustentação à comparação que introduz a relação de diferença. Assim, ao invés de veicular a afirmação de uma semelhança e de uma dessemelhança em relação a um mesmo aspecto – o que implicaria uma contradição –, o que a proposição veicula é uma comparação implicando uma dessemelhança sob a suposição de um predicado comungado por dois sujeitos distintos. É na medida em que <*quatenus*> cada um dos sujeitos possui o predicado, é nessa mesma medida <*eatenus*> que as relações respectivas de superioridade e inferioridade podem ser estabelecidas entre um e outro: "*Quatenus* (Tito = Caio *salva sabedoria*) *eatenus* (Tito é superior e Caio é inferior)". Isto permite dissolver a dificuldade, viabilizando finalmente ratificar a formalização aceita por Leibniz. *Na medida em que* Tito é sábio e Caio é sábio, *nesta mesma medida* Tito é superior e Caio é inferior. É preciso notar que a proposição antecedente, introduzida pela expressão *quatenus*, indica justamente a condição: é com respeito à sabedoria comum a Tito e a Caio que superioridade e inferioridade são atribuídas a cada um respectivamente. Com efeito, na conjunção introduzida pelo termo *eatenus* é afirmado simplesmente de Tito que é superior e de Caio que é inferior. Ora, a proposição em exame contém, além dessas duas afirmações, aquela de que é com respeito a Caio que Tito é superior, e aquela de que é com respeito a Tito que Caio é inferior. Além disso, ela contém ainda a afirmação de que é com respeito à sabedoria, comum aos dois sujeitos, que as relações recíprocas de superioridade e inferioridade são afirmadas.

Esses resultados mostram que, antes que eliminar ou desconsiderar a contribuição das relações para o conteúdo proposicional, Leibniz pretende unicamente propor um procedimento de transcrição da proposição em que o mesmo conteúdo – ou seja, as mesmas condições de verdade – seria preservado, mas desmembrado em combinações de proposições da forma sujeito-predicado. A relação seria resguardada em um dos termos da proposição, que assim seria corretamente denominado um predicado relacional. As condições sob as quais a relação seria colocada e especificada seriam já fornecidas, seja pelo próprio predicado relacional (por exemplo, do tipo "pai", "irmão"), seja por proposições introduzidas por "*quatenus*", seja ainda por suposições do tipo "*salva qualitate*" (essas proposições especificariam o critério a partir do qual os predicados das proposições sujeito-predicado relacional seriam referidas uma à outra). Desse ponto de vista, pode-se dizer que não se trata para Leibniz de eliminar pura e simplesmente a relação, mas de tornar *toda* proposição relacional exprimível por meio de combinações de proposições da forma *S é P*, de sorte a garantir que a análise possa ser continuada. A relação seria sempre transferida para um estágio ulterior da análise; quer dizer, as operações lógicas envolvidas na relação seriam explicitadas à medida em que a análise da proposição prosseguiria.

Esta solução parece protelar antes que resolver a dificuldade. Afinal, enquanto os termos inteiros, nos quais se resolve uma proposição relacional, encerram uma relação, eles evidentemente são conversíveis em proposições relacionais. Ora, a noção expressa em uma proposição relacional não é algo compreendido por si, mas algo que envolve uma multiplicidade, sendo, portanto, forçosamente analisável. Por conseguinte, uma proposição exaustivamente demonstrada não pode veicular qualquer relação, quer dizer, não pode conter qualquer termo encerrando uma multiplicidade. Assim, se de um lado se pode sustentar contra Russell que Leibniz não considerava as relações meras "palavras sem significação" (1968, p. 17), de outro, é preciso admitir que a demonstração exaustiva de uma verdade relacional só se faz quando se chega a resolver completamente a relação. E se as verdades relacionais são ainda verdades, devem ser demonstráveis. Volta-se assim à dificuldade erguida por Russell. Pois, embora no procedimento de análise não seja necessário eliminar a relação, se a proposição é demonstrável, quer dizer, se é verdadeira, então é preciso supor que, em um momento qualquer da análise, a relação seja completamente diluída.

Bem se poderia responder a isso que Leibniz não parece hesitar em admitir análises que se prolonguem ao infinito. Todavia, essa resposta não elimina totalmente a dificuldade, pois uma questão permanece: o que Russell parece objetar a Leibniz é que a "*relação* é algo distinto e independente do sujeito e acidente" (1968, p. 15); e desse ponto de vista, seria preciso admitir não meramente um procedimento infinito para a redutibilidade absoluta da relação, mas a ilegitimidade da pretensão que motiva a adoção de um procedimento assim. Possuindo um estatuto ontológico próprio, independente daquele dos termos que liga, a relação não poderia ser eliminada ou assimilada às propriedades monádicas dos *relata* sem que isso modificasse as condições de verdade da proposição em questão. A contraparte de uma tal convicção é que as noções constituintes das definições dos itens relacionados em uma proposição relacional não encerram as condições suficientes para que se mostre seu valor de verdade. Pois se essa proposição pode ser exaustivamente demonstrada a partir unicamente das noções encerradas nos termos relacionados, então qualquer que seja a relação, ela se esgota nas operações intelectuais, as quais são sempre redutíveis às operações lógicas fundamentais. Mas se ela mostrar ter uma realidade independente e irredutível às propriedades dos termos relacionados, então a condição da eliminação da relação será a alteração das condições de significação da proposição.

Para apreciar melhor a objeção de Russell assim reconstruída, analisemos os dois exemplos dos quais ele se serve. O primeiro concerne às proposições em que comparecem ideias matemáticas, por exemplo, "*há três homens*". Segundo Russell, "tais proposições não podem ser consideradas como uma mera soma de proposições de sujeito-predicado, pois o número decorre unicamente da singularidade da proposição e estaria ausente se três proposições, afirmando cada qual a presença de um homem, fossem justapostas" (1968, p. 14). O segundo é retirado de uma passagem controversa da quinta carta que Leibniz endereça a Clarke, onde Leibniz discute o caso exemplar da proposição "*L é maior que M*" (§47 - GP VII, p. 401); Russell argumenta que a noção "maior que" é algo de irredutível aos termos relacionados (1968, p. 15).

Para tratar a primeira dessas objeções, consideremos a seguinte afirmação de Leibniz:

> *Plural. Homens escrevem*, isto é, *Tito é escrevente, Caio é escrevente. Tito é homem. Caio é homem.* Ou *Homens escrevem*, isto é *Um homem escreve, outro homem escreve* (AA VI, iv - p. 107)[223].

A condição para que a proposição "*Homens escrevem*" seja verdadeira é que haja homens que escrevem e que não haja apenas um único homem que escreve. É, portanto, suposto na formulação final que "um homem" e "um outro homem" visam especificar o fato de que se trata de dois homens distintos. Leibniz

[223] "*Pluralis. Homines scribunt*, id est *Titius est scribens, Cajus est scribens. Titius est homo. Cajus est homo.* Vel *Homines scribunt*, id est *unus homo scribit, alius homo scribit*".

considerou as condições para especificar a multiplicidade nesse caso em seu *Specimen Calculi universalis*, onde lemos que:

> "*a* e *b* são *disparates* se *a* não é *b*, e *b* não é *a*, como homem e pedra. Pois homem não é pedra e pedra não é homem. Assim, todos os disparates são diferentes, mas não o contrário.
>
> 'Se *a* é *m*, e *b* é *m*, e *a* e *b* são idênticos, então *m* é dito ser *um*. Como *Otaviano é César*, e *Augusto é César*. Mas visto que Otaviano e Augusto são idênticos, não será contado senão um César.
>
> Se *a* é *m*................ } são ditos ser } dois
> e *b* é *m*................. }
> vários *m* } três
> e *c* é *m*................. }
> } quatro
> e *d* é *m*................. }
>
> desde que *a*, *b*, *c*, *d*, sejam disparates" (AA VI, iv - p. 294)[224].

[224] "*Disparata* sunt a et b, si a non est b, et b non est a, ut *homo* et *lapis*. Nam *homo non est lapis*. Et *lapis non est homo*. Itaque omnia disparata sunt diversa, non contra.Si a est m, et b est m, atque a et b sunt idem, tunc m dicitur esse un um. Ut *Octavianus* est *Caesar*, et *Augustus* est *Caesar*. Sed quia Octavianus et Augustus idem est, hinc quidem non nisi unus Caesar numerabitur.

Si *a est m* . . . . } dicuntur esse } duo
et *b est m* . . . . }
plura *m* } tria
et *c est m* . . . . }
scilicet } quatuor
et *d est m* . . . . }
modo *a*, *b*, *c*, *d* sint disparata.

Pode-se dizer, a partir desta caracterização, que para Leibniz os disparates são termos que implicam a exclusão um do outro. Assim, se *a* e *b* são disparates, então é falso que *a* seja *b* e é falso que *b* seja *a*. Isso, contudo, não torna falso que haja um predicado *C* tal que "*a* é *C*" e "*b* é *C*" sejam proposições verdadeiras. Assim, de acordo com as regras leibnizianas, pode-se tratar o exemplo de Russell – aquele concernente à proposição "há três homens" – da seguinte maneira: "*A* é homem, *B* é homem, *C* é homem e *A* não é *B*, *A* não é *C*, *B* não é *A*, *B* não é *C*, *C* não é *A*, *C* não é *B*", ou seja *A*, *B*, *C* são disparates. A objeção de Russell, de que o número desapareceria se as três proposições categóricas fossem simplesmente reunidas, seria respondida pela consideração de cada um dos sujeitos, *A*, *B*, *C*, como disparates.

Já a segunda objeção de Russel parece repousar fundamentalmente na consideração de que, quaisquer que sejam os valores de *L* e de *M* que tornam a proposição "*L* é maior que *M*" verdadeira, a atribuição desses valores a *L* e *M* é diferente da afirmação de que "*L* é maior que *M*". Dito de outro modo, as condições de verdade da proposição "*L* é maior que *M*" serão sempre e forçosamente diferentes das condições de verdade de quaisquer que sejam as proposições veiculando as grandezas de *L* e de *M*. Para mostrá-lo, recorramos a um procedimento indutivo, atribuindo grandezas a *L* e *M* de sorte a garantir a verdade da relação "*L* é maior que *M*". Aceitemos, então, como verdadeiras "*L* tem 2m" e "*M* tem 1m". Tendo esses valores sido atribuídos, a proposição "*L* é maior que *M*" resulta verdadeira. O problema é que a proposição resultante "*L* tem 2m e *M* tem 1m" não é a mesma proposição que aquela que se pretendia demonstrar. Mesmo que se acrescente a proposição "2m é maior que 1m", isso não torna as condições de verdade da conjunção resultante idênticas àquelas da proposição "*L* é maior que *M*", pois pode-se sempre dizer que a verdade da proposição "*L* é maior que *M*" depende de uma certa relação entre as grandezas de *L* e de *M*, mas não depende em absoluto dos valores específicos das respectivas grandezas; e que, por conseguinte, as condições de verdade da proposição "*L* é maior que *M*" não são as mesmas que aquelas da proposição "*L* tem 2m e *M* tem 1m". Voltamos aqui a uma dificuldade similar àquela assinalada por Marques a propósito da redução de proposiciões enunciando relações de semelhança.

Benson Mates (1979) responde a essa objeção amparando-se na ponderação de que Leibniz sustenta não que as relações equivalham à natureza das coisas, mas apenas que elas estão fundadas nessa natureza. E para evidenciar esse fundamento na natureza das coisas, bastaria garantir as condições de verdade da proposição relacional quando se as apresenta através de proposições categóricas verdadeiras. Assim, antes que tentar expressar a relação sob a forma de uma proposição categórica ou uma conjunção de proposições categóricas, bastaria mostrar que, se cada uma das proposições categóricas que figuram na paráfrase da proposição relacional for verdadeira, então a proposição relacional originária também o será. Dito de outro modo, embora a proposição "*L* tem 2m e *M* tem 1m" não seja equivalente à proposição "*L* é maior que *M*", sua verdade seria uma condição suficiente da verdade desta, o que bastaria para sustentar a tese de que a verdade desta está *fundada* na da primeira. Assim, conclui Mates, "não é necessário que o resultado da redução seja logicamente equivalente ao original. É apenas requerido que (...) ele o implique" (1979 - p. 65).

A sugestão de Mates oferece dicas frutuosas para a solução da dificuldade, mas essa solução requer esclarecimentos adicionais. O fato de que a verdade da proposição seja assegurada unicamente pela consideração de certas propriedades dos elementos relacionados atesta, contra Russell, que a realidade da relação não se garante por sua suposta independência das propriedades dos elementos relacionados. Por outro lado, o fato de que as condições de verdade das proposições categóricas que atribuem essas propriedades aos *relata* sejam distintas daquelas da proposição relacional mostra que esta não se reduz à simples conjunção das referidas proposições categóricas. Desse ponto de vista, não se teria satisfeito todas as condições para se considerar a proposição relacional como demonstrada, pois não se a teria reduzido completamente a um enunciado do tipo "*AB* é *B*".

Para tentar resolver a dificuldade, partamos das sugestões de Mates, considerando que, se a proposição que veicula os valores de *L* e de *M* é suficiente para mostrar a verdade da proposição relacional em questão, então se pode afirmar que a primeira implica a segunda. Para Leibniz, isto quer dizer que "(*L* tendo 2m e *M* tendo 1m) é ou contém (*L* é maior que *M*)". De fato, pode-se sugerir aqui que a atribuição de grandezas aos itens *L* e *M* pode ser admitida como suficiente para proporcionar as condições de equivalência entre a proposição inicial e as proposições resultantes de seu desmembramento, desde que se introduza, como um dos itens desse desmembramento, a definição do termo "*maior*". Segundo Leibniz, uma coisa *x* é maior que uma coisa *y* se e somente se *y* equivale a uma parte de *x*; neste caso, *y* será "menor" que *x*[225]. Para que algo seja "grande" em um sentido absoluto, é preciso portanto que possua a capacidade de ser colocado em uma relação de todo e parte com algo outro. Deste ponto de vista, deixemos "ser grande" designar "ter uma grandeza qualquer" e estabeleçamos ainda que se uma coisa *x* é uma parte de uma coisa *y*, então *x* é tal que $y = x + z$, $z \neq 0$. Preservando os mesmos valores já atribuídos a *L* e *M*, examinemos se isso basta para deduzir "*L* é maior que *M*" de "*L* tem 2m e *M* tem 1m".

[225] Ver GM III, pp. 321-322.

Proposição: "(*A* tendo 2m e *B* tendo 1m) é (*A* é maior que *B*)".

Então, pela definição de parte, que envolve $y = x + z$, temos: 2m = 1m + z, $z \neq 0$; com efeito, 2m = 1m + 1m e 1m $\neq$ 0. Portanto, 1m é uma parte de 2m. Além disso, se *M* tem 1m e se 1m = 1m, então *M* equivale a uma parte de *L*: (*L* tendo 2m e *M* tendo 1m) é (*M* equivalendo a uma parte de *L*). Ora, se *M* é igual a uma parte de *L*, então *L* é maior que *M* (def.). Portanto, (*L* tendo 2m e *M* tendo 1m) é (*L* é maior que *M*). Substituamos então "*L* tendo 2m e *M* tendo 1m" por *D* e "*L* é maior que *M* " por *F*; obteremos "*D* é *F*". *D* é uma proposição verdadeira, por suposição. Ora, se *D* é verdadeira e se *D* é *F*, quer dizer, se "*D* contém *F*" é verdadeira, então, segundo as regras do cálculo leibniziano, *F* é verdadeira: "Se *A* contém *B* e *A* é verdadeira, então *B* é verdadeira" (*GI*, §55). Até agora, foi provada a implicação da qual partimos; substituindo *D* e *F* pelas proposições originais, foi provado que "(*L* tendo 2m e *M* tendo 1m) é (*L* é maior que *M*)". Contudo, a proposição a ser demonstrada é "*L* é maior que *M*". Ora, se 'ser grande' foi definido como ter uma grandeza qualquer, e se ter seja 2m seja 1m é ter uma grandeza (o que se pode mostrar seguindo um procedimento similar ao que acaba de ser realizado), então pode-se substituir tanto "tem 1m" quanto "tem 2m" por "é grande" na proposição provada (*GI*, §19: "Se *A* é *B*, *B* pode ser posto por *A*"). Chega-se então à proposição "(*L* sendo grande e *M* sendo grande) é (*L* sendo maior que *M*)". Esta última não faz mais referência às grandezas precisas de *L* e de *M*; o que ela enuncia é apenas que o atributo comungado por *L* e *M*, a saber, possuir uma grandeza, contém a verdade "*L* é maior que *M*". Ora, é preciso observar que a atribuição do predicado comum "é grande" tanto a *L* quanto a *M* não modifica as condições de verdade da proposição "*L* é maior que *M*"; quer dizer, as condições de verdade da proposição "(*L* é grande e *M* é grande) é (*L* é maior que

M)" são as mesmas que aquelas da proposição "*L* é maior que *M*". De fato, são proposições equivalentes, o que nos permite sustentar que, se uma for provada, a outra igualmente o será.

No que concerne ao §55 das *GI* supracitado, é oportuno esclarecer que ele se funda justamente sobre a consideração de que, se um termo qualquer envolve em si um termo contraditório, então aquele será igualmente contraditório[226]. Assim, se *A é B* e se *B* = *C não-C*, então *A é C não-C*; *A* contém, portanto, uma contradição. De sorte que, inversamente, se um termo qualquer *D* é verdadeiro, quer dizer, se ele nada contém da forma *C não-C*, então nenhum dos termos que contém conterá algo da forma *C não-C*. Se, portanto, *D* é verdadeiro, e *D* contém *F*, *F* deve também ser verdadeiro[227].

Quanto ao procedimento de prova da proposição "*L* é maior que *M*", pode-se observar que, partindo de uma atribuição qualquer de valores a *L* e a *M*, suficientes para tornar verdadeira a proposição "*L* é maior que *M*", chega-se a algo do tipo "*AB* é *B*". Com efeito, partiu-se de uma formulação do tipo "(*L* tendo 2m e *M* tendo 1m) é (*L* é maior que *M*)", para finalmente se chegar à formulação "(*L* sendo grande e *M* sendo grande) é (*L* é maior que *M*)", admitida como equivalente a "*L* é maior que *M*". Ora, utilizemos ainda uma vez as letras *D* e *F* para substituir respectivamente "*L* tendo 2m e *M* tendo 1m" e "*L* é maior que *M*". Teremos como ponto de partida *D é F* e *F* como ponto de chegada. O que quer dizer que "*D é F*" acarreta *F*, ou seja "'*D é F*' *é ou contém F*". Portanto, o procedimento de prova de "*L* é maior que *M*", partindo da implicação "(*L* tem 2m e *M* tem 1m) é (*L* é

---

[226] "Portanto, o que contém o falso é falso" <Itaque quod continet falsum est falsum> (*GI*, §58). "*Proposição falsa* é aquela que contém *AB contém não-B*, (uma vez posto que *B* e *A* são possíveis)" <*Propositio falsa* est, quae continet AB continere non-B (posito B et A esse possibiles)> (*GI*, §35).

[227] Deve-se evidentemente ressalvar o caso peculiar dos contextos intensionais, que será abordado adiante (II, 1.12).

maior que *M*)", conduz-nos a algo do tipo "*AB* é *B*", como era preciso demonstrar.

Esses resultados roboram a conclusão de que uma proposição relacional pode ser provada a partir unicamente das propriedades dos termos relacionados considerados separadamente, aí acrescentando ou supondo as definições das relações envolvidas, o que parece suficiente para responder à objeção de Russell. Pode-se evidentemente ponderar que a proposição não teria sido nesse caso exaustivamente demonstrada, pois as noções nela envolvidas ainda encerrariam relações. Todavia, para contornar a dificuldade erguida por Russell, basta que se apresente um procedimento de prova capaz de parafrasear proposições relacionais por meio de proposições da forma "*AB* é *B*". Pois isto sendo garantido, pode-se manter o mesmo procedimento geral para a continuação do processo de demonstração quando as noções *A* e *B* em uma formulação do tipo "*AB* é *B*" ainda se mostram analisáveis. E pode-se sustentar além disso que, mesmo que esse procedimento acarrete o infinito, não haverá nenhuma relação que represente um obstáculo intransponível à continuação da análise. Ainda que se admita que uma proposição relacional não se deixa dissolver em proposições da forma sujeito-predicado, isso não se configurará um obstáculo para a análise se ficar assegurado que, para todo desmembramento que a análise da proposição relacional exigir, será sempre possível reescrevê-la a partir apenas de proposições da forma "*S é P*", aí resguardando plenamente o conteúdo relacional, seja em um dos termos, seja em quantos forem necessários para se garantir a preservação do sentido da proposição respectiva. Afinal, nesse caso ficarão asseguradas as condições suficientes para que as estratégias de análise proposicional elaboradas por Leibniz sejam adequadas à análise de qualquer que seja a proposição relacional.

Essas considerações ensejam a suspeita de que as críticas de Russell repousariam sobre uma petição de princípio, na medida em que elas parecem envolver a pressuposição de que a correta maneira de se exprimir proposicionalmente relações requeira o uso de predicados relacionais e, por conseguinte, requeira enunciados que exibam não apenas a forma lógica, mas também a forma gramatical relacional. Ora, uma vez aceita essa pressuposição, naturalmente qualquer estratégia para se expressar proposicionalmente relações que não partilhe a mesma pressuposição se afigurará insatisfatória ou falha[228]. Se, contudo, se confirmar a possibilidade de que a lógica leibniziana assegura que as relações permaneçam resguardadas linguisticamente no interior dos predicados gramaticalmente monádicos das proposições categóricas conectadas mediante expressões como "*eo ipso*" e "*quatenus...eatenus*", se terá evidenciado que o pressuposto do qual parte Russell não precisa ser assumido.

Deixemos a confirmação desta sugestão para mais adiante, quando forem examinadas as regras do cálculo leibniziano relativas à quantificação. Por ora, venhamos a um último problema. Trata-se da conformação lógica de expressões como "*quatenus...eatenus*", "*eo ipso*", as quais garantem as correlações entre as proposições sujeito-predicado nas proposições relacionais desmembradas. Visto ser preciso garantir que essas relações entre as proposições sejam demonstráveis, deve-se desvelar sua forma lógica genuína. Todavia, quando se tenta fazê-lo visando satisfazer as condições para que a análise possa continuar, quer dizer, quando se o faz mediante a utilização do termo parcial "é", observa-se que isso permite a obtenção de resultados indesejáveis relativamente a algumas aplicações legítimas do princípio *salva veritate*.

Para melhor mostrá-lo, retomemos o exemplo "Paris ama Helena". Leibniz parafraseia essa proposição como "*Paris ama*

[228] Devo a Lucien Vinciguerra esta instigante sugestão.

e por isso mesmo <eo ipso> Helena é amada". Pareceria razoável sugerir que se trate de uma relação de equivalência, já que a proposição relacional tendo sido caracterizada pela correlação entre a atribuição de um predicado *B* qualquer a um sujeito *A* e aquela de um predicado *D* qualquer a um sujeito *C*, seria razoável supor que essas atribuições poderiam ser formalizáveis segundo uma relação de equivalência. Para utilizar o exemplo posto, "*Paris ama e eo ipso Helena é amada*" seria reescrita como "*Paris ama = Helena é amada*".

A dificuldade envolvida nessa sugestão reside em que ela comprometeria a universalidade do princípio de substituição *salva veritate*. Afinal, admitindo verdadeira a proposição do exemplo, suponhamos verdadeira ainda uma segunda proposição em que se afirma de um outro sujeito que não é Paris, que ele ama a mesma Helena amada por este; suponhamos então verdadeira a proposição "*Menelau ama Helena*". Conforme o procedimento de desmembramento, a proposição poderia ser transcrita como "*Menelau ama = Helena é amada*". Ora, se Helena permanecer sempre a mesma, as duas ocorrências "*Helena é amada*" seriam de fato duas ocorrências de uma mesma proposição. Isso nos autorizaria a substituir, por exemplo, "*Helena é amada*" na primeira proposição por "*Menelau ama*", o que teria como resultado "*Paris ama = Menelau ama*". É nítido, no entanto, que esta última proposição não é equivalente à proposição original "*Paris ama Helena*", de sorte que não se pode interpretar o operador *eo ipso* como estabelecendo uma relação de equivalência.

A tentativa de interpretar a expressão *eo ipso* como uma implicação também não nos leva muito longe, já que, para que a proposição "Paris ama" seja verdadeira, não é necessário que ame Helena. É razoável pensar que, ainda mais que Helena, Paris ame a si próprio. Quando se prova que Paris ama a si próprio, prova-se evidentemente que "*Paris ama*" é verdadeira, sem todavia provar "*Paris ama Helena*" – o que nos obriga a concluir que o expresso em "*Helena é amada*" não estaria contido nas condições de verdade de "*Paris ama*". A sugestão de que a implicação se dê no sentido inverso – isto é, que seria "*Helena é amada*" que conteria "*Paris ama*" – não resolveria o problema. Pois, se recorrermos novamente ao conjeturado Menelau que ama a mesma Helena amada por Paris, reconheceremos que não é preciso que "*Paris ama Helena*" seja verdadeira para que a proposição "*Helena é amada*" seja verdadeira.

Venhamos agora às expressões *quatenus...eatenus* retomando o exemplo "*Tito é mais sábio que Caio*": "*quatenus Tito é sábio e Caio é sábio, eatenus Tito é superior e Caio é inferior*". O desmembramento da proposição indica que aí se afirma uma multiplicidade de coisas. As duas primeiras, que se apresentam sobretudo como supostos, antes que como afirmações explícitas, são que Tito é sábio e que Caio é sábio. Além disso, a proposição contém ainda dois predicados relacionais respectivos aos dois termos Tito e Caio: Tito é superior e Caio é inferior. Mas ela não afirma simplesmente isso. O que ela afirma, e que constitui justamente a relação, é que, na medida em que as duas primeiras proposições são verdadeiras, as duas outras igualmente o são. E finalmente, ela afirma que as duas outras o são, de tal maneira que a superioridade de Tito acarreta a inferioridade de Caio e vice-versa, ou seja, o que faz Tito superior é a mesma coisa que faz Caio inferior. Esses resultados nos conduzem a transcrever a proposição indicando uma relação de inclusão entre uma conjunção das duas primeiras proposições e uma coincidência entre as duas atribuições de predicados relacionais a Tito e a Caio, o que redundaria em uma formulação como: "(Tito sendo sábio e Caio sendo sábio) é (Tito sendo superior *coincide com* Caio sendo inferior)". De posse desses resultados, consideremos um terceiro sujeito, por exemplo, Otaviano, diferente de Tito e de Caio, mais sábio que Caio e menos sábio que Tito. Poderíamos então dizer "*Otaviano é mais sábio que Caio e menos sábio que Tito*", o que proporcionaria a proposição "*quatenus Otaviano é sábio e Tito é sábio e Caio é sábio, eatenus Tito é superior e Otaviano é inferior e Otaviano é superior e Caio é inferior*". Para simplificar, utilizemos a primeira letra de cada palavra para indicar o termo correspondente[229]. Isso proporcionaria algo como: "(T é D e C é D e L é D) é (T é S = C é I) e (T é S = L é I) e (L é S = C é I)". Postas essas equivalências, podemos substituir algumas proposições segundo as regras do princípio *salva veritate*. Ora, se assumirmos que (C é I) é idêntico tanto a (T é S) quanto a (L é S), poderemos, aplicando o princípio, extrair a proposição "(T é S) = (L é S)"; esta igualdade posta, poderemos substituir (T é S) por (L é I) na segunda equivalência da proposição original obtendo "(L é S) = (L é I)". E isto nos conduziria finalmente a uma proposição do tipo "(T é D e C é D e L é D) é (L é S) = (L é I)", quer dizer, "*quatenus Tito é sábio e Caio é sábio e Otaviano é sábio, eatenus Otaviano é superior a si mesmo*", que não é verdadeira.

Contra essa conclusão, seria possível alegar que é com respeito à proposição total que os predicados "*inferior*" e "*superior*" são atribuídos a Otaviano, quer dizer, não se pode considerar as atribuições "*inferior*" e "*superior*" independentemente das relações a Tito e a Caio, contidas na proposição introduzida por *quatenus*. Ora, eis aí justamente o problema: as regras de substituição, segundo o que permitem as relações de inclusão e de coincidência, não observam essas particularidades da relação. Esta mostra encerrar outras operações ainda não plenamente explicitadas. De fato, como veremos adiante, o tratamento leibniziano da quantificação, bem como o conetivo por ele denominado adição real, que examinaremos a seguir, desempenham papel decisivo nos procedimentos lógicos destinados a ajustar as proposições relacionais às condições da análise. Antes, pois, de retomarmos a análise das proposições relacionais, detenhamo-nos com mais vagar nessas duas operações.

[229] Utilizemos "*D*" para sábio, tomando a inicial da expressão latina *doctus*, preservando o "*S*" para "superior".

II.1.5 Adição real

O procedimento de redução das proposições relacionais trouxe à tona uma partícula que denota uma operação lógica fundamental no cálculo formal leibniziano. Trata-se da conjunção "e", que indica a operação a partir da qual se pode explicitar, através de proposições sujeito-predicado, certas condições de verdade das proposições relacionais.

Como vimos, para Leibniz, uma relação caracteriza-se por condicionar uma atribuição de um predicado a um sujeito a uma outra atribuição de um predicado a um sujeito. Assim sendo, é preciso supor uma operação lógica mais primitiva – porquanto intrínseca – a essa correlação. Tal operação consistiria na afirmação conjunta de cada um dos termos correlativos encerrados na relação. Assim, por exemplo, quando explicitamos as circunstâncias que tornam verdadeira a proposição "*Paris ama Helena*", evidenciamos que, dentre essas circunstâncias, estão aquelas descritas pelas seguintes proposições: "*Paris ama*" e "*Helena é amada*". Estas duas proposições concorrem, juntamente com outras, para as condições de verdade da proposição relacional. Isso implica que o ato de afirmar esta última contém o de afirmar aquelas duas outras proposições.

Esse apelo às proposições relacionais apenas ilustra o papel daquela operação de adição. Sendo a operação lógica a partir da qual se pensa uma multiplicidade conjuntamente, ela não se limita ao tratamento das relações, mas comparece em tudo que encerra uma multiplicidade a ser pensada. Quando se analisa um termo, o que se obtém são termos mais simples que devem todos ser postos conjuntamente para que o próprio analisado seja posto. A adição indicada na partícula "*e*" simboliza justamente esse ato de reunir termos no termo analisado. Assim, quando se substitui um nome por sua definição no procedimento demonstrativo, o que se faz é apresentar uma reunião de predicados mais simples do que o nome substituído, os quais são todos afirmados no ato mesmo de se afirmar o nome respectivo e vice-versa. Por conseguinte, assim como no caso das proposições relacionais é aquela adição que indica que as proposições afirmadas na proposição relacional aí são afirmadas conjuntamente, dessa mesma maneira, também no caso das definições é a mesma adição que indica que todas as propriedades referidas na definição devem ser enunciadas conjuntamente se o definido respectivo for enunciado.

Pode-se, portanto, afirmar que aquela adição é a operação lógica constitutiva do raciocínio sintético enquanto tal. Se a análise é a contrapartida da síntese, o desmembramento de uma proposição ou a análise de uma definição refaz sempre os passos que foram executados quando a definição ou a ideia foi constituída ou assimilada, isto é, aprendida. Nas *GI*, Leibniz não atribui símbolo peculiar para essa operação fundamental da síntese; a mera adjunção das primeiras letras do alfabeto em maiúsculo, as quais simbolizam os termos ou proposições, basta para apresentar uma adição de termos. Já em um opúsculo coevo, Leibniz introduz um símbolo para especificar a operação lógica, a que, como dito acima, reserva a denominação de "adição real", à distinção da adição ordinária; trata-se do símbolo "⊕". Diz ele:

> Por $A \oplus B$ pode-se pôr simplesmente AB. O cálculo dos continentes e dos contidos é uma espécie do cálculo das combinações, a saber, aquela em que nem a ordem das coisas nem as repetições são computadas" (AA VI, iv - p. 858) [230].

[230] "Pro A ⊕ B posset simpliciter poni AB. Calculus de continentibus et contentis est species quaedam calculi de combinationibus, quando scil. nec ordinis rerum, nec repetitionis ratio habetur". Ver também *Specimen Calculi Coincidentium et Inexistentium* (AA VI, iv, N. 177).

Nas páginas que seguem, esse símbolo não será empregado, a não ser para explicar ou explicitar algo concernente especificamente à adição real. Em geral, seguiremos aqui a notação das *GI*, de sorte que a mera adjunção das letras deve ser compreendida sempre no sentido da adição real.

Essa concepção de que a operação lógica chamada de adição real consista eminentemente na afirmação conjunta de uma multiplicidade permite-nos compreender duas características essenciais dessa operação. A primeira dessas características mostra-se pela consideração de que, se o ato lógico fundamental expresso pelo cálculo é a afirmação conjunta de uma multiplicidade relativamente a algo, a multiplicidade envolvida na afirmação é correspondente ao número de noções reunidas conjuntamente na predicação. Consequentemente, se a um certo sujeito atribuímos mais de uma vez um mesmo predicado, então, do ponto de vista qualitativo, essa múltipla atribuição não soma várias predicações, mas resulta apenas uma só: nesse caso, o que sucede, do ponto de vista lógico, é a mera repetição verbal de uma única afirmação. Assim, por exemplo, assumindo que a definição de "*humano*" é "*animal racional*", quando afirmamos "Pedro é humano e animal e racional", ou seja, "Pedro é humano ⊕ animal ⊕ racional", nem por isso atribuímos, do ponto de vista lógico, três predicados diferentes a um mesmo sujeito, no caso, Pedro. Pois a primeira noção sobre a qual a adição real opera é idêntica ao resultado da adição real das duas restantes, quer dizer, "humano = animal ⊕ racional". Do ponto de vista lógico, portanto, foram atribuídas a Pedro apenas duas qualidades, a saber, "animal" e "racional", as quais são resumidas no que se denomina "humano". As condições que tornam a proposição "*Pedro é humano*" verdadeira são idênticas àquelas que tornam a proposição "*Pedro é animal racional*" verdadeira. Portanto, quando afirmamos "*Pedro é humano animal racional*" não afirmamos que três condições devem ser satisfeitas para que a proposição seja verdadeira, mas apenas reiteramos as duas condições que devem ser satisfeitas para isso. Leibniz afirma:

> Da natureza desta característica segue-se que *A*, *AA*, e *AAA*, etc. coincidem; ou seja, *homem*, e *homem homem*, e *homem homem homem*. Por conseguinte, se alguém é dito ser homem e igualmente animal, é dito, pela resolução de *homem* em *animal racional*, igualmente *animal racional* e *animal*, isto é, *animal racional* (*GI*, §18)[231].

No opúsculo *Calculus Coincidentium et Inexistentium*, também conhecido por *Cálculo da Adição Real,* Leibniz elucida essa adição da seguinte maneira:

> **Axioma 2.** $A \oplus A \infty A$. Se nada novo é adicionado, nada novo se dá, ou seja, a repetição não muda nada aqui (Pois 4 moedas e outras 4 moedas são 8 moedas, mas não quando são contadas 4 moedas e depois novamente as mesmas 4 moedas). (AA VI, iv - p. 834)[232].

A segunda característica da adição real é a comutatividade dos termos sobre os quais ela se aplica. Se a operação

[231] "Coincidunt A et AA, et AAA, etc. ex natura hujus characteristicae, seu *Homo*, et *Homo Homo*, et *Homo homo homo*. Itaque si quis dicatur esse *Homo* pariter et *animal*, resolvendo *Hominem* in *animal rationale*, pariter dicetur *Animal rationale* et *Animal*, id est *animal rationale*".

[232] "***Axioma* 2.** $A \oplus A \infty A$. Si nihil novi addatur, nec novi aliquid fit, sive repetitio hic nil mutat. (Nam licet 4 nummi et alii 4 nummi sint 8 nummi, non tamen 4 Nummi, et iidem 4 Nummi adhuc semel numerati.)". Lembremos aqui que pelo símbolo "∞" Leibniz designa a equivalência: "*A ∞ B significa que A* et *B* são idênticos" <*A ∞ B* significat A et B esse eadem> (AA VI, iv - p. 831).

consiste na afirmação ou apresentação simultânea de várias proposições ou noções, então pouco importa a ordem segundo a qual se dispõem os símbolos de cada um dos elementos afirmados ou apresentados:

> Deve-se notar também que não muda nada dizer *ab* ou dizer *ba*; pois não muda nada dizer *animal racional* ou *racional animal* (AA VI, vi - p. 289)[233].

No Cálculo da Adição Real, Leibniz expõe:

> **Axioma 1.** $B \oplus N \infty N \oplus B$, ou seja, a transposição aqui não muda nada.
> **'Postulado 1.** Dado [um termo] qualquer, pode-se assumir algum dele diferente, e até mesmo disparate, quer dizer, tal que um não esteja no outro.
> **'Postulado 2.** Vários [termos] quaisquer, como *A*, *B*, podem ser assumidos conjuntamente como compondo um só [termo] $A \oplus B$, ou seja, *L*" (AA VI, vi - pp. 833-834)[234].
> **"Escólio aos axiomas 1 e 2.** (...) Ora, aqui não se leva em conta a variação que consiste apenas na mudança de ordem; para nós, são idênticos *AB* e *BA*. Tampouco se leva em conta aqui a repetição, ou seja, *AA* para nós é idêntico a *A* (...); assim como é o mesmo dizer *quente* e *luminoso* e dizer *luminoso e quente*; e *fogo quente* ou *leite branco*, como

---

233 "Notandum etiam nihil referre sive dicas ab, sive dicas ba, nihil enim refert sive dicas *animal rationale*, sive *rationale animal*".

234 "***Axioma*** **1.** B $\oplus$ *N* ∞ *N* $\oplus$ *B* seu transpositio hic nihil mutat.
Postulatum **1.** Dato quolibet sumi potest aliquid ab eo diversum, et si placet, disparatum, seu ut unum alteri non insit.
Postulatum **2.** Plura quaecunque ut A, B simul sumi possunt ad unum *A* $\oplus$ *B* seu L componendum".

> dizem os poetas, é um pleonasmo, e *leite branco* nada mais é que *leite* e *homem racional* ou *animal racional que é racional* nada mais é que *animal racional*" (AA VI, iv - p.834)[235].

As considerações precedentes permitem-nos aproximar, com W. Lenzen (1990, p. 40), a adição real leibniziana da operação que contemporaneamente se designa por conjunção. De fato, desde que seja feita a ressalva de que o cálculo leibniziano é intensional e que, portanto, a operação da adição real incide sobre os termos antes que sobre suas extensões, pode-se sustentar que, como a conjunção, a adição real estrutura as condições de verdade do enunciado a partir de uma dupla exigência. A primeira é de que a proposição em que comparece unicamente seja verdadeira se cada uma das partes unidas pela partícula "e" for verdadeira. Segundo, de que a verdade de cada uma dessas partes baste para aquela da proposição. Dito de outro modo, a adição real para Leibniz marca-se essencialmente por isto: a proposição cujas partes são unidas pelo "*e*" será verdadeira se e somente se cada uma das partes separadas por "*e*" for verdadeira.

[235] "Hoc loco autem nulla habetur ratio variationis quae in sola ordinis mutatione consistit, idemque nobis est AB quod BA. Deinde hoc loco nulla habetur ratio repetitionis, seu AA idem nobis est quod A. (...) sic idem est dicere calidum et lucidum ac dicere lucidum et calidum; et ignem calidum, vel lac album cum poetis dicere est pleonasmus, nec aliud est lac álbum quam lac, et homo rationalis seu animal rationale quod rationale est, nihil aliud est quam animal rationale".

II.1.6 Quantidade

Segundo Leibniz, a quantidade é intrínseca à estrutura proposicional, já que toda proposição categórica encerra em si a indicação da proporção conforme à qual predicado e sujeito são relacionados[236]. Isso não quer dizer que ele aceite que as espécies de proposições quanto à quantidade – as universais, as particulares, as singulares – introduzam espécies lógicas distintas, cada uma das quais requerendo um tratamento específico no cálculo. Ao contrário, ele parece empenhar-se em elaborar estratégias para viabilizar que todas as formas proposicionais, quanto à quantidade, possam ser estruturadas sob uma única forma, a saber, a forma universal. Para mostrá-lo, ele propõe certas regras de conversão de modo a permitir sempre exprimir uma proposição universal sob a forma de uma particular e vice-versa. O caso das singulares é um pouco mais delicado, já que elas parecem ter um comportamento diferente das outras. Sua peculiaridade, contudo, não parece erguer para Leibniz uma dificuldade insuperável, pois ele estima que as proposições singulares prestam-se a ser enunciadas tanto como universais quanto como particulares. Desse ponto de vista, qualquer que seja a razão que explique o traço específico das singulares, ela não é uma preocupação para a lógica, visto que, do ponto de vista desta, para atestar que as espécies de proposições quanto à quantidade não introduzem espécies lógicas específicas, basta mostrar que todas essas espécies são conversíveis ao menos em uma forma. Ora, Leibniz pretende ter mostrado que todas as proposições se deixam tratar seja como universais, seja como particulares.

---

236 "Em toda proposição categórica há sujeito, predicado, cópula, qualidade, quantidade" <In omni propositione categorica habetur subjectum, praedicatum, copula, qualitas, quantitas> (AA VI, iv - p. 243).

Nas *GI* ele propõe simbolizar as particulares pela adjunção das últimas letras do alfabeto em maiúsculas àquelas indicando os termos ou proposições, a saber, as primeiras letras do alfabeto, também em maiúsculas. Assim, por exemplo, "*Algum A é B*" poderia ser apresentada como "*AY é B*"[237]. As universais não recebem nenhum signo especial; quando uma letra não é acompanhada por qualquer signo de particularidade, ela indica um termo tomado universalmente. Assim, "*Todo A é B*" pode ser apresentada meramente como "*A é B*"[238].

Em seu cálculo, Leibniz não prioriza uma interpretação extensional da quantificação, vale dizer, uma interpretação dirigida a expressar a proporção consoante a qual a extensão do termo sujeito é ou não recoberta pela do termo predicado. Sem negligenciar uma interpretação assim, como veremos adiante, ele considera, para efeitos de cálculo, que termos como "*todo*", "*algum*", "*este*" devem ser abordados sob uma perspectiva intensional. O que a letra *Y* indicaria em uma proposição particular, desse ponto de vista, seria não uma especificação quantitativa na extensão de um nome qualquer, mas a suposição de um termo qualquer, que se presumiria acrescentar-se ao termo quantificado de modo a nele introduzir uma especificação. Assim, o *Y* funcionaria como um termo cuja adição real ao termo quantificado constituiria um novo termo:

> A diferença entre o sujeito da proposição universal e o da proposição particular está no modo de inclusão. Pois o sujeito da proposição universal, observado em si e considerado de modo absoluto, deve conter o predicado, como a noção de ouro observada por si e considerada absolutamente envolve a noção de metal. Pois a noção de ouro é *o metal mais pesado*.

[237] Cf. *GI*, §48.

[238] Id., §47.

> Mas na proposição particular afirmativa basta que haja o acréscimo de algo à coisa. A noção de metal observada de modo absoluto e considerada em si não envolve a noção de ouro; e para que a envolva, é preciso acrescentar algo, a saber, um símbolo particular: com efeito, há um certo metal que contém a noção do ouro" (AA, VI, iv - p. 198)[239].

Essa passagem insinua a razão que teria conduzido Leibniz a interpretar o símbolo de particularidade como uma variável para um termo cuja adição real ao termo quantificado produziria um novo termo. Para assegurar que uma proposição universal seja demonstrável, é preciso garantir que a relação entre o predicado e o sujeito nela afirmada seja redutível a algo do tipo "*AB é B*" ou "*AB = A*" ou ainda "*A = A*"; nas palavras de Leibniz, "o sujeito da proposição universal, observado em si e considerado de modo absoluto, deve conter o predicado" (Id., p. 197). Ora, em uma proposição não universal, enuncia-se algo que se dirige a apenas uma parte da extensão de um nome, não à sua totalidade. Se a predicação for verdadeira da totalidade da extensão do nome, então, por conversão simples, poderia ser dito que a não universal correspondente também é verdadeira. Caso contrário, isto é, quando não se pode assegurar que a universal respectiva seja verdadeira, ela permaneceria indemonstrável, salvo se se pudesse dispor de uma estratégia para interpretá-la

[239] "Discrimen autem est in continendi modo, inter subjectum propositionis universalis et particularis. Nam subjectum propositionis universalis in se spectatum et absolute sumtum debet continere praedicatum, ita auri notio per se spectata et absolute sumta metalli notionem involvit. Nam notio auri est metallum ponderosissimum, sed in Propositione affirmativa particulari, sufficit aliquo addito rem succedere. Ita notio metalli absolute spectata et in se sumta non involvit auri notionem; et ut involvat addendum est aliquid. Nempe signum particulare: quoddam metallum, est enim certum quoddam metallum quod auri notionem continet".

intensionalmente, quer dizer, tomando a indicação de particularidade como correlativa a uma espécie daquilo que é especificado pelo termo sujeito.

Evidentemente, não é preciso que o *Y* especifique a maneira pela qual sua adição ao termo quantificado produz um novo termo. Como afirma Leibniz, basta que esta produção seja tornada possível, pois nesse caso se terá convertido o que seria uma predicação sobre uma parte da extensão de um nome em uma predicação universal na qual um certo termo predicado se atribui à totalidade de um certo termo sujeito constituído pela adjunção da letra *Y*, assumida como um termo, ao termo correspondente ao nome que figurava como sujeito na proposição particular original. E assim estariam satisfeitas as exigências formais relativas à quantificação para que a proposição seja demonstrável:

> *Proposição Afirmativa*: *A é B*, ou *A contém B*, ou (como diz Aristóteles) *B está em A* (diretamente). Isto é, se o valor de *A* for substituído resulta: *A coincide com BY*. Como *homem é animal* ou *homem* é idêntico a *animal*..., a saber *homem* é idêntico a *animal racional*. Pois pela marca *Y* significo algo de incerto, de modo que *BY* seja idêntico a algum *B* ou *animal*... (em que *racional* é subentendido, ou que ao menos saibamos o que deve ser subentendido) ou *algum animal*. Por conseguinte, *A é B* é idêntico a *A é coincidente com algum B*. Ou *A = BY*. (*GI*, §16)[240].

[240] "Propositio Affirmativa A est B sive A continet B, seu (ut loquitur Aristoteles) ipsi A inest B (in recto scilicet). Hoc est si pro A substituatur valor prodibit: A coincidere ipsi BY. Ut homo est animal, seu homo idem est quod Animal..., nempe Homo idem est quod Animal rationale. Nota enim Y significo aliquod incertum, ut proinde BY idem sit quod quoddam B seu Animal... (ubi subintelligitur rationale, si modo sciamus quid subintelligendum sit) seu quoddam animal. Itaque A est B idem est quod A esse coincidens cuidam B seu A = BY".

Para avaliar melhor se uma pretensão assim pode ter êxito, é importante examinar se é legítimo, do ponto de vista lógico, dar à quantificação um tratamento intensional como o exposto. Uma dificuldade que já de saída se apresenta consiste na suposição de uma particular absolutamente contingente, articulando noções que não guardam entre si relação intensional direta, como "*alguns almirantes* são *negros*". À primeira vista, pareceria que em casos assim nenhuma diferença específica poderia ser determinada de sorte a compor uma espécie correspondente à extensão da adjunção do termo sujeito e do predicado da proposição. Todavia, a conversibilidade entre as proposições de segundo adjacente e de terceiro adjacente permite eliminar esse embaraço, já que por meio dela pode-se converter a proposição de terceiro adjacente "*alguns almirantes* são *(existem) negros*" na proposição *de segundo adjacente* "*alguns almirantes negros* são (existem)". Note-se que aí o termo "*alguns*" resulta despiciendo, dado que, quando se afirma "*almirantes negros são (existem)*", não se afirma nem de todos os almirantes que eles são negros, nem de todos os negros que são almirantes. Afirma-se simplesmente que a noção "*almirantes negros*" corresponde a alguma coisa. Assim "*alguns almirantes negros* são" e " *almirantes negros* são" resultam coincidir. Leibniz observa:

> Deve-se notar que se $A = AY$, então ou bem Y é supérfluo, ou melhor, é geral como *Ser*, e certamente pode ser omitido sem ônus, como a unidade na multiplicação para os Aritméticos, ou bem Y está em A. Aliás, de fato Y sempre está em A, se é dito que $A = YA$. (*GI*, §31)[241].

[241] "Scilicet notandum et hoc est, si A = AY, tunc vel Y est superfluum, vel potius generale ut Ens, et utique impune omitti potest, ut Unitas in multiplicatione apud Arithmeticos, vel Y inest in A. Imo revera semper inest Y in A, si dicatur A = YA".

A adição real permite-nos compreender, inversamente, como se pode tratar a universal a partir da agregação de *Y*. Com efeito, se a operação da adição real de um termo a si próprio não produz nenhum novo termo, quer dizer, se "$A = A \oplus A$", então pode-se sempre substituir um desses *A* por *Y*, o que produziria "$A = A \oplus Y$", quer dizer, "$A = AY$":

> A qualquer letra pode ser adicionada uma nova indefinida, assim como *AY* pode ser posto por *A*. Pois $A = AA$ (por 18) e *A é Y* (ou pode ser posto *Y* por *A*, por 23). Portanto, $A = AY$. (*GI*, § 24)[242].

Venhamos finalmente às proposições singulares. Leibniz considera separadamente as duas maneiras consoante as quais as singulares podem se apresentar: 1) quando a posição substantiva é preenchida por um nome próprio ou uma descrição definida[243]; e 2) quando o termo singular é referido por pronomes dêiticos como "*este*" ou "*isto*". O primeiro tipo de singulares pode ser tratado como uma proposição universal, visto que o termo na posição substantiva é de fato um nome que desempenha o mesmo papel lógico de um termo inteiro tomado universalmente. Visto que, no caso de uma universal, pode-se sempre acrescentar *Y* ao termo sujeito *A* sob a suposição de que $AY = AA = A$ (§31), então o mesmo deve valer para as proposições singulares cujo sujeito é um nome próprio. Em contrapartida, visto que nessas últimas não faz sentido supor uma divisão no interior da extensão do nome apresentado pelo termo sujeito, toda ocorrência de *Y*, o que quer que este represente, torna-se redundante:

[242] "Cuilibet literae adjici potest nova indefinita, ut pro A poni potest AY, nam A = AA (per 18) et A est Y (seu pro A poni potest Y, per 23). Ergo A = AY".

[243] As descrições definidas, como veremos, não parecem requerer um tratamento especial, pois pode-se sempre substituir a descrição por um só nome, o que reduziria a proposição ao primeiro tipo de proposições singulares apresentado acima.

> Donde se *BY* é posto, e se um termo *Y* indefinido qualquer é supérfluo – assim como algum Alexandre Magno e Alexandre Magno são idênticos – então *B* é um *indivíduo*. Se é posto o termo *BA* e se *B* é um indivíduo, *A* será supérfluo, ou se *BA* = *C*, então *B*=*C* (*GI*, §72)[244].

Antes de prosseguir, é oportuno observar que o indício de que temos um termo simbolizando um indivíduo é o caráter expletivo de *Y*, *qualquer que seja este* <*quicunque*>, não a mera ociosidade do acréscimo de *Y* a um termo qualquer. Essa distinção é confirmada pelo contraste entre o resultado ora obtido e o exposto em *GI* § 31 e examinado logo acima, que atesta que não basta, para indicar um indivíduo, que a mera adjunção de um *Y* determinado seja supérflua. Conforme visto precedentemente, segundo Leibniz, "a qualquer letra pode ser adicionada uma nova indefinida" (*GI*, §24) e, quando esta adjunção se revela supérflua, isso indica meramente que *Y* inere ao termo a que se acrescenta, seja por ser uma nota qualquer de sua definição, seja por corresponder a uma noção geral presumida nesta, como "*ser*" (*GI*, §31). Assim, reiterando, para que o caráter desnecessário da adjunção de *Y* indique que o termo designa um indivíduo é necessário que, *para qualquer que seja* <*quicunque*> *o Y suposto*, esse *Y* seja supérfluo – ou, o que resulta no mesmo, que o termo a que se acrescenta *Y* já não comporte qualquer especificação que nele seja apta a introduzir uma subespécie.

A proposição singular cujo termo sujeito é um nome próprio deixa-se, como vimos, tratar indiferentemente como singular e como universal. No *De arte combinatoria*, Leibniz propõe uma ilustração daquela última possibilidade:

244 "Unde si sit BY, et terminus Y indefinitus quicunque sit superfluus; seu ut quidam Alexander Magnus, et Alexander Magnus sit idem, tunc B est individuum. Si sit terminus BA et B sit individuum, erit A superfluus, seu si BA = C, erit B = C".

> Todo aquele que <*quicunque*> é Sócrates é filho de Sofronisco. E não é errado dizer: Todo Sócrates é filho de Sofronisco, mesmo que seja único (pois não falamos do nome, mas do homem); da mesma forma, se eu disser: "Tito, lego-te todas as roupas que tenho", quem duvidaria que lhas daria, mesmo que tivesse uma única?[245].

Assim como não faz sentido supor uma divisão no interior da extensão de um nome próprio, no que concerne à afirmação de um predicado, tampouco faz sentido supô-la para a negação do mesmo predicado. Desse ponto de vista, a negação da singular dirige-se à totalidade do termo sujeito.

Poderíamos ser conduzidos a suspeitar, em uma abordagem superficial, que esse resultado encerre certas incompatibilidades com relação ao quadrado lógico tradicional, no que tange às condições de negação das proposições universais. De fato, uma vez admitido que a negação de uma proposição singular é também uma proposição singular, seríamos naturalmente conduzidos a suspeitar que, no caso do tratamento da singular como uma universal, a negação da proposição tomada universalmente seria também uma proposição universal. Esse resultado ergueria uma dificuldade com respeito ao quadrado lógico tradicional, segundo o qual a negação de uma proposição universal é uma proposição particular. A esse respeito, deve-se notar que as mesmas razões que permitem que se formalize uma afirmativa singular cujo termo-sujeito é um nome próprio, seja como uma universal, seja como uma particular, permitem também que se formalize a negativa dessas

[245] "Quidcunque est Socrates est Sophronisci filius. Neque male dicitur: Omnis Socrates est Sophronisci filius, etsi unicus sit (neque enim de nomine, sed de illo homine loquimur), perinde ac si dicam: Titio omnes vestes quas habeo, do lego, quis dubitet, etsi unicam habeam, ei deberi?" (*Dissertatio de arte combinatoria* - AA VI, i - p. 182).

duas maneiras. A negação de "*Sócrates é filho de Sofronisco*" pode ser apresentada tanto como "*nenhum Sócrates é filho de Sofronisco*" quanto como "*algum Sócrates não é filho de Sofronisco*". De sorte que nenhuma dificuldade poderia surgir com respeito às relações lógicas de contradição e contrariedade entre as proposições A, E, I, O do quadrado lógico tradicional. É o que Leibniz ressalta no opúsculo *Difficultates quaedam Logicae*:

> O que faz com que a oposição nas proposições singulares seja válida? Por exemplo, o que faz com que seja válida a oposição '*Pedro Apóstolo* é soldado' e '*Pedro Apóstolo não* é soldado', ao passo que nas restantes se opõem a universal afirmativa e a particular negativa? Diremos que a singular equivale à particular e à universal? Seguramente. Eis por que quando se objeta que a singular equivale à particular, porque na terceira figura a conclusão deverá ser particular, podendo não obstante ser singular (por exemplo: '*todo escritor* é *homem*, *algum escritor é Pedro Apóstolo, Portanto, Pedro Apóstolo* é *homem*'), respondo: é permissível também que a conclusão seja realmente particular, pois o mesmo se daria se concluíssemos: '*algum Pedro Apóstolo* é *homem*'. Pois '*algum Pedro Apóstolo*' e '*todo Pedro Apóstolo*' coincidem, porque o termo é singular (GP VII, p. 211)[246].

[246] "qui fit quod in singularibus procedit oppositio: *Petrus Apostolus est miles* et *Petrus Apostolus non est miles*, cum tamen opponatur alias uniersalis affirmativa et particularis negativa? An dicemus, singulare aequivalere particulari et universali? Recte. Itaque et cum objicetur singulare aequivalere particulari, quia in tertia figura conclusio debeat esse particularis, et possit tamen esse singularis. V. g. *omnis scribens est homo, quidam scribens Petrus Apostolus*, Ergo *Petrus Apostolus est homo*. Respondeo: etiam praesto est conclusionem revera esse particularem, et perinde esse ac si conclusissemus: *quidam Petrus Apostolus est homo*. Nam *quidam Petrus Apostolus* et *omnis Petrus Apostolus* coincidunt, quia terminus est singularis".

Examinemos agora o segundo tipo de proposição singular. Leibniz parece tratá-lo a partir de um terceiro tipo de quantificador, que determina certas relações particulares entre as condições de negação da proposição. Ele aborda esse terceiro quantificador no §112, uma passagem particularmente intrincada das *GI*:

> É preciso averiguar se porventura se assume algum outro sentido para *Y* quando se diz *AY é B*, isto é, *algum A é B*, e quando se nega que *algum A é B*, de tal maneira que seja negado não apenas que *algum A é B*, ou seja, que um *A* indeterminado, mas que qualquer dos *A* indeterminados seja *B*, e que, por conseguinte, ao se dizer *nenhum A é B*, o sentido disso seria porventura negar que $A\bar{Y}$ *é B*. Pois $\bar{Y}$ é *Y*, ou seja qualquer que seja o *Y* ele conterá este *Y*. E assim, quando digo *algum A é B*, digo *este algum A é B*. E se nego que *algum A é B*, ou seja, que *este algum A é B*, considero dizer apenas uma particular negativa. Ao passo que quando nego que *qualquer que seja o A*, ou seja, não apenas este, mas este e este *A*, *que ele é B*, nego que $\overline{YA}$ *é B*. Donde se depreende que, na fala, negar que *algum A é B* ou dizer *algum A não é B* não é considerado soar como *nenhum A é B*; igualmente, dizer *Todo A não é B* não é considerado soar como a negação de que todo A seja B, mas sim dizer de qualquer *A* que não é *B*. No que concerne à primeira, estabelece-se não obstante que a negação de uma universal afirmativa certamente é uma particular negativa. Eis por que a negação da particular negativa não pode ser também uma particular negativa (pois a negação de uma particular afirmativa e a de uma universal afirmativa não podem ser idênticas); resta

> portanto [considerar] que seja uma universal negativa, visto que não pode ser outra coisa[247].

Nesse parágrafo Leibniz propõe-nos considerar um terceiro tipo de especificação sobre um termo em que as condições de negação da proposição quantificada particularmente seriam as mesmas que aquelas de uma proposição universal. Nesse caso, a negação de uma proposição do tipo "*algum A é B*" não seria "*todo A é não-B*", mas "*algum A é não-B*". A suposição aí subjacente seria evidentemente de que seria sempre o mesmo *algum* a ser referido. Isso quer dizer que em uma afirmação da forma "$\bar{Y}A$ é *B*" está implícita a afirmação "$\bar{Y}$ *é B*". A afirmação da forma "$\bar{Y}A$ é *B*" deve então ser compreendida de sorte que o *B* seja atribuído a $\bar{Y}A$ unicamente na medida em que ele for atribuído a $\bar{Y}$. Nesse caso, seria ilegítimo pretender que a negação de "$\bar{Y}A$ é *B*" possuísse a forma de uma universal negativa, porquanto o que é negado refere-se a $\bar{Y}$, antes que a $\bar{Y}A$. Conforme sublinha Leibniz, nessas condições, a universal "*nenhum A é B*" não é a negação de "$\bar{Y}A$ é *B*", embora a implique. Pois "$\bar{Y}A$ é *B*" e "*nenhum A é B*" podem ser falsas conjuntamente, a saber, quando tanto "*AX é B*" quanto "$\bar{Y}A$ *não é B*" forem

247 "Videndum an non alio nonnihil sensu sumatur Y cum dicatur AY est B hoc est quoddam A est B, quam cum negatur ullum A esse B, ita ut non tantum negetur quoddam A esse B seu incertum hoc A esse B, sed et quodcunque ex incertis A, ut proinde cum dicitur nullum A esse B, sensus sit negari $\overline{YA}$ esse B, nempe $\bar{Y}$ est Y, seu quodcunque Y continebit hoc Y. Itaque cum dico quoddam A est B, dico hoc quoddam A est B, si nego quoddam A esse B, seu hoc quoddam A esse B, tantum videor particularem negativam dicere. At cum nego quodcunque A esse [B], seu non tantum hoc, sed et hoc et hoc A esse B, tunc nego $\overline{YA}$ esse B. Unde etiam in loquendo negare quoddam A esse B, seu dicere quoddam A non est B, non videtur sonare nullum A esse B, et similiter dicere Omne A non est B, non videtur sonare negationem quod omne A sit B; sed dici de quolibet A, quod non sit B. Pro prioribus tamen stat, quod negatio Universalis affirmativae, utique est particularis negativa. Itaque negatio particularis affirmativae non potest etiam esse particularis negativa (neque enim negatio particularis affirmativae et universalis affirmativae potest esse idem), superest ergo, ut sit universalis negativa; neque enim aliud esse potest".

verdadeiras. Por outro lado, "*nenhum A é B*" implica a negação de, visto que, quando se diz "*nenhum A é B*" nega-se de cada um dos *A* que seja *B*.

Assim compreendido o papel do $\bar{Y}$[248], este poderia ser utilizado para explicitar o papel do pronome indefinido destinado a indicar uma proposição singular. Nesse caso, a qualificação suposta pelo $\bar{Y}$ seria indicada pelo mero dêitico "*este*", e não poderia ser considerada como introduzindo uma proposição particular *simpliciter*. Consideremos, por exemplo, a proposição: "*este almirante é negro*". Se o termo "*este*" for interpretado como desempenhando exatamente o mesmo papel que "*algum*", quer dizer, se se pretende que uma tal proposição possua a mesma forma que "*algum almirante* é *negro*", então seria correto conferir-lhe a formulação de segundo adjacente seguinte: "*almirante negro* é (existe)". Todavia, as condições de verdade de uma proposição singular introduzida por um termo como "este" não equivalem àquelas de uma proposição particular. Para que "*algum almirante* é *negro*" seja verdadeira, basta que haja ao menos um qualquer dentre os almirantes que seja negro, pouco importa qual seja. Mas para que a proposição "*este almirante* é *negro*" seja verdadeira, é preciso que um almirante específico, distinguido de todos os outros por meio do dêitico "*este*", seja negro. Leibniz enfatiza essa diferença quando considera as condições de falsidade das duas proposições: "de tal maneira que seja negado não apenas que *algum A é B*", quer dizer, o que é negado não tem a forma de uma proposição particular, mas que a negação se aplique a qualquer um dos *A* indeterminados, ou seja, esta negação corresponderia a uma proposição universal.

As peculiaridades desse segundo tipo de proposições singulares não podem ocultar a natureza comum que as aproxima daquelas em que o termo sujeito é um nome próprio. Conforme se pode observar, a negação de uma proposição singular

[248] Para uma outra interpretação do $\bar{Y}$, ver Lenzen (1990), §3.2.

introduzida por um pronome demonstrativo é também uma proposição singular dirigida ao mesmo indivíduo especificado por aquele pronome, assim como a negação de uma singular introduzida por um nome próprio é uma outra singular introduzida pelo mesmo nome próprio. Acontece todavia que, no caso das duas primeiras, a saber, a afirmação e a negação respectiva introduzidas por um pronome, se formalizarmos cada uma dessas proposições interpretando $\bar{Y}$ como Y, teremos a impressão de que a negação de uma particular será igualmente uma particular, ou seja, de que a negação da proposição de segundo adjacente "*YAB é*" será a proposição de segundo adjacente "*YAB não é*". Contudo, se considerarmos mais atentamente a questão, observaremos que a dificuldade aqui é a mesma daquela mencionada nas *Difficultates quaedam Logicae* a propósito da relação entre "*Pedro Apóstolo é soldado*" e "*Pedro Apóstolo não é soldado*". Isso quer dizer que não se pode interpretar $\bar{Y}$ como um tipo de *Y*, pois a palavra "*este*" não desempenha o mesmo papel que "*algum*". À diferença de *Y*, o símbolo $\bar{Y}$ poderia ser interpretado como introduzindo uma proposição universal, de sorte a indicar que a negação de uma proposição tendo por termo sujeito $\bar{Y}$ *A* deve ser apresentada como uma proposição particular cujo sujeito é $Y\bar{Y}A$, ou seja, "*algum este A*". Por outro lado, assim como não faz sentido supor uma divisão no interior da extensão do nome próprio, tampouco faz sentido supor uma divisão no interior da extensão de "*este Y*", ou seja, de $\bar{Y}$. Deste ponto de vista, "$Y\bar{Y}A$ *não é B*" culminaria em "$\bar{Y}A$ *não é B*", quer dizer, o que é enunciado no §31 valeria ainda para este segundo tipo de proposição singular: se $Y\bar{Y}A = \bar{Y}A$, então *Y* é supérfluo.

Para finalizar, no sistema simbólico proposto, proposições da forma "$\bar{Y}A$ *é B*", "$\bar{Y}A$ *não é B*" poderiam sempre ser consideradas como universais, e, portanto, como submetidas às mesmas regras de afirmação e negação válidas para esse tipo de proposição. Desse ponto de vista, "$\bar{Y}A$ poderia sempre ser substituída por um só termo, digamos *C*, que ainda não fora utilizado. Nesse caso, os procedimentos formais adotados se tornariam absolutamente idênticos àqueles utilizados no caso das proposições cujo termo-sujeito é um nome próprio. Por outro lado, visto que “$Y\bar{Y}A$” *é idêntico a* “$\bar{Y}A$”, é legítimo eliminar o “Y”, convertendo enfim a negação da universal “$\bar{Y}A$ *é* B”, na universal “$\bar{Y}A$ *não é* B”.

II.1.7 Quantificação e relação

O exame do tratamento que Leibniz dá à quantificação proporciona finalmente os dispositivos por meio dos quais se pode estruturar as proposições relacionais segundo as regras adequadas à análise das noções e das verdades tal como Leibniz as formula. Conforme foi concluído antes, expressões como “*eo ipso*” e “*quatenus...eatenus*” – por meio das quais Leibniz pretende, na esteira de Jungius, reformular proposições relacionais a partir de conexões de enunciados categóricos – não poderiam ser parafraseadas a partir unicamente dos operadores lógicos então disponíveis, a saber, a cópula “*é*”, o “*coincide com*” e a partícula “*e*” correspondente à adição real. Assim, para rememorarmos um exemplo, proposições como “*Paris é amante et eo ipso Helena é amada*” não são adequadamente reescritas por composições como “*Paris é amante = Helena é amada*”. A explicação para isso seria que, não obstante a proposição enuncie a correlação entre os termos “*Paris amante*” e “*Helena amada*”, essa correlação não seria nem uma identidade e nem mesmo uma implicação entre essas duas noções, já que cada uma dessas noções pode ser substituída por uma diferente, vale dizer, que não lhe seja equivalente, sem que por isso o valor de verdade da proposição seja alterado.

A utilização do *Y* como um termo que agregado a outro produz um novo termo – e não meramente como um termo que quantifica extensionalmente aquele a que se agrega – permite-nos resolver a dificuldade. Pode-se afirmar, no que concerne ao exemplo utilizado acima, que malgrado a totalidade das verdades suficientes para tornar verdadeira a proposição "*Paris é amante*" não seja forçosamente equivalente à totalidade das verdades suficientes para tornar verdadeira "*Helena é amada*", ainda assim, para que "*Paris é amante et eo ipso Helena é amada*" seja verdadeira, é preciso que *uma parte* das verdades suficientes para tornar verdadeira "*Paris é amante*" seja equivalente a *uma parte* das verdades suficientes para tornar verdadeira "*Helena é amada*". Quer dizer, é preciso que algum "é amante" de Paris seja idêntico a algum "é amada" de Helena, ou – o que resulta no mesmo – é preciso que "*algum amante Paris*" equivalha a "*algum amada Helena*". Neste caso, a proposição "*Paris é amante et eo ipso Helena é amada*" resultaria corretamente formalizada como "*Y amante Paris = Z amada Helena*"[249].

Contra essa proposta de interpretação da expressão "*eo ipso*", Edgar Marques (2011) dirige duas objeções. Em primeiro lugar, enfatizando o caráter individual das referências dos termos *Paris* e *Helena*, Marques objeta a pretensão de neles introduzir especificidades por meio, respectivamente, dos termos "*amante*" e "*amada*". Ele considera que essa introdução parece presumir de forma sub-reptícia que o termo *Paris* e, correlativamente, o termo *Helena*, devam ser assumidos *sub ratione generalitatis*, de sorte talvez a evitar a redundância da agregação de "*amante*" e "*amada*" e, posteriormente, dos

[249] Essa adjunção de termos indefinidos tanto ao sujeito quanto ao predicado da proposição, isto é, em ambos os termos copulados na proposição, permite, de acordo com as regras formais da Característica, converter uma implicação da forma *A é BY* em uma equivalência da forma *AZ = BY*. Por meio dela, Leibniz pretende provar a validade da conversão da particular "*algum A é B*" em "*algum B é A*", como se pode verificar em *GI* §52. Ver também *GI* §178 e §190.

indefinidos *Y* e *Z*[250]. Marques estima que a única colaboração que os indefinidos *Y* e *Z* poderiam proporcionar aqui seria introduzir uma especificação nas definições de *Paris* e de *Helena*, ou, se se preferir, de *Paris amante* e *Helena amada*, o que contudo seria frustrado pelo caráter individual dos referentes de *Paris* e de *Helena*, conforme, aliás, pode-se inferir do §72 das *GI*, já citado anteriormente. Marques conclui daí que o apelo aos termos indefinidos pareceria presumir tacitamente "*Paris*" como um "termo conceitual, de tal maneira que a anteposição do *Y* a ele pudesse fazer com que o termo '*Y Paris*' fosse diverso do termo '*Paris*'" (Id., p. 98), o mesmo valendo para o termo "*Helena*". A resolução, que ele apresenta sob a implicação "(*Y Paris amante = Z Helena amada*) → *Paris ama Helena*", encerraria nesta medida uma equivocidade grave, já que presumiria os termos *Paris* e *Helena* ocorrendo "como termos gerais no antecedente e como termos singulares no consequente" (Id., p. 100).

Essa conclusão o autoriza a passar da interpretação intensional das operações aqui em tela para uma interpretação extensional dessas mesmas operações. Sendo *Paris* e *Helena* termos conceituais, eles abarcariam uma diversidade numérica de Paris que amam e de Helenas que são amadas, assim deixando escapar o "determinado Paris específico - aquele indicado pelo termo singular 'Paris' tomado como um nome real" (Id., ibid.), bem como a "Helena específica - a saber, aquela indicada pelo termo singular '*Helena*' tomado com um nome real. O máximo que podemos garantir é que algum Paris ama alguma Helena" (Id., ibid.), o que evidentemente não equivale à proposição singular original "*Paris ama Helena*".

[250] A objeção de Marques parece replicar outra objeção por ele feita precedentemente no mesmo artigo, dirigida à pretensão de agregar os indefinidos aos termos *Paris* e *Helena*, uma vez assumida para a solução proposta aqui a interpretação de que os indefinidos se agregariam aos supramencionados termos, antes que a "*amante*" e "*amada*", respectivamente (Cf. op. cit., p. 98).

Aparentemente, Marques parece presumir aqui que Leibniz reserve às proposições singulares um tratamento formal diferenciado, em contraste com aquele dado às universais e particulares. No entanto, conforme já tivemos ocasião de constatar, Leibniz assimila as proposições singulares à estrutura formal das proposições quantificadas, sejam particulares, sejam universais. Em que pese possamos considerar certos termos em sentenças como singulares, é certo que na notação leibniziana eles figurarão e se comportarão sempre como termos quaisquer e, nesta medida, como termos gerais.

Marques parece presumir também que a redundância do termo indefinido deveria implicar automaticamente a impertinência ou incorreção de seu emprego no cálculo, de tal sorte que o mero reconhecimento daquela redundância deveria configurar razão suficiente para sua eliminação. É difícil, contudo, encontrar nas afirmações de Leibniz respaldo para essa suposição. Ao contrário, conforme lemos nas *GI*, §24, Leibniz insiste na legitimidade de se acrescentar, a qualquer que seja a letra – pouco importando, portanto, se simboliza uma noção geral ou um singular –, uma nova letra indefinida.

É oportuno observar ainda que a advertência feita no §72 das *GI* diz respeito à totalidade exaustiva – se esta pudesse ser percorrida – das adjunções de indefinidos a um termo qualquer. Leibniz aí sustenta que, se para qualquer que seja o termo indefinido que se atribuir ou agregar a um termo qualquer, o primeiro se revelar redundante, então o último designará um indivíduo. Essa ressalva é diferente de afirmar – como é o caso ora em exame – que a inerência de um certo grupo de predicados a um sujeito qualquer equivale à inerência de um outro grupo de predicados a um segundo sujeito qualquer. Pouco importa que esses grupos de predicados estejam incluídos nas noções dos respectivos sujeitos – aliás, é evidente que são admitidos como estando inclusos, aos olhos de Leibniz, se as proposições respectivas são verdadeiras –, porquanto o enunciado dirige-se não a essa inclusão, mas sim à atribuição de uma equivalência entre as respectivas inclusões. No caso em tela, o acréscimo das letras indefinidas *Y* e *Z*, portanto, visa especificar as propriedades encerradas respectivamente nas noções de Paris e de Helena que verificam o amor do primeiro por ela. Dizendo de outro modo, o apelo às letras indefinidas *Y* e *Z*, bem como aos termos "*amante*" e "*amada*" no enunciado "*Y amante Paris = Z amada Helena*" pode ser entendido como o expediente que permite recortar as noções contidas nas noções de *Paris* e de *Helena*, as quais devem ser alvos da análise por meio da qual a relação de coincidência pode ser verificada. Seu papel não seria, portanto, introduzir diferenças específicas nas noções gerais de Paris e de Helena – até porque, se assim fosse, eles não seriam supérfluos. Seu papel seria, antes, delimitar os focos para os quais a análise dos termos "*Paris*" e "*Helena*" deve se voltar.

Essa interpretação esbarra em uma derradeira ponderação de Marques. Ele observa que a pretensão de restringir a aplicação dos termos indefinidos às condições específicas que verificam o amor de Paris por Helena, para nos mantermos no exemplo em tela, não preserva o caráter indefinido que Leibniz reserva àqueles termos. Segundo Marques:

> ...não basta que falemos de 'algumas condições quaisquer', isto é, de condições quaisquer que tornem, respectivamente, verdadeira uma ou outra dessas duas afirmações[251], mas sim necessitamos determinar certas condições específicas que façam parte, ao mesmo tempo, tanto do conjunto de condições que tornam verdadeiro que Paris seja

[251] A saber: "Paris é amante" e "Helena é amada".

> amante quanto do conjunto das condições que tornam verdadeiro que Helena seja amada. Precisaríamos, assim, de uma espécie de quantificação particular seletiva, o que contraria frontalmente a indeterminação associada por Leibniz ao emprego do termo '*Y*' (op. cit., p. 99).

Em contraste com essa observação, convém lembrar que o caráter indefinido de termos como '*Y*' não afigura remeter, aos olhos de Leibniz, a um procedimento indeterminado ou aleatório de recortar a extensão de um termo. Ao contrário, conforme examinado acima, a aplicação do termo indefinido ampara-se na pressuposição de um recorte intensional no termo a que se aplica – ampara-se, portanto, na pressuposição de que aquele indefinido prevê sempre a possibilidade de sua substituição por um termo definido qualquer. Se assim não fosse, resultaria difícil determinar quais seriam as condições de aplicabilidade do disposto no §72, evocado por Marques, já que a conclusão aí anunciada – de que, se para qualquer que seja o *Y* que se agregue a um termo, caso ele seja supérfluo, então esse termo corresponde a um indivíduo – repousa na consideração de que um termo individual reúne absolutamente todos os termos que dele podem ser predicados verdadeiramente. Ora, determinar se *Y* é supérfluo ou não envolve compará-lo com os termos nos quais se resolve o termo a que se une, a fim de averiguar se é ou não equivalente a algum desses termos. Dado que a condição para essa averiguação é que tais termos sejam determinados, a condição para a aplicação do exposto no §72 é que *Y* seja passível de identificar-se a um termo determinado qualquer. A equivalência possível dos termos indeterminados com termos determinados quaisquer, portanto, não contraria a indeterminação associada aos termos indefinidos, mas, ao contrário, é condição da operacionalidade que Leibniz prevê para eles em seu cálculo.

A indeterminação intrínseca aos termos indefinidos não reside, portanto, na impossibilidade de sua substituição por um termo definido qualquer, mas, ao contrário, o termo indefinido é um termo como qualquer outro, com a única especificidade de que seu valor é incógnito. Nesse sentido, ele seria mais bem compreendido como uma variável para um termo definido qualquer, como, aliás, Leibniz se afigura considerar, ao advertir, no §16 das *GI* já citado precedentemente, que emprega a marca *Y* para significar "algo de incerto, de modo que *BY* seja idêntico a algum *B* ou *animal*... (em que '*racional*' é subentendido, ou que *ao menos saibamos o que deve ser subentendido*[252])". Pode-se concluir que o caráter seletivo da quantificação não destoa dos procedimentos previstos no cálculo leibniziano, mas, antes, parece estar na base da interpretação intensional que Leibniz confere à quantificação.

Se essa interpretação é pertinente, ela oferece a chave para que se formalize, nos termos do cálculo leibniziano, expressões que encerrem o par "*quatenus...eatenus*". Para mostrá-lo a partir do exemplo já utilizado, examinemos o caso de "*Quatenus Tito é sábio e Caio é sábio, eatenus Tito é superior e Caio é inferior*". A correlação entre cada uma das duas últimas proposições sujeito-predicado não é uma identidade, mas indica uma identidade entre as partes: é uma certa superioridade de Tito que é idêntica a uma certa inferioridade de Caio. Assim, a proposição poderia ser reescrita como "*(Tito é sábio e Caio é sábio) é (Y Tito superior = Z Caio inferior)*".

[252] Grifo acrescentado ao texto.

II.1.8 Verdade e falsidade

Leibniz observa que a agregação de '*verdadeiro*' ou '*é verdadeiro*' a uma proposição *de segundo adjacente* nada acrescenta ao conteúdo dessa proposição; segundo ele, uma proposição do tipo "*A é (existe)*" é idêntica a "*A é (existe) é verdadeira*". Assim, tal como "é um ser" ou "existe" não são predicados, "é verdadeiro" tampouco o é. E por essa mesma razão, ela não faz parte do que constitui o material a ser demonstrado em uma proposição. Leibniz acrescenta ainda que, embora "é falso" aparentemente não pareça ser absolutamente nulo como "é verdadeiro", o que aquele encerra de peculiar refere-se antes a "é verdadeiro" do que ao conteúdo da proposição. Dito de outro modo, "é falso" não modifica o conteúdo da proposição; "é falso" restringe-se a se opor à pretensão à verdade. Ele afirma:

> O acréscimo de '*é verdadeiro*' ou de '*é*' não muda nada, ao passo que o acréscimo de '*é falso*' ou de '*não é*' transforma no oposto. Eis por que se do verdadeiro ou do falso for dito ser verdadeiro, permanecem o verdadeiro e o falso; mas se do verdadeiro ou do falso for dito ser falso, o verdadeiro torna-se falso, e o falso torna-se verdadeiro (*GI*, § 198, Princípio 6)[253].

Essa passagem exibe as condições segundo as quais se pode tanto aproximar quanto separar as noções de verdadeiro e de falso. O que as aproxima é a consideração de que elas se relacionam de uma única maneira ao que a proposição apresenta: estabelecendo se ela exibe ou não alguma coisa. Segue-se que, do ponto de vista da simples consideração do conteúdo, uma

[253] "Veri seu τοῦ esse adjectio relinquit, at falsi seu τοῦ non esse in oppositum mutat; itaque si verum aut falsum quid esse verum dicatur, manet verum aut falsum; sin verum aut falsum esse falsum dicatur, fit ex vero falsum, ex falso verum".

proposição não muda em absoluto sua significação conforme a ela se acrescenta "é verdadeira" ou "é falsa". O acréscimo de "é verdadeira" ou de "é falsa" a uma certa proposição não modifica o próprio conteúdo proposicional. O que distingue essas duas expressões, e que opõe diametralmente uma à outra, é a maneira consoante a qual elas relacionam o enunciado ao que este visa enquanto simbolizado: "é verdadeira" para uma proposição corresponde a "ser" ou "existente" para o visado; "ser falsa" para uma proposição corresponde a "não-ser", "não-existente" para o que é por ela visado. Assim, por exemplo, ser verdadeiro para uma proposição "*A é (existe)*" exprime-se simplesmente por "*A é verdadeiro*", que é idêntico a "*A é (existe)*", como já foi observado acima; ser falso para esta mesma proposição exprime-se por "*A não é verdadeiro*", que, correlativamente, é idêntico a "*A não é (não existe)*". Assim sendo, pode-se dizer que a distinção fundamental entre verdadeiro e falso é que a atribuição "é falso" a uma proposição corresponde à negação de que seu conteúdo apresente uma coisa ou um existente (uma existência).

Poderia parecer, por essas considerações, que a falsidade suscitaria um problema para o tratamento lógico das proposições. Pois se a afirmação "é falso" esgota-se em se medir por "é verdadeiro", ela não pode possuir um estatuto lógico distinto desta última. Ora, visto que "é verdadeiro" nada acrescenta ou subtrai ao conteúdo proposicional, é preciso admitir que "é falso" tampouco poderia acrescentar ou subtrair algo a este conteúdo. Todavia, "é falso" não é redutível a "é verdadeiro"; pelo contrário, "é falso" indica precisamente o oposto de "é verdadeiro": "é falso" indica a contraditória de "é verdadeiro". Por conseguinte, se nem "é falso" nem "é verdadeiro" fazem parte do que é objeto de demonstração na proposição, é preciso que sua eliminação seja feita de sorte a preservar a indicação da contradição entre as atribuições "é verdadeiro" e "é falso" a uma mesma proposição.

A consideração das proposições de segundo adjacente permite-nos mostrar como isso é possível. Conforme já foi observado, a contraditória de uma proposição como "*A é verdadeiro*", que é redutível a "*A é (existe)*", pode se exprimir por "*A não é verdadeiro*", redutível a "*A não é (não existe)*". Correlativamente, a contraditória de uma predicação de segundo adjacente como "*A sendo B é (existe)*" poderia se exprimir por "*A sendo B não é (não existe)*". A transformação de cada uma das duas últimas em proposições de terceiro adjacente produziria respectivamente "*A é B*" e "*não: A é B*"; por seu turno, esta última deixa-se exprimir como "*A não é B*".

Por aí se vê que a negação desempenha o papel de preservar, no interior da proposição, a contribuição que lhe traz a atribuição "é falso", qual seja, a de apresentar a contraditória da sua correlativa, qual seja, aquela em que "é falso" se substitui por "é verdadeiro". Esta conclusão fornece-nos as condições para compreender as relações que as atribuições "é verdadeiro" e "é falso" mantêm entre si e com a negação proposicional. Leibniz apresenta-nos essas relações na seguinte passagem das *GI*:

> §2 - Se *A* e *B* coincidem, *não-A* e *não-B* também coincidem (...)
> Coincidem *não-não-A* e *A*; desse modo, se *não-A* e *B* coincidem, então *não-B* e *A* também coincidem.
> §3 - Coincidem *não verdadeiro* e *falso*.
> E portanto, coincidem *não falso* e *verdadeiro* (...)
> §4 - Coincidem *L ser verdadeira é verdadeira* e *L ser não verdadeira é não verdadeira*. Desse modo, coincidem *L* e *L ser falsa é falsa*. Pois *L* é idêntico a *L é verdadeira*, e isto é idêntico a *L ser verdadeira é verdadeira* (por 1), e isto é idêntico a *L não ser verdadeira é não verdadeira* (por 4). E isso é idêntico a *L ser falsa é falsa* (por 3) (...)

> Coincidem *L ser falsa* e *L ser não verdadeira é não falsa*.
> Coincidem *L ser falsa* e *L ser não falsa é não verdadeira*.
> Essas [proposições] são facilmente demonstradas a partir do que precede.
> Em geral, se uma proposição é dita verdadeira ou não verdadeira, falsa ou não falsa, o verdadeiro no verdadeiro e o falso no falso resultam no verdadeiro. *Não* para *não* é equipolente à supressão de ambos[254].

A negação permite, portanto, introduzir, no plano dos conteúdos a serem demonstrados, a distinção entre verdade e falsidade, mas excluindo essas duas noções daquele conteúdo propriamente dito. Do ponto de vista da notação, Leibniz assinala que, "se uma proposição é posta, e se nada outro é acrescentado, é entendida ser verdadeira"(*GI* §14)[255]. A negação deixa-se simbolizar pela expressão "*não*" antecedendo o termo ou a proposição a ser negada[256].

---

[254] "§ 2) Si coincidunt A et B, coincidunt etiam non-A et non-B. Coincidunt Non-Non-A et A; adeoque, si coincidunt Non-A et B, coincident etiam non-B et A.
§ 3) Coincidunt Non verum et falsum. Ergo et coincident non-falsum, et Verum.
§ 4) Coincidunt L esse veram est vera, et L esse non veram est non vera, adeoque coincidunt L; et L esse falsam est falsa. Nam L idem est quod L est vera, et haec idem quod L esse veram est vera (per 1), et haec idem quod L non esse veram est non vera (per 4). Et haec idem quod L esse falsam est falsa (per 3).
(...)
Coincidunt L esse falsam et L esse non veram est non falsa.
Coincidunt L esse falsam et L esse non falsam est non vera. Haec facile demonstrantur ex praecedentibus.
Generaliter, si propositio vera aut non vera, falsa aut non falsa dicatur, verum in verum, falsum in falsum facit verum. Non in non aequipollet omissioni utriusque".

[255] "Si propositio ponatur, nec adjicitur aliud, intelligitur esse veram".

[256] Ver a esse respeito Esquisabel (2008), p. 114 e seg.

II.1.9 Negação e proposição

A consideração de que cumpra à negação, quando aplicada à proposição, desempenhar o papel de apresentar a contraditória da proposição afirmativa correlativa conduz Leibniz à conclusão de que não há senão uma única maneira pela qual uma proposição possa ser efetivamente negada. Visto haver uma única contraditória de cada proposição, deve haver, correlativamente, uma única maneira pela qual a negação possa ser acrescentada a uma proposição de sorte a daí resultar a contraditória respectiva. Seria pertinente suspeitar que essa convicção teria conduzido Leibniz a recusar que a negação possa desempenhar dois papéis distintos e irredutíveis no interior da proposição, quais sejam, o de indicar a atribuição da negação do predicado ao sujeito - a negação predicativa - e o de indicar a negação da totalidade do que é enunciado - a negação proposicional. Se essa suspeita se confirmar, duas alternativas se abrem. A primeira seria presumir que Leibniz teria reconhecido apenas um daqueles papéis como o genuíno e único papel da negação. A segunda seria de que ele teria reconhecido os dois papéis que a negação pode desempenhar no interior de uma proposição, mas teria buscado reduzir um ao outro. Hector Castañeda (1976) inclina-se a aceitar a primeira suposição; segundo ele, a concepção intensional da verdade teria obrigado Leibniz a recusar negações proposicionais genuínas. Wolfgang Lenzen (1986) e Oscar Esquisabel (2008) endossam a segunda alternativa; de acordo com o primeiro, se bem que Leibniz pareça ter reconhecido os dois papéis da negação, ele teria pretendido eliminar a negação predicativa em favor da proposicional. Já para Esquisabel, Leibniz teria tentado o inverso, a saber, transcrever a negação proposicional em termos da negação predicativa.

Castañeda apoia sua tese sobre a consideração de que, se a regra da verdade é que a noção do predicado esteja contida naquela do sujeito, então no caso de uma proposição negativa o que é enunciado deve ser a continência da noção da negação do predicado na noção do sujeito. Segundo ele,

> ... um dos princípios fundamentais na filosofia de Leibniz é este: 'Em toda proposição o (conceito do) predicado está incluído no (conceito do) sujeito' (...). Na verdade, não pode haver verdadeiras proposições negativas, isto é, proposições verdadeiras nas quais a negação tenha o escopo mais amplo possível. Consequentemente, por razões filosóficas profundas, Leibniz está comprometido com o ponto de vista de que a negação não pode ser, no final, um conetivo proposicional genuíno, mas apenas um operador de termos (Castañeda 1976, p. 483).

Seguindo essa linha, Castañeda considera que para Leibniz, a negação de uma proposição como "*Judas é pecador*" seria "*Judas é não-pecador*", vale dizer, seria uma proposição afirmativa enunciando que "*Judas*" possui o predicado negativo "*não-pecador*".

Em que pese o apelo à noção intensional de verdade pareça favorecer a tese de Castañeda, por outro lado, dificilmente se poderia vislumbrar uma conformidade entre essa tese e o diagnóstico já feito precedentemente, a saber, que à negação cumpre compor com uma proposição a sua contraditória. Como visto, aos olhos de Leibniz, a contraditória de uma afirmação corresponde à proposição que nega a totalidade do que nela é afirmado, o que implica que, para ele, a negação deve ser entendida como portadora do mais amplo escopo. Isso implica que a negação de uma proposição como "*Judas é pecador*", cuja forma de segundo adjacente é "*Judas pecador é*", deve ser "*Judas pecador não é*". É visível que a proposição de segundo adjacente formada não possui uma forma afirmativa, mas sim uma forma negativa, e que o que aí é negado é o ser da totalidade do composto "*Judas pecador*". Ora, para provar tal negação não é necessário provar "*Judas é não-pecador*", como parece supor Castañeda. A prova poderia também ser obtida se se mostrasse seja que "*Judas não é*", seja que "*pecador não é*", visto que qualquer uma destas basta para provar a negação do termo composto "*Judas pecador*". Em resumo, visto que a contraditória de "*Judas é pecador*" é "*Judas pecador não é*", é preciso que a negação de "*Judas é pecador*" seja igualmente "*Judas pecador não é*", antes que "*Judas é não-pecador*" ou, na forma de segundo adjacente, "*Judas não-pecador é*".

Se a afirmação da inclusão da noção do predicado naquela do sujeito da proposição fosse a forma geral de qualquer proposição, não pareceria possível interpretar a negação em Leibniz a não ser da maneira proposta por Castañeda. Todavia, o que se observa nos manuscritos leibnizianos é, antes, a preocupação de restringir a referida caracterização intensional às proposições categóricas afirmativas[257], o que excluiria já de saída o caso das negativas. Isso, aliás, é

257 Ver por exemplo AA VI, iv - p. 1515; AA VI, iv - p. 220; *De Contingentia* - AA VI, iv - p. 1650; GP II, p. 56. Por vezes as palavras de Leibniz parecem favorecer a tese de Castañeda, como é o caso de um trecho do opúsculo *Principium scientiae humanae*, no qual lemos a formulação genérica de que "uma proposição verdadeira é aquela cujo predicado está contido no sujeito ou, mais geralmente, cujo consequente está contido no antecedente" <Vera autem propositio est cujus praedicatum continetur in subjecto, vel generalius cujus consequens continetur in antecedente> (AA VI, iv, p. 671). A sequência do texto, contudo, atesta que essa formulação genérica envolve talvez um pequeno deslize, corrigido logo adiante, onde Leibniz restringe a caracterização acima ao caso das proposições afirmativas, completando: "isso tem lugar em toda proposição verdadeira afirmativa, universal ou singular, necessária ou contingente, que o predicado esteja na noção do sujeito, ou bem expressamente, ou bem virtualmente" <Idque locum habet in omni propositione vera affirmativa universali vel singulari, necessaria aut contingente; ut praedicati notio insit notioni subjecti vel expresse, vel virtualiter> (Id. ibid.).

expressamente declarado no opúsculo *Calculi Universalis Elementa*, no qual lemos:

> Certamente, exprime-se pelas proposições negativas que o predicado não está no sujeito, isto é, que o número do predicado não está no número do sujeito como o divisor está no dividendo ou o multiplicador no produto (AA VI, iv - p. 210)[258].

Contra Castañeda, portanto, é razoável suspeitar que Leibniz não apenas teria divisado duas tarefas lógicas distintas desempenhadas pela negação, a saber, a negação do predicado e a negação proposicional, como teria também recusado à primeira a aptidão para expressar as relações de contradição – e, por conseguinte, de negação – entre as proposições. Leibniz sublinha:

> Uma coisa é negar a proposição, outra é negar o predicado; digo portanto: '*não*' *antes do símbolo nega a proposição; e antes da cópula nega o predicado* – o que temos por uma regra segura. Mas elementos externos podem envolver dificuldades. Com efeito, na universal negativa o predicado é negado. *Todo homem é não pedra*. Também na particular negativa: *algum homem é não pedra*. Mas tudo isso é conciliável. Universal negativa e particular negativa são extraídas da universal afirmativa e particular afirmativa antepondo-se o *não* ao predicado. Mas não são contraditórias dessas. O *não* anteposto à proposição significa a

[258] "His autem illud exprimitur, praedicatum non inesse subjecto, id est numerum praedicati non esse in numero subjecti, velut divisorem in dividendo vel sicut multiplicatorem in producto".

contraditória, anteposto à cópula nega o predicado (AA VI, iv - N.72 - p.300)[259].

Leibniz considera que, quando a negação opera unicamente sobre o predicado da proposição, o que ela introduz é uma proposição em que um predicado negativo é afirmado da totalidade do termo sujeito. Isso não significaria, de acordo com ele, que a proposição assim formada seria afirmativa, visto que um termo como *não-Y* é tal que não encerra nenhum conteúdo positivo. Como veremos com mais detalhe, de acordo com ele, quando se afirma de algo *A* que é *não-B*, não se afirma nada que seja suficiente para especificar uma característica de *A*. Afirma-se meramente que *A* não possui as características suficientes para ser *B*. Em virtude dessas peculiaridades dos termos da forma "*não-Y*", Leibniz os denomina de "termos privativos"[260]. A despeito de possuírem uma forma afirmativa, as proposições da forma "*A é não-Y*" têm este traço específico das proposições negativas: elas não encerram a afirmação de nada de positivo a propósito de seu sujeito.

Um detalhe, porém, é preciso reter das afirmações de Castañeda: conforme observa também Esquisabel[261], a possibilida-

[259]"Aliud ergo est negari propositionem aliud negari praedicatum; dicemus ergo: *non* praefixum signo negare propositionem, praefixum copulae negare *praedicatum*, ut certam regulam habeamus. Sed ita aliunde malum. Nam in U. N. negatur praedicatum, *omnis homo est non lapis*, et itidem in P. N. *quidam homo est non lapis*. Sed conciliabilia omnia. U. N. et P. N. fit ex U. A. et P. A. praemittendo non praedicato. Sed non est earum contradictoria. Non praemissum propositioni significat ejus contradictoriam, praemissum copulae negat praedicatum".

[260] "*Privativo*: não-A" <Privativum non-A> (AA VI, iv - p. 740).

[261] "No marco desta concepção de proposição, o que poderia significar asserir que algo não está contido em outra coisa ou que algo é idêntico a outra coisa, se justamente a natureza da proposição é asserir a inclusão ou a identidade? O recurso que encontra Leibniz é reescrever ou reformular as proposições negativas (isto é, aquelas em que a cópula é negada) como proposições afirmativas com predicado negado (isto é, com predicados infinitos). Desta forma,

de das proposições negativas deve concordar com o princípio presumido válido para a verdade em geral. Se uma proposição negativa é verdadeira, ela deve de alguma maneira poder ser redutível a algo como "*AB é B*", "*AB = A*", "*A = A*", quer dizer, a uma proposição afirmativa. Isso, contudo, não parece erguer uma dificuldade intransponível, dadas as relações já discutidas entre a negação de uma proposição, a afirmação de que é falsa e as relações de contradição entre a negação e a afirmação de uma contradição. Para provar a verdade de uma proposição negativa "*A não é B*", um primeiro passo poderia ser convertê-la em sua forma de segundo adjacente "*AB não é*". A partir daí, bastaria analisar os termos *A* e *B* a fim de determinar se a noção *AB* é consistente. Se essa noção se mostrar contraditória, então sua negação será uma verdade, pois a negação de uma contradição para Leibniz equivale a uma identidade. As condições formais que asseguram a demonstrabilidade das proposições negativas seriam assim garantidas, no interior da linguagem lógica leibniziana, sem ser preciso assumir a tese proposta por Castañeda.

Isso dito, examinemos como Leibniz trata formalmente as condições mediante as quais uma proposição como "*AB não é*" se evidencia verdadeira. Segundo ele, conforme já foi mencionado, para que a proposição "*AB é*" seja falsa, é preciso que ela encerre algo do tipo "*C não-C*"; e para que isso ocorra, basta que seja satisfeita ao menos uma destas quatro condições: 1) "*A*" implique "*C não-C*", 2) "*B*" implique "*C não-C*", 3) "*A*" implique "*não-B*", 4) "*A*" nem implique "*B*" nem implique "*não-B*":

> Defino *Falso em geral* o que não é verdadeiro. Por conseguinte, para que conste que algo é falso, é

---

a proposição negativa, que parecia suprimir a inclusão ou a identidade, se reformula para preservar a relação de inclusão e identidade como a relação fundamental da proposição" (2008, p. 119).

> necessário ou que seja oposto ao verdadeiro, ou que contenha algo oposto ao verdadeiro, ou que contenha uma contradição, isto é, *B* e *não-B*, ou se for demonstrado que, como quer que se continue a resolução, não pode ser demonstrado que seja verdadeiro. Por conseguinte, o que contém o falso é falso. Todavia, algo pode conter o verdadeiro e, contudo, ser falso. A saber, se além disso contiver o falso" (*GI* §57 - §59) [262].

Uma consequência disso é exposta adiante, no §153:

> Mas isso pressupõe que seja negada toda proposição na qual entra um termo que não seja coisa. Assim, fica mantido que toda proposição é verdadeira ou falsa, mas é falsa toda aquela à qual falta *constantia subjecti* ou termo real. Nas proposições existenciais isso é algo distante do modo usual de falar, contudo, para mim, isso não é motivo de preocupação, porque procuro os sinais apropriados, e não me ocupo em estabelecer como aplicar-lhes os nomes da linguagem corrente[263].

---

[262] "*Falsum in genere* definio quod non est verum. Itaque ut constet aliquid esse falsum, vel necesse est ut sit oppositum veri, vel ut contineat oppositum veri, vel ut contineat contradictionem seu B et non-B, vel si demonstretur, utcunque continuata resolutione non posse demonstrari quod sit verum.
Itaque quod continet falsum est falsum.
Potest tamen aliquid continere verum, et tamen esse falsum. Si scilicet (per 58) praeterea falsum contineat".

[263] "Hoc autem praesupponit negari omnem propositionem, quam ingreditur Terminus qui non est res. Ut scilicet maneat omnem propositionem vel veram vel falsam esse; falsam autem omnem esse cui deest Constantia Subjecti, seu terminus realis. Hoc tamen nonnihil ab usu loquendi remotum est in propositionibus existentialibus. Sed hoc ego non est cur curem, quia propria signa quaero, non recepta nomina his applicare constituo".

Estamos assim autorizados a concluir, em sintonia com W. Lenzen, que, para Leibniz, a negação predicativa corresponde a apenas uma das maneiras de indicar a falsidade da afirmação correlativa, mas não é apta a recobrir todas as maneiras consoante as quais uma proposição pode ser negada. Como examinado acima, aos olhos de Leibniz, uma proposição qualquer da forma "*A é B*" será falsa se encerrar uma contradição, pouco importa qual das partes da proposição aloje essa contradição. De sorte que a negação genuína de uma proposição – quer dizer, aquela apta a suprassumir adequadamente qualquer que seja a forma segundo a qual dita proposição pode ser falseada – deve ser aquela que encerrar as condições mínimas suficientes para refletir essa falsidade. Tal é a negação de mais amplo escopo, isto é, a negação da proposição em sua totalidade.

Resta examinar de que maneira Leibniz considera a negação proposicional. Para abordar a questão sem rodeios, deixemos de lado as situações em que uma proposição se torna falsa em virtude de um dos seus termos, tomado isoladamente, encerrar algo da forma "*B não-B*", isto é, deixemos de lado as duas primeiras das quatro maneiras acima elencadas consoante as quais uma proposição pode ser negada. Afinal, aquelas maneiras concernem às condições de consistência dos termos que integram as proposições como suas partes, e concorrem, nesta medida, apenas indireta e secundariamente para as condições de consistência e verdade das proposições respectivas. Visto que aqui interessa tratar destas últimas, assumamos que, tomados isoladamente, todos os termos nas proposições doravante examinadas já tenham sido previamente testados quanto à sua consistência, podendo, portanto, todos ser admitidos como símbolos de seres (ou existentes). Uma proposição "*A é B*" será, portanto, tratada sob a suposição de que "*A*" e "*B*" são possíveis:

> *Proposição falsa* é aquela que contém *AB contém não-B* (uma vez posto que *A* e *B* são possíveis) (*GI* §35)[264]. Quando se diz *AB* é um ser ou *AB é um não-ser*, subentende-se que *A* e *B* são supostos seres (*Phil., VII, B, II, 3 - OFI*, p. 237)[265].

Tendo em vista que o terceiro modo de negar uma proposição da forma "*A é B*" corresponde a uma negação predicativa, já eliminada enquanto candidata apta a expressar a contraditória de "*A é B*", pode-se concluir que, das quatro maneiras acima elencadas de expressar uma condição suficiente para falsear uma proposição da forma "*A é B*", apenas a quarta não foi eliminada, a saber, se "*A*" não implicar "*B*" nem "*não-B*". Como veremos em detalhe a seguir, para Leibniz, essa condição é satisfeita nas situações em que "*A*" se divide, sendo parcialmente "*B*" e parcialmente "*não-B*". Donde se infere que o exame da maneira como Leibniz concebeu a negação proposicional no interior da proposição requer o exame das relações entre negação e quantificação em sua Característica. Nesse exame, será preciso averiguar se o apelo à quantificação proporcionou a Leibniz os dispositivos que viabilizam a formulação de regras adequadas para expressar as relações lógicas entre as proposições e suas contraditórias, nas situações em que a verdade de uma proposição da forma "*A é B*" é negada por contraste com a afirmação da conjunção "*Algum A é B e Algum A é não-B*".

W. Lenzen (1986, pp. 1-3) é pouco otimista a esse respeito. Segundo ele, Leibniz teria incorrido em vários equívocos ao tentar aplicar as regras da negação às proposições quantificadas.

---

264 "*Propositio falsa* est, quae continet AB continere non-B (posito B et A esse possibiles)".

265 "Cum dicitur *AB est ens* vel *non ens*, subintelligitur scilicet A et B suppositis entibus".

A fonte desses equívocos, sustenta ele, seria a confusão que Leibniz teria cometido entre a negação da proposição universal (negação proposicional) e a atribuição de um predicado privativo a um termo tomado universalmente (negação predicativa), o que corresponderia à universal negativa. Em virtude dessa confusão, Leibniz não teria logrado apresentar, no seu cálculo, regras lógicas para a negação de sorte a observar a diferença entre "*Nem todo A é B*", "*Todo A é B*", e "*Todo A é não-B*" (Id. ibid.). Menos severo que Lenzen, Esquisabel sustenta que, embora marcando nitidamente a distinção entre negação proposicional e negação predicativa, Leibniz teria, contudo, transitado açodadamente de uma à outra (2008, p. 118), com isso incorrendo em "numerosas consequências inválidas <inconsecuencias> que afetam as provas formais esboçadas por Leibniz em seus ensaios de cálculo" (id. ibid.).

Esquisabel e Lenzen aludem a diversas ocorrências em que Leibniz teria cometido erros cujas razões remontariam à confusão entre "*non est*" e "*est non*". Nas páginas que se seguem, não nos dedicaremos a examinar cada uma dessas ocorrências para contrastá-las com as objeções que lhes são dirigidas, até porque não é implausível que Leibniz tenha eventualmente cometido deslizes – poderíamos mesmo suspeitar que ele teria se dado conta de alguns, o que teria motivado a supressão de algumas passagens mencionadas por Lenzen[266]. O que se tentará verificar a seguir é se, a despeito dos erros que Leibniz tenha porventura cometido, ele teria concebido uma teoria da

[266] Cf. Lenzen (1986), p. 33; *OFI*, p. 237: "Em todo termo está <*inest*> *A* ou não-A. Se não está *A*, está *não-A* e vice-versa". O §8 dos *Primaria Calculi Logici fundamenta*, em que se lê: "*A* ∞ *B*, *não-A* ∞ não-B, A não-não ∞ *B* são idênticos" (*OFI*, p. 235), Lenzen cita como: "Idem sunt A ∞ *B* non A ∞ non B A non non ∞ B A non ∞ non B" <São idênticos: *A* ∞ *B*, não A ∞ não B, *A não não* ∞ *B*, e *A não* ∞ não B>, conforme LH IV, 7, B II, 3, verso, considerando que "A non ∞ non B" teria sido suprimido mais tarde. "*A não* ∞ *não B*" é enunciado no §9 do mesmo texto como uma consequência, e não como uma equivalência de "*A* ∞ *B*".

negação apta a responder às demandas de formalização dos diferentes comportamentos da negação em uma proposição.

A equivalência que, em maior ou menor medida, Esquisabel e Lenzen denunciam, e que este último estima como a fonte do "erro cardeal" de Leibniz, à primeira vista encontra-se anunciada no §82 das *GI*:

> Certamente poderia ser dito também que *B não é A* é idêntico a *B é não A*, Donde *B* = *não AY* é idêntico a *B* = *Y não A*[267].

Na sequência desse parágrafo, lemos uma série de regras de interpretação das relações de negação vis-à-vis a quantificação sob a suposição desta equivalência entre "*é não*" e "*não é*":

> Em geral *A é B* é idêntico a *A* = *AB*, donde fica manifesto que *B* está contido em *A*, e que *homem* é idêntico a *homem animal* – o que já notei acima, à margem do artigo 16. E embora pareça surgir a partir daí que *homem* é *animal animal racional*, contudo *animal animal* é idêntico a *animal*, como notei acima no artigo 18.
>
> 'Assim, se a proposição *A é B* for dita falsa, ou seja, se for negada, então certamente se dirá *A não* = *AB*, isto é, *algum A não é B*.
>
> *A é não B* é idêntico a $A = A\,\overline{\textit{não}\ B}$ (por 83). Se se diz *A* = *A não B* é falsa, ou seja, *A não* = *A não B*, isso significa *algum A é B*.
>
> Além disso, *não B* é idêntico a *aquilo que* não é B, ou seja, o gênero cujas espécies são *A*, *C*, *D*, etc., uma vez posto que *A não é B*, *C não é B*, *D não é B*.

[267] "Nimirum et sic dici poterit; B non est A idem esse quod, B est non-A, unde B non = AY idem esse quod B = Y non-A".

> Por conseguinte, *nenhum A é B* é idêntico a *A é não B*, ou qualquer que seja *A*, é um dentre aqueles que não são *B*. Ou seja, $A\bar{Y}$ *não* = $AB\bar{Y}$ é idêntico a *A* = *A não B*. Temos, portanto, uma passagem entre as afirmativas infinitas e as negativas (*GI,* §83 - §87)[268].

Conforme se pode observar, a interpretação das relações de negação vis-à-vis a quantificação opera sob a pressuposição da equivalência "*A* = *AB*": a proposição "*A é B*" possui de fato a forma "*A* = *AB*", o que indica que se trata de uma proposição universal. A negação de uma tal equivalência implica, evidentemente, não que $A \neq A$[269], mas que $A \neq AB$. Para que assim seja, é preciso que haja um *AY* tal que ele seja *não-B*, quer dizer, é preciso que a proposição "*AY* = *Z não-B*" seja verdadeira. Eis precisamente a primeira conclusão de Leibniz com respeito à quantificação, apresentada no §84: a negação da universal afirmativa "*A é B*" mostra-se uma particular negativa "*AY é não-B*". Leibniz apresenta a seguir a universal negativa "*A é não-B*", ou seja, "*A* = *A não-B*". Visto que a forma da universal negativa deve ser a mesma que aquela da universal afirmativa, uma vez adaptando-se a negação, correlativamente, a forma da sua

[268] "Generaliter A esse B, idem est quod A = AB, inde enim manifestum est B contineri in A, idemque est homo, et homo animal. Notavi hoc jam supra ad marginem articuli 16, et quanquam inde fieri videatur homo est rationale animal animal, tamen animal animal idem est quod animal, ut notavi supra articulo 18.

Hinc si propositio A est B dicatur esse falsa seu negetur, utique hoc est dicere A non = AB hoc est quoddam A non est B.

A esse non-B idem est ac dicere A = *A* $\overline{non\ B}$, patet ex 83. Si dicas A = A non-B, est falsa seu A non = [A] non-B, significat quoddam A est B.

Rursus non-B idem est quod is qui non est B, seu genus cujus species sunt A, C, D, etc., posito A non esse B, C non esse B, D non esse B.

Itaquc Nullum A cssc B idem est quod A esse non-B, seu quodlibet A esse unum ex iis quae non sunt B. Seu [$A\bar{Y}$ non = $AB\bar{Y}$], idem est quod A = A non-B. Habemus igitur transitum inter infinitas affirmativas, et negativas".

[269] Lembremos que os termos são agora supostos sempre possíveis.

negação deve ser a mesma da negação da universal afirmativa, adaptando-se igualmente a negação. Assim, basta substituir "*B*" por "*não-B*" na particular negativa para finalmente se chegar à negação da universal negativa. Obtém-se "*AY é B*", quer dizer, "*AY* = *ZB*", que é uma particular afirmativa.

Já a relação de contrariedade entre as proposições universais é abordada nos §91 e §92:

> Se *A é B*, então *A não é não B*. Seja verdadeiro que *A é não B* (se efetivamente isso for possível, já que *A é B* por hipótese). Portanto *A é B não B*, o que é absurdo (Ver §100 abaixo)[270].
> Não é válida a consequência: *Se A não é não B, então A é B*. Ou seja, *todo animal é não homem* certamente é falso, mas disso não se segue que *todo animal* é *homem*[271].

A contrariedade entre as proposições universais explica-se pela consideração de que elas possuem sempre a forma "*C* = *CD*", *D* sendo ou não um termo infinito conforme o caso. Ora, suponhamos verdadeira a equivalência "*A* = *AB*"; se, por suposição, "*A* = *A não-B*", então, segundo as regras da adição real[272], "*A* = *AB não-B*", o que é contraditório. Assim, se "*A* = *AB*" é verdadeira,

---

[270] §100) "Se *A é B* segue-se que *A não é não B*, ou seja, é falso que *Todo A é não B*. Pois se *A é B*, certamente *nenhum A é não B*, ou seja, é falso que *algum A é não B* (por 87). Portanto (por 101), muito mais falso é *Todo A é não B*" <Si A est B, sequitur A non esse non-B, seu falsum esse Omne A esse non-B. Nam si A est B, utique nullum A est non-B, seu falsum est quoddam A esse non-B (per 87). Ergo (per 101) multo magis falsum est Omne A esse non-B>.

[271] "Si A est B tunc A non est non-B. Esto verum A esse non-B, si quidem fieri potest, jam A est B ex hypothesi. Ergo A est B non-B, quod est absurdum. Adde infra [100].

Non valet consequentia: Si A non est non-B, tunc A est B, seu omne animal esse non hominem falsum est, quidem; sed tamen hinc non sequitur omne animal esse hominem".

[272] "*A é B* e *A é C*, isto é idêntico a *A é BC*" (*GI*, § 102).

então "*A* = *A não-B*" é falsa. O mesmo vale, claro, para a situação inversa: se "*A* = *A não-B*" é verdadeira, então "*A* = *AB*" é falsa.

No §92, Leibniz sublinha que a recíproca não é válida, isto é, que a negação de uma universal não implica a verdade da universal contrária. Ele o faz servindo-se da universal negativa, provavelmente para indicar que se deve ter cuidado quanto ao correto emprego dos sinais. Com efeito, a proposição "*A não é não-B*" poderia ser interpretada como significando não a negação de "*A é não-B*", mas a afirmação "*A é não-não-B*", o que conduziria a "*A é B*"[273] por §2[274] e §96[275]. A negação de uma universal é, conforme já constatado, uma proposição particular; a negação de "*A* = *AB*" é "*AY* = *Z não-B*". Ora, não se segue de "*AY* = *Z não-B*" que "*A* = *A não-B*". Por conseguinte, as proposições universais contrárias comportam-se de tal modo que a verdade de uma implica a falsidade da outra, mas a falsidade de uma não implica a verdade da outra.

Segundo Lenzen, no §92 Leibniz teria reconhecido a invalidade do §82[276]. Isso porque neste último ele parece pretender uma equivalência entre o que possui a forma de uma particular negativa, a saber, "*B não* = *AY*"[277], e uma universal negativa, a saber, "*B* = *Y não-A*". A invalidade de tal equivalência, seria reconhecida explicitamente mais tarde, em uma passagem que, como recorda Lenzen, o próprio Leibniz teria rasurado:

---

[273] Assim formulada a questão, pareceria que o §92 seria inconsistente com o §82, em que Leibniz identifica "*B não é A*" com "*B é não A*".

[274] "*Não-não-A* e *A* coincidem". "*Não* é definido pelo fato de que *não-não* desaparece" (*Phil., VII, B, II, 32-33 - OFI*, p. 252); "*Não* duplicado elimina-se a si mesmo: não não A é A" (*Phil., VII, B, II - OFI*, p. 230); "não não A ∞ A. Este é o uso disto <τοῦ> *não*" (*Phil., VII, B, II, 62 - OFI*, p. 259); "Se a proposição *B é não-não A* é verdadeira, a proposição *B é A* é verdadeira" (*Phil., V, 8, d, 17* (§ IV) - *OFI*, p. 68)

[275] "Não-não A = A".

[276] (1986), p. 28. Ver também *Das System der Leibnizsche Logik* (1990), p. 44.

[277] Se se substitui *Y* por *B* nesta fórmula, obtém-se "*B não* = *AB*", quer dizer, "*B* ≠ *BA*", que foi reconhecida como a negação da universal afirmativa.

> A todo termo inere ou *A* ou *não-A*. Se *A* não inerir, *não-A* inerirá, e vice-versa. Por conseguinte, *não inere A* e *inere não-A* equivalem. Ou seja, *A* ∞ *Y não B* e *A não* ∞ *ZB* equivalem, ou seja, equivalem *A* ∞ *A não B* e *A não* ∞ *AB*. Portanto, isso é ruim <*male*> (*OFI*, p. 237)[278].

É preciso assinalar todavia que Leibniz não rasurou o §82, mesmo tendo-o supostamente desmentido dez parágrafos adiante. E há fortes razões para presumir que isso, que – a nos inspirarmos na sugestão de Lenzen – poderia soar uma negligência ou omissão, não o seja de fato.

Se nos detivermos no elenco de parágrafos entre §82 e §87, observaremos que é mediante a suposição da equivalência entre "*B não é A*" e "*B é não-A*" que Leibniz pode estabelecer as relações de negação entre as proposições quantificadas que apresenta nos §84 a §87. Sem a estipulação de uma tal equivalência, não se poderia, por exemplo, pretender equivalentes a negação da universal afirmativa, a saber, "$A \neq AB$" e a afirmação da particular negativa, a saber, "*AY = Z não-B*"[279]. Dito de outro modo, não se poderia passar da afirmação "*Todo A é B* é falso" para a afirmação "*Algum A é não-B*" é verdadeiro. Em síntese, sem tal estipulação, não se garantiria relações que são admitidas logicamente válidas entre as condições de negação das proposições vis-à-vis a quantidade.

---

[278] "In omni termino inest *A* vel *non A*. <Si non inest *A*, inerit *non A*, et contra, adeoque aequivalent non inesse *A*, et inesse *non A*.> Seu aequivalent *A* ∞ *Y non B*, et *A non* ∞ *ZB*, vel aequivalent *A* ∞ *A non B* et *A non* ∞ *AB*. Ergo male". Ver Lenzen (1986), pp. 33-34.

[279] Se já foi admitida a diferença entre a forma da proposição afirmativa infinita "*B é não-A*" e aquela da proposição negativa "*B não é A*", então quando se nega uma proposição como "*A = AB*", quer dizer, quando se nega "*Todo A é B*", nem por isso se afirma "*Algum A é não-B*". Para que isso seja o caso, deve-se supor "*Y não é B* = Y *é não-B*".

Pode-se estimar a partir daí que o intuito de Leibniz, ao estipular no §82 a equivalência entre "*B não = AY*" e "*B = Y não-A*", não seria pleitear a equivalência da universal negativa à particular negativa. Essa suspeita é corroborada pelo que lemos nos dois parágrafos precedentes (§80-§81):

> Deve-se averiguar se se pode dispensar os infinitos. Certamente *não A* é reconhecido idêntico a *o que não é A*, ou seja, ao sujeito da proposição negativa cujo predicado é *A*. Assim, se $\bar{Y}$ *não é A*, então $\bar{Y}$ = *não A*. Ou seja, *Y não = AX* é idêntico a $\bar{Y}$ = *não A*".
> '$\bar{Y}$, ou seja, o indefinido *Y* com a linha, para mim significa qualquer, *Y* é *um indeterminado*, $\bar{Y}$ é *qualquer*[280].

Vemos que nesta passagem Leibniz serve-se novamente do termo $\bar{Y}$, agora para instituir relações muito específicas de negação. É importante lembrar que, segundo ele, $\bar{Y}$ é tal que o par "$\bar{Y}$*A é B*" e "$\bar{Y}$*A é não-B*" compõe proposições contraditórias, e não sub-contrárias.

Assim sendo, pode-se substituir $\bar{Y}$ por *B* e estipular "*B*" precisamente como "*o que não é A*". *B* no lugar de $\bar{Y}$ quer dizer, por conseguinte, que *B* determina "*tudo o que não é A*". *B* não teria, portanto, nenhum conteúdo positivo; ele seria um puro ser privativo, e toda a sua significação se esgotaria nisto: "*não-A*". Isso sendo admitido, deve-se reconhecer que o que é enunciado no §82 não é que para qualquer que seja *B*, "se *B* ≠ *AY*, então *B* = *Y não-A*". O que aí é enunciado é simplesmente que, se "*B*" pode ser posto por Y , quer dizer, se "*B* = *não-A*",

[280] "Videndum an infinitis possit careri, sane non-A videtur idem esse quod is qui non est A, seu subjectum propositionis negativae cujus praedicatum est A, seu omnis qui non est A. Itaque si *Y* non est A, erit [$\bar{Y}$: non-A], seu $\bar{Y}$ non = AX idem est quod $\bar{Y}$ = [X] non-A.
$\bar{Y}$ seu Y indefinita cum lineola mihi significat quilibet, Y est unum incertum, $\bar{Y}$ est quodlibet".

então dizer "*B* ≠ *AB*" é o mesmo que dizer "*B* = *Y non-A*"; ou seja, é indiferente dizer "*Todo B é não-A*" e "*Algum B não é A*", porquanto "*B*" nada significa senão "*aquilo que não é A*"[281]. Por conseguinte, pode-se afirmar que, para todo termo *C*, se *C*≠ *CA*, então *CY* = *ZB*, de tal maneira que um *CY não-A* é.

Aceita essa explicação, pode-se compreender a tábua das formas das proposições quantificadas sob a formulação de segundo adjacente, tal como Leibniz no-la apresenta no §151:

Algum A é B	dá:	*AB é uma coisa*
Algum A não é B	dá:	*A não-B é uma coisa*
Todo A é B	dá:	*A não-B não é uma coisa*
Nenhum A é B	dá	*AB não é uma coisa*[282].

Observa-se por essa tábua que a formalização das proposições particular negativa e universal afirmativa se faz sob a suposição estabelecida no §82, que se $\bar{Y}$ designa tudo o que não é *B*, então $\bar{Y}$= *não-B*. Assim, se se pode dizer de algum *A*, digamos *AY*, que ele não é *B*, então pode-se dizer que ele é $\bar{Y}$, quer dizer, *não-B*. É importante assinalar que o termo *Y*, concebido como o que torna verdadeira a proposição "*AY não é B*", determina precisamente essa pertinência a *não-B*; dito de outro modo, *Y* nesse contexto é suposto como contendo $\bar{Y}$. O mesmo vale

---

[281] Donde se pode concluir que, embora não seja aqui preciso supor que Y determine um indivíduo, as regras de uso do $\bar{Y}$ revelam-se idênticas àquelas para o uso do Y no caso interpretado anteriormente, relativo às proposições singulares (§112). Com efeito, no caso da substituição do $\bar{Y}$, compreendido como "*o que não é A*", por "*B*", a proposição em que *B* comparece como sujeito pode ser interpretada tanto como particular quanto como universal. $\bar{Y}$ pode ser designado tanto por "*tudo o que não é A*" como por "*aquilo que não é A*", como aliás Leibniz assinala no §80.

[282] "*Quoddam A est B* dat: *AB est res.*
Quoddam A non est B dat: *A non-B est res.*
Omne A est B dat: *A non-B non est res.*
Nullum A est B dat: *AB non est res*".

para a universal afirmativa: a afirmação de que todo *A* é *B* faz-se mediante a negação de que, para todo *AY*, este contém $\bar{Y}$. Se $\bar{Y}$ não designasse *tudo* o que não é *B*, então a universal "*A não-B não é*" não poderia ser equivalente a *Todo A é B*.

Pode-se finalmente passar à última tábua proposta por Leibniz, no parágrafo seguinte (§152). Aí as proposições de segundo adjacente são substituídas por proposições afirmando ou negando relações de equivalência entre os termos conforme estes são afirmados corresponder a seres ou não-seres nas proposições de segundo adjacente:

> *PA: AB = AB* (ou: *AB e AB coincidem*, isto é, *AB é coisa*).
> *PN: A não-B = A não-B* (ou: *A não-B é coisa*).
> *UA: A não-B não = A não-B* (ou: *A não-B não é coisa*).
> *UN : AB não = AB* (ou: *AB não é coisa*)[283].

Vemos que, sob a suposição de que a estipulação estabelecida nos §81 e §82 seja satisfatoriamente justificada do ponto de vista lógico, decorre que, quaisquer que sejam os erros de cálculo cometidos por Leibniz, eles não afetam as exigências lógicas das relações de negação entre as proposições quantificadas: nos três procedimentos de formalização apresentados acima, a negação de uma universal mostra-se uma particular e, claro, vice-versa. A inferência de que a negação de uma proposição universal produziria uma outra universal já havia sido negada no §92, o que basta para eliminar a suspeita de que Leibniz aí teria confundido "*Todo A é não-B*" com "*Não: todo A é B*".

[283] "*Part. Aff.* AB = AB (seu AB et AB coincidunt, hoc est AB est res).
Part. Neg. A non-B = A non-B (seu A non-B est res).
Univ. Aff. A non-B non = A non-B (seu A non-B non est res).
Univ. Neg. AB non = AB (seu AB non est res)". Ver também *Phil., VII, B, ii, 3 - OFI*, p. 232.

Uma última questão permanece ainda, e concerne ao que estaria contido na negação de uma proposição quando os termos sujeito e predicado são considerados possíveis – mais precisamente, resta por considerar o que estaria contido no termo negativo que figura nesse tipo de proposição negativa. Para examinar melhor a questão, consideremos primeiramente exemplos de proposições quantificadas, começando pelas afirmativas. Tomemos as proposições "*Todo humano é mortal*" e "*Todas as flores cheiram bem*". A negação da primeira seria, segundo Leibniz, "*não: todo humano é mortal*", o que equivaleria a "*algum humano é não-mortal*"; o mesmo vale, *mutatis mutandis*, para o segundo exemplo: a negação de "*todas as flores cheiram bem*" seria "*não: todas as flores cheiram bem*", ou seja, "*alguma flor não-cheira bem*". Isso posto, cumpriria averiguar qual seria precisamente a negação da primeira proposição, para a qual duas candidatas se oferecem, a saber, "*Algum humano é imortal*" e meramente "*Algum humano é não-mortal*". O mesmo valeria para o segundo exemplo: a negação de "*cheira bem*" poderia ser "*cheira mal*" ou simplesmente "*não cheira bem*", que recobriria "*cheira mal*", "*cheira indiferentemente*" e "*não cheira*". Já foi observado que a estipulação estabelecida no §82 especifica para "*o que não é A*" unicamente a contrapartida "*é não-A*"; o sinal $\bar{Y}$, substituído em seguida por *B* é anunciado como não o que se esgota em conter o puro ser privativo: *não-A*. Deste ponto de vista, deveria ser dito que, para Leibniz, tudo o que a negação de uma universal afirmativa apresenta é a pura negação do predicado em uma particular negativa. Dito de outro modo, aos olhos de Leibniz, a particular negativa que contradiz uma universal afirmativa não confere qualquer determinação positiva ao predicado negativo que atribui ao sujeito.

Venhamos agora ao caso das negações das proposições negativas. Uma proposição como, por exemplo, "*Nenhum humano é mortal*", ou seja, "*Todo humano é não-mortal*" não veicula ou implica atribuir a "*humano*" nada que não esteja contido em "*não-mortal*"; ora, "*imortal*" não está contido em "não-mortal", já que algo pode ser não-mortal sem ser imortal. Assim, "*Todo humano é não-mortal*" não equivale nem implica "*Todo humano é imortal*". Por outro lado, a negação de "*Todo humano é não-mortal*" encerra, efetivamente, um conteúdo para o predicado, pois a negação do simples ser privativo "*não-mortal*", a saber, "*não-não-mortal*" resulta ser "*mortal*", visto que duas negações se aniquilam reciprocamente. Por conseguinte, a negação de uma pura privação é uma afirmação, donde se pode inferir que "*Não: todo humano é não-mortal*" equivale a "*algum humano é mortal*"[284].

Essas considerações permitem sintetizar as condições mediante as quais um termo afirmativo e o negativo correspondente se relacionam. De acordo com Leibniz, a estrutura de um termo privativo não encerra a afirmação de certo ou certos termos componentes do termo afirmativo correlativo, acrescentada à negação de outro ou outros desses termos. Para ele, um termo privativo encerra a pura negação do termo afirmativo tomado em sua totalidade. Isto significa que o termo negativo não encerra nem a afirmação nem a negação de um ou alguns quaisquer dos termos que integram o termo afirmativo correlativo. No caso, por exemplo, do termo "não-par", o que ele negaria seria a totalidade dos termos resumida na palavra "par", e não cada um desses termos ou um determinado dentre eles tomado isoladamente. Dito de outro modo, a negação contida no termo privativo dirige-se em bloco à totalidade dos termos contidos no termo negado, não podendo ser distribuída a cada um ou a alguns desses termos. Leibniz sublinha:

---

284 Esses mesmos resultados se estendem evidentemente ao caso das proposições singulares. Assim, segundo a notação leibniziana, se uma proposição como "*César é par*" é falsa, "*César é não-par*" é verdadeira sem que isso implique a verdade de "*César é ímpar*".

> Que *não-B é não-*$\overline{BC}$ foi demonstrado em 76(bis). Mas nem sempre *não-*$\overline{BC}$ *é* $\overline{\textit{não } B}$. Seria preciso inventar um modo de proposição formal, ou seja, geral, como se eu dissesse: é falso que todo negativo composto seja um negativo simples, ou seja, *não-*$\overline{\overline{YX}}$ *não = não-*$\overline{\overline{Y}}$, de modo que $\overline{\overline{Y}}$ e $\overline{\overline{X}}$ signifiquem duas [letras] quaisquer se comportando de modo similar.
>
> Se *A é não-*$\overline{BC}$ daí não se segue que *A é não-B* ou que *A é não-C*; pois pode ser que *B seja = LM* e *C = NP*, e que *A* seja *não-*$\overline{LN}$; desse modo, *A* seria *não-*$\overline{LMNP}$, ou seja, *não-*$\overline{BC}$. Entretanto, daí se segue que é falso ao mesmo tempo que *A é B* e *A é C*, ou seja, que *A é BC* (*GI*, §104 e §105)[285].

Assim, se, por exemplo, "*A*" for definido por "*D* ⊕ *E* ⊕ *F*", então, correlativamente "*não-A*" equivaleria a "*não-(D* ⊕ *E* ⊕ *F)*", o que, por seu turno, não corresponderia a "*(não-D* ⊕ *não-E* ⊕ *não-F*)". Conforme lemos na passagem supracitada, de acordo com Leibniz, para satisfazer "*não-(E* ⊕ *D* ⊕ *F)*" basta encerrar um ao menos dos três predicados privativos "*não-E*", "*não-F*" ou "*não-D*", de sorte que "*não-(E* ⊕ *D* ⊕ *F)*" resulta equivalente ao predicado disjuntivo "*(não-E ou não-F ou não-D)*"[286]. Dito de outro modo, basta que um termo con-

---

[285] "Non-B esse non-$\overline{BC}$ demonstratum est 76bis. Sed non semper [non-$\overline{BC}$] est non-B. Excogitandus esset modus propositionis formalis, seu generalis, quasi dicerem: falsum est omne negativum compositum esse negativum simplex seu non-$\overline{\overline{YX}}$ non = non-$\overline{\overline{Y}}$, ita ut $\overline{\overline{Y}}$ et $\overline{\overline{X}}$ significent quaslibet similiter se habentes. Si A est non-$\overline{BC}$ non ideo sequitur vel A esse non-B, vel A esse non-C, potest enim fieri ut B sit = LM et C = NP, et ut A sit [non-$\overline{LN}$], quo facto A erit non-$\overline{LMNP}$ seu non-$\overline{BC}$, interim hinc sequitur falsum esse simul A esse B et A esse C seu A esse BC. Patet ex 91 vel [100]".

[286] Essas conclusões permitem sustentar que um dos teoremas formalizados por De Morgan, a saber, aquele consoante o qual a negação da conjunção equivale a uma disjunção de negações, encontra seus rudimentos formais já nas *GI*,

tenha ou *não-E*, ou *não-F*, ou *não-D* para que ele contenha *eo ipso* "*não-A*". Pode-se concluir daí que o termo negativo introduzido na negação de uma proposição afirmativa encerra a forma mais geral de negação. Donde resulta que em uma proposição do tipo "*A é não-B*" absolutamente nada é afirmado de *A*. Isso permite concluir que para Leibniz a negação, se se pode exprimir assim, possui sempre o escopo mais amplo, tanto do ponto de vista da quantidade quanto do ponto de vista da qualidade.

Vemos que a combinação da quantificação com o escopo que Leibniz confere à negação aplicada a um termo proporciona um leque de recursos que viabiliza expressar as relações lógicas de contradição – e, na esteira desta, de negação – entre proposições sob a égide da negação predicativa, sem que isso acarrete os erros lógicos temidos por Lenzen. Podemos assim concluir, com Esquisabel, que, sem ter negligenciado a distinção entre negação predicativa e negação proposicional, Leibniz desenvolve dispositivos lógicos por meio dos quais se pode expressar a segunda a partir da estrutura da primeira. E podemos concluir também, agora em contraste com Esquisabel – para quem Leibniz "parece não ter aplicado a [negação predicativa] de maneira constante e consistente, especialmente na formulação dos cálculos lógicos" (2008, p. 117)[287] –, que as *GI* parecem oferecer um arcabouço consistente e suficiente de operações que, sem acarretar as dificuldades lógicas discutidas precedentemente, viabilizam expressar a negação proposicional sob a forma de negação do predicado.

sendo aplicado não apenas nas operações que articulam proposições, mas também nas operações sobre os termos no interior das proposições.

[287] Esquisabel prossegue sustentando que seria essa a "razão pela qual neles* se obtém alguns resultados indesejáveis" (Id. ibid.).

*Nos cálculos lógicos.

II.1.10 Pressuposto existencial

O tratamento da negação vis-à-vis a quantificação propicia a elaboração de uma tábua de conversão que permite as mesmas regras de inferência – e, portanto, as mesmas regras de contradição, subalternação e oposição – exibidas pelo quadrado lógico de matriz aristotélica. As proposições universais afirmativas e particulares negativas são contraditórias entre si, o mesmo valendo para as proposições universais negativas e particulares afirmativas. Duas regras de inferência imediata – a conversão simples[288] e a conversão por acidente[289] – também são aí preservadas (*GI* - §51 - §54). Essas consequências trazem consigo a dificuldade quanto ao pressuposto existencial, estimado uma condição para a validade da conversão por acidente. Leibniz aponta a dificuldade no opúsculo *Difficultates quaedam Logicae*,

[288] Na conversão simples, os termos se alternam nas posições de predicado e sujeito, mantendo-se a quantidade e a qualidade da proposição. Na conversão por acidente, os termos se alternam nas posições de predicado e sujeito mantendo-se a qualidade, mas mudando a quantidade da proposição.

[289] "A *Conversão* dá-se seja simplesmente seja por acidente. A conversão que se faz simplesmente acontece no caso da universal negativa (...) (*Nenhum piedoso é infeliz, portanto nenhum infeliz é piedoso* ou inversamente) e no caso da particular afirmativa (...) (*Algum rico é infeliz, portanto algum infeliz é rico*) e inversamente. A conversão por acidente acontece no caso da universal afirmativa.

(...)

'*Teorema 8*: A universal afirmativa pode ser convertida por acidente. *Todo sábio é piedoso. Portanto, algum piedoso é sábio*. Pois, porquanto *todo sábio é piedoso,* então (...) *algum sábio é piedoso. Portanto* (...) *algum piedoso é sábio.*"

<*Conversio* fit vel simpliciter vel per accidens. Conversio quae fit simpliciter locum habet in universali negativa (...) (Nullus pius est miser. Ergo nullus miser est pius. Vel contra.) et in particulari affirmativa (...) (quidam fortunatus est miser. Ergo quidam miser est [fortunatus. Et contra.)] Conversio per accidens locum habet in universali affirmativa.

(...)

Theorema 8. Universalis affirmativa converti potest per accidens. Omnis sapiens est pius. Ergo quidam pius est sapiens. Nam quia omnis sapiens est pius. Ergo (...) quidam sapiens est pius. Ergo (...) quidam pius est sapiens> (AA VI, iv - p. 249).

no qual tenta manter a conversão por acidente sem, todavia, se comprometer com esse pressuposto.

Ele se ampara sobre três teses centrais das *GI*. A primeira é que se, do ponto de vista do cálculo demonstrativo, toda proposição pode ser tratada como um termo, quer dizer, se no procedimento do cálculo pode-se sempre fazer abstração das afirmações "é" ou "existe", conforme o caso, então pode-se sempre raciocinar apenas com termos. O resultado do raciocínio será válido se a análise for corretamente efetuada. Mas o que comparecerá na posição de conclusão também será um termo, quer dizer, algo incomplexo (Cf. *GI*, §61 – ver supra n. 189).

A segunda tese decorre do que a conversibilidade entre as proposições de segundo adjacente e de terceiro adjacente mostra e repousa na consideração de que, se a afirmação de existência, bem como a de essência, não pertencem ao conteúdo material da proposição, elas nada podem mudar no procedimento da análise. A afirmação de existência, assim como a de essência, está implícita na proposição, pois uma e outra conformam a natureza da proposição enquanto tal. E isso independe de que a proposição se apresente sob uma forma particular ou universal. A consequência disso é que uma inferência não será válida se sua conclusão não preservar a mesma pressuposição inerente às premissas das quais decorre. Isso quer dizer que, se se parte de proposições que encerram exclusivamente uma afirmação de essência, então a proposição que daí resulta não encerrará senão uma afirmação de essência, pouco importa se essa proposição é universal ou não. Assim, no que concerne à conversão por acidente, a singular resultante da conversão não encerrará uma afirmação de existência, salvo se a universal da qual é inferida encerrar uma afirmação existencial:

> Por conseguinte, ao se dizer: todo ridente é homem, portanto algum ridente é homem, o sentido disso seria:

> todo suposto ridente é homem, Portanto algum suposto ridente é homem, donde se conclui corretamente: algum homem (a saber, um suposto) é um suposto ridente. Mas disso não se infere: Portanto algum homem é ridente em ato. Todavia, se se diz: todo ridente em ato agora é homem, estabelece-se efetivamente que alguém ri agora em ato e que esse alguém é homem, de modo que algum homem ri em ato. Com efeito, sempre se deve assumir que um termo é um verdadeiro Ser, mas ridente agora em ato não seria um Ser se fosse falso que alguém ri em ato; é uma impossibilidade hipotética que ... basta (GP VII, pp. 216 – 217)[290].

Vemos que, aos olhos de Leibniz, a quantidade de uma proposição nada determina com respeito às afirmações de essência e de existência que possam constituí-la. Dito de outro modo, uma proposição não é forçosamente de essência ou de existência conforme seja universal ou particular. Assim como se pode pretender afirmar algo universalmente dos seres enquanto são atuais[291], assim também se pode pretender uma simples possibilidade a uma afirmação particular.

Portanto, antes que depender de um pressuposto existencial, a legitimidade da conversão por acidente é sustentada

[290] "Itaque cum dicitur: omnis ridens est homo, ergo quidam ridens est homo, sensus erit: omnis suppositus ridens est homo, Ergo quidam suppositus ridens est homo, unde recte concluditur: quidam homo (nempe suppositus) est suppositus ridens. Sed non inde infertur: Ergo quidam homo est actu ridens. Sed si dicas: omnis actu nunc ridens est homo, ponis revera aliquem nunc actu ridere eumque esse hominem, adeoque aliquem hominem actu ridere. Semper enim assumendum est terminum esse verum Ens at Actu nunc ridens ne quidem Ens erit, si falsum sit aliquem actu ridere est impossibilitas hypothetica quae...*) sufficit" (* trecho corrompido).

[291] Lembremos que nas *GI* o exemplo de proposição existencial do qual Leibniz se serve para apresentar a diferença entre as formas de segundo adjacente e de terceiro adjacente é uma proposição universal: "*Todo homem é ou existe sujeito ao pecado*", "*Homem sujeito ao pecado é ou existe, ou seja, é um ser em ato*" (Cf. *GI*, § 144).

sobre o que vigora para os raciocínios válidos em geral, e que se poderia designar por preservação da suposição: as conclusões dos raciocínios preservam sempre e necessariamente a mesma pretensão assertórica que as premissas das quais decorrem. Portanto, em um argumento em que nenhuma premissa encerre uma suposição de existência, a conclusão não encerrará qualquer afirmação existencial. Em contrapartida, se as premissas encerrarem uma suposição de existência, então é legítimo pretender conferir à conclusão uma afirmação de existência. As suposições de essência ou de existência sendo corretamente observadas em cada um dos casos, será certo que a regra será sempre válida: as premissas sendo verdadeiras, a conclusão será igualmente verdadeira.

II.1.11 Princípio *salva veritate*

Leibniz parece ter enfim alcançado seu duplo intento, qual seja, em primeiro lugar, mostrar que toda proposição pode ser expressa sob a forma de uma proposição categórica afirmando ou negando uma relação de equivalência; em segundo, mostrar que, no procedimento de análise, toda proposição pode ser tratada como um termo:

> "Se, como espero, posso conceber todas as proposições como termos, e as Hipotéticas como Categóricas, e tratar todas universalmente, isso promete uma admirável facilidade em minha característica e minha análise das noções, e seria uma descoberta extremamente importante" (*GI*, §75)[292].

[292] "Si, ut spero, possim concipere omnes propositiones instar terminorum, et omnes Hypotheticas instar Categoricarum, et universaliter tractare omnes, miram ea

Unicamente o termo parcial *"é idêntico a"* é preservado como tal. Se, partindo dos termos presentes em cada um dos lados da identidade (ou da negação da identidade) e procedendo por análise, chegar-se a um momento em que a proposição inteira se torna algo do tipo $A = A$, então a proposição será demonstrada como verdadeira. Se, ao contrário, chegar-se a algo do tipo $A \neq A$, então a proposição mostra-se indemonstrável, quer dizer, falsa. A relação de equivalência preservada na proposição mostra-se não aquilo a que a regra da análise se aplica, mas a operação por meio da qual a verdade ou a falsidade da proposição se explicita.

A regra para a análise aplica-se aos termos que figuram em cada lado da relação de identidade. Trata-se do princípio de substituição dos equivalentes, a saber, o princípio *salva veritate*, cuja paternidade, aliás, é atribuída a Leibniz, que, por seu turno, evoca o princípio em diversos manuscritos[293]. Nas *GI*, Leibniz o formula da seguinte maneira:

> *A e B são idênticos* significa: um pode ser substituído pelo outro em qualquer proposição *salva veritate*" (AA, VI, iv – p. 746)[294].

Pode-se justificar o uso do princípio considerando os dois aspectos dos nomes ou termos, a saber, aquele concernente às suas relações de simbolização e aquele concernente às suas relações de significação. Dois termos são idênticos relativamente às suas relações de significação quando são sinônimos, isto é, quando a definição que estabelece a relação de significação

---

res in mea characteristica, et analysi notionum, promittit facilitatem, eritque inventum maximi momenti".

293 Ver por exemplo VI, iv, p. 808 - §12; Id. p. 831; *Phil., VII, D, II, 2, f. 28 - OFI*, p. 475.

294 "*Idem* autem *esse A ipsi B*, significat alterum alteri substitui posse in propositione quacunque salva veritate".

de um é a mesma que estabelece a relação de significação do outro. Dois termos são idênticos relativamente às suas relações de simbolização quando simbolizam a mesma coisa. Segue-se dessas caracterizações que dois termos podem ser idênticos sem serem sinônimos, o que ocorre quando suas definições são diferentes, mas instituem uma mesma coisa.

A primeira restrição que Leibniz faz nas *GI*, concernente às condições de aplicação do princípio, uma restrição aliás condizente com o que sustenta alhures a propósito da diferença entre concretos e abstratos, refere-se a estes últimos: no cálculo, não se deve utilizar senão concretos, quer dizer, os termos considerados segundo suas relações de simbolização. Assim sendo, tomemos dois termos *A* e *B*, os quais simbolizam a mesma coisa, mas significam diferentemente. Quando se substitui *A* por *B* em uma proposição *P* qualquer, nada se modifica nas relações de simbolização dessa proposição. Claro que já não se trata da mesma proposição da qual se partiu, pois as relações de significação de uma das suas partes foram alteradas. Mas trata-se sempre de um mesmo conteúdo ou situação simbolizados, pois as relações de simbolização vigentes no interior da proposição *P* e da proposição *Q*, esta resultante da substituição, permanecem inalteradas, visto coincidirem. Assim, evidentemente, o valor de verdade de uma não poderia ser diferente daquele da outra; afinal, sendo a coisa ou situação simbolizada a mesma nos dois casos, se a coisa ou situação é (existe), as duas proposições serão verdadeiras; caso contrário, serão ambas falsas.

Por aí se vê que, embora a regra se aplique a termos em contextos proposicionais, o fundamento da regra encontra-se nas relações de simbolização dos termos que nelas figuram: é porque permanece inalterada a coisa simbolizada pelos termos, pouco importando as significações destes, que se assegura a inalterabilidade do valor de verdade das proposições respectivas. Por outro lado, embora o fundamento disso seja a unicidade no plano da coisa, quer dizer, a identidade na relação de simbolização, o que se toma por idêntico ou não são os termos, e não as coisas. São termos diferentes com respeito a suas relações de significação que são avaliados como idênticos ou não do ponto de vista de suas relações de simbolização[295].

Alguns estudiosos recusam essa interpretação das condições de aplicação e justificação[296] do princípio *salva veritate*, sustentando que Leibniz pretenderia aplicar o princípio antes a indivíduos do que a termos. Nesse caso, o que seria substituível seriam os termos, mas o que seria aquilatado como idêntico ou não seriam os indivíduos que satisfizessem as propriedades simbolizadas pelos termos. Haveria então uma inversão das condições de interpretação apresentadas acima: ao invés de se referir à essência, o princípio se referiria aos indivíduos que satisfizessem ou não uma determinada essência. A substituição dos termos *salva veritate* seria

[295] *Termos equivalentes* são aqueles que significam a mesma coisa, como *triângulo* e *trilátero* <*Termini aequivalentes* sunt, quibus res significantur eaedem, ut *triangulum* et *trilaterum*> (AA VI, iv - p. 285).

[296] Não se pode interpretar essa justificação como uma prova, no sentido formal, do princípio. Uma tal prova, Leibniz a formula da seguinte maneira: "Formulo o seguinte teorema: *Se A pode ser substituído onde quer que seja no lugar de B, então B pode ser substituído onde quer que seja no lugar de A, salva veritate*. Demonstro isso com o auxílio do Axioma '*B pode ser substituído onde quer que seja no lugar de B*'. Ora, se *A* pode ser substituído onde quer que seja no lugar de *B* (por hipótese), ele pode substituí-lo em sua segunda ocorrência no Axioma: *B pode ser substituído onde quer que seja no lugar de B*, donde resulta: *B pode ser substituído onde quer que seja no lugar de A*. Como se queria demonstrar" <Theorema tale formo: Si A ubivis substitui potest in locum ipsius B,etiam B ubivis substitui potest in locum ipsius A; salva veritate. Quod demonstro ope Axiomatis: B ubivis substitui potest in locum ipsius B. Nam si A ubivis substitui potest in locum ipsius B (ex hypothesi) substituatur et in loco posteriore Axiomatis hujus: B ubivis substitui potest in locum ipsius B; et fiet inde: B ubivis substitui potest in locum ipsius A. Quod erat demonstrandum> (AA VI, iv - p. 829).

o critério para determinar a identidade ou não das coisas apresentadas por meio dos termos.

Benson Mates (1986, p. 125) perfilha essa interpretação. Ele justifica seu ponto de vista apoiando-se sobre duas alegações, das quais a primeira seria que a aplicabilidade do princípio a termos ou conceitos o tornaria supérfluo. A segunda seria a dificuldade, divisada por ele, de compatibilizar a interpretação de que o princípio opera sobre termos com todas as afirmações de Leibniz sobre a identidade.

Para atestar a esterilidade da aplicação do princípio a termos, Mates afirma:

> ...se o conceito *A* é idêntico ao conceito *B*, então supostamente o resultado de substituir *B* por *A* em uma proposição *P* não será alguma outra proposição *Q* que tenha o mesmo valor de verdade que *P*, mas será ainda a própria proposição *P*. Por outro lado, se o conceito *A* é diferente do conceito *B*, e se o conceito *A* é parte da proposição *P*, então o resultado de substituir *B* por *A* em *P* será uma proposição diferente *P'*. Então, a cláusula *salva veritate* no princípio pareceria inteiramente supérflua, assim como a referência a todas as proposições. Quem quer que possa reconhecer a mesma proposição duas vezes (quando a vê com seus olhos da mente) – e quem quer que não possa fazer isso está em uma condição precária para ter acesso aos valores de verdade das proposições – poderia com base nisso obter o seguinte critério mais simples: sejam *A* e *B* conceitos, e seja *P* uma proposição na qual *A* ocorre; então *A* é o mesmo que *B* se e somente se o resultado de substituir *A* por *B* em *P* for o mesmo que *P*. (Mates, 1986, p. 125).

Vemos que, dando nova roupagem à alegoria do aviário, que Platão formula no *Teeteto* (Cf. 195c6-199d8), Mates parece presumir precisamente a crença que está em sua gênese, a saber, de que as relações de significação dos termos reduzem-se às suas relações de simbolização, de tal maneira que dois termos com significações diversas, mas coincidentes quando, segundo Mates, são "vistos com os olhos da mente", resultariam indistinguíveis entre si, de sorte que sua intersubstituição em uma proposição não alteraria a própria proposição, vale dizer, seu sentido[297]. Em um cenário leibniziano, isso pareceria implicar que um termo deveria encerrar em sua significação não apenas os termos suficientes para precisar a coisa significada, mas, antes, o elenco exaustivo dos termos que simbolizam as propriedades necessárias da coisa significada – tal como, na alegoria platônica do aviário, para não ser confundido com onze ou qualquer outro número, o doze deveria, aos olhos da mente, ser indistinguível de "7 + 5", "20 - 8", ou qualquer outra acepção correspondente a uma operação aritmética cujo resultado fosse 12. Nessas condições, termos coincidentes quanto às suas relações de simbolização resultariam "aos olhos da mente" indistinguíveis também quanto às suas significações. Desse ponto de vista, como ressalta Mates, é evidente que a aplicação do princípio *salva veritate* a esses termos seria supérflua.

Ocorre que essa interpretação dificilmente se coaduna com as distinções que Leibniz tece entre os tipos de definições. Como já visto, de acordo com ele, uma definição não é forçosamente a reunião dos símbolos de todas as propriedades necessárias da coisa. Antes, para que seja uma definição, mesmo que não essencial, basta a um enunciado apresentar os símbolos das condições suficientes para identificar a coisa definida e distingui-la das demais. A definição real ou essencial, por seu turno, além de encerrar as condições para identificar

[297] Discuto essa questão em Moreira (2015), pp. 27-28.

e circunscrever o definido, exibe também as condições que o tornam inteligível, assim atestando, aos olhos da mente, sua possibilidade. Ora, se definições essenciais e definições meramente nominais de uma mesma coisa fossem *eo ipso* sinônimas "aos olhos da mente", a própria distinção entre definições reais e nominais se diluiria – o que, como já examinado, destoa do que lemos nos textos de Leibniz.

Resultaria errôneo, portanto, presumir que dois termos, por simbolizarem uma mesma coisa, fossem sinônimos aos olhos de Leibniz. Ao contrário, para ele, se aqueles termos possuírem significações diferentes, eles guardarão entre si uma diferença, mesmo que sua identidade ou sua diferença, no sentido que interessa para o princípio de substituição, seja aquela que se determina a partir das relações de simbolização dos termos. Assim, para os efeitos do cálculo e, na esteira deste, para as condições de aplicação do princípio *salva veritate*, dois termos não sinônimos serão idênticos se e somente se simbolizarem a mesma coisa, já que, para Leibniz, são substituíveis entre si *salva veritate* os que são idênticos um ao outro, e estes são os termos coincidentes quanto às suas relações de simbolização.

A segunda alegação sobre a qual Mates busca amparar sua interpretação, como já antecipado, é de que a interpretação alternativa não parece se acomodar a algumas passagens dos manuscritos leibnizianos, que, ao menos em uma apreciação sumária, parecem sugerir que o princípio *salva veritate* se dirigiria a indivíduos. Mais precisamente, os termos manteriam uma segunda relação com os indivíduos que satisfazem as definições respectivas, de tal modo que a substituição *salva veritate* de um termo por um termo diferente nos contextos proposicionais permitiria decidir se os indivíduos que caem sob certos termos permanecem sempre os mesmos ou não. Duas são as afirmações de Leibniz mobilizadas por Mates (1986 - pp. 126-127) com o intuito de corroborar sua interpretação. Na primeira lemos o seguinte:

> Basta que eu diga que não pode haver dois singulares em tudo semelhantes, por exemplo, dois ovos; é necessário que alguns [predicados] possam ser ditos de um, os quais não possam ser ditos do outro. Caso contrário eles poderiam se substituir mutuamente, e nenhuma razão haveria pela qual não fosse melhor que fossem ditos um e o mesmo. Mas se têm predicados diversos, nesta mesma medida diferem também quanto aos conceitos pelos quais aqueles predicados inerem (AA VI, iv, p. 554)[298].

A alegação de Mates para pleitear que nessa passagem estariam elucidadas as condições de aplicação do princípio *salva veritate* é que Leibniz partiria de uma diferença entre os ovos para estabelecer uma diferença entre seus respectivos predicados e daí entre seus conceitos. Se fossem idênticos, sugere Mates, "os ovos poderiam ser substituídos um pelo outro". Ele parece concluir daí que Leibniz "claramente está aplicando o princípio *salva veritate* aos ovos, não aos conceitos, e visto que ele logo depois diz explicitamente que os conceitos diferirão se os ovos diferirem, dificilmente pode ser sugerido que nesse caso, quando ele diz 'ovos', ele realmente queira dizer 'conceitos de ovos'" (Mates, 1986 - p. 127).

A interpretação de Mates para a passagem, porém, não é a única, aliás, nem se afigura a mais linear. Afinal, é mais natural remeter a expressão "substituir-se mutuamente" no trecho

[298] "Sufficit quod dixi non posse dari duo singularia per omnia similia, exempli causa duo ova, necesse est enim aliqua de uno dici posse quae de altero dici non possint, alioqui substitui sibi mutuo possent, nec ratio erit cur ita non potius dicantur esse unum et idem. Si jam diversa habent praedicata, utique et conceptus different, quibus ea praedicata inerunt".

"alioqui substitui sibi mutuo possent", não ao que foi dito mais remotamente na passagem, e sim ao que foi dito imediatamente antes de sua ocorrência. Nesse caso, o pronome "sibi" retomaria os que poderiam *ser ditos* <*dici possint*> "de uno", os quais, então, *contra hypothesi*, poderiam também *ser ditos* "de altero", de sorte a serem intersubstituíveis *salva veritate*. Eis o que torna compreensível que se esvaziem *as razões* <*nec ratio erit cur*> para que os ovos sejam considerados distintos entre si, antes de se dizer que seria um dos ovos a desaparecer do horizonte. Ademais, mesmo admitindo a leitura sintaticamente menos provável de Mates, mesmo que Leibniz tivesse cometido o deslize de afirmar a possibilidade de substituição de um ovo pelo outro, nem por isso a passagem como um todo autoriza inferir que ele aí estaria fazendo um uso do princípio *salva veritate*. Afinal, Leibniz empenha-se nela em sustentar sua tese de que não há dois objetos diferentes *solo numero*[299]. Essa tese exprime uma exigência de um outro princípio, o princípio de identidade dos indiscerníveis, cujas condições de aplicação são, como o próprio Mates reconhece, visivelmente distintas daquelas do princípio *salva veritate* (Cf. Mates, 1986 - p. 134). É oportuno acrescentar, aliás, que o princípio de identidade dos indiscerníveis é estranho à lógica leibniziana, não sendo sequer mencionado nas obras conhecidas em que Leibniz se dedica a essa disciplina. De sorte que evocar a passagem, como o faz Mates, para corroborar afirmações sobre as condições lógicas de aplicação do princípio *salva veritate* requereria justificações adicionais, o que, contudo, Mates não oferece[300].

[299] No contexto em que a passagem se encontra, Leibniz discute problemas ligados à individuação e às condições de individuação, e não questões específicas da sua lógica e ligadas ao princípio de intersubstituição *salva veritate*.

[300] É aliás surpreendente que Mates se sirva da passagem citada para ratificar sua interpretação do princípio *salva veritate* e que mais tarde também a utilize em sua exposição sobre o princípio leibniziano da identidade dos indiscerníveis (Cf. op. cit., p. 133).

Na outra passagem mencionada por Mates (1986 - p. 127), lemos:

> Realmente distintos costumam ser distintos pelos sentidos; conceitualmente distintos costumam ser distintos apenas pelo espírito, isto é, são diversos formalmente, ainda que não sejam diversos quanto à coisa. Como, por exemplo, no plano, triângulo e trilátero diferem não na coisa <*in re*> mas apenas em conceito, e portanto, são idênticos realmente, mas não formalmente. Trilátero como tal menciona lados; Triângulo, ângulos. Trígono *qua* triângulo tem três ângulos iguais a dois ângulos retos; *qua* trilátero, tem dois lados sempre maiores que o terceiro[301].

De acordo com Mates, antes que afirmar que os conceitos "triângulo" e "trilátero" são idênticos, na passagem citada Leibniz afirmaria que são diferentes: seriam as coisas mesmas (*res*) que seriam aí consideradas idênticas. É preciso lembrar, contudo, que "*in conceptu*" para Leibniz não significa o mesmo que o que Mates designa por "conceito". Conceito, *conceptus* para Leibniz, conforme já examinado, designa as noções que a ideia da coisa visada encerra. *Coisa*, por seu turno, como também já examinado, designa a unidade simbolizada por um nome. Nessa medida, o conceito correspondente a uma coisa concerne ao que, no plano do pensamento, evoca as ideias relativas aos símbolos reunidos em uma das definições da coisa. Assim, o conceito de uma coisa é correlativo à significação de uma das definições apresentando essa coisa. Ser diferente *in conceptu* é ser diferente

---

[301] "Diversa realiter solent sensibus distingui, conceptualiter diversa sola mente seu diversa formalitatibus, etsi non rebus. Velut in plane triangulum et trilaterum re non differunt sed solo conceptu" (LH IV, VIII, 61r). Ver também *N.E.* IV, vii, §2 - §4; *N.E.*, IV, ii, §1, et AA VI, iv - p. 810.

no plano das ideias correlativas aos símbolos que constituem as definições, o que Leibniz denomina "modo de conceber" <*modus concipiendi*>[302]. Por conseguinte, tudo o que se está autorizado a dizer quando dois termos diferentes no modo de conceber se apresentam é que eles não possuem a mesma significação. Daí não se pode inferir que não sejam idênticos, quer dizer, que não possuam as mesmas relações de simbolização[303]. Evidentemente, partindo das suposições de Mates, a saber, que não há diferença entre significação e simbolização, é justo conferir à passagem citada a interpretação que ele reivindica. No entanto, como já deve estar manifesto a esta altura, essas suposições revelam-se incompatíveis com as teorias leibnizianas da definição e com a categorização que Leibniz apresenta para classificar as definições consoante o modo pelo qual apresentam a coisa definida.

Se essas observações bastam para afastar a interpretação proposta por Mates, elas parecem erguer uma dificuldade ulterior. Para Leibniz, se uma identidade se verifica entre termos diferentes no modo de conceber, então ela pode ser demonstrada[304]. Isso implica que, se dois termos são idênticos – o que significa aqui que mantêm as mesmas relações de simbolização –, é sempre possível que sua identidade seja tornada evidente pelos símbolos. A seus olhos, isso significa que sempre se pode pretender reduzir uma proposição verdadeira do tipo "$C = B$" a uma proposição da forma "$A = A$":

> *A coincide com B* se um pode ser substituído pelo outro *salva veritate*, ou seja, se resolvendo um e outro

[302] Cf. infra, AA VI, iv, p. 552.

[303] Ver a esse respeito, Esquisabel (2014).

[304] "Toda definição é um predicado composto recíproco de um nome a partir do qual todos os outros são demonstrados" <omnis definitio est praedicatum nominis reciprocum compositum ex quo alia omnia demonstrantur> (AA VI, iv - p. 288).

> pela substituição dos valores (ou seja, das definições) no lugar dos termos, nos dois lados aparece o mesmo – o mesmo, digo, formalmente. Como por exemplo se nos dois lados aparecesse L.M.N. Porque a verdade é resguardada <*salva veritate*> quando se fazem mudanças decorrentes da substituição da definição no lugar do definido ou o contrário. Disso se segue que, se *A* coincide com *B*, então *B* coincide com *A* (AA VI, iv – p. 746)[305].

Hidé Ishiguro rejeita essa formulação considerando-a pouco condizente com a acepção sob a qual Leibniz concebe seu princípio. Segundo ela, a formulação revelaria uma confusão que nos reconduziria à suspeita, já erguida por Mates, de que o princípio *salva veritate* seria supérfluo.Ishiguro observa que:

> Expressões são formalmente idênticas uma à outra se elas não apenas expressam conceitos idênticos, mas são feitas dos mesmos símbolos ou palavras. Se essa é a leitura correta, então é uma confusão de Leibniz falar de termos ou conceitos como sendo formalmente idênticos (Ishiguro, 1990 - p. 21).

De acordo com Ishiguro, portanto, se dois termos coincidentes, mas distintos quanto às suas significações, culminam por resolver-se exatamente nos mesmos termos, de tal sorte que a explicação de um resulte idêntica à explicação de outro, então eles culminam por serem sinônimos – eles culminam por partilhar

---

[305] "*Coincidit A ipsi B*, si alterum in alterius locum substitui potest salva veritate, seu si resolvendo utrumque per substitutionem valorum (seu definitionum) in locum terminorum, utrobique prodeunt eadem, eadem inquam formaliter, ut si utrobique prodeat L, M, N. Salva enim veritate fiunt mutationes quae fiunt substituindo definitionem in locum definiti vel contra. Hinc sequitur si A coincidit ipsi B etiam B coincidit ipsi A".

a mesma significação. Nesse caso, como já advertia Mates, o resultado de substituir um pelo outro em uma proposição *P* qualquer não produziria uma proposição diferente *Q*, mas reiteraria a mesma proposição *P*. Assim, o que Ishiguro objetaria à passagem supracitada seria que a identidade formal a que Leibniz aí parece pretender reduzir a equivalência entre termos culminaria por tornar o princípio *salva veritate* dispensável. A saída de Ishiguro reside em recusar que, na passagem supracitada, Leibniz tivesse sido rigoroso. O critério para a identidade dos termos, sustenta ela, esgota-se na comparação de seus comportamentos em todas as proposições segundo a regra *salva veritate*, mas isso não deve implicar que a relação de equivalência entre um e outro seja redutível a uma identidade formal.

Sem pretender retomar o exame dessa tese, já suficientemente discutida há pouco, convém ponderar que, tal como Mates, Ishiguro parece negligenciar o caráter eminentemente simbólico que Leibniz sustenta constituir o pensamento humano. Conforme também já suficientemente examinado (Cap. I, 1), os termos na linguagem, para Leibniz, não remetem imediatamente a coisas, entidades ontologicamente constituídas ou unidades eidéticas reunindo toda a complexidade descrita nas diferentes descrições por meio das quais elas se deixam apanhar, como parecem presumir Ishiguro e Mates. Antes, segundo Leibniz, os termos na linguagem são constitutivos dos pensamentos, que, por seu turno, afiguram esgotar-se na sua relação àqueles termos. Eis, aliás, o que, a seus olhos, permite explicar o engano e a falsidade na composição dos termos, como no caso examinado precedentemente (I, 1.1.1), do movimento maximamente veloz: aqui conectamos meramente os símbolos na convicção errônea de estarmos concatenando um único pensamento ou ideia. Ora, considera Leibniz, a ausência desse pensamento ou ideia testemunha que a composição, e o pensamento respectivo, restringiu-se ao plano dos símbolos. E restringiu-se porque o pensamento – ou, mais precisamente, o pensamento humano – é essencialmente simbólico. Eis por que Leibniz pode sustentar que a coincidência entre definições ou descrições diferentes, conquanto se deixe reduzir, por meio da análise, a uma identidade formal, nem por isso resulta um caso de sinonímia.

Antes de passar adiante, é oportuno tecer uma derradeira consideração sobre esse dispositivo por meio do qual, segundo Leibniz, a equivalência entre termos distintos quanto a suas conotações se deixa reduzir à identidade formal. Dito de outro modo, é oportuno refletir sobre a análise. De acordo com ele, a análise caracteriza-se por um procedimento de substituição de equivalentes peculiar, visto que a simples relação de identidade reconhecida entre os termos é para ele um requisito necessário, mas não suficiente. Segundo ele, analisar um termo é resolvê-lo, quer dizer, é efetuar sua substituição por outros termos mais simples, cuja reunião constitui sua significação (AA VI, iv – p. 151). Ora, as substituições permitidas a partir do princípio *salva veritate* não se restringem a substituições em que a resolução se efetua. O único critério de substituição imposto pelo princípio é a preservação do valor de verdade da proposição, pouco importando se o que foi substituído é mais simples ou mais complexo do que o que tomou seu lugar. A regra de substituição de equivalentes aplicável ao procedimento de análise resulta de uma restrição ao princípio *salva veritate* na medida em que ela exige como uma condição adicional que o que substitui seja sempre constituído de termos mais simples do que o substituído. Dessa forma, na análise, é preciso que o definido dê lugar sempre à sua definição, mas não o contrário. Por conseguinte, a análise impõe um procedimento que não observa o caráter simétrico da relação de equivalência, mas avança em um único sentido, a saber, aquele orientado pelo procedimento de resolução[306].

Para Leibniz, conforme já examinado, a dúvida quanto a um pretenso descompasso entre a definição e a coisa definida não se ergue, pois, para ele, a definição institui a coisa. Isso assegura uma identidade estrita entre a definição e a coisa definida, de tal maneira que o nome da coisa – o signo que resume a definição – é, no contexto proposicional, a própria coisa. Como vimos, Leibniz admite que uma mesma coisa possa satisfazer várias definições, quer dizer, deixa-se instituir por meio de formulações que encerrem significações diferentes entre si. Dentre estas, todavia, apenas uma única – a perfeita ou essencial – encerra o fundamento da demonstração de todas as demais. Depreende-se daí que uma única dessas definições pode tornar demonstrável a relação de equivalência entre as referidas definições. Afinal, não é difícil compreender que, se uma única definição pode tornar demonstráveis as outras definições pelas quais uma coisa se deixa apanhar, então essa mesma definição pode ser admitida a base sobre a qual se efetua a demonstração da equivalência entre quaisquer dentre suas outras definições – equivalência que a transitividade da identidade permite evidenciar[307].

Para tanto, segundo Leibniz, os termos envolvidos na definição perfeita devem ser aqueles a partir dos quais se evidencia sua equivalência a todas as restantes definições da mesma coisa, bem como, na esteira dela, as equivalências dessas

---

306 Como observa M. Fichant (1994, p. 182), "a definibilidade não é uma relação simétrica como o são a identidade e a substitutibilidade. Por conseguinte, o 'é' da identidade definicional envolve a dissimetria do *definiens* e do *definiendum*, que para Leibniz concerne não a uma convenção linguística, mas a um encadeamento essencial e naturalmente irreversível dos conceitos".

307 Se duas definições, digamos, *def1* e *def2*, são equivalentes a uma terceira definição, digamos *def3*, então, em virtude da transitividade da identidade, *def1* e *def2*, são equivalentes entre si.

definições entre si. Isso se assegura, ainda segundo ele, se os termos envolvidos na definição perfeita compuserem todos os outros termos integrantes das demais definições da coisa. De sorte que, exaustivamente resolvidos, os termos que constituem as diferentes definições de uma coisa devem conduzir, na análise, àqueles que constituem a definição perfeita da mesma coisa. Caso contrário, nenhuma razão haveria para assegurar a identidade da coisa respectiva, isto é, se os termos que integram uma definição perfeita não fossem os mesmos que figuram na análise exaustiva de uma outra definição, então nenhuma legitimidade ou fundamento haveria para pretender que essas duas definições correspondessem à mesma coisa. A eventual identidade da coisa poderia ser negada sem inconsistência – o que, para Leibniz, tornaria falso afirmá-la[308]. Vemos que, quando se segue os passos de Leibniz, parece restar pouca margem para concluir em favor da inutilidade do princípio *salva veritate*, a não ser com respeito a um intelecto que conheça exaustivamente os termos em que se resolve cada definição e que já disponha, nesta medida, do conhecimento por meio do qual se conhece a razão *a priori* das verdades. Para um tal intelecto, que evidentemente prescinde da análise, o princípio de substituição de equivalentes é sem dúvida supérfluo. Não parece, contudo, ter esse perfil o intelecto que Leibniz reputa possuírem as criaturas.

É importante enfatizar que a relação à coisa em que se encontra o fundamento das relações de identidade entre termos não se confunde com as relações entre as extensões dos termos, pois, conforme já reiterado, por "*coisa*" deve-se entender a

[308] Pode-se duvidar – como, aliás, parece suceder a Kant – de que o fundamento da compreensão da identidade entre proposições se esgote nas significações dos termos que integram as definições nelas presentes, sem apelo a expedientes extra-conceituais ou sensíveis. Não por acaso, Leibniz é alvo da crítica kantiana. Esta, no entanto, é uma discussão que foge ao escopo da investigação aqui proposta.

unidade que concatena os termos presentes na significação de um nome, assim conformando o que se pretende simbolizado por ele. Dito de outro modo, a relação à coisa que constitui o fundamento da identidade dos termos consiste na relação à essência, isto é, ao que torna sua identidade redutível a uma formulação do tipo "*A* = *A*". Ela não se confunde nem depende do que se passa no plano da extensão dos termos, quer dizer, no plano do conjunto dos indivíduos que satisfazem as definições correlativas.

Chris Swoyer (1995) parece inclinar-se a uma interpretação diferente. Segundo ele, a noção intensional de verdade teria conduzido Leibniz a assumir que, se a extensão de dois termos é equivalente, então eles seriam idênticos, quer dizer, teriam as mesmas relações de simbolização:

> É assaz surpreendente, visto que tipicamente se pensa ser uma questão contingente, antes que lógica, [considerar] quais indivíduos estão na extensão de um dado conceito. Por exemplo, poderia acontecer que todos os ciclistas fossem matemáticos, de modo que a extensão do conceito *ser ciclista* fosse um subconjunto da extensão do conceito *ser matemático*. Mas poucos filósofos concluiriam que o conceito *ser matemático* estivesse em algum sentido incluído no conceito *ser ciclista*.
> Leibniz concorda que é sempre uma questão contingente que um dado indivíduo esteja na extensão do conceito α. Mas para ele isso significa que seria requerida uma análise infinita para mostrar que α está incluído no conceito daquele indivíduo, e por causa de sua teoria da verdade predicado-no-sujeito, ele está comprometido com *EI* [sc.: que a equivalência na extensão implica

a equivalência nas condições de simbolização] (Swoyer, 1995 – p. 103).

Para esmiuçar o problema, revisitemos ainda uma vez as diferentes caracterizações que Leibniz propõe para as definições. Já sabemos que, para ele, quando se tem unicamente uma definição nominal, não se tem a garantia de que se refere a uma coisa, quer dizer, de que aquela definição apresenta uma possibilidade. Quando se obtém a confirmação daquela definição nominal, sem, contudo, compreender sua possibilidade *a priori*, tem-se uma definição real, mas provisional, garantindo pelo fato, vale dizer, empiricamente, a possibilidade da coisa. E, nessa mesma medida, quando se constata pela experiência que um mesmo ser satisfaz várias definições nominais, mas não se sabe como isso é possível, então tem-se uma definição provisional garantindo pelo fato, isto é, empiricamente, que uma mesma coisa que satisfaça todas as propriedades apresentadas por cada uma das definições nominais é possível. E quando se pode enfim compreender *a priori* como uma tal reunião é possível, tem-se uma definição real e essencial da coisa em que essa reunião se realiza.

Ora, como deve estar claro a esta altura, a afirmação "se os indivíduos existentes que possuem a propriedade *A* são os mesmos indivíduos existentes que possuem a propriedade *B*, então *A* é idêntico a *B*" e a afirmação "se os indivíduos existentes que possuem a propriedade *A* são os mesmos indivíduos existentes que possuem a propriedade *B*, então a conjunção '*AB*' apresenta uma possibilidade" são duas afirmações diferentes e irredutíveis aos olhos de Leibniz. Pois a primeira dessas formulações tem um apoio puramente epistêmico e não pode se eleger ao estatuto de um princípio para a lógica, nem tampouco repercutir no tratamento lógico das relações e formas proposicionais. A outra, ao contrário, é completamente conforme às regras do cálculo leibniziano:

> "Por conseguinte, entre os primeiros princípios está que termos que percebemos existir no mesmo sujeito não envolvem contradição. Ou seja, se *A* é *B*, e *A* é *C*, então certamente *BC* é possível, ou seja, não envolve contradição" (*GI* - §69)[309].

É preciso observar que a conclusão "*BC* é possível" tem a forma de uma proposição particular, e não a forma de uma proposição universal, que corresponderia a "*B não-C* não é" (ou *C não-B* não é[310]). Isso significa que o conhecimento *a posteriori* de que todos os indivíduos que são *B* sejam igualmente *C* e *vice-versa* não é suficiente para a conclusão de que a negação da equivalência entre *B* e *C* envolva contradição. Somente se a análise das noções *B* e *C* mostrar que "$B \neq C$" envolve contradição formalmente, estaremos autorizados a afirmar a equivalência lógica entre *C* e *B*[311]. A aplicação eminentemente intensional do princípio *salva veritate* garante, portanto, a legitimidade de se pretender que, se uma coextensão entre termos, quer dizer, uma equivalência no plano da extensão dos termos – no caso, no plano dos indivíduos que satisfaçam a essência que os termos simbolizam – é conhecida *a posteriori*, então é certo que há uma definição do ser em que uma tal equivalência extensional

[309] "Itaque inter prima principia est, terminos quos in eodem subjecto existere deprehendimus non involvere contradictionem. Seu si A est B, et A est C, utique BC est possibile, seu non involvit contradictionem".

[310] Supondo *B* e *C* como possíveis em si mesmos, "*C não-B*" e "*B não-C*" redundariam no mesmo, em virtude do caráter puramente privativo dos termos da forma "*não-Y*".

[311] O que pode ratificar a identidade entre as noções *B* e *C* não é a resolução de cada uma das noções individuais que encerram *BC* para avaliar se uma equivalência extensional encontra-se ali, como insinua Swoyer. O que pode ratificar aquela identidade é unicamente a resolução de ambos os termos, *B* e *C*. Com efeito, uma equivalência extensional preservaria ainda a natureza hipotética da pretensa equivalência entre "*B*" e "*C*", visto que sempre se poderia perguntar pela possibilidade de um indivíduo qualquer sendo seja *B não-C* seja *C não-B*. Ela não resolveria o problema da prova *a priori* da 'identidade entre *B* e *C*.

se realiza permitindo conhecer *a priori* como a reunião dessas propriedades em um mesmo ser é possível. Mas esta aplicação intensional do princípio, contrariamente ao que parece entender Swoyer, não autoriza que se pretenda a impossibilidade lógica de um ser *D* tal que ele seja *B* mas não seja *C* (ou, evidentemente, *vice-versa*) sobre o amparo exclusivo do conhecimento *a posteriori* de uma coextensão entre dois termos. Eis, aliás, o que Leibniz afirma expressamente em seus *Novos Ensaios* (*N.E.*, III, vi, §14 - §17 – Leibniz, 2004c (com alterações) - p. 215):

> Objeta-se que ao afirmar: *Todo ouro é estável*, se se entender pela ideia do ouro a amálgama de algumas qualidades nas quais se inclui a estabilidade, limitamo-nos a produzir uma proposição idêntica e vã, como se se dissesse: *O estável é estável*; mas se por tal se entender um ser substancial, dotado de uma certa essência interna, de que a estabilidade é um desdobramento, então não se falará inteligivelmente, pois tal essência real é completamente desconhecida. Respondo que o corpo dotado dessa constituição interna é designado por outras marcas exteriores nas quais não está compreendida a estabilidade; como se alguém dissesse: *o mais pesado de todos os corpos é também um dos mais estáveis*. Mas tudo isso é meramente provisional, pois se poderia achar algum dia um corpo volátil, como poderia sê-lo um novo tipo de mercúrio, que fosse mais pesado do que o ouro, e à superfície do qual o ouro boiasse, como o chumbo boia sobre nosso mercúrio[312].

[312] "On objecte qu'en disant : Tout or est fixe, si l'on entend par l'idée de l'or l'amas de quelques qualités où la fixité est comprise, on ne fait qu'une proposition

II.1.12 Contextos intensionais

Leibniz adverte que o procedimento de substituição de termos segundo o princípio *salva veritate* enfrenta algumas restrições em alguns contextos, mais precisamente, no caso dos assim chamados contextos intensionais, que correspondem aos contextos linguísticos em que a relação de simbolização do símbolo é transferida da coisa à sua significação. Nessas situações, o símbolo passa a se comportar de modo a simbolizar sua própria significação. Para exprimi-lo segundo uma terminologia leibniziana, trata-se de contextos em que o papel do termo

identique et vaine, comme si l'on disait : Le fixe est fixe ; mais si l'on entend un être substantiel, doué d'une certaine essence interne, dont la fixité est une suite, on ne parlera pas intelligiblement, car cette essence réelle est tout à fait inconnue. Je réponds que le corps doué de cette constitution interne est désigné par d'autres marques externes où la fixité n'est point comprise : comme si quelqu'un disait : Le plus pesant de tous les corps est encore un des plus fixes. Mais tout cela n'est que provisionnel, car on pourrait trouver quelque jour un corps volatile, comme pourrait être un mercure nouveau, qui fût plus pesant que l'or, et sur lequel l'or nageât, comme le plomb nage sur notre mercure"

Leibniz continua:

[Filaleto]: Nesse caso podemos dividir a ideia sem prejuízo da coisa: mas quando a natureza mesma leva à sua divisão, coloca-se a questão de saber se a espécie permanece. Por exemplo: se houvesse um corpo que tivesse todas as qualidades do ouro, exceto a maleabilidade, ele seria ouro? Cabe aos homens decidir. Por conseguinte, são eles que determinam as espécies das coisas.

[Teófilo]: De maneira nenhuma. Eles só poderiam determinar o nome. Mas essa experiência nos ensinaria que a maleabilidade não tem conexão necessária com as outras qualidades do ouro, conjuntamente tomadas. Ela nos ensinaria, portanto, uma nova possibilidade e, consequentemente, uma nova espécie (N.E., III, vi, §35 – Leibniz 2004c (com alterações) - p. 225).

[Philalèthe]: Nous pouvons retrancher de l'idée dans ce cas sans préjudice de la chose : mais quand la nature en retranche, c'est une question si l'espèce demeure. Par exemple : s'il y avait un corps qui eût toutes les qualités de l'or excepté la malléabilité, serait-il de l'or ? Il dépend des hommes de le décider. Ce sont donc eux qui déterminent les espèces des choses.

[Théophile]: Point du tout, ils ne détermineraient que le nom. Mais cette expérience nous apprendrait que la malléabilité n'a pas de connexion nécessaire avec les autres qualités de l'or, prises ensemble. Elle nous apprendrait donc une nouvelle possibilité et par conséquent une nouvelle espèce".

enquanto um concreto envolve apresentar um abstrato. Para Leibniz, quando uma situação assim tem lugar, a aplicação do princípio *salva veritate* enfrenta restrições:

> A ∞ B significa que *A* e *B* são *idênticos*, ou seja, podem ser substituídos onde quer que seja. A não ser que isso seja impedido por neles ocorrer que um termo qualquer seja considerado segundo uma certa relação; por exemplo, *triângulo* e *trilátero* são admitidos idênticos; contudo, se se disser *'triângulo, enquanto tal, tem 180 graus'*, *triângulo* não se pode ser substituído por *trilátero*. Há aí algo de material (VI, iv – p. 810)[313].

A ameaça de uma restrição assim reside em seus desdobramentos para a pretensão de que toda verdade seja demonstrável. Se esse emprego dos abstratos como concretos nos contextos proposicionais os tornar irredutíveis a concretos, quer dizer, se for impossível convertê-los em concretos preservando as relações de simbolização da proposição, então resultará ilegítimo pretender que todas as verdades sejam demonstráveis, pois o princípio pelo qual as proposições seriam analisáveis não seria universalmente válido. Por conseguinte, se Leibniz pretende manter que toda verdade é demonstrável, ele deve oferecer uma solução para a dificuldade que os contextos intensionais encerram.

Conforme lemos na passagem citada, segundo Leibniz, em situações como a do exemplo nela mobilizado, o princípio *salva veritate* não funcionaria devido a certo conteúdo material encerrado no termo "triângulo" e introduzido pela expressão "*enquanto tal*". Nesse contexto, essa expressão indica que a palavra

[313] "*A* ∞ *B* significat A et B esse *idem*, seu ubique sibi posse substitui. (Nisi prohibeatur, quod fit in iis, ubi terminus aliquis certo respectu considerari declaratur, ver. g. licet trilaterum et triangulum sint idem, tamen si dicas *triangulum quatenus tale, habet 180 gradus*; non potest substitui *trilaterum*. Est in eo aliquid materiale".

"triângulo" é empregada não simplesmente para evocar a coisa que simboliza, mas também a partir dos termos que reúne para fazê-lo. Isso não implica contudo que "triângulo" aqui possa ser compreendido como um puro abstrato; afinal, não se pode substituí-lo por "triangularidade", já que é o triângulo, e não a triangularidade, que possui ângulos, isto é, é a coisa enquanto tal que possui ângulos cuja soma perfaz 180°. Por outro lado, possuir ângulos não é uma propriedade veiculada na definição de "trilátero"; dito de outro modo, não é enquanto ela possui lados, mas enquanto possui ângulos, que a coisa designada seja por "triângulo", seja por "trilátero", tem 180°.

Assim descritos os papéis desempenhados pelos termos, poderia ser alegado que aí não se trata nem de um mero abstrato, nem tampouco de um concreto; trata-se de algo que se comporta como um concreto, mas que *está por* um abstrato. Leibniz nomeou esta maneira particular de se utilizar um termo como "reflexiva":

> O predicado de uma proposição universal afirmativa, ou o consequente em uma proposição afirmativa, podem ser colocados salva veritate no lugar do sujeito ou no lugar do antecedente, respectivamente, em outra proposição em que o sujeito da primeira é predicado, ou em que o antecedente da primeira é o consequente, respectivamente. Mas devem ser excetuadas as proposições reduplicativas, nas quais atestamos de um termo qualquer que ele é tão estritamente expresso que rejeitamos substituí-lo por outro; pois elas são reflexivas e estão para o pensamento assim como as proposições materiais estão para o discurso <vocum> (AA VI, iv – p. 672)[314].

[314] "Praedicatum in locum subjecti propositionis universalis affirmativae, vel consequens in locum antecedentis propositionis affirmativae, salva veritate

Nessa passagem, Leibniz expõe não apenas o que entende ser um termo tomado de modo reflexivo, mas também o tipo de proposição em que ocorre: termos reflexivos seriam aqueles que encerrariam uma dupla referência a um outro termo no contexto proposicional[315], e as proposições em que termos assim ocorrem seriam denominadas de proposições reduplicativas[316].

A partir dessa explicação do termo reflexivo, pode-se buscar nas regras já expostas para o tratamento das relações em Leibniz os instrumentos que permitam reformular a proposição reduplicativa de modo a substituir os termos reflexivos por concretos, sem prejuízo das condições de simbolização da proposição. O objetivo seria reescrever a proposição de sorte a ajustá-la às condições formais requeridas para que ela se adéque ao procedimento demonstrativo. Eis o que o próprio Leibniz parece insinuar na passagem a seguir, em que apela para o já conhecido par "*quatenus...eatenus*" com o fito de apresentar um exemplo de proposição reduplicativa:

> Se *A* é *B* e *B* é *A*, então *A* e *B* são ditos *idênticos*. Ou *A* e *B* são *idênticos* se podem se substituir um pelo outro onde quer que seja – exceto porém naqueles casos em que se trata não da coisa, mas do modo de conceber, em que certamente diferem. Como *Pedro* e *Apóstolo que renegou Cristo* são idênticos, e um termo

substitui potest in alia propositione ubi subjectum prioris est praedicatum, vel ubi antecedens prioris est consequens. Excipiendae autem sunt propositiones reduplicativae in quibus nos testamur de termino aliquo ita stricte loqui ut alium substitui nolimus. Sunt enim reflexivae et respectu cogitationum se habent ut propositiones materiales respectu vocum".

[315] Ver a respeito Mugnai (1979).

[316] A terminologia empregada por Leibniz indica a herança escolástica de Leibniz e suas raízes na lógica aristotélica. Conforme sublinha M. Mignucci (Aristóteles, 1969, p. 485 - n. 2), "*reduplicativus*" é o termo usado pelos escolásticos para traduzir o grego "ἐπαναδιπλούμενον", que Aristóteles delimita e examina em seus *Primeiros Analíticos* I, 38 – 49a11-b2.

pode ser substituído pelo outro, a não ser quando considero aquele modo de conceber que alguns chamam *reflexivo*; por exemplo, se digo *Pedro na medida em que foi o Apóstolo que renegou Cristo, nessa medida pecou*, certamente não posso substituir por *Pedro*, ou seja, não posso dizer *Pedro, na medida em que foi Pedro, pecou* (AA VI, iv, p. 552)[317].

Nesse exemplo destacam-se três afirmações: 1) "*Pedro é apóstolo*", 2) "*Pedro renegou Cristo*", e 3) "*Pedro pecou*", cuja conjunção, contudo, não esgota todas as condições de significação da proposição total, já que ela deixa de lado a contribuição que o par *quatenus... eatenus* traz para essas condições de significação. Esse par introduz uma determinada relação entre a última dessas proposições e a conjunção das duas primeiras, relação consistente na afirmação de que essa conjunção contém aquela (a última proposição). Dito de outro modo, o par *quatenus...eatenus* introduz a afirmação de que a verdade dessa conjunção é uma condição suficiente para a verdade da primeira proposição. Assim sendo, poderíamos parafrasear a proposição original da maneira seguinte: "*Pedro foi apóstolo e Pedro renegou Cristo e* por isso mesmo (*eo ipso*) *Pedro pecou*"; e a partir daí se poderia finalmente chegar a "(*Pedro sendo apóstolo e Pedro renegando Cristo*) = *Y Pedro pecador*".

Assim apresentada, a proposição satisfaz as condições formais para se submeter ao procedimento demonstrativo sem prejuízo de suas condições de significação. O desmembramento de "*Pedro foi o apóstolo que renegou Cristo*" em "*Pedro foi apóstolo*

---

317 "Si *A est B* et *B est A*, tunc *A* et *B* dicitur *idem*. Vel *eadem* sunt *A* et *B*, si sibi ubique substitui possunt (exceptis tamen illis casibus, ubi non de re sed modo concipiendi agitur, quo utique differunt. Ita *Petrus* et *Apostolus qui Christum abnegavit* idem sunt, et unus terminus in alterius locum substitui potest; nisi cum hunc ipsum concipiendi modum considero, quod quidam vocant reflexivum, exempli causa, cum dico *Petrus quatenus fuit Apostolus qui Christum abnegavit, eatenus peccavit*, utique non possum substituere *Petrum*, seu non possum dicere *Petrus quatenus fuit Petrus peccavit*)".

e Pedro renegou Cristo" – desdobramento que, por seu turno, observa a regra segundo a qual "*A* é *B* e *A* é *C* é idêntico a *A* é *BC*" (*GI*, §102) – permite algo fundamental: eliminar a substitutibilidade de "*apóstolo renegando Cristo*" por "*Pedro*". Isso porque o desmembramento do predicado transforma cada proposição categórica resultante em uma proposição do tipo "*A contém B*", desdobrando a equivalência que, do ponto de vista gramatical, pareceria embasar a substituição. É claro que se pode reconduzir essas proposições a proposições da forma universal, graças ao emprego do signo da particularidade, conforme as regras do cálculo. A proposição poderia ser apresentada nesse caso como "(*Pedro = Z apóstolo* **e** *Pedro = W renegando Cristo*) = *Y Pedro pecando*". Talvez se pudesse avançar, tomando por base novamente a regra veiculada nas *GI* §102, para a seguinte formulação: "(*Z apóstolo = W renegando Cristo*) = *Y Pedro pecando*".

Nos *Novos ensaios* (IV, vii, §2 - §4, Leibniz se detém também em um segundo tipo de circunstância em que contextos intensionais são engendrados. Trata-se de ocorrências de proposições do tipo "fulano acredita que P" ou "fulano sabe que P". Ele observa:

> [Se] alguém tivesse dito que *as pérolas do Sr. Slusius* (de que vos falei há pouco) *não são linhas da parábola cúbica*, ter-se-ia enganado e, no entanto, isso teria parecido evidente a muitas pessoas. O falecido Sr. Hardy, conselheiro no Châtelet de Paris, excelente geômetra e orientalista e muito versado nos geômetras antigos, que publicou o comentário de Marinus aos *Data* de Euclides, estava de tal modo convencido de que a secção oblíqua do cone, denominada elipse, é diferente da secção oblíqua do cilindro, que a demonstração de Serenus lhe parecia paralogística e eu não consegui fazer nada com as minhas advertências (...). Mas aleguei este caso unicamente para mostrar

> até que ponto podemos enganar-nos ao negar uma ideia da outra quando não as aprofundamos bastante nos pontos em que haveria necessidade de o fazer (Leibniz, 2004c - pp. 289-290)[318].

Leibniz pondera aqui que, embora o termo "*secção oblíqua do cilindro*" seja idêntico ao termo "*secção cônica*", quer dizer, embora eles simbolizem a mesma essência, a conclusão do silogismo aparentemente válido e correto

> "*Sr. Hardy acredita que a secção cônica seja a elipse*".
> "*A secção cônica é idêntica à secção oblíqua do cilindro*".
> "*Sr. Hardy acredita que a secção oblíqua do cilindro seja a elipse*".

é falsa - o que pareceria uma exceção ao princípio de substituição *salva veritate*.

A dificuldade emergiria porque não se pode substituir "*secção oblíqua do cilindro*" na terceira proposição, malgrado esse termo seja reconhecido idêntico a "*secção cônica*". A razão disso é que o Sr. Hardy recusa a segunda premissa: a seus olhos, a proposição "*a secção oblíqua do cilindro é idêntica à secção cônica*" seria falsa. Pareceria portanto, de acordo com Leibniz, que seria o que o Sr. Hardy reconheceria como substituível, antes

---

[318] "Si quelqu'un avait dit que *les perles de M. Slusius* (dont je vous ai parlé il n'y a pas longtemps) *ne sont pas des lignes de la parabole cubique*, il se serait trompé et cependant cela aurait paru évident à bien des gens. Feu M. Hardy, conseiller au Châtelet de Paris, excellent géomètre et orientaliste et bien versé dans les anciens géomètres, qui a publié le commentaire de Marinus sur les *Data* d'Euclide, était tellement prévenu que la section du cône, qu'on appelle ellipse, est différente de la section oblique du cylindre que la démonstration de Serenus lui paraissait paralogistique et je ne pus rien gagner sur lui par mes remontrances (...). Mais je l'ai allégué seulement pour montrer combien on se peut tromper en niant une idée de l'autre, quand on ne les a pas assez approfondies où il en est besoin".

que o que se mostra efetivamente substituível, que forneceria o critério a partir do qual o princípio se aplicaria.

Para aplicar a essa proposição as regras do cálculo elaborado por Leibniz, um primeiro passo é desmembrar a primeira premissa, o que produziria as duas proposições categóricas "*Sr. Hardy é crente*" e "*A crença de que a secção cônica é a elipse é*", ligadas pela conjunção, seguida da partícula "*por isso mesmo*" <*eo ipso*> : "*Sr. Hardy é crente* e por isso mesmo *a crença de que a secção cônica é a elipse é*", ou, pelas regras já abordadas precedentemente: "*Y Sr. Hardy é crente = Z crença de que a secção cônica é a elipse*". Essa paráfrase da proposição conduz à conclusão de que a relação de simbolização dos termos "*secção cônica*" e "*elipse*" nesse caso não diz respeito efetivamente às coisas respectivas, mas à crença do Sr. Hardy: nesse contexto, esses termos especificam a natureza da crença em tela. Poderia, portanto, ser dito que é a crença que corresponde ao concreto, que, por seu turno, é referido ao concreto "*Sr. Hardy*". O termo "*a secção cônica é a elipse*" é, nessa medida, um termo parcial, pois restringe-se a descrever o conteúdo da crença. Enquanto tal, aquele termo não pode ser separado do termo "*crença de que*" sem que isso altere a natureza do concreto de que se trata, quer dizer, sem que isso modifique as condições de simbolização da proposição.

A segunda observação é que, além de "*a secção cônica é a elipse*", uma segunda qualificação dirige-se ao termo "*crença*", a saber, o indefinido *Z*, que na proposição assinala, com respeito ao predicado "*crença de que a secção cônica é a elipse*", que, dentre outros sujeitos a que eventualmente se atribui, está o termo "*Y Sr. Hardy crente*". Inversamente, o *Y* indicaria a relação do termo "*Sr. Hardy crente*" ao predicado preciso "*crença de que a secção cônica é a elipse*", o que é necessário assegurar, visto que talvez a crença em tela não seja a única crença perfilhada pelo Sr. Hardy. Pode-se assim sustentar que as condições de substituição na proposição se constituem pela preservação da identidade do concreto de que se trata. A substituição do termo "*a secção cônica é a elipse*" somente será adequadamente feita se preservar a identidade do termo total "*Z crença de que a secção cônica é a elipse*", porque é esse o termo inteiro que emerge em uma apresentação formalmente rigorosa da proposição. E é portanto a identidade desse termo que deve ser preservada[319].

Eis o que explica a falsidade da conclusão "*Sr. Hardy acredita que a secção oblíqua do cilindro é a elipse*". A substituição que a ela conduz apoia-se sobre a identidade "*a secção cônica é idêntica à secção oblíqua do cilindro*", em que os termos "*secção cônica*" e "*secção oblíqua do cilindro*" comparecem como concretos. Essa identidade não pode, portanto, ser aplicável à substituição do outro, em que "*secção cônica*" comparece como um parcial no termo inteiro "*Z crença de que a secção cônica é a elipse*". De fato, no silogismo apresentado acima, é a improcedência da substituição que conduz à conclusão falsa. Isso pode ser mostrado pela apresentação do que seria uma maneira correta de operar a substituição:

> "*Y Sr. Hardy crente = Z crença de que a secção cônica é a elipse*".
> "*Z crença de que a secção cônica é a elipse ≠ W crença de que a secção oblíqua do cilindro é a elipse*".
> "*Y Sr. Hardy crente ≠ W crença de que a secção oblíqua do cilindro é a elipse*".

---

[319] Como observa G. Nuchelmans (1983, p. 230), "em um contexto extensional a substituição de um conceito ou proposição por outro é permitida sob a condição de que a coisa externa ou situação concebida permaneça a mesma. Visto que é a coisa ou situação que determina a verdade do todo, não importa de que modo a coisa ou a situação seja concebida; portanto, um requerimento fraco de coincidência ou identidade extensional é suficiente para justificar a substituição. Em um contexto intensional, em contrapartida, a verdade do todo é dependente de uma maneira específica de conceber uma coisa ou situação. Não é mais possível fazer referência a uma coisa ou situação sob uma concepção qualquer, isto é, não podemos escolher livremente dentre uma disjunção de conceitos coincidentes, porque uma mudança na concepção pode causar uma mudança no valor de verdade".

Deve-se concluir que o uso correto do princípio *salva veritate* para a resolução dos termos constantes de "*Z crença de que a secção cônica é a elipse*" não pode fazer caso omisso do que constitui a crença do Sr. Hardy, levando em conta unicamente as relações de equivalência entre as definições envolvidas. Ao contrário, a substituição a ser efetuada no interior da proposição original deve orientar-se pela consideração do que está encerrado na concepção da crença enquanto tal.

II.1.13 O método secundum ideas e o método secundum individua

O cálculo lógico de Leibniz é, como Louis Couturat assinala, eminentemente intensional. As exigências às quais ele deve fazer face não parecem facultar outra alternativa. Leibniz parte da distinção entre definições nominais e reais e enfrenta como desafio a consistência das definições, a compatibilidade das noções envolvidas nas definições e sua conjugação nas proposições. A opção por uma abordagem intensional da lógica não responde forçosamente a uma ambição desenfreada de conhecer tudo, inclusive outros pretensos mundos possíveis, como sugere H. Ishiguro[320], mas pode ser justificada pela consideração de que os existentes, ao existirem, atestam sua possibilidade, mas não proporcionam desta uma prova *a priori*.

Como já examinado, um requisito para estruturar as condições destinadas a viabilizar formalmente as provas *a priori*

[320] "Leibniz explica por que ele não segue este método (extensional). Ele prefere 'considerar conceitos universais ou ideias e sua composição, pois estes não dependem da existência dos indivíduos'*. Pode-se na verdade pensar mundos possíveis, bem como o atual" (1990, p. 46).

consiste, aos olhos de Leibniz, em eliminar os abstratos do cálculo, visto serem as coisas, e não as relações entre as palavras, que se deseja conhecer. Ora, o uso exclusivo dos concretos assegura que, quando se mostra a ausência de contradição da proposição, mostra-se que o concreto de que se trata é, vale dizer, a coisa é. Leibniz se permitiria sustentar, portanto, que seu cálculo não se distinguiria do procedimento extensional a não ser por uma espécie de inversão que tornaria o cálculo independente da existência dos indivíduos, sem por isso lhe subtrair a referência a estes. Segundo ele,

> Certamente, fazendo essa observação, e ajustando os caracteres, todas as regras lógicas podem ser demonstradas por um cálculo que não é em nada diferente daquele que se faz aqui; basta apenas uma certa inversão do nosso cálculo. Mas preferi considerar as noções universais, ou seja, as ideias e as suas composições, porque não dependem da existência dos indivíduos (AA VI, iv – p. 200)[321].

Leibniz pôde então sustentar que, precisamente por se tratar de uma mera inversão, os resultados válidos no plano intensional prestam-se a uma correta interpretação do ponto de vista extensional. Ele avança a consideração geral de que, quando considera a relação entre gênero e espécie segundo as regras do seu cálculo, trata o gênero como estando *dentro*

---

321 "Et hac quidem observatione adhibita, et characteribus accommodatis possent omnes regulae Logicae a nobis demonstrari alio nonnihil calculo quam hoc loco fiet; tantum quadam calculi nostri inversione. Verum malui spectare notiones universales sive ideas, earumque compositiones, quia ab individuorum existentia non pendent". A este respeito, J.-B. Rauzi observa que "as regras do cálculo são de preferência interpretadas em intensão, pois Leibniz privilegia o cálculo dos conceitos. Mas elas podem igualmente sê-lo extensionalmente: passa-se do cálculo dos conceitos ao cálculo de classes por uma simples inversão do *inesse* e das regras de inferência" (*Recherches générales*, p. 73 - n. 35).

da espécie, de tal sorte que a espécie se definiria por gênero *e* algo mais. Do ponto de vista extensional, isso corresponderia a situar os indivíduos da espécie dentre os indivíduos do gênero:

> Dizemos que a noção do gênero *está na* noção da espécie, os indivíduos da espécie nos indivíduos do gênero (...).E aqui não importa, para esta noção geral, de que modo aqueles que estão contidos se dispõem entre si ou para com aquele que contém. Assim, nossas demonstrações sobre isso valem também para aqueles termos que se compõem distributivamente, como todas as espécies conjuntamente compõem o gênero (AA VI, iv - p. 833)[322].

Assim, uma relação de continência no plano intensional equivaleria a uma relação de continência inversa no plano extensional, de tal modo que 'a noção da espécie contém a noção do gênero = a classe do gênero contém a classe da espécie'. Pode-se, portanto, eleger esse procedimento de inversão como a base do princípio fundamental da interpretação extensional do cálculo, o que nos indicaria certas regras de inversão[323]:

---

[322] "*Inesse* dicimus notionem generis in notione speciei, individua speciei in individuis generis (...). Nec refert hoc loco ad notionem istam generalem quomodo ea quae insunt sese invicem aut ad continens habeant. Ita demonstrationes nostrae etiam de his locum habent, quae aliquid distributive componunt, ut omnes species simul componunt genus". "Quando digo *todo homem é animal* quero dizer com isso que os homens devem ser procurados dentre os animais, ou seja, que o que não for animal tampouco será homem. Reciprocamente, quando digo *todo homem é animal*, pretendo que a noção de animal esteja contida na ideia de homem" <Scilicet quando dico *Omnis homo est animal*, hoc ipsum volo, homines inter animalia esse quaerendos, seu qui non sit animal nec hominem esse. Rursus quando dico *omnis homo est animal*, volo notionem animalis contineri in idea hominis> (*Phil., VII, B, II, 3 - OFI*, p. 235. Ver também AA VI, iv - pp. 497 - 498).

[323] Ver sobre isso R. Kauppi (1960), IV, §2.

- No que concerne ao tratamento das proposições quantificadas, poderia ser estabelecida uma regra elementar: se o gênero está na espécie, então todo indivíduo que pertence à espécie pertence ao gênero. Isso permitiria quiçá expressar as regras do cálculo a partir de uma notação contemporânea da seguinte maneira:
    - "*Todo A é B*", quer dizer, "*A não-B não é*" produziria: $\forall(x)\ (Ax \rightarrow Bx)$.
    - "*Nenhum A é B*", quer dizer, "*AB não é*" produziria: $\forall(x)\ (Ax \rightarrow \neg\ Bx)$.
    - "*Algum A é B*", quer dizer, "*AB é*" produziria: $\neg\forall(x)\ (Ax \rightarrow \neg Bx)$.
    - "*Algum A não é B*", quer dizer, "*A não-B é*" produziria: $\neg\forall(x)\ (Ax \rightarrow Bx)$.

- A interpretação extensional da negação incidindo sobre um termo especifica a classe complementar àquela do termo negado. Quando ela incide sobre a proposição, ela indica que o que é negado não corresponde a nada: o que é negado não é, se a proposição é essencial, e não existe, se a proposição é existencial.
- No que concerne à adição real, sabe-se que sua aplicabilidade no cálculo demonstrativo refere-se às condições de especificação, quer dizer, da passagem do gênero à espécie. Isso significa que a adição real de termos no plano intensional determina uma relação de intersecção de classes no plano extensional, e não uma relação de união entre classes. Assim, por exemplo, se no plano da intensão o termo "humano" se determina como "animal ⊕ racional", ou seja, "H = A ⊕ R", ou simplesmente "$H = AR$", então isso significa que no plano extensional "$H = A \cap R$"[324].

[324] Para uma discussão a respeito, ver N. Rescher (1954), pp. 7-10; ver também C. Swoyer (1995), §4.

Pode-se, portanto, resumir essas "regras de inversão" considerando-se os procedimentos elementares: os termos especificam classes de objetos; a equivalência determina uma equivalência de extensão de classes; a negação especifica a classe complementar e a adição real corresponde à intersecção. A correta observação dos procedimentos de conversão garante que, no plano formal, nenhum problema pode surgir da transposição dos resultados do cálculo intensional para uma interpretação extensional. Desse modo, a ausência de contradição da proposição estando assegurada, a coisa é.

É importante notar que, não obstante sua conversibilidade, os procedimentos de cálculo, seja segundo indivíduos, seja segundo ideias, mantêm-se dissociados. Eles correspondem a dois procedimentos tradutíveis, mas distintos, e não a dois grupos de procedimentos pertinentes a um mesmo cálculo. Dizendo com outras palavras, o procedimento de conversão concebido por Leibniz não pode ser abordado, nesse particular, como homogêneo àquele pertinente, por exemplo, à lógica de Port Royal, de acordo com a qual a extensão de um termo seria tudo o que cai sob ele, pouco importando se se trata de indivíduos ou outros termos[325]. Leibniz não parece poder aceitar que termos possam ser considerados como pertencentes a extensões de outros termos, pois isso seria introduzir abstratos no interior do cálculo lógico. A exclusão dos abstratos parece exigir que, ao se considerar as relações lógicas entre proposições do ponto de vista da extensão, tenha-se em consideração as coisas, e não abstratos. Pode-se dizer que, para Leibniz, as relações de continência entre termos pertencem exclusivamente ao método *secundum ideas*, e que a inversão do cálculo prevê que as relações lógicas no plano extensional sejam interpretadas por referência às coisas simbolizadas.

---

[325] Cf. A. Arnauld e P. Nicole (1993), I, vi. Ver a respeito J-C. Pariente (1985) 8, §I.3.

Antes de prosseguir, é oportuno observar que as conclusões precedentes proporcionam uma resposta à pergunta formulada por B. Mates (1986, pp. 180-182) relativamente às razões que teriam motivado Leibniz a reformular uma proposição do tipo "*Alguns homens escrevem*" como "*A escreve, B escreve, A é um homem, B é um homem*", e não como, sugere Mates, "*para ao menos dois conceitos individuais A, as proposições* 'A escreve' *e* 'A é um homem' *são verdadeiras*" (Id., p. 182). A versão sugerida por Mates introduz uma proposição da qual consta a atribuição de verdade a proposições, o que, conforme examinado, Leibniz procurou eliminar, considerando que dizer "*A*" e dizer "*A é verdadeira*" é dizer o mesmo; ademais, dizer "*o termo A*" e dizer "*A*" é ainda dizer o mesmo. Além disso, a caracterização "*para ao menos dois conceitos individuais A*" apresenta um outro problema: se um termo corresponde ou não a um conceito individual não é uma dúvida que se erga no contexto do cálculo, pois a eventual resposta que ela receba não impõe nenhum procedimento peculiar nesse contexto. A recusa de que a quantificação introduza uma diferença lógica irredutível no interior da proposição, aliada à consideração da conversibilidade recíproca entre termo e proposição, proporcionam a Leibniz razões suficientes para considerar inútil distinguir os termos conforme eles especifiquem um ou vários indivíduos. Assim como uma proposição singular pode ser tratada como universal, assim também um conceito individual pode ser tratado somente pela consideração de sua tarefa referencial, independentemente do número de indivíduos que porventura caiam sob ele. A linguagem lógica almejada por Leibniz deveria se consagrar exclusivamente às distinções lógicas relevantes para a demonstração. Leibniz teria certamente ponderado que toda distinção estéril, como a proposta por Mates, não poderia aí contribuir senão negativamente.

II.2 Considerações finais sobre o cálculo

Estão enfim reunidos os conteúdos suficientes para estabelecer os princípios fundamentais do cálculo lógico de Leibniz. É importante não perder de vista que o objetivo da investigação era avaliar se toda verdade se presta a ser demonstrável, quer dizer, se toda verdade pode ser expressa exaustivamente sob as formas "*A = A*", "*AB é B*", "*A não é B não-B*". Leibniz conduz sua investigação pelas duas máximas seguintes: 1) é preciso excluir os abstratos no cálculo; 2) é preciso eliminar os elementos que não fazem parte das condições materiais da verdade das proposições.

A restrição dos operadores de demonstração à equivalência compromete Leibniz com três tarefas, das quais a primeira destina-se a garantir que as proposições e os termos sejam conversíveis, quer dizer, que toda proposição possa ser tomada como um termo e que toda proposição seja analisável de sorte que nenhum termo resulte que não possa ser convertido em uma proposição mediante meramente o acréscimo de 'é verdadeiro' ou 'é falso'.

A segunda tarefa consiste na explicitação das condições de conversão recíproca entre as proposições segundo a quantidade. Essa explicitação mostra que, quando são tomadas separadamente, palavras tais como "todo" e "algum" não apresentam um concreto. Seu papel se determinaria antes pela especificação das condições sob as quais os termos se referem uns aos outros no interior da proposição. A conversibilidade da particular à forma universal legitima-se, portanto, porque, visto que a quantificação não integra o conteúdo da proposição, a correta apresentação da particular como uma universal não poderia alterar as condições de significação da proposição, quer dizer, aquilo que concerne às condições materiais de sua relação à verdade.

A vantagem desse procedimento é que ele preserva a legitimidade do uso do sinal de equivalência. De fato, levando-se em conta as preocupações de Leibniz, a conversão de uma particular em uma universal permite um resultado fundamental, a saber, a conversão de uma proposição da forma "*A é B*" em uma outra da forma "*A = BY*". Dito de outro modo, ela permite satisfazer a exigência de que todas as relações entre termos sejam apresentadas sob a forma de relações de equivalência.

A terceira tarefa consiste em mostrar que os dois tipos de negação – a negação predicativa, que introduz termos privativos, e a proposicional – desempenham papéis solidários para garantir no interior do cálculo condições de simbolização diferenciadas, conforme se trate da predicação de um atributo a algo ou da negação de que certa proposição se verifique. A negação predicativa determina uma natureza particular de coisa, acrescentando na definição geral um predicado negativo. Assim, quando um termo negativo "*não-B*" figura no interior da proposição, isso não indica forçosamente que a proposição seja negativa, mas indica apenas que ela contém o termo "*não-B*", que designa a propriedade "*não ser B*", que, por seu turno, especifica um tipo de ser ou existente, a saber, "*não-B*". Em uma interpretação extensional, portanto, o termo negativo indicaria a classe complementar do termo negado no termo negativo respectivo. A negação proposicional não determina nada de positivo nesse sentido. Ela simplesmente atesta que aquilo a que a negação se refere não é um ser ou não existe.

Pode-se considerar concluída agora a investigação que permite avaliar se, do ponto de vista formal, toda proposição se presta a ser analisada. A possibilidade de tratar todas as proposições como termos inteiros, e as particulares como universais, aliada à utilização dos três operadores, quais sejam, equivalência, negação, e adição real, garante a possibilidade de apresentar toda proposição como uma relação de equivalência entre termos. Diz Leibniz:

> Os verbos sempre podem ser reduzidos a nomes, acrescentando apenas o verbo *é;* os advérbios estão

> para os verbos assim como os substantivos estão para os nomes. Enfim, as significações das partículas devem ser substituídas até que se chegue àquelas que nenhuma explicação pode eliminar, as quais são *é*, *e*, *não*; e a partir de sua (...) mera união com os nomes no caso nominativo devem poder ser explicadas todas as outras (AA VI, iv - p. 344)[326].

Leibniz está, portanto, autorizado a concluir que, no que concerne às condições de formalização, nenhum obstáculo poderia se impor ao procedimento demonstrativo. Essa conclusão favorece a preservação da noção intensional de verdade como um princípio vigente para toda e qualquer proposição. Os resultados do cálculo o autorizam a adotar como princípio para o conhecimento em geral que toda verdade satisfaz as condições lógicas para se submeter ao procedimento demonstrativo, pelo qual se poderia mostrar que ela não encerra nenhuma contradição, ou melhor, que nela a noção do predicado está contida naquela do sujeito. Leibniz pode finalmente afirmar:

> Toda proposição verdadeira Universal afirmativa, seja necessária seja contingente, encerra alguma conexão entre o predicado e o sujeito. Naquelas que são idênticas, sem dúvida a conexão é evidente por si; em todas as outras ela deve aparecer pela análise dos termos (AA VI, iv - p. 1650)[327].

---

[326] "Verba semper reduci possunt ad nomina adjecto tantum verbo *est*; Adverbia sunt ad verba ut adjectiva sunt ad nomina substantiva. Subjiciendae denique sunt significationes particularum donec perveniatur ad eas quae nulla explicatione eliminari possunt, qualia sunt *est*, *et*, *non*, earumque (...) et ex his solis cum nominativo nominum casu junctis caeterae omnes possunt explicari".

[327] "Omnis propositio vera Universalis affirmativa sive necessaria sive contingens, hoc habet, ut praedicati et subjecti aliqua sit connexio. Et quidem quae identicae sunt earum connexio per se patet. In caeteris debet apparere per analysin terminorum".

> *Verdadeira* é uma afirmação cujo predicado está no sujeito; por isso em toda Proposição verdadeira afirmativa, necessária ou contingente, universal ou singular, a noção do predicado está de algum modo contida na noção do sujeito; de tal maneira que quem compreender perfeitamente a noção de ambos do mesmo modo que Deus a compreende, por isso mesmo terá a perspiciência[328] de que o predicado está no sujeito (AA VI, iv - p. 1515)[329].

II.3 Necessidade e contingência

As páginas precedentes conduzem à conclusão de que todas as proposições, pouco importa se são universais ou não, afirmativas ou não, categóricas hipotéticas ou relacionais, essenciais ou existenciais, satisfazem os requisitos formais para que sejam admitidas como aptas a se submeter ao procedimento de análise. Isso quer dizer que todas as proposições satisfazem as condições exigidas para que se possa admitir que em nenhum momento no decorrer da análise um obstáculo inviabilizará a continuação do procedimento pelo qual a proposição será

[328] O verbo latino "*perspicere*", raiz das palavras portuguesas "perspícuo" e "perspicácia", designa uma compreensão a um só turno plena e imediata de algo, vale dizer, uma compreensão exaustiva que não requer mediações ou etapas, algo próximo do uso informal do verbo "sacar". Por desconhecimento de uma palavra em língua portuguesa que expresse com precisão o sentido do latino "*perspicere*", preferiu-se aqui seguir a trilha aberta por Valério Rohden, em sua tradução brasileira da obra de I. Kant, *Kritik der Urteilskraft* (ver n. 45, pp. 66-67), empregando o neologismo "perspiciência".

[329] "*Verum* est affirmatum, cujus praedicatum inest subjecto. Itaque in omni Propositione vera affirmativa, necessaria vel contingenti, universali vel singulari Notio praedicati aliquo modo continetur in notione subjecti; ita ut qui perfecte intelligeret notionem utramque, quemadmodum eam intelligit Deus, is eo ipso perspiceret praedicatum subjecto inesse".

enfim apresentada seja sob a forma "A = A", se for verdadeira, seja sob forma "A ≠ A", se for falsa. A avaliação das condições lógicas da demonstração ratifica assim o que para Leibniz parece constituir a natureza mesma da verdade, a saber, que, para uma proposição, ser verdadeira equivale a ser consistente.

Se por um lado essa conclusão parece não apenas inevitável, mas mesmo desejada, se Leibniz pretende manter as teses que o comprometem com a noção intensional de verdade, ela suscita, por outro, uma dificuldade concernente às distinções modais. Parece difícil dissociar da tese da verdade como consistência a consequência de que nenhuma diferença pode haver entre as proposições no que tange a seu estatuto modal. Se a verdade de uma proposição se mede unicamente por sua consistência, então todas as proposições resultam necessárias: proposições falsas seriam necessariamente falsas porque inconsistentes e proposições verdadeiras seriam necessariamente verdadeiras porque consistentes.

Sabemos, no entanto, que Leibniz recusa que todas as proposições sejam necessárias. Segundo ele, certas proposições podem ser tanto verdadeiras quanto falsas sem que isso afete sua consistência lógica. A essas proposições ele reserva a denominação de contigentes, por oposição às proposições necessárias, cujo valor de verdade seria determinado unicamente por referência à consistência[330]. Aparentemente, portanto, Leibniz está seguro quanto à possibilidade de acomodar a distinção entre necessidade e contingência à sua noção intensional de verdade e aos procedimentos de seu cálculo lógico. Quanto à base para essa acomodação, ele a anuncia em uma passagem que, a despeito de sua extensão, merece aqui ser percorrida na íntegra:

[330] "*Possível*: o que não implica contradição (...). '*Necessário*: aquilo cujo oposto é impossível. '*Contingente*: não necessário" <*Possibile* quod non implicat contradictionem (...). *Necessarium*, cujus oppositum est impossibile. *Contingens* est non necessarium> (AA VI, iv - p. 867). Ver também Leibniz (1993a), pp. 54-55).

Verdades necessárias são aquelas que podem ser demonstradas pela análise dos termos de sorte que cheguem por fim a identidades; do mesmo modo que na álgebra, substituídos os valores de uma equação, uma identidade finalmente surge. Ou seja, as verdades necessárias dependem do princípio de contradição.

As verdades contingentes não podem ser reduzidas ao princípio de contradição; caso contrário seriam todas necessárias e nada seria possível a não ser o que vem à existência em ato.

Entretanto, visto que dizemos tanto de Deus quanto das criaturas que existem, e dizemos das proposições necessárias não menos que das contingentes que são verdadeiras, é necessário que haja alguma noção comum à existência contingente e à verdade essencial.

Minha tese é que o que há de comum em todas as verdades é que sempre pode ser dada a razão de toda proposição não idêntica, razão que é necessitante nas necessárias e inclinante nas contingentes.

E o que parece comum aos existentes, tanto os necessários como os contingentes, é que eles têm mais razões do que outros que fossem colocados em seu lugar.

Toda proposição verdadeira universal afirmativa, seja necessária seja contingente, encerra alguma conexão entre o predicado e o sujeito. E de fato naquelas que são idênticas, a conexão é evidente por si; em todas as outras ela deve aparecer pela análise dos termos.

E nisso se descortina a misteriosa diferença entre as verdades necessárias e as contingentes, que não é compreendida facilmente a não ser que se tenha alguma tintura de matemática. Com efeito, nas pro posições necessárias, se a análise for continuada até certo ponto, chega-se a uma equação idêntica; e é

> isso que é demonstrar uma verdade no rigor geométrico. No caso das verdades contingentes, a análise progride ao infinito, de razão em razão, de modo que nunca haverá uma demonstração plena, a razão da verdade estando sempre além <*subsit*> e sendo compreendida perfeitamente apenas por Deus que perpassa a série infinita com um único golpe de Espírito (*De Contingentia* - AA VI, iv - p. 1649-1650)[331].

Leibniz reitera aqui sua tese da verdade como consistência e conjuntamente a tese da diferença lógica – calcada no princípio de não-contradição – entre proposições necessárias e contingentes. Merece atenção a insinuação por parte dele de que, antes que ser incompatível com a contingência, a demonstrabilidade do vínculo entre o predicado e o sujeito da proposição constitui o que há de comum a todas as verdades, sejam elas necessárias

[331] “Veritates necessariae sunt, quae possunt demonstrari per Analysin Terminorum, ita ut tandem evadant in identicas quemadmodum in Algebra substitutis valoribus aequatio tandem identica prodit. Seu veritates necessariae pendent ex principio contradictionis.

Veritates contingentes non possunt reduci ad principium contradictionis, alioqui omnia forent necessaria, nec alia essent possibilia, quam quae actu ad existentiam perveniunt.

Nihilominus, quia tam Deum quam Creaturas existere dicimus, et necessarias non minus quam contingentes propositiones dicimus esse veras, necesse est ut communis aliqua sit existentiae contingentis notio et veritatis essentialis.

Commune omni veritati mea sententia est, ut semper propositionis (non identicae) reddi possit ratio, in necessariis necessitans, in contingentibus inclinans.

Et existentibus tam necessariis quam contingentibus hoc commune esse videtur, ut plus habeant rationis, quam alia quae ipsorum loco ponerentur.

Omnis propositio vera Universalis affirmativa sive necessaria sive contingens, hoc habet, ut praedicati et subjecti aliqua sit connexio. Et quidem quae identicae sunt earum connexio per se patet. In caeteris debet apparere per analysin terminorum.

Et hic arcanum detegitur discrimen inter Veritates Necessarias et Contingentes, quod non facile intelliget, nisi qui aliquam tincturam Matheseos habet. Nempe in propositionibus necessariis analysi aliquousque continuata devenitur ad aequationem identicam; et hoc ipsum est in geometrico rigore demonstrare veritatem; in contingentibus vero progressus est analyseos in infinitum, per rationes rationum, ita ut nunquam quidem habeatur plena demonstratio, ratio tamen veritatis semper subsit, etsi a solo Deo perfecte intelligatur, qui unus seriem infinitam uno mentis ictu pervadit”.

ou contingentes. Merece atenção também a explicação para a "misteriosa diferença entre as verdades necessárias e as contingentes", que residiria em que a demonstração das verdades necessárias se concluiria em um número finito de passos, em contraste com a demonstração das verdades contingentes, que se estenderia ao infinito.

Paralelamente a essas considerações, algumas dificuldades se erguem. A primeira é que em nenhum momento nas páginas precedentes a diferença entre necessidade e contingência se revelou importante. Embora Leibniz lhe outorgue uma envergadura lógica – por referência ao princípio de contradição como suficiente ou não para a determinação da verdade das proposições –, a relevância da distinção entre necessidade e contingência não é debatida nem nas *GI*, nem em qualquer dos textos lógicos examinados precedentemente. Essa distinção parece ser aí simplesmente assumida, sem que isso tenha sido justificado como uma exigência dentro do contexto das investigações lógicas de Leibniz. No trecho supracitado, a única justificativa para introduzir a distinção repousa na consideração de que, caso contrário, tudo seria necessário e nada seria possível além daquilo que existe efetivamente em ato. A debilidade dessa justificativa é que a consequência alegada aparentemente não configura uma dificuldade nem para o princípio de não-contradição nem tampouco para qualquer das teses assumidas por Leibniz e examinadas até aqui.

A segunda dificuldade é que, admitindo-se a relevância da distinção entre proposições necessárias e contingentes, resta explicar o que estaria na origem do que Leibniz propõe como critério para essa distinção. Não parece que, da exigência de que a conexão dos termos predicado e sujeito das proposições verdadeiras possa ser mostrada pela análise destes mesmos termos, aliada à caracterização das verdades contingentes como aquelas cujo oposto não implica contradição, siga-se trivialmente que a demonstração das verdades contingentes se estenda ao infinito e que as necessárias se demonstrem em um número finito de passos. Se, como Leibniz parece sugerir na passagem supracitada, o critério pretendido por ele se funda realmente na confluência daquelas duas teses, torna-se importante averiguar sob que condições o nexo entre um e outras se estabelece de sorte que o pretendido critério para a distinção entre necessidade e contingência possa efetivamente ser admitido como tal.

Finalmente, supondo-se que a diferença entre proposições necessárias e contingentes possa ser estabelecida a partir da estimação da extensão da análise, é preciso examinar se esse critério está à altura do que lhe é exigido. Em outros termos, é preciso avaliar se uma diferença que aparenta ser meramente quantitativa – a saber, a extensão da análise – bastaria para fundar uma distinção qualitativa, tal como se supôs ser aquela entre necessidade e contingência, ou se, ao contrário, ainda que se admita que o critério mencionado seja suficiente para legitimar uma distinção epistêmica ou psicológica, ele não pode ser admitido apto a fundar uma distinção real e logicamente relevante entre aquelas duas noções.

II.4 As raízes da contingência

Conforme já examinado, para Leibniz, ser e existir correspondem a noções distintas. Ser é ser possível e, para que uma noção – isto é, o conteúdo de uma ideia, de um pensamento – seja admitida apresentar um ser, basta que se mostre consistente. Existir requer uma condição diferente; para algo, existir é ter uma realidade atual. Correlativamente a esta diferença, dois critérios se correspondem respectivamente ao que caracteriza o que é e o que existe. O que é ou *ens*, possível, segundo Leibniz é aquilo que pode ser distintamente concebido[332], ou seja é aquilo de que se pode formar uma ideia adequada. O que existe ou *existens* é o que pode ser distintamente percebido[333], quer dizer, é aquilo de que se pode formar uma ideia clara[334]. Em contrapartida, não *ens* ou impossível é o que não se pode conceber distintamente por envolver uma contradição. E não existente é o que não pode ser distintamente percebido, ou seja, é aquilo de que não se pode formar uma ideia clara.

Vemos que, para Leibniz, as diferenças entre ser ou essência e existir refletem certos traços distintivos fundamentais entre os comportamentos das proposições de essência e de existência relativamente ao que constitui suas condições de verdade. Àqueles traços distintivos vinculam-se certas relações de inferência que se podem estabelecer entre as proposições

[332] "*Ser*: termo possível. *Possível*: o que não implica contradição" <*Ens*. Terminus possibilis. *Possibile* quod non implicat contradictionem> (AA VI, iv - p. 867).

[333] *Ser*, Coisa que pode ser distintamente concebida. *Existente*: o que pode ser distintamente percebido" <*Ens*, Res quod distinctè concipi potest. *Existens* quod distinctè percipi potest> (*Phil., VII, D, 11, 2, f. 1 - OFI*, p. 437. Ver também AA VI, iii - p. 464). Em um texto de juventude (estima-se que datado de 1672), ao invés de caracterizar "existir" como *poder* ser (distintamente) percebido, Leibniz faz equivaler existir e ser percebido (AA, VI, iii, p.56). Na ocasião ele ressalta que, nesse caso, para algo existir não é necessário que seja percebido por nós, bastando que seja percebido por Deus, isto é, por um ser onisciente. Isso afasta a suspeita de que Leibniz faria depender a existência da atualidade da percepção empírica, preservando a correlação entre existir e *poder* ser percebido por um ser dotado da faculdade (sensível) de perceber (vale notar que, no contexto, Leibniz caracteriza a percepção divina afirmando que, para algo, ser percebido por Deus é ser harmônico: que se Deus percebe algo, isto significa que este algo O apraz).

[334] "inteligente (ou seja, o que concebe distintamente)", percipiente (ou seja, o que sente distintamente) (deve-se notar aqui que ser compreendido é uma marca de uma essência verdadeira ou possibilidade, e ser percebido é uma marca de uma existência verdadeira e atual)" <intelligens (seu distincte concipiens), percipiens (seu distincte sentiens) (ubi notandum intelligi esse signum essentiae verae seu possibilitatis; et percipi esse signum existentiae verae et [actualis])> (AA VI, iv - p 392).

essenciais e existenciais conforme seu valor de verdade. Essas relações, por seu turno, permitem formular as seguintes condições: se uma proposição existencial da forma "*A existe*" é, foi ou será verdadeira, então a correlata essencial "*A é*" é verdadeira. Por outro lado, se uma proposição existencial da forma "*A não existe*" é verdadeira, daí não se segue que a essencial "*A não é*" seja verdadeira. Por seu turno, se uma proposição essencial da forma "*A é*" é falsa, daí se infere a falsidade da correlativa existencial "*A existe*": se algo é impossível, então não pode existir, de sorte que, da falsidade de "*A é*" pode-se inferir que "*A existe*" nem é nem foi nem será jamais verdadeira. Por fim, da verdade de uma proposição essencial da forma "*A é*" não se segue a verdade da existencial correlativa "*A existe*". Conclui-se daí que a negação de uma proposição de existência não se identifica, isto é, não coincide necessariamente, com a negação de uma proposição essencial; tampouco coincidem uma proposição de existência afirmativa e a afirmação essencial correlativa. A razão disso é, pelo que mostram as comparações acima, que uma proposição de existência envolve uma asserção essencial e mais alguma outra asserção, de modo que a verdade da asserção essencial nela expressa é uma condição necessária, mas não suficiente, para garantir sua própria verdade. Donde se depreende que a forma de uma proposição de existência consiste na afirmação conjunta – isto é, em uma adição real – de uma proposição de essência e mais alguma outra coisa.

Antes de examinar o que seria este "mais alguma outra coisa", recordemos as condições de verdade das proposições de essência em geral. Essas condições referem-se ao que é necessário e suficiente em geral para uma proposição de essência ser verdadeira. Ora, o que uma proposição essencial tem de característico é a afirmação ou negação da possibilidade, isto é, do ser ou essência de algo. Para uma proposição de essência ser verdadeira, é necessário e suficiente que o que ela afirma seja possível e o que nega seja impossível; para que seja falsa, é necessário e suficiente que o que ela afirma seja impossível e o que nega seja possível. As condições necessárias e suficientes para a determinação da verdade ou falsidade de uma proposição essencial resumem-se, portanto, às condições das possibilidades das coisas, as quais se esgotam formalmente no princípio de contradição. Em síntese, a verdade ou a falsidade de uma proposição de essência restringe-se à ausência ou não de contradição naquilo que afirma ou nega. Nesse sentido, pode-se dizer que as proposições de essência satisfazem todas as condições requeridas na definição das proposições necessárias, a saber, que sua verdade ou falsidade se regulem unicamente pelo princípio de contradição[335].

Isso posto, examinemos o traço distintivo das condições de verdade das proposições de existência, a saber aquela "alguma outra coisa" asserida em toda proposição existencial. Essa "alguma outra coisa" não pode ser nem uma segunda afirmação de essência, nem redutível a esta; caso contrário, ela compartilharia com as proposições de essência em geral as mesmas condições gerais de verdade, quer dizer, sua verdade ou falsidade seria determinável a partir exclusivamente do princípio de contradição. Ora, nesse caso, a própria proposição de existência se reduziria a uma proposição de essência, vale dizer, ela seria conversível com uma adição real de duas proposições essenciais. Essa consequência, contudo, é incompatível com o que já foi admitido acima, a saber, que o termo "*existe*", do mesmo modo que "*é (possível)*", não é um predicado em sentido estrito, quer dizer, não acrescenta nada ao conteúdo proposicional, ao que na proposição é matéria de análise. Com efeito, para

[335] Poderíamos considerar como proposições necessárias aquelas ou necessariamente verdadeiras ou necessariamente falsas. Sigamos, contudo, a terminologia leibniziana, que restringe a expressão "proposições necessárias" às verdades necessárias, reservando a expressão "proposições contraditórias" às proposições necessariamente falsas.

que uma proposição existencial fosse redutível a uma proposição essencial, seria necessário que o "algo mais" nela afirmado fosse assimilado ao conteúdo da proposição essencial a que se reduz, quer dizer, fosse assimilado ao que nessa proposição é matéria de análise. Em tal circunstância, porém, não se poderia manter o que a conversibilidade recíproca entre as proposições de segundo e de terceiro adjacente já mostrou, a saber, que o termo "*existe*", bem como o termo "*é*" podem ser eliminados sem alterar as condições de análise da proposição; que, por conseguinte, nem um nem outro podem ser admitidos como componentes do conteúdo proposicional, vale dizer, daquilo que, na proposição, é matéria de análise[336].

A recusa de que o termo "*existe*" inerente às proposições existenciais integre a matéria destas, portanto, acarreta a recusa de que aquele "algo mais" procurado seja o conteúdo de uma proposição essencial. Daí se segue que, pouco importa em que consista esse "algo mais", sua verdade ou falsidade não se determina pela apreciação da pura consistência interna do que nele é dito. Assim, embora o princípio de contradição seja requerido como um pressuposto, visto que esse "algo mais" não pode ser uma contradição – sob pena de serem as proposições existenciais proposições essenciais necessariamente falsas –, esse princípio não pode encerrar as condições suficientes de verdade ou falsidade desse "algo mais".

A consequência forçosa disso é que tanto a afirmação quanto a negação de uma proposição existencial estão aptas a serem verdadeiras ou falsas, mas nem uma nem outra pode implicar uma contradição. Afinal, se a afirmação ou a negação de uma proposição de existência acarretasse por si uma impossibilidade, isso significaria que o puro princípio de contradição seria suficiente para determinar o seu valor de verdade, o que converteria a referida afirmação ou negação, tanto quanto

[336]Examino essa questão em Moreira (2012).

a contraditória respectiva, em uma proposição essencial, isto é necessária - ou necessariamente verdadeira, ou necessariamente falsa. Daí se depreende que as proposições existenciais satisfazem todas as exigências que especificam a natureza das proposições contingentes. Essas exigências esgotam-se na irredutibilidade de suas condições de verdade ao puro princípio lógico de contradição e o que disso decorre necessariamente, a saber, que nem a afirmação nem a negação dessas proposições pode implicar contradição.

Por outro lado, não se deve presumir que o que vale para as proposições de existência poderia não valer para as proposições contingentes em geral; não se deve supor que o apelo às ideias claras seja um critério de decidibilidade de proposições de existência, mas não de proposições contingentes em geral. Conforme já foi constatado no exame da teoria leibniziana das ideias, além das ideias adequadas - que concernem à intelecção distinta - unicamente as ideias claras são portadoras de certeza relativamente à possibilidade do ideado correlativo. As ideias que não encerram nem a certeza garantida pela demonstração, nem aquela proporcionada pela percepção distinta, não satisfazem todas as condições para proporcionar um conhecimento indubitável da possibilidade do respectivo ideado. Ora, se as condições de verdade das proposições contingentes são irredutíveis às puras condições formais da possibilidade, as ideias adequadas, que são suficientes como critério para determinar a verdade ou a falsidade das proposições necessárias, não podem ser suficientes para determinar o valor de verdade das proposições contingentes. Caso contrário estas seriam redutíveis às primeiras, o que já foi recusado. Assim sendo, não resta senão a possibilidade da ideia clara como o único critério para determinar a verdade ou a falsidade de uma proposição contingente. O critério para determinar a verdade ou a falsidade de uma proposição contingente resulta, então, ser o mesmo que determina a verdade ou a falsidade das proposições existenciais, e isso não por acaso. Donde se conclui que a diferença entre proposições essenciais e existenciais é correlativa àquela entre proposições necessárias (aí incluídas as necessariamente falsas) e contingentes. Conclui-se também que, do ponto de vista logicamente relevante, equivalem-se proposições necessárias e essenciais, de um lado, e proposições contingentes e existenciais, de outro.

Essa avaliação da diferença entre proposições de essência e de existência permite concluir que o fato de que nem a afirmação de essência nem a de existência constituam o conteúdo a ser demonstrado não implica que tais noções careçam de significação ou que elas sejam equivalentes uma à outra. Conforme se pôde constatar, essência e existência desempenham um papel lógico fundamental relativamente à referência das proposições aos seus valores de verdade, pois são essas duas noções que estabelecem as condições mediante as quais a verdade e a falsidade das proposições podem ser determinadas. Dito de outro modo, são elas que especificam o domínio onde se deve procurar aquilo que torna uma proposição verdadeira (se a experiência ou a intelecção). E a diferença entre elas é igualmente relevante para a lógica, na medida em que determina especificidades com respeito às condições de verdade das proposições.

É, pois, compreensível – porquanto necessário – que Leibniz reconheça a dimensão lógica da diferença entre necessidade e contingência. Porque, se por um lado ela é negligenciável no tratamento dado às afirmações de essência e existência ao longo do procedimento demonstrativo, por outro, ela desempenha papel decisivo quando se trata de precisar as condições de verdade das proposições.

CAPÍTULO III

A Lei de Continuidade

III.1 Contínuo e continuidade

O laconismo com que Leibniz aborda a relação entre a distinção entre análise finita e análise infinita, por um lado, e a distinção entre necessidade e contingência, por outro, é amiúde fonte de desapontamento. A quem busca uma explicação para essa relação, o que os escritos de Leibniz em geral oferecem é uma analogia entre a questão lógica e casos matemáticos, consistente em correlacionar as proposições contingentes e necessárias, por um lado, com as grandezas incomensuráveis e comensuráveis – vale dizer, respectivamente, aquelas cuja "proporção não é enunciável, visto comportar uma infinidade de quocientes" (AA VI, iv - p. 1662) e aquelas que, inversamente, não podem ter nenhuma medida comum – , por outro[337]. Dentre as diversas passagens em que Leibniz lança mão dessa analogia, merece especial atenção, em virtude da feição esquemática com que a analogia é tecida, a que encontramos no manuscrito "*Origem das verdades contingentes por um processo ao infinito a exemplo das proporções entre quantidades incomensuráveis*" (AA VI, iv - p. 1661-1662). Aí lemos:

[337] "Magnitudes são ditas *comensuráveis* as que são medidas pela mesma medida, e *incomensuráveis* aquelas das quais nenhuma medida comum é possível produzir-se" (Euclides, 2009, Livro X, Def. 1 - p. 353).

VERDADE		PROPORÇÃO
	é, está em <*inesse*>	
predicado no sujeito		da quantidade menor na maior ou da quantidade igual na igual
	é mostrado	
dando a razão		explicando a relação
	pela análise dos termos comum nas	
noções		quantidades
	esta análise é ou finita ou infinita	
	se finita, é dita	
demonstração		determinação da medida comum ou mútua
e a verdade é necessária		a proporção é enunciável
	pois é reduzida	
a verdades idênticas		à congruência com a repetição da mesma medida
	ou ao princípio primitivo	
de contradição ou identidade		da igualdade daqueles que são congruentes
	mas se a análise vai ao infinito	
	e jamais chega à exaustão	
a verdade é contingente		a proporção não é enunciável
envolvendo infinitas razões		tendo infinitos quocientes
	de modo que sempre sobra um resto	
do qual é preciso dar a razão		que fornece um novo quociente[338]

338

VERITAS		PROPORTIO
	est, inesse	
praedicatum subjecto,		quantitatem minorem majori vel aequalem aequali,
	ostenditur	
reddendo rationem		explicando habitudinem
	per analysin terminorum in communes utrique	
notiones.		quantitates.
	Haec Analysis vel finita est, vel infinita	
	Si finita sit, dicitur	
Demonstratio.		Inventio communis mensurae seu commensuratio.
Et veritas est necessaria		Et proportio est effabilis
	Reducitur enim ad	
veritates identicas		congruentiam cum mensura eadem repetita
	seu ad principium primum	
contradictionis sive identitatis.		aequalitatis eorum quae congruunt
	Sin Analysis procedat in infinitum	
	nec unquam perveniatur ad exhaustionem	

O hermetismo desta e de outras passagens levou alguns estudiosos, como é o caso de Leroy Loemker (1966) e Benson Mates (1989, III), a desprezar a analogia, sob a consideração de que ela parece soar como um sucedâneo precário, incapaz de fazer as vezes da explicação rigorosa. Esses autores parecem concordar que "a análise infinitesimal está muito bem no lugar de onde ela nunca deveria ter saído, a saber, no cálculo matemático", para retomar a formulação de Pinheiro (2011). A aridez que promete o estudo da matemática parece ter arrefecido a seus olhos o palpite de que Leibniz se permitiria o tom lacunar por estar persuadido de que quem quer que se debruçasse sobre sua matemática compreenderia o fundamento da analogia e, por via de consequência, a saída por ele proposta para a distinção entre necessidade e contingência. Fato é que, como anunciado logo no início deste livro, Leibniz sublinha ter sido justamente seu conhecimento da matemática, mais precisamente da geometria dos infinitos, o que lhe proporcionou a chave para resolver o paradoxo concernente à incompatibilidade das verdades contingentes com a noção intensional de verdade. Aliás, ele vai mais longe, indicando inclusive de que modo o paradoxo se resolve: é que "também as noções são resolvíveis no infinito" (AA VI, iv - p. 1516).

Leibniz chega mesmo a declarar que somente com o auxílio do conhecimento matemático se pode constituir um sistema filosófico sólido e coerente. De acordo com ele, "o fio para o Labirinto da Composição do Contínuo, o máximo e o mínimo, o inassinalável e o infinito, somente a geometria pode fornecer; e ninguém, a não ser quem a tenha percorrido, chega a uma metafísica realmente sólida" (AA VI, iii,

veritas est contingens	proportio est ineffabilis
quae infinitas involvit rationes	quae infinitos habet quotientes
ita tamen	ut semper aliquod sit residuum
cujus iterum reddenda sit ratio	novum praebens quotientem

p. 449)[339]. A razão para isso seria que tanto o problema filosófico da contingência, quanto o problema matemático do contínuo, têm uma só e a mesma fonte, que seria o infinito (Leibniz, 1857 - p. 180). Declarações como essas impõem um exame mais acurado das descobertas matemáticas de Leibniz, que leve em conta, a partir do exame de seu modo de abordar o infinito matemático, sua acepção de infinito em geral e as ligações entre esta e as raízes da contingência. Visto que essa questão remete diretamente às dificuldades em torno do contínuo, é recomendável introduzir o assunto por essas dificuldades.

Os paradoxos concernentes à composição do contínuo são tão ou mais antigos que a filosofia. Eles foram celebrizados nas glosas e doxografias dedicadas às aporias de Zenão de Eleia, que perpassaram a história subsequente da matemática, subsistindo ainda após a descoberta do cálculo diferencial e integral, nas discussões sobre os fundamentos teóricos dos métodos de Leibniz e de Newton. E alcançam os dias atuais, nos debates sobre a natureza do contínuo, o Corte de Dedekind e a análise não-standard de Robinson[340]. Claro que não convém palmilhar aqui todo esse percurso histórico, por instigante que ele seja, pois isso nos exigiria dar voltas desnecessárias para alcançar o destino aqui visado. Para esse destino, o caminho mais curto é examinar de que maneira Leibniz abordou o tema e as razões que o conduziram a crer ter encontrado a solução que, a seus olhos, o habilitaria finalmente a resolver a dificuldade filosófica relativa à contingência.

---

[339] "Nam filum Labyrintho de Compositione Continui, deque maximo et minimo, ac indesignabili atque infinito, non nisi Geometria praebere potest, ad Metaphysicam vero solidam nemo veniet, nisi qui illac transiverit" (AA., VI, iii, p. 449).

[340] Para uma exposição a respeito, ver Boyer (1959). Ver também Robinson (1996), Cap. X.

III.1.1 A composição do contínuo – breve panorama dos tratamentos matemáticos à época de Leibniz

Contínuo, para dar uma caracterização preliminar e introdutória, designa sobretudo aquilo que, embora seja resolvível em partes ao infinito, possui uma grandeza ou duração delimitada, um início e um limite[341]. Considere-se por exemplo um determinado segmento de reta. Do ponto de vista matemático, por menor que seja, esse segmento presta-se a ser dividido em sua metade, e cada uma das metades resultantes por sua metade, e assim ao infinito – o que pode ser representado pela série infinita "1, $1/2^1$, $1/2^2$, $1/2^3$, $1/2^4$ ...". A razão da infinitude vem à tona se considerarmos que, visto ser infinita a série dos expoentes no denominador – que no caso da divisão em metades, arbitrariamente escolhida, é o número dois[342] – das frações que representam cada novo membro da série, segue-se que, correlativamente,para cada novo segmento que emerge na divisão reiterada do segmento em tela, um ulterior pode ser produzido

[341] É opotuno destacar que essa explicação preliminar não contrasta com aquela oferecida por Aristóteles em sua *Física E* 3 (227a11-12), segundo a qual um contínuo se caracterizaria por ser aquilo cujas partes comungam um limite comum. Ao contrário, como veremos adiante, tomando esse diagnóstico preliminar como ponto de partida, e avançando na análise dos contínuos, Leibniz chegará a uma definição mais perspícua de contínuo que retomará, no essencial, a definição aristotélica. Uma segunda observação a ser feita é que essa caracterização preliminar não alcança aquilo que encerra a condição para a construção dos contínuos geométricos e que, por isso mesmo, deve, no limite, ser considerado contínuo, a saber, o espaço geométrico. Enquanto condição de construtibilidade dos contínuos geométricos, aquele deve ser ilimitado, não obstante deva partilhar com os contínuos as restantes propriedades destes, na medida em que essas propriedades se mostram condições *sine qua non* para que eles sejam construtíveis.

[342] Talvez não seja desnecessário sublinhar que essa escolha é arbitrária, tanto no numerador quanto no denominador. A unidade que se elege como ponto de partida expressaria a medida integral do segmento arbitrariamente escolhido: o segmento em seu todo seria *um* segmento. Já o denominador, expressaria a decisão pela divisão sucessiva em metades. Qualquer outro critério de divisão sucessiva produziria uma série igualmente infinita.

a partir de sua divisão por dois. Donde se segue que o segmento é divisível ao infinito. Ora, visto que esse segmento possui uma grandeza determinada, um início e um limite, sua infinita divisibilidade acarreta, como veremos com mais vagar adiante, sua continuidade.

Aparentemente nenhuma dificuldade haveria em reconhecer a divisibilidade ao infinito. Bastaria que, reconhecendo a infinitude da série gerada, reconhecêssemos *ipso facto* a inexequibilidade de seu percurso exaustivo: sendo infinita, a série não pode ser esgotada, já que esgotá-la seria percorrê-la toda chegando a seu fim, o que é visivelmente contraditório com sua infinitude. Os paradoxos relativos à composição do contínuo têm como um de seus ingredientes essa impossibilidade de se exaurir a série. O outro ingrediente reside na limitação dos contínuos. Enquanto tais, isto é, enquanto limitados, tornam-se passíveis de serem exauridos. Essa possibilidade de exaustão – que se reconhece de algum modo alcançável em um contínuo quando se o considera sob a perspectiva de sua limitação –transfere-se evidentemente à série infinita na qual se deixa resolver o mesmo percurso considerado como o percurso de um contínuo. Assim – e nisso podem ser resumidos em linhas gerais os paradoxos da composição do contínuo – o percurso de um contínuo enquanto grandeza delimitada é também o percurso de um contínuo enquanto uma grandeza que se deixa dividir em partes ao infinito. Pela mesma razão, uma vez que um contínuo acomoda uma infinidade de subdivisões, sua construção, nesta medida, parece envolver uma infinidade de etapas.

O conhecido paradoxo de Zenão de Eleia sobre a disputa entre Aquiles e a tartaruga permite ilustrar a dificuldade (Cf. Aristóteles, *Física* VI, 239b14-29). O paradoxo constrói-se pela conjetura do que seria um torneio de velocidade entre esses dois personagens se, visando mitigar os efeitos da morosidade da tartaruga, Aquiles lhe concedesse uma distância de vantagem, na expectativa de que, sendo mais veloz que a tartaruga, ele em algum momento da corrida acabasse por alcançá-la e mesmo talvez ultrapassá-la, assim vencendo o torneio. O paradoxo surge de um raciocínio visando mostrar que, uma vez dada a distância entre os concorrentes, Aquiles jamais poderia alcançar a tartaruga. A explicação para esse resultado seria que, para alcançá-la, ele deveria primeiramente percorrer a distância que constitui a vantagem desta, digamos *x*. Para percorrer essa distância, Aquiles deveria percorrer sua metade, a saber, $(^x/_2)$[343]. Para tanto, por sua vez, deveria percorrer a metade desta metade, isto é, $(^x/_{2^2})$ ou $(^x/_4)$.[344] E sendo assim sucessivamente ao infinito, Aquiles jamais poderia vencer a vantagem concedida à tartaruga, porquanto o montante das condições que deve satisfazer para isso se replicam ao infinito. Em seu artigo "*Zenão de Eleia*", P. Bayle nos propõe a seguinte versão do paradoxo:

> Suponhamos uma tartaruga vinte passos à frente de Aquiles, e limitemos a velocidade deste herói à proporção de um para vinte. Enquanto ele der vinte passos a tartaruga dará um: ela estará então ainda mais à sua frente. Quando ele fizer seu vigésimo-primeiro passo, ela estará ganhando a vigésima parte do vigésimo-segundo; e quando ele ganhar esta vigésima parte, ela terá percorrido a vigésima parte da parte vinte-e-um, e assim sucessivamente (Bayle, 1740, IV, (F) - p. 539).

---

343 Enquanto isso, a tartaruga percorreria o trajeto que lhe cabe, digamos *y*, de modo que, ao invés da distância entre eles cair à metade, como deveria ser admitido, esta metade é aumentada pela distância percorrida pela tartaruga; ela é, digamos, $(^x/_2) + y$.

344 Enquanto isso, a tartaruga percorrerá evidentemente a metade da metade do trajeto que é suposta percorrer, aumentando aquela "metade mais *y*" para algo como esta metade mais a metade desta metade, mais a metade da metade da distância a ser percorrida pela tartaruga nesse tempo, isto é: $(^x/_2) + (^x/_4) + (^y/_2)$.

Como se vê, o que há de paradoxal no exemplo repousa na infinitude das condições para se vencer um certo intervalo, neste caso, espacial. Assim como não enfrentamos grande dificuldade em admitir o caráter infinito da série dos números naturais ou dos cúbicos, nenhuma dificuldade parece se descortinar do puro reconhecimento do caráter infinito da série pela qual se representa o percurso a ser efetuado por Aquiles para vencer a vantagem dada à tartaruga. O paradoxo surge porque, diferentemente da conclusão que, da reflexão sobre o caráter infinito da série dos números naturais, extraímos quanto à impossibilidade de exauri-la, no caso do torneio entre Aquiles e a tartaruga, em que pese a infinitude envolvida, ele efetivamente a alcança ou pode alcançá-la. O paradoxo emerge porque o ato de alcançar a tartaruga afigura-se, portanto, algo estimado conjuntamente realizável e não realizável por Aquiles.

Os paradoxos da composição do contínuo reverberam questões de fundamentação e justificação da resolução de problemas matemáticos e físicos, como é o caso daqueles relativos ao cálculo de áreas e volumes de figuras curvas, questões que concernem diretamente aos métodos de cálculo e os procedimentos de prova aí envolvidos. Ilustra-os um outro caso célebre entre os antigos, que é o problema que Crisipo apresenta a Demócrito a respeito do cone. Em suas *Reflexões comuns contra os Estóicos* (39, p. 1079. E), Plutarco expõe o problema da seguinte maneira:

> Se um cone fosse cortado paralelamente à base por um plano, o que se deveria pensar sobre a superfície das partes cortadas? Seriam iguais ou desiguais? Sendo desiguais, farão irregular o cone, pois nele haveria muitas incisões em forma de degraus e muitas asperezas. Sendo iguais, as partes cortadas serão

> iguais e o cone terá a aparência de um cilindro, porque constituído de círculos iguais e não desiguais, o que é absurdo muito grande (*Os pré-socráticos* – Col. "Os Pensadores", p. 333)[345].

Segundo Crisipo, portanto, pode-se perguntar do cone se as superfícies produzidas nas duas partes quando se o divide, por exemplo, por um corte paralelo à base, têm exatamente a mesma grandeza ou não. Se tiverem a mesma grandeza, seria preciso admitir que o cone possuiria a forma do cilindro, o que é falso. Se diferentes, a lateral do cone não seria lisa, e sim constituída de degraus, o que é igualmente falso. Admitindo que, malgrado a dificuldade, o cone permanece uma possibilidade, poderíamos sugerir como solução do problema que as secções cônicas formadas do modo descrito acima são tais que a diferença entre elas é tão pequena que não basta para quebrar a linearidade de sua superfície. Ora, do ponto de vista matemático, unicamente a igualdade entre as referidas secções poderia preservar a linearidade da superfície do cone. E assim a dificuldade se recoloca: se alguma diferença houver entre duas secções contíguas, por menor que seja, então tal superfície será rugosa, vale dizer, constituída de degraus. E se não houver tal diferença, teremos de volta o cilindro, já que a igualdade se comunicará entre as secções, de secção a seção, atingindo a totalidade da figura.

A resposta de Demócrito, segundo Boyer (1959, p. 22), seria que o cone se constituiria de uma infinidade de lâminas circulares indivisíveis. Nesse caso, visto que a única condição concebível sob a qual tais lâminas seriam indivisíveis é que elas sejam superfícies antes que sólidos, admitamos, em favor do argumento, que elas sejam superfícies, isto é, figuras com apenas duas dimensões: suas alturas seriam então equivalentes

[345] Ver a respeito Boyer (1959), pp. 21-22.

a zero[346]. Com efeito, visto que zero, dividido por qualquer número que seja é sempre zero, tais lâminas satisfariam a condição da indivisibilidade – o que não sucederia se para sua altura fosse assumido outro valor, vale dizer, um valor positivo qualquer. Sendo indivisíveis as lâminas assumidas, a diferença entre seus respectivos diâmetros, qualquer que fosse, não poderia gerar degraus no cone: se as lâminas não tiverem altura, uma condição *sine qua non* dos degraus não será satisfeita.

A dificuldade envolvida nessa solução é que a mesma razão pela qual as lâminas não satisfazem a condição para produzir degraus implica também que não satisfaçam a condição para produzir o próprio cone. Pois visto que as lâminas têm altura equivalente a zero, seu empilhamento não proporciona nenhuma figura sólida – por conseguinte, nenhum cone. Afinal, pouco importa quantas superfícies se amontoe, esse amontoado não produzirá um sólido, ou, dito de outro modo, pouco importa quantos zeros se some no empilhamento das superfícies, o resultado será sempre zero. Para expor em termos gerais, em virtude das propriedades do zero, resulta impossível que uma justaposição de figuras de n dimensões engendre uma outra de dimensão $n + 1$.

Contra todos os obstáculos erguidos pelos contínuos, os antigos calculavam. Deles são conhecidos dois procedimentos de cálculo que merecem destaque pelas respostas que podem proporcionar, de modo mais ou menos satisfatório, às dificuldades supramencionadas. O primeiro, que teria sido inventado

[346] Cortemos, por exemplo, um cone de altura h ao meio. Teremos então dois sólidos de altura $h/_2$. Repetindo a operação agora sobre esses sólidos, teremos quatro sólidos de altura $h/_4$. Não é difícil perceber que esse procedimento prolonga-se ao infinito sem que jamais um sólido se encontre que não seja ulteriormente dividido em sua altura, isto é, que esta seja indivisível. Para que uma secção do cone possa ser pensada indivisível, ela deve ser admitida como tendo uma altura equivalente a zero, isto é, como não tendo nenhuma altura. Mas nesse caso ela não teria três, e sim apenas duas dimensões, sendo uma superfície, e não um sólido.

por Eudoxo, é conhecido como "método da exaustão". Por esse método, a área ou o volume de uma figura seria calculada a partir de seu seccionamento sucessivo de modo a, por assim dizer, exauri-la. O primeiro passo seria nela inscrever um determinado polígono e, em seguida construir, na área entre o polígono inscrito e o segmento de curva, polígonos menores tomando por base os lados do polígono. O procedimento se reiteraria

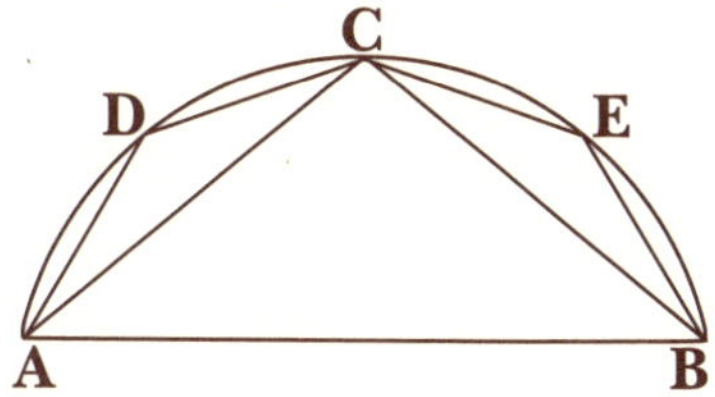

sucessivamente, sempre tendo por base os lados dos polígonos precedentemente construídos[347]. A justificação para esse procedimento pode ser dada pelo que se denomina geralmente "Postulado de Arquimedes", que pode ser apresentado da seguinte maneira: dadas duas grandezas diferentes entre si e de zero x e y, se da maior, x, se subtrai uma parcela maior que sua metade, e se desta se subtrai uma outra maior que sua metade, e assim sucessivamente, chega-se, em um número finito de passos, a uma grandeza menor do que a grandeza menor y da qual se partiu. Aplicando o postulado ao caso das figuras, poderíamos tomar, por exemplo, uma figura qualquer de n dimensões, digamos A, e supor uma outra figura B também de n dimensões que fosse tão pequena quanto se desejasse. Em seguida, pela inscrição continuada, na primeira, de figuras cada vez menores também de n dimensões, seria possível chegar a um momento em que a diferença entre a totalidade das figuras formada por esse procedimento e aquela da figura A inicialmente colocada fosse menor do que a outra B arbitrariamente escolhida[348].

---

[347] Ver a respeito J. Wallis (1972), II, *De Algebra Tractatus, Historicus & Practicus*, LXXIII - pp. 305-311. Ver também C. Boyer (1959), pp. 32-37.

[348] Esse procedimento permitiria por exemplo calcular a área de um círculo nele inscrevendo um polígono cujos lados serviriam de base à construção de triângulos, o que teria por efeito a duplicação do número de lados do polígono, com o acréscimo do valor das áreas dos triângulos àquele da área do polígono

Conforme se pode ver, o método da exaustão não envolveria a dificuldade com que se depara Demócrito na resposta para o problema do cone cuja autoria lhe é atribuída. Sendo as figuras consideradas sempre de mesma dimensão, o volume do cone poderia ser calculado seguindo o modelo do método da exaustão, sem que se precisasse explicar como um amontoado de nadas produziria algo diferente de nada. Por outro lado, ele compromete-se com todas as dificuldades decorrentes da consideração dos degraus do cone. Se o que há é uma inscrição sucessiva de polígonos no interior da curva que se pretende exaurir, então o que resultaria, por exemplo, da exaustão do cone por sólidos seria uma figura rugosa, por assim dizer, e não uma figura de superfície lisa, como seria exigido para ser um cone. Por pequena que fosse, aquela diferença – entre o espaço ocupado pelo cone e aquele ocupado pela pilha dos sólidos amontoados no seu interior – impediria que se pretendesse uma equivalência estrita, no rigor matemático, entre o resultado da exaustão do cone e o próprio cone. Daí parece se seguir que o método da exaustão, não obstante afaste a dificuldade da multiplicação dos zeros, seria um método apenas aproximativo, e não exato.

O segundo método conhecido dos antigos teria sido inventado por Arquimedes. Inspirado, segundo C. Boyer (1959, p. 48), em certas doutrinas atomistas de Demócrito e de Platão, Arquimedes teria proposto um método baseado na consideração de que uma figura consistiria de elementos que possuíssem uma dimensão a menos que ela[349]. Assim descrito, o método resgata, em seu cerne, o princípio subjacente à solução de

inicial. Pela continuação de um tal procedimento se pretenderia exaurir a circunferência, atingindo o polígono cujos lados fossem tão pequenos que sua diferença relativamente ao círculo poderia ser negligenciada.

349 Visto que procedimentos baseados nesta suposição serão tratados posteriormente, quando forem discutidos os métodos de Cavalieri e Torricelli, crê-se desnecessário aqui dispensar maior atenção ao método de Arquimedes.

Demócrito para o problema do cone. Em virtude disso, ele parece comprometer-se com todas as dificuldades envolvidas nessa solução. Afinal, quaisquer que tenham sido as nuances distintivas do método de Arquimedes relativamente às teorias daqueles seus prováveis inspiradores, ele preserva a suposição fundamental que o enreda na dificuldade da multiplicação dos zeros. E assim, ainda que não o atingisse a censura de ser um método por aproximação – já que não envolveria nenhuma diferença entre a figura sobre a qual se pretende calcular e aquela sobre a qual se calcula efetivamente –, restaria contudo sempre a questão sobre a possibilidade de que a pretensa figura se engendre pelo procedimento aí suposto.

Desse panorama parece correto concluir que os métodos de cálculo da antiguidade comprometem-se com uma ou outra das dificuldades envolvidas nos problemas do contínuo. E deixam sem solução a questão aqui considerada fundamental, concernente à composição do contínuo: certos contínuos – a saber, aqueles que se delimitam por superfícies ou linhas curvas – aparentemente não podem ser exauridos nem por grandezas de mesma dimensão que eles – pois isso nos conduz aos problemas dos quais os degraus do cone são uma ilustração –, nem por grandezas com uma dimensão a menos – pois isso desemboca na estéril multiplicação dos zeros.

Ao longo da história da matemática, as tentativas de dar respostas aos problemas relativos à composição do contínuo têm animado uma disputa teórica que permite dividir matemáticos e filósofos em duas correntes principais, geralmente designadas como atomismo e continuísmo. Sem perder de vista o risco de simplificação a que divisões genéricas como essa estão sujeitas, poderíamos dizer que, de acordo com os atomistas, o contínuo seria composto de elementos indivisíveis, ao passo que o continuísmo poderia ser caracterizado pela simples oposição ao atomismo: segundo os continuístas, a pretensão de se estabelecer elementos últimos do contínuo seria incompatível com a divisibilidade infinita deste.

De acordo com essa apresentação genérica, cada uma dessas correntes parece reeditar a dificuldade encontrada nos métodos dos matemáticos antigos. Atomistas e continuístas pareceriam se pautar antes pela tentativa de evitar as dificuldades decorrentes de uma ou outra das caracterizações do contínuo do que por apresentar uma saída que, respondendo a ambas, fornecesse os princípios para a constituição de um método matemático satisfatório de cálculo envolvendo contínuos. Assim, o argumento fundamental dos continuístas contra o atomismo repousa nas dificuldades deste em manter-se coerente, seja com a divisibilidade infinita do contínuo, seja com as propriedades matemáticas do zero. Por outro lado, os atomistas podem objetar que a doutrina continuísta não parece apta a explicar a própria possibilidade dos contínuos. Afinal, se, por exemplo, nada como elementos indivisíveis puderem ser admitidos enquanto constituintes do cone, a lisura de sua superfície – condição incontornável para distingui-lo do cilindro – resultará inexplicável.

No século XVI, o teólogo flamengo Libert Froidmont dedica um livro ao exame de argumentos em favor e contra as diferentes teorias atomistas. Trata-se do *Labyrinthus sive de compositione continui*, título que, aliás, se tornaria, na pena de Leibniz, uma expressão corriqueira em contextos de discussão sobre os problemas do contínuo[350]. No livro, Froidmont (1631)[351], dividiria as teorias atomistas sobre o contínuo em duas vertentes. A primeira reuniria as teorias consistentes na consideração de que os átomos de um contínuo seriam elementos que não compartilhariam mais com o referido

[350] Ver por exemplo AA VI, iii, pp. 449 e 475; AA VI, iv, pp. 1543 e 2446; GP II, p. 119; GP IV, p. 491.

[351] Para uma análise do livro de Froidmont, ver P. Beeley (1986 - Cap. 12).

contínuo a mesma natureza, vale dizer a mesma ordem de grandeza ou o mesmo número de dimensões. A segunda reuniria as teorias em torno da tese de que os átomos de um contínuo seriam elementos indivisíveis que, contudo, compartilhariam com aquele a mesma ordem de grandeza, isto é, o mesmo número de dimensões[352]. Os argumentos contra os atomistas estariam fundados na tese, inspirada nas teorias continuístas, de que o contínuo seria divisível ao infinito. Aos primeiros se contraporia que, qualquer que seja o momento da divisão a que se chegue, tal momento corresponderá a um elemento de mesma grandeza que aquela da qual se partiu. Contra os segundos se argumentaria que nenhuma parte de um contínuo é tal que possa perder a aptidão a ser ulteriormente dividida em outras partes[353].

Deixando de lado a discussão sobre a pertinência de se atribuir tais ou tais concepções continuístas ou atomistas a tais ou tais filósofos, pode-se dizer que Froidmont percorre as teses fundamentais subjacentes aos diferentes métodos matemáticos de cálculo envolvendo os problemas do contínuo que foram desenvolvidos no século XVII. Se, por um lado, os problemas relativos ao que foi caracterizado como um atomismo de inspiração democritiana não ofuscaram, aos olhos dos geômetras desse século, os resultados das descobertas de Arquimedes, por outro, eles suscitaram controvérsias atinentes à justificação dos procedimentos de cálculo. Essas controvérsias nutriram os debates que conduziram às descobertas de Newton e de Leibniz.

Nesse contexto, um método que não pode ser negligenciado é aquele desenvolvido pelo geômetra bolonhês

---

[352] Para uma discussão a respeito, ver Richard Sorabji, *Atoms and Time Atoms*, 5.

[353] Cf. Froidmont (1631), Cap. VI e seguintes. Para alguns argumentos contra esta espécie de atomismo supostamente inspirado em Platão, ver o opúsculo de controversa autoria aristotélica *Das linhas indivisíveis* (968a1-972b33). Para uma discussão sobre a posição de Aristóteles, ver Fred Miller (1982).

Bonaventura Cavalieri. A importância desse método consiste na engenhosidade com que através dele se poderia, ao menos à primeira vista, contornar as considerações sobre o infinito envolvidas em métodos de cálculo inspiradas em procedimentos análogos ao de Arquimedes. Cavalieri valia-se da consideração de uma figura de *n* dimensões como equivalente à totalidade – não à soma – dos elementos de dimensão *n*-1 – aos quais ele se referia por "indivisíveis" – que se podem traçar no espaço delimitado pela figura[354]. Assim por exemplo um triângulo seria equivalente à totalidade das linhas que se podem traçar no espaço delimitado por ele. Não entraria em questão nesse caso nem a relação direta, envolvendo o infinito, consistente na proporção entre os elementos de dimensão *n*-1 e aquele de *n* dimensões, nem a relação indireta entre ambos envolvendo a quantidade de elementos de dimensão *n*-1 que podem ser delineados no espaço ocupado pelo elemento de *n* dimensões. Nessa medida, a noção de infinito enquanto tal seria simplesmente descartada. Diz ele:

> Considero *todas as linhas*, ou todas as superfícies de alguma figura não para comparar o número das mesmas, o qual ignoramos, mas apenas a grandeza correspondente ao espaço ocupado por aquelas linhas; visto que é com ele congruente, e visto que aquele espaço é compreendido entre extremidades, e por conseguinte a grandeza delas está compreendida pelas mesmas extremidades, por isso pode-se com ele adicionar ou subtrair, ainda que ignoremos o número das linhas; porque digo que isso basta para que sejam comparáveis

[354] Cf. Cavalieri (1980), *Exercitatio Prima*, III - VI – pp. 3-4. Ver a respeito Kirsti Andersen (1986).

> entre si, caso contrário tampouco os próprios espaços das figuras seriam entre si comparáveis (Cavalieri, 1980, p. 23).

Esse estratagema teórico do método de Cavalieri não bastou para poupá-lo de objeções[355]. Dentre elas figura a ponderação de que o método dos indivisíveis estaria apoiado em uma suposição atomista de que grandezas heterogêneas, quer dizer, cuja relação envolve o infinito[356], poderiam entrar como termos em um mesmo cômputo[357]. O teor da objeção consistiria na avaliação de que, para justificar seu procedimento, Cavalieri deveria supor que uma grandeza poderia ser posta em comparação com um agregado daquelas que possuem uma dimensão a menos. Essa suposição, contudo, seria contraditória com a consideração do contínuo como divisível ao infinito, e sempre em partes a ele homogêneas, quer dizer, que com ele partilham o mesmo número de dimensões, isto é, a mesma ordem de grandeza.

Inspirado em um dos expedientes de que se valera Cavalieri para responder a seus objetores, Evangelista Torricelli, proporia um outro método de cálculo, muito próximo daquele que constituirá mais tarde o método das fluxões de Newton. Ele partiria da consideração de que grandezas geométricas de dimensão n podem ser engendradas a partir do movimento de grandezas de dimensão n-1[358]. Assim, por

355 Ver Cavalieri, 1980, *Exercitatio Tertia*. Para uma discussão a respeito, ver L. Brunschvicg (1993) *Cavalieri* - Chap. IX.

356 Grandezas homogêneas, também chamadas comparáveis ou arquimedianas são aquelas em que uma pode ultrapassar a outra pela multiplicação por um número finito. Grandezas heterogêneas ou incomparáveis ou não-arquimedianas são aquelas em que uma não pode ultrapassar a outra, qualquer que seja o número finito pelo qual é multiplicada.

357 Cf. Cavalieri (1980), *In Guldinun*, Caput V, Sec. X – pp. 191-192, e Caput VI, Sec. XXIII- XXIV - pp. 203 e 204.

358 Comparar com Cavalieri (1980), pp. 198-199.

exemplo, um cone poderia ser pensado a partir da revolução de um triângulo, um cilindro poderia ser engendrado a partir da revolução de um paralelogramo, e assim por diante. O apelo à ideia de movimento pretenderia legitimar a correlação suposta entre as grandezas de dimensões diferentes: uma grandeza de *n* dimensões poderia ser considerada como um agregado de grandezas de *n*-1 dimensões, e, inversamente, cada uma das posições, por assim dizer, da figura de dimensão *n*-1 em movimento poderia ser correlacionada a um elemento indivisível da figura engendrada.

Ao tomar grandezas de dimensão *n* como agregados de grandezas de dimensão *n*-1, Torricelli se exporia a todas as críticas de atomismo já dirigidas a Cavalieri, na medida em que pareceria comprometer-se com duas postulações inconsistentes com a natureza infinitamente divisível do contínuo. A primeira seria tomar grandezas heterogêneas como comparáveis, atribuindo-lhes uma mesma ordem de grandeza. A segunda seria tomar o infinito como um número[359]. Ao considerar o contínuo como um agregado de indivisíveis, Torricelli pareceria obrigado a negligenciar que o infinito se caracteriza precipuamente por envolver o que não tem fim. O infinito correspondente ao número de indivisíveis de um contínuo resultaria uma quantidade que, embora indeterminável, deveria permanecer ainda assim uma quantidade.

Um dos momentos memoráveis da polêmica em torno do método de Torricelli é a reação de Hobbes ao que Torricelli teria considerado como uma prova de que uma figura com

---

359 A natureza dos números é tal que para todo número é possível dar um sucessor, um quadrado, um cubo, etc. Ora, se assim é, não pode haver algo como um número infinito, quer dizer, um número maior de todos os números, justamente porque isso é contraditório com o que decorre da natureza dos números. Com a expressão "tomar o infinito como um número" entende-se aqui o equívoco, seja de considerar o infinito como o número maior de todos os números, seja de considerar aquilo que envolve o infinito como sendo esgotável por um número qualquer que, embora indeterminado, permanece finito.

dimensões infinitas poderia ter uma magnitude finita. O sólido infinitamente longo de Torricelli constrói-se a partir da revolução de uma hipérbole equilateral tendo como eixo sua assíntota. Como podemos ver pela figura, girando em torno do eixo, as duas curvas da hipérbole coincidiriam exatamente uma com a outra, já que estão em simetria axial com respeito à assíntota. O giro então provocaria a construção do que contaria como uma figura sólida, cuja altura, contudo, não poderia ser determinada, em virtude da impossibilidade de que a hipérbole cruze a assíntota, não obstante elas se aproximem continuamente[360].

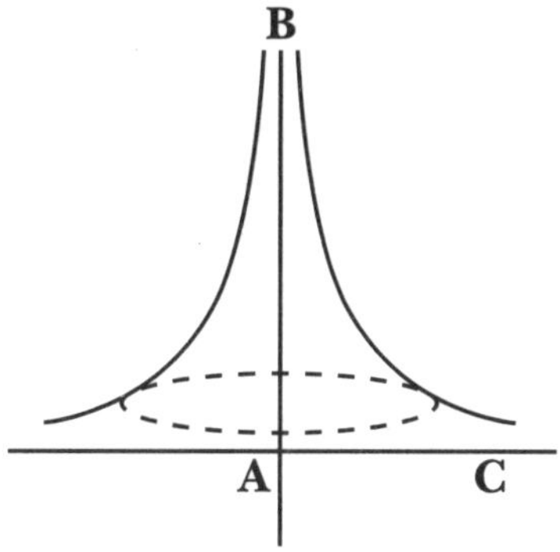

Segundo Hobbes, a pretendida prova de Torricelli estaria apoiada sobre uma confusão entre o procedimento indefinido, mas sobretudo finito, de continuar tanto quanto é preciso uma série sem fim e a natureza infinita da série ela própria[361]. Para ele, não seria correto pretender, com base na consideração de que a hipérbole jamais encontrará a sua assíntota, construir, a partir da suposta rotação dessa hipérbole, uma figura de dimensões infinitas. Uma tal pretensão esbarraria na impossibilidade de que um

[360] "Seja a hipérbole cujas assíntotas são AB, AC, as quais formam um ângulo reto; se se move a figura em torno do eixo AB, é suposto resultar um sólido agudo hiperbólico infinitamente longo em direção a B; é definido deste modo" (Torricelli, 1919, Vol. I, p, 191).

[361] "Ora, os matemáticos geralmente chamam de *infinito* o *indefinido*. Indefinido, por seu turno, é o mesmo que *tão grande quanto se queira*. E enfim o que [chamam] de *indefinidamente pequeno* não é um nada. Pois nenhuma quantidade pode ser dividida no infinito, isto é, em nada. Por vezes também se chama de infinito o *tanto quanto é possível*. Ora, o *infinito* propriamente dito é nada senão o que supera todo número assinalável de qualquer grandeza dada" (Hobbes, 1966, V, p. 213: *Principia et problemata aliquot geometrica ante desperata nunc breviter explicata et demonstrata*).

sólido qualquer se engendrasse nessas condições, já que o que se concebe no caráter infinito envolvendo o encontro da hipérbole com a assíntota é que elas jamais se cruzarão. A simples suposição – inerente à pretensão de constituir um sólido infinitamente longo – de que elas se cruzem em um momento qualquer envolveria por si uma inconsistência. Diz ele:

> Considero que a distância que Torricelli supõe *infinita* deve ser entendida como uma distância *indefinida:* e não se poderia entendê-lo de outro modo que pelo princípio cavalieriano dos *indivisíveis* utilizado em muitas demonstrações: que os *indivisíveis* de Cavalieri são tais que o agregado daqueles pode ser igual a qualquer que seja grandeza dada. Por conseguinte, uma proposição tão absurda quanto esta, que o *infinito é igual ao finito*, não deve ser atribuída a Torricelli. Com efeito, nenhum sólido pode ser tão estreito que não exceda infinitamente todo sólido finito: como é manifesto pela luz natural. Aquela absurdidade decorre das discussões dos matemáticos sobre o *infinito* (Hobbes, 1966, V - pp. 213-214)[362].

Fica manifesto, por essas considerações, que qualquer método de inspiração atomista terá que fazer face à dificuldade que permeia todas as objeções continuístas ao atomismo, consistente na consideração de que a divisibilidade do contínuo vai ao infinito, quer dizer, não tem fim. Para que se justifique a pretensão de tratar uma certa grandeza a partir de grandezas incomparáveis que possuam uma dimensão a menos, deve-se provar que elas se comunicam, de modo a tornar legítima a pretensão de que uma corresponda ao ponto culminante do procedimento sem fim de divisão da outra. Descobertas apontando para uma saída

[362] Para uma discussão a respeito, ver Mancosu e Vailati (1991).

dessa natureza encontram-se notadamente nos trabalhos de um desafeto de Hobbes, o geômetra inglês John Wallis.

À diferença de Cavalieri e Torricelli, que voltaram sua atenção para considerações de ordem geométrica, Wallis privilegiaria aspectos aritméticos da natureza do contínuo. A partir do exame de determinadas proporções numéricas, Wallis concluiria que, em determinadas séries infinitas, quanto mais se avança na série, tanto mais a proporção entre os seus membros se aproxima de um determinado valor, o qual não pode, pela própria progressão da série, ser ultrapassado. Ele considerou, então, que, a série sendo infinita, seria possível estabelecer que, a um determinado momento, a diferença entre a proporção dos membros e o valor-limite torna-se menor do que qualquer diferença alcançável; e que, continuando ao infinito, tal diferença deverá desaparecer por completo[363]. Isso supostamente lhe permitiria assumir um pretenso elemento último da série cuja proporção deverá ter, com respeito ao valor-limite, uma diferença nula, quer dizer equivalente a zero. Adaptando o método de Cavalieri às suas descobertas aritméticas, Wallis consideraria que uma figura de *n* dimensões poderia ser tomada como constituída de infinitas figuras de *n* dimensões cuja grandeza seria negligenciável ou nula com respeito à primeira. Assim, por exemplo, uma figura plana poderia ser tomada como uma conjunção infinita de paralelogramos de altura $1/\infty$[364], valor que Wallis tomaria como equivalente a zero[365]. Os indivisíveis

[363] Examinar, por exemplo, *Arithmetica infinitorum*, prop. XIX - XXI, e prop. XXXIX - XLI (Wallis, 1972, Vol. I, pp. 373-374 e 382-383).

[364] Naturalmente, o símbolo "∞" é empregado aqui em sua acepção matemática convencional, para simbolizar "infinito", e não a relação de equivalência tal como aparece em alguns opúsculos de lógica leibnizianos.

[365] Pode-se tentar justificar a equivalência $1/\infty = 0$, seguindo os passos de Wallis, considerando por exemplo a soma infinita $1/2 + 1/2^2 + 1/2^3 + \ldots = 1$. Assumindo o exposto acima, temos que, quando a soma dos membros da série infinita acima chega a 1, o suposto próximo membro deve ser 0. Ora, a regra da progressão acima é tal que ela jamais pode ter como membro um termo equivalente a

de Cavalieri seriam então tratados como se fossem partes, por assim dizer, infinitamente pequenas – ou, como Wallis designaria, *non-quanta* – de figuras contínuas. Ele afirma:

> Tudo o que, em um gênero qualquer de grandeza, é tão exíguo ou nulo que, por multiplicação, não pode se tornar maior do que uma grandeza posta, é, nesse gênero de grandeza, *Nada* ou uma *Não-quantidade* <*Non-quantum*> (Wallis, 1972, Vol. II - p. 306)[366].

O método proposto por Wallis abre caminho para que se possa exprimir, em termos puramente aritméticos, a suposição aparentemente injustificada, subjacente aos métodos geométricos de inspiração atomista, de que se poderia considerar em termos finitos a determinação da totalidade de uma infinidade de grandezas. Ele, contudo, não fica incólume às críticas continuístas. Hobbes reputaria equivocado presumir, com base na infinidade da série, um termo infinito indivisível. E objetaria à pretensão de Wallis que nenhum membro da série – e correlativamente nenhuma parte de um contínuo – pode ser um *non-quantum*, quer dizer, zero ou nulo. Diz ele:

> De sua proposição xxxixª Wallis infere a xlª, a saber: *na medida em que o número dos termos aumenta, aquele excedente sobre a razão subquádrupla diminuirá continuamente de tal forma que finalmente resultará menor do*

---

zero; visto por outro lado que a soma dos seus membros é 1, então pode-se colocar um suposto termo infinito $^1/_\infty$ da série o qual deverá satisfazer a condição de ser equivalente a zero, o que permite finalmente chegar à equivalência $^1/_\infty = 0$. Transpondo para o domínio geométrico, pode-se considerar que a divisão infinita de uma grandeza geométrica tendo como proporção a série numérica descrita tem como termo-limite algo como $^1/_\infty$.

[366] Sobre o método de Wallis, ver Y. Belaval (1960), pp. 338-342; ver também Boyer (1959), pp. 168-174.

> *que qualquer grandeza assinalável; e fica evidente que se for continuada ao infinito evanecerá completamente. De modo que se se põe uma série infinita progredindo em uma progressão aritmética tripla, ou como a série dos números cúbicos, continuamente crescente, culminarão em um ponto ou 0: aquela seria maximamente igual à série toda, como 1 a 4.* Ora, essa proposição é falsa. Pois um excedente que decresce perpetuamente nunca evanesce (Hobbes,1966, V, p. 105: *Lux mathematica*).

Se contra Torricelli Hobbes objetara a pretensão de fazer compor-se um contínuo de elementos indivisíveis incomparáveis com ele, contra Wallis Hobbes poderia objetar, pelas mesmas razões, a pretensão de tomar como nula uma parte qualquer de algo divisível ao infinito. A seus olhos, uma e outra destas posições se mostrariam insustentáveis[367]. A suposição de um termo infinito de uma série, do mesmo modo que aquela de um agregado infinito de indivisíveis, é contraditória com a própria noção de infinito, que designa não propriamente uma quantidade, mas algo que ultrapassaria qualquer quantidade[368].

Leibniz naturalmente não estava alheio a todas essas discussões. Com Hobbes, ele não poria em dúvida a divisibilidade infinita do contínuo[369] e tampouco ignoraria os paradoxos envolvidos em se tomar o infinito por um número. Para ele, "infinito"

---

[367] "Penso que toda a doutrina da *Aritmética dos infinitos* de Wallis deve ser repudiada por todos para sempre" (Id., ibid.).

[368] "Além disso, é manifesto que, ainda que a série $^1/_6$, $^1/_{12}$, $^1/_{18}$, etc. progrida ao infinito, este infinito deve ser simplesmente sem fim, e não apenas *indefinido*, ou *o tanto quanto é possível*, como Wallis disse para se escusar ante à sociedade Real. Pois caso contrário não se seguiria aquilo que daí infere, a saber, que aquele excedente sendo decrescente culminaria por evanescer no infinito" (Id., p. 103).

[369] Mesmo que talvez tivesse flertado com uma concepção diversa no alvorecer de suas reflexões sobre o tema, quando ainda abraçava os átomos e o vazio (Cf. GP IV, p. 478 - Leibniz, 2002, p.17), já em 1672, como sublinha Arthur (2009, p. 12), Leibniz dá mostras de partilhar a tese da divisibilidade infinita do contínuo.

designaria não um número qualquer, um número indeterminado, ou o maior de todos os números, o qual envolve contradição[370]. "Infinito" designaria aquilo que não possui fim, aquilo, portanto, a que é contraditório atribuir um fim. Séries infinitas seriam séries sem fim; e a divisibilidade infinita do contínuo teria como desdobramento que o contínuo não seria composto de partes ou elementos indivisíveis ou nulos. Em contrapartida, Leibniz não menosprezaria a ideia, insinuada nos trabalhos de Wallis, de termo limite de uma série infinita[371] – ideia que se revelaria fecunda não só para que os matemáticos desenvolvessem os procedimentos de cálculo, por exemplo, da inclinação da tangente, mas também para que os filósofos lograssem compreender, por exemplo, a possibilidade do cone.

III.1.2 A descoberta de Leibniz

A noção de limite de uma série infinita será seminal nas reflexões que conduzirão Leibniz à sua descoberta matemática[372]. No entanto, a acepção sob a qual este tomará o termo "limite" diferirá em aspectos decisivos daquela sob a qual Wallis se afigura empregar a noção de termo limite de uma série infinita. Conforme já examinado, a partir da ideia de limite, Wallis inferiria a possibilidade de se supor um determinado membro da série como já não possuindo

[370] Ver por exemplo GP II, p. 304. Ver ainda *Accessio ad arithmeticam infinitorum* – AA III, i, pp. 10-13.

[371] Para uma discussão a respeito, ver Brunschvicg (1993), IX, C, §109-§111.

[372] Juntamente com Huygens, e baseando-se nos seus estudos sobre o triângulo aritmético de Pascal, Leibniz creu mostrar, por exemplo, a equivalência ${}^{1}/_{2}1 + {}^{1}/_{2}2 + {}^{1}/_{2}3 + \ldots = 1$. Ver a respeito *Accessio ad arithmeticam infinitorum* (AA III, i) e *Historia et origo calculi differentialis* (Leibniz, 1846 e GM V, pp. 392-413); ver também GM V, pp. 121-122; e GP IV, p. 570.

mais as propriedades constitutivas dos membros da série, quer dizer como sendo indivisível – o que ele denominara non-quantum.

Ao invés de considerar um membro derradeiro ou limítrofe da série ainda portador das propriedades dos membros ordinários da mesma série, seja adotando uma solução atomista nos moldes de Torricelli, seja adotando um atomismo inspirado no procedimento de Wallis, Leibniz considera o próprio limite da série, o qual, a seus olhos, já não mais pertence à série – como é o caso do círculo para a série dos polígonos inscritos – e o assume como equivalente a um dentre os membro da série. Amparado nessa equivalência, ele sustenta que todos os enunciados que se aplicam aos membros da série enquanto tais – e, por conseguinte, todas as definições e fórmulas que se aplicam a esses membros enquanto tais – podem ser estendidos também àquele limite, sob a guarida do princípio de identidade *salva veritate*: uma vez assumida a equivalência entre dito limite e o aludido membro da série, segue-se, graças ao princípio *salva veritate*, que todas as ocorrências em contextos proposicionais dos símbolos que evocam aquele limite podem ser preenchidas pelos símbolos que denotam o supramencionado membro da série, e vice-versa, sem alteração do valor de verdade da proposição em que ocorre a substituição. A restrição de que um dos polos da equivalência pertença à série, ao passo que o outro não, ficaria resguardada no apelo a uma diferença infinitamente pequena entre eles, vale dizer, uma diferença tão pequena quanto requerido para se tomar como nula a desigualdade entre esses polos. No caso do exemplo aludido, desconsiderar a desigualdade entre o círculo e um membro da série dos polígonos inscritos corresponde a tomar a relação entre o círculo e o polígono em tela como uma identidade estrita. Diz Leibniz:

> ... do meu *princípio geral das medidas de curvas*, que *uma figura curvilínea deve ser estimada equipolente a um polígono de infinitos lados*, segue-se que tudo o que pode ser demonstrado de um tal polígono (seja que não dependa do número de lados, seja que tanto mais se verifique quanto maior o número de lados assumido, de sorte que o erro culmine por ser menor quetodo erro dado) pode ser igualmente afirmado da curva (*GM* V, p. 126)[373].

Resta saber em que Leibniz se ampararia para ver-se autorizado a tomar como equivalentes duas coisas distintas: uma, correspondente a um elemento da série das grandezas consideradas; a outra, uma grandeza que constitui um limite externo a esta. Afinal, como já reiterado, se uma suposta diferença entre duas grandezas é igual a zero, então ela não é em absoluto uma diferença, mas sim um puro nada, donde resulta que as duas grandezas são iguais. Por outro lado, se ela difere de zero, ela atesta uma desigualdade entre as duas grandezas, desigualdade que, por menor que seja, não pode ser convertida em uma igualdade estrita. As consequências disso, transpostas para o exemplo do polígono inscrito, são: se se admitir a diferença infinitamente pequena como igual a zero, então será forçoso admitir o círculo como um membro efetivo da série dos polígonos, o acarretará as mesmas dificuldades que Hobbes denuncia nas teses de Wallis; em contrapartida, se negar ser aquela diferença igual a zero, então o que se obterá será uma desigualdade entre o círculo e

373 "... ex generali quodam meo dimentiendorum curvilineorum principio, *quod figura curvilínea censenda sit aequipollere Polygono infinitorum laterum*; unde sequitur, quicquid de tali Polygono demonstrari potest, sive ita ut nullus habeatur ad numerum laterum respectus, sive ita ut tanto magis verificetur, quanto major sumitur laterum numerus, ita ut error tantdem fiat quovis dato minor, id de curva posse pronuntiari".

o polígono considerado, e por conseguinte um cálculo por aproximação, mas não exato.

Em 1695, Leibniz publica, nas *Acta Eruditorum* sua resposta a uma objeção dessa natureza, a qual lhe havia sido dirigida pelo matemático holandês Bernard Niewentijt[374]. Em que pese longa, a passagem merece ser reproduzida em virtude dos esclarecimentos que traz para a discussão:

> Penso serem iguais não apenas aqueles cuja diferença é absolutamente nula, mas também aqueles cuja diferença é incomparavelmente pequena e, embora não se deva dizer que ela seja absolutamente Nada, não é, contudo, uma quantidade comparável com aquelas das quais é a diferença. De tal maneira que, se se acrescentar a uma linha um ponto de uma outra linha, ou uma linha a uma superfície, não se aumentará sua quantidade. O mesmo sucede ao se acrescentar a uma linha uma outra linha, mas incomparavelmente menor (um tal aumento não pode ser exibido por nenhuma construção, pois, assim como Euclides livro 5, def. 5[375], estimo que apenas são comparáveis quantidades homogêneas, das quais uma, quando multiplicada por um certo número

374 A data da redação do texto não deve nos conduzir a presumir que as convicções que Leibniz aí externa tenham sido formuladas por ocasião do próprio debate com Niewentijt, como sustenta Jesseph (1998, 2-3). Conforme sublinha Arthur (2009), a tese leibniziana de que os infinitesimais seriam ficções cujo papel seria o de "*compendia loquendi* para abreviar o raciocínio matemático" (id., p. 12) remonta ao período de Paris, em 1676.

375 "Magnitudes são ditas *estar na mesma razão*, uma primeira para uma segunda e uma terceira para uma quarta, quando, os mesmos múltiplos da primeira e da terceira ou, ao mesmo tempo, excedam ou, ao mesmo tempo sejam iguais ou, ao mesmo tempo, sejam inferiores aos mesmos múltiplos da segunda e da quarta, relativamente a qualquer tipo que seja de multiplicação, cada um de cada um, tendo sido tomados correspondentes" (Euclides, 2009, p. 205).

finito, pode ultrapassar a outra). E estabeleço que são iguais aquelas que não diferem por uma quantidade assim, o que Arquimedes também assumia, e todos depois dele. E é nesse caso precisamente que se diz que a diferença é menor do que qualquer diferença dada. E isso certamente pode ser sempre confirmado, pelo procedimento de Arquimedes, por redução ao absurdo. Todavia, visto que o método direto é mais simples de ser compreendido e mais útil para a invenção, basta, uma vez compreendida a via da redução, empregar a seguir o método pelo qual os incomparavelmente menores são negligenciados, método que seguramente traz consigo sua própria demonstração segundo os lemas por mim comunicados em fevereiro de 1689[376]. E se alguém rejeitar uma tal definição de igualdade, estará discutindo sobre nomes. Basta, pois, que ela seja inteligível e útil para a invenção, visto que ela, mais que o outro método (em aparência) mais rigoroso, proporciona sempre e necessariamente resultados não menos rigorosos. Assim, assumo não apenas linhas infinitamente pequenas como *dx*, *dy*, como verdadeiras quantidades no seu gênero, mas também seus quadrados ou retângulos *dxdx*, *dydy*, *dxdy*, e julgo igualmente dos seus cubos e de todas as outras potências superiores, considerando particularmente que são úteis para o raciocínio e a invenção (GM V, p. 322)[377]

---

[376] De acordo com M. Parmentier (Leibniz, 1995b, p. 328 - n. 38), Leibniz estaria se referindo ao opúsculo *Tentamen de motuum coelestium causis* (GM VI, pp. 144 - 161).

[377] "Caeterum aequalia esse puto, non tantum quorum differentia est omnino nulla, sed et quorum differentia est incomparabiliter parva; et licet ea Nihil omnino dici non debeat, non tamen est quantitas comparabilis cum ipsis, quorum est differentia. Quemadmodum si lineae punctum alterius lineae addas, vel

Como lemos, Leibniz busca justificar seu procedimento fazendo apelo à proporção entre as grandezas postas em comparação. Não se trataria tanto de determinar o valor preciso da diferença, mas de tomá-la, na relação com as grandezas mobilizadas no cálculo, como rigorosamente nula. A legitimidade dessa abordagem estaria ancorada na distinção, já mencionada anteriormente, entre grandezas arquimedianas (comparáveis ou homogêneas) e grandezas

---

superficiei lineam, quantitatem non auges. Idem est, si lineam quidem lineae addas, sed incomparabiliter minorem. Nec ulla constructione tale augmentum exhiberi potest. Scilicet eas tantum homogeneas quantitates comparabiles esse, cum Euclide lib. 5 defin. 5 censeo, quarum una numero, sed finito multiplicata, altera superare potest. Et quae tali quantitate non differunt, aequalia esse statuo, quod etiam Archimedes sumsit, aliique post ipsum omnes. Et hoc ipsum est, quod dicitur differentiam esse data quavis minorem. Et Archimedeo quidem processu res semper deductione ad absurdum confirmari potest. Quoniam tamen methodus directa brevior est ad intelligendum et utilior ad inveniendum, sufficit cognita semel reducendi via postea methodum adhiberi, in qua incomparabiliter minora negliguntur, quae sane et ipsa secum fert demonstrationem suam secundum lemmata a me Febr. 16-9 communicata. Et si quis talem aequalitatis definitionem rejicit, de nomine disputat. Sufficit enim intelligibilem esse et ad inveniendum utilem, cum ea, quae alia magis (in speciem) rigorosa methodo invenire possunt, hac methodo semper non minus accurate prodire sit necesse. Itaque non tantum lineas infinite parvas, ut *dx*, *dy*, pro quantitatibus veris in suo genere assumo, sed et earum quadrata vel rectangula *dxdx*, *dydy*, idemque de cubis allisque altioribus sentio, praesertim cum eas ad ratiocinandum inveniendumque utiles reperiam". Leibniz expõe a crítica de Niewentijt da seguinte maneira: "o claríssimo Autor, no prefácio às Considerações, propõe um enunciado que assume como uma verdade claríssima: *Somente são iguais aquelas quantidades cuja diferença é nula ou igual a nada*. E na Análise das curvas, no início do axioma 1, pág. 2: *O que quer que se tome quantas vezes se quiser, isto é, multiplicado por umnúmero, por maior que seja* (também o infinito, como efetivamente entende), *se sua grandeza não pode equivaler a uma quantidade dada qualquer, por menor que seja, não é uma quantidade, mas do ponto de vista Geométrico um mero nada*" <clarissimus Autor hanc in praefatione *Considerationum* ponit enunciationem, quam liquidissimae veritatis esse assumit: *Solae eae quantitates aequales sunt, quarum differentia nulla est seu nihilo aequalis*. Et in Analysi curvilineorum, sub initium axiom. 1 pag. 2: *Quicquid toties sumi, hoc est per tantum numerum* (etiam infinitum, sic enim intelligit) *multiplicari non potest, ut datam ullam quantitatem, utut exiguam, magnitudine sua aequare valeat, quantitas non est, sed in re Geometrica merum nihil*> (Id., p. 321).

não-arquimedianas, também designadas como "incomparáveis" ou "heterogêneas", a saber, convém recordar, aquelas que se portam de tal maneira que nenhum número finito multiplicado por uma pode produzir como resultado uma grandeza maior do que a outra. Essa distinção prevê como corolário que, nas operações matemáticas envolvendo grandezas incomparáveis, determinadas grandezas se comportem como zero, quando tomadas em relação a outras[378]. E se, na relação, tais grandezas se comportam como zero, então, do ponto de vista do que é relevante considerar com respeito à respectiva relação, elas são assumidas como equivalentes a zero.

Resta saber se um procedimento assim resiste à crítica, já que a passagem mesma à qual Leibniz aduz para justificar sua "diferença infinitamente pequena" pode ser usada para recusar as consequências que ele pretende daí extrair. Afinal, se da própria definição de Euclides se seguir, como assume Leibniz, que operações entre grandezas comparáveis tenham como resultado sempre grandezas comparáveis com estas, então resultará impossível que, por exemplo, pela multiplicação do número de lados de um polígono inscrito se chegue a uma figura tal que sua diferença com respeito ao círculo seja incomparável ou infinitamente pequena com relação às diferenças entre os polígonos da série. Eis o que parece denunciar Berkeley em seu artigo *On infinites*, ao censurar a invenção por cuja autoria rivalizam Leibniz e Newton:

---

[378] Da distinção entre grandezas comparáveis e incomparáveis segue-se que qualquer operação matemática entre duas grandezas homogêneas terá como resultado algo homogêneo a elas e, por conseguinte, incomparável com aquelas incomparáveis com as primeiras. Assim, por exemplo, sendo a linha incomparável com a superfície, qualquer diferença entre duas linhas é também incomparável com a superfície. Eis o que autorizaria tomá-la como nula *em relação* à superfície, permitindo ainda asserir que um ponto de uma linha não acrescenta nada a outra linha, ou que uma linha não acrescenta nada a uma superfície.

> Eles (Newton e Leibniz) representam, no papel, infinitesimais de várias ordens, como se tivessem em suas mentes ideias correspondentes àquelas palavras ou sinais, ou como se não houvesse contradição em haver uma linha infinitamente pequena e ainda outra infinitamente menor que ela. É-me claro que não devemos usar nenhum sinal sem uma ideia correspondente a ele; e é claríssimo que não temos nenhuma ideia de uma linha infinitamente pequena, pois é evidentemente impossível que haja tal coisa, já que toda linha, por menor que seja, é ainda divisível em partes menores do que ela; portanto, não pode haver uma coisa tal como uma linha *quavis data minor* ou infinitamente pequena (Op. cit., pp. 235-236).

Vemos que a objeção de Berkeley dirige-se à inconceptibilidade de uma grandeza infinitamente pequena, inconceptibilidade, por seu turno, decorrente da inconsistência da descrição que a apresenta. Em um jargão leibniziano, essa inconceptibilidade poderia ser expressa, então, pela impossibilidade de que uma grandeza descrita nesses moldes seja distintamente concebida. Leibniz não fecha os olhos ao problema. Como ele próprio afirma, a relação da diferença com os termos considerados não pode ser exibida por nenhuma construção. Ele insiste sempre na ideia de que a noção de uma diferença infinitamente pequena tal como a suposta seria uma "ficção" (GM IV, pp. 98 e 110), uma "maneira de falar" (GM V. p. 389), da qual se lançaria mão unicamente por comodidade, porque, no cálculo, uma ficção assim seria útil.

III.2 Formulação, escopo e estrutura da lei de continuidade

A chave para solucionar a dificuldade denunciada por Berkeley encontra-se no princípio ou lei de que Leibniz se valerá para justificar seu procedimento de cálculo. Trata-se do que habitualmente se conhece por Lei de Continuidade[379], cuja autoria, aliás, é reivindicada por ele (Cf. GM VII, p. 25). Graças a essa lei, diz Leibniz,

> *nos contínuos, um limite extremo externo pode ser tratado como interno*, e como um último caso, que mesmo sendo de natureza completamente diferente, pode ser compreendido na lei geral dos demais. E simultaneamente, por alguma razão paradoxal e, por assim dizer, por uma *Figura filosófico-retórica*, o ponto na linha, o repouso no movimento, poderiam ser entendidos como um caso especial compreendido no [caso] geral inverso: o ponto seria uma linha infinitamente pequena, ou seja, evanescente, e o repouso seria um movimento evanescente... (*GM* V, p. 385)[380].

Vemos que a lei de continuidade tem, aos olhos de Leibniz, um domínio de aplicação circunscrito, que outro não é senão aquele que lhe inspira o nome, a saber, os contínuos. Na célebre

[379] Leibniz não se mostra muito rigoroso no uso das expressões "princípio" e "lei" ao referir-se à lei de continuidade, empregando ora uma ora outra daquelas expressões. Para uma discussão a respeito, ver Alcoba (1996).

[380] "...in continuis extremum exclusivum tractari possit ut inclusivum, et ita ultimus casus, licet tota natura diversus, lateat in generali lege caeterorum". No adendo a sua *Historia et origo Calculi Differentialis* (1846, p. 40), Leibniz reitera: "uma vez proposta uma transição contínua qualquer terminando em algum termo, é lícito instituir um raciocínio comum que compreenda o termo extremo" <Proposito quocunque transitu continuo in aliquem terminum desinente, liceat ratiocinationem communem instituere, qua ultimus terminus comprehendatur>.

carta a Malebranche "sobre um princípio geral útil para a explicação das leis da natureza" (GP III, pp. 51-55), Leibniz descreve esse domínio com as seguintes palavras:

> *Quando a diferença de dois casos pode ser diminuída abaixo de toda grandeza dada* in datis *ou no que é posto, é preciso que ela possa se encontrar também diminuída abaixo de toda grandeza dada* in quaesitis *ou no que daí resulta*, ou, para falar mais familiarmente: *quando os casos (ou o que é dado) se aproximam continuamente e se perdem enfim um no outro, é preciso que os desdobramentos ou eventos (ou o que é demandado) o façam também*. O que depende ainda de um princípio mais geral, a saber, *datis ordinatis, etiam quaesita sunt ordinata* (id., p. 52)[381].

Em uma outra carta, desta vez a seu discípulo Christian Wolff, Leibniz oferece ainda outras pistas a respeito de sua lei, bem como de seu *modus operandi*. Ele aí afirma que, de acordo com sua Lei de Continuidade,

> *nos contínuos, um limite extremo externo pode ser tratado como interno*, e como um último caso, que mesmo sendo de natureza completamente diferente, pode ser compreendido na lei geral dos demais. E simultaneamente, por alguma razão paradoxal e, por assim dizer, por uma *Figura filosófico-retórica*, o ponto na linha, o repouso no movimento, poderiam ser

[381] "Lorsque la différence des deux cas peut être diminuée au dessous de toute grandeur donnée in datis ou dans ce qui est posé, il faut qu'elle se puisse trouver aussi diminuée au dessous de toute grandeur donnée in quæsitis ou dans ce qui en résulte, ou pour parler plus familièrement : Lorsque les cas (ou ce qui est donné) s'approchent continuellement et se perdente enfim l'un dans l'autre, il faut que les suites ou événements (ou ce qui est demandé) le fassent aussi. Ce qui dépend encore d'un principe plus général, savoir : Datis ordinatis etiam quaesita sunt ordinata".

> entendidos como um caso especial compreendido no caso geral inverso: o ponto seria uma linha infinitamente pequena, ou seja, evanescente, e o repouso seria um movimento evanescente, e outros procedimentos desse gênero, que Joaquim Jungius, homem profundíssimo, denominava *verdadeiros por tolerância*" (*GM* V, p. 385)[382].

Por surpreendente que se afigure o procedimento preconizado pela lei de continuidade, e por pouco afeito que ele soe à ortodoxia calcada no princípio *salva veritate,* Leibniz proclama essa lei "absolutamente necessária em geometria" (GP III, p. 52), a tal ponto que sua violação envolveria um "absurdo" (*Animadversiones - Ad Partem Secundam, ad artic. 49* - GP IV, p. 378). Seria de se esperar que essa necessidade que ele pretende à lei, contrastada com o teor heterodoxo do procedimento que essa lei preside, ensejassem em Leibniz a preocupação em dela fornecer uma justificação ou fundamentação que pudesse apaziguar os ânimos de seus críticos e resguardá-la de eventuais objeções. Não é, porém, o que se observa. O tão aguardado tratado *Sobre a ciência dos infinitos*, em que, conforme destaca Brunschwigc (1993, p. 198 - §117), Leibniz havia prometido a seus contemporâneos detalhar e justificar os fundamentos de seu método, não chegou a ser escrito. Não surpreende, portanto, que Russell (1968) reclame que, "por tudo quanto sabe", Leibniz não forneceu em favor de sua lei nenhum argumento mais robusto do que a alegação de "que

382 "*...in continuis extremum exclusivum tractari possit ut inclusivum*, et ita ultimus casus, licet tota natura diversus, lateat in generali lege caeterorum, simulque paradoxa quadam ratione, et ut sit dicam, *Figura Philosophico-rhetorica* punctum in linea, quies in motu, specialis casus in generali contradistincto comprehensus intelligi possit, tanquam punctum sit linea infinite parva seu evanescens, aut quies sit motus evanescens, aliaque id genus, quae *Joachim Jungius*, Vir profundissimus, *toleranter vera* appellasset".

um mundo contínuo lhe pareceria mais agradável do que outro em que se verificassem saltos (§28 – p. 66). David Hilbert é ainda mais severo, afirmando que a lei leibniziana não teria por amparo senão uma crença ingênua e equivocada de que "*natura non facit saltus*"[383], fórmula proferida por Leibniz (*N.E.* - GP V, p. 49) que, segundo Hilbert, a própria experiência se encarrega de desmentir. Para este,

> Quando consideramos uma peça de metal ou um volume de líquido, temos a impressão de que eles são ilimitadamente divisíveis, que suas menores partes exibem as mesmas propriedades que o todo. Mas onde quer que os métodos de investigação da física da matéria tenham sido suficientemente refinados, os cientistas têm encontrado limites de divisibilidade que não resultam de falhas dos seus esforços, mas da verdadeira natureza das coisas" (Hilbert, 1983, p. 185).

Há também quem sustente que Leibniz talvez se contentasse em remeter a justificação de seu método a seus alcances práticos[384]. Alguns estudiosos ainda, como é o caso de Horváth (1986) e Duchesneau (2008), sugerem que, para Leibniz, a correção dos resultados, aliada à simplicidade do método, poderia fazer as vezes de justificativa.

Ainda que atraente de um ponto de vista pragmático, uma resposta assim não parece apta a satisfazer um temperamento dócil à verdade, como Leibniz assevera ser o seu (GM V, p.328). Afinal, não é fácil acomodar uma duvidosa

[383] "Consequentemente, poderíamos mesmo interpretar a tendência da ciência moderna como uma emancipação do infinitamente pequeno. Ao invés do velho princípio *natura non facit saltus*, poderíamos mesmo asserir o oposto, a saber, 'a natureza faz saltos'" (Hilbert, 1983 - p. 185).

[384] Ver por exemplo C. Boyer (1959), pp. 212 e sqq. Ver também Earman (1975).

utilidade de inventos impossíveis[385] aos requisitos do saber rigoroso. E a correção dos resultados pode ser aceita como um testemunho *a posteriori* da correção do método, mas não substituem nem dispensam sua fundamentação *a priori*. Assim, se Leibniz pretende fazer um uso legítimo da lei sobre a qual ampara seu cálculo infinitesimal, deve poder justificá-la atestando sua consistência ou necessidade.

Antes de nos determos em um exame mais acurado dessa lei, é oportuno sublinhar, contra a objeção de Hilbert, que, ao invés de expressar ou depender de uma postulação geral sobre o comportamento da natureza, o princípio é, como observa Pasini, restrito, em sua aplicabilidade, a certo tipo peculiar de objetos ou eventos. E a peculiaridade desses objetos e eventos concerne a uma relação entre dois "casos" consistente em que eles "se aproximem continuamente" até se fundirem ou "se perderem" um no outro[386].

A lei de continuidade veicula que, *quando* tais circunstâncias se verificarem, *nessas circunstâncias*, será lídimo estender a um dos casos as regras que presidem o outro. Longe, portanto, de ter por alvo ou domínio a totalidade dos seres naturais, a lei aplica-se a um tipo particular de objetos, na medida em que estes se põem em uma determinada relação entre si. Essa relação consiste em uma diferença assumida entre os referidos objetos, a qual é reconhecida eliminável, na medida em que o caso para a lei é a eliminação contínua dessa diferença, eliminação através da qual eles "se perdem enfim um no outro".

---

[385] Sobre os "inventos impossíveis" ver manuscrito inédito de Leibniz em Jolley (1975), al. 111-112 - p. 180, também traduzido em Jolley (1986), *Appendix* – p. 197).

[386] "O princípio se aplicaria aos casos nos quais uma grandeza variável diminuía progressivamente até se aniquilar e estabelecia que as propriedades dessa grandeza em relação a outras permaneceriam proporcinalmente invariáveis" (Pasini, 1993, p. 172).

III.2.1 Estrutura lógica da lei de continuidade

Do ponto de vista meramente lógico, a diferença entre os casos prevista na aplicação da lei de continuidade pode ser apresentada pela consideração de dois termos compostos cuja análise revelaria que eles se distinguem entre si por um único termo que, integrando um deles, é negado do outro. Se se trata de dois casos diferentes que se tornam um só, trata-se de dois casos que se deixam distinguir a partir de algo que pode ser expresso como uma única propriedade, que inere a um deles e falta no outro; salvo por essa propriedade, portanto, em tudo o mais eles poderiam ser considerados idênticos. Desse ponto de vista, os dois casos em tela poderiam ser considerados partilhar o mesmo gênero, vale dizer, o gênero circunscrito pelas propriedades que comungam, distinguindo-se especificamente consoante a propriedade que, presente em um, falta no outro. Assim, aquela passagem contínua de um ao outro consistiria seja na perda da respectiva propriedade por parte do caso que se caracteriza por encerrá-la, seja no inverso, isto é, na aquisição daquela propriedade por parte do caso que não a possui. Seguindo a notação elaborada por Leibniz em seus escritos sobre lógica, poderíamos representar uma situação assim assumindo, em primeiro lugar, dois termos, digamos, *R* e *Q*. Tais termos se resolveriam, respectivamente, em (*A* e *P*) e (*A* e *não-P*)[387], de tal sorte que *A* simbolizaria o gênero do qual *R* e *Q* seriam as espécies complementares, e *P* simbolizaria a propriedade que, marcando a diferença entre *R* e *Q*, deveria satisfazer uma das seguintes condições: 1) ser adquirida por *Q*; 2) ser perdida por *R*.

[387] *A* corresponderia, assim, à propriedade (ou à reunião de todas as propriedades) que *R* e *Q* comungam, e *P* corresponderia à propriedade (ou à reunião de todas as propriedades) que um possui, e o outro não.

Isso dito, lembremos o que veicula o princípio: que em casos assim um pode ser tratado como equivalente a uma espécie do outro, isto é, ou *Q* pode ser tratado como equivalente a uma espécie de *R*, ou *R* de *Q*. Tomemos a primeira alternativa. Ela prevê que, consoante a lei de continuidade, a espécie "*Anão-P*" do gênero *A* se deixaria tratar como equivalente a uma subespécie da espécie "*AP*", complementar a "*Anão-P*" com relação a *A*.

Ora, uma tal possibilidade, apresentada em termos da notação leibniziana, envolveria uma contradição expressa. Se *Q* equivale a uma espécie qualquer, digamos, *E*, do gênero *R*, então necessariamente *Q* encerra em si as propriedades que caracterizam o referido gênero. Afinal, uma vez que *E* deve encerrar tais propriedades, a equivalência a *Q* necessariamente exigiria a posse, também por *Q*, dessas propriedades. Assim, dado que *E* deve encerrar em si *AP*, e sendo *Q* equivalente a *E*, *Q* deveria igualmente encerrar *AP*. Por outro lado, visto que *Q* se distingue de *R* exclusivamente por encerrar a propriedade *não-P*, *Q* deverá ser admitido envolver tanto *AP* quanto *Anão-P*, o que o tornará inconsistente, isto é, um *APnãoP*, que, consoante a notação leibniziana, configura uma contradição expressa.

É dispensável lembrar que, para Leibniz, a contradição é condição suficiente, seja da falsidade das proposições, seja da impossibilidade das noções em que figura. Assim, se ele reconhece na lei de continuidade um caráter necessário, ele não pode admitir a contradição senão como aparente. Em face desse diagnóstico, é oportuno recuperar certos aspectos da lógica leibniziana que auxiliem, por um lado, a identificar qual teria sido a origem daquela contradição aparente e, por outro, a encontrar uma justificação para a lei de continuidade. Para tanto, convém rememorar sumariamente as conclusões obtidas acerca da abordagem leibniziana da quantificação, da negação, a noção de adição real e a conversão entre proposições de segundo e de terceiro adjacente.

Como visto, essas operações têm como desdobramento que, para qualquer par de predicados tal como "*P* e não-P", e para qualquer termo *S*, *S* estará sempre determinado quanto àquele par, de sorte que deve ser verdadeira uma e apenas uma das proposições seguintes: "*YS é P*", "*ZS é não-P*". Isso porque, convém lembrar, se *Y* for supérfluo, então *Z* não o será, e vice-versa. Um segundo desdobramento é o princípio da bivalência, consoante o qual toda proposição da forma "*YS é P*" é ou verdadeira ou falsa, *tertium non datur* – o mesmo valendo, evidentemente, para "*ZS é não-P*". Se uma proposição "*YS é P*" é verdadeira, então sua contraditória é falsa, e vice-versa; e essa contraditória, por seu turno, deve poder ser expressa por algo da forma "*ZS é não-P*". O mesmo vale, *mutatis mutandis*, para uma proposição da forma "*YS é não-P*". Por fim, em uma proposição categórica da forma "*YS é não-P*", em se admitindo o pressuposto da *constantia subjecti*, o que se atribuiria a *YS* seria a carência ou privação de uma certa propriedade *P*. Uma tal proposição determinaria *YS* quanto a *P*, mas indicando que, em relação a *YS*, *P* é nulo.

Rememoradas essas operações, tentemos doravante aplicá-las à lei de continuidade[388]. Essa lei, como já dito, governaria casos de pares de espécies complementares em um gênero *G* que se distinguiriam por uma única propriedade que, pertencendo a uma das espécies, faltaria na outra. De posse do arcabouço formal exposto acima, pode-se representar essa relação considerando as espécies *R* e *T* em um certo gênero *G* tais que *R* = *GP* e *T* = *Gnão-P*.

Dada essa estrutura, e com o amparo do princípio de identidade *salva veritate*, poderíamos sugerir a pertinência de se tratar, nesse contexto, a privação indicada pela negação que antecede um termo consoante uma terminologia quantitativa.

[388] As páginas que se seguem retomam, em grande medida, os resultados alcançados em Moreira (2010).

Afinal, a consideração de que a atribuição do predicado *P* às espécies *R* e *T* sempre se faz em termos de proposições afirmativas de predicado, respectivamente, afirmativo e privativo, parece assegurar que nenhum erro surge da interpretação da privação do predicado *P* em termos quantitativos, isto é, de tal sorte que se considere a atribuição de *não-P* a *T* como equivalente à atribuição a *T* de *P* em grau zero. Ainda que no plano das conotações dos termos se pudesse suspeitar de alguma diferença entre privação e nulidade, essa diferença não subsistiria nas diversas ocorrências desses termos. Ao contrário, essas ocorrências permitiriam atestar a identidade *salva veritate* entre negação e nulidade, à exceção, obviamente, da ocorrência desses termos em contextos intensionais. Se, pois, for correto presumir que sempre quando a privação ou a nulidade incidirem sobre o predicado em uma proposição, uma poderá ser substituída pela outra, e sempre com a preservação do valor de verdade da proposição original, então será igualmente correto afirmar que, do ponto de vista dos resultados das operações que se fizerem sobre predicados e atribuições, as expressões "zero" e "não" resultarão indistinguíveis entre si. E as mesmas condições de verdade da proposição original resultando asseguradas, pode-se considerar que o número que designa a nulidade anteposto ao predicado e a partícula "não" anteposta ao mesmo predicado serão idênticos no sentido leibniziano.

São raras, mas suficientemente esclarecedoras, as manifestações de Leibniz em favor da prática matemática ordinária de se tomar como intersubstituíveis *salva veritate* as duas expressões supramencionadas, a saber, "zero" e "não", em contextos proposicionais, como, por exemplo, situações em que uma descrição de linha como "figura geométrica que não tem largura" é substituída por umadescrição como "figura geométrica que tem largura zero" e vice-versa. Naturalmente, dadas as relações lógicas entre afirmação e negação, é forçoso admitir que, na mesma medida que uma se deixa exprimir mediante padrões quantitativos, nesta mesma medida a outra também deve poder ser expressa mediante esses mesmos padrões. Isso implica aqui que a inerência da propriedade positiva ao gênero *G* deve poder ser indicada pelo que se opõe à nulidade, o que corresponderia a um índice quantitativo positivo qualquer. Em uma passagem em que Leibniz aborda a questão, é o número um que ele arbitra fazer as vezes da afirmação. Refiro-me ao opúsculo "*Sobre o órganon ou sobre a grande arte de pensar*", em que, ao refletir sobre o sistema binário, Leibniz sugere que, em correlação com a oposição entre ser e nada, seria desejável, e mesmo quiçá exequível, que tudo pudesse ser expresso por "zero" e "um". Diz ele:

> Ainda não diviso os imensos benefícios dessa progressão. Mas basta notar quão maravilhosa é a razão pela qual dessa maneira todos os números são expressos por unidade e nada. E ainda que não haja nenhuma esperança de que os homens alcancem nesta vida essa série oculta das coisas, que exibe a razão plena pela qual elas se produzem a partir de puro ser e nada, basta, contudo, avançar a análise das ideias até o ponto requerido pelas demonstrações das verdades" (AA VI, iv - p.158)[389].

Em uma carta a Bouvet de fevereiro de 1701, Leibniz detalha o sistema binário que tem em mente, expondo inclusive algumas relações entre esse sistema e o decimal. Entusiasmado com os prodígios que o sistema binário permite divisar, ele afirma:

[389] "Immensos hujus progressionis usus nunc non attingo: illud suffecerit annotare quam mirabili ratione hoc modo omnes numeri per unitatem et nihilum exprimantur. Quanquam autem spes nulla sit homines in hac vita ad hanc seriem rerum arcanam pervenire posse, qua pateat quanam ratione cuncta ex Ente puro et nihilo prodeant, sufficit tamen analysin idearum eousque produci, quousque demonstrationes veritatum requirunt".

> Não sei se, escrevendo anteriormente à Vossa Reverência, toquei no novo cálculo numérico que inventei não para a prática vulgar, mas para a teoria da ciência (...). Isso porque, segundo esse método, todos os números são escritos por uma mistura da unidade e do zero, de certo modo como todas as criaturas surgem unicamente de Deus e do nada. (...) Também não é em vão que se diz que as essências são como os números, e que todas as imperfeições das coisas consistem somente em negações. Do que se segue o que Santo Agostinho dizia muito bem: que o mal vem do nada (AA I, xix - pp. 404-405 – Leibniz, 2016b - p. 48, com adaptações)[390].

Para os presentes propósitos, visto que basta, para assegurar a inerência, presumir a incidência positiva da propriedade no sujeito, é prescindível determinar o valor numérico do índice quantitativo que expressa a afirmação. E isso mesmo em se supondo tratar-se de uma propriedade passível de ser graduada. Para assegurar a homogeneidade no tratamento quantitativo de pares de predicados da forma "*P* e não-P", basta assumir que, em toda proposição da forma "*S é P*", *P* é determinável quantitativamente por um número qualquer maior que zero. Dito de outro modo, basta reconhecer que o acréscimo na proposição de um índice que incida sobre *P* a indicar uma variável que pode ser substituída por um valor qualquer maior que zero não

[390] "Je ne sais si j'ai touché autrefois en écrivant à votre Révérence, le nouveau calcul numérique que j'ai inventé non pas pour la pratique vulgaire mais pour la théorie de la science (...). C'est que suivant cette méthode tous les nombres s'écrivent par le mélange de l'unité et du zero à peu près comme toute les créatures viennent uniquement de Dieu et du rien. (...) Aussi ne dit on pas en vain que les essences sont comme les nombres, et toutes les imperfections des choses ne consistent que dans les négations; d'où vient que S. Augustin disait très bien, que le mal vient du rien". Para uma discussão a respeito, ver Lacerda (2017).

altera as condições de verdade da proposição original. Para resumir, por oposição ao que se poderia apresentar como "*S é* $_0P$", em substituição a "*S é não-P*", uma proposição afirmativa de predicado positivo se deixaria apresentar como "*S é* $_qP$", sendo que "*q*" indicaria que *P* se encontra positivamente em *S*, isto é, $q \neq 0$[391]. O índice subscrito "0" que antecede *P* substituiria o "não" e desempenharia o mesmo papel da negação do predicado, a saber, ele indicaria a ausência ou a nulidade de *P*.

Admitindo, então, a incorporação, pela proposição, de um índice indicando a proporção da pertinência do predicado pelo sujeito, e admitindo, ainda, que isso não altere as condições de verdade da proposição original, resulta legítimo dar um passo adicional, generalizando o escopo do índice quantitativo. Se tanto o zero que substitui a negação quanto a variável "*q*" indicam uma mesma natureza de relações quantitativas, então nada impediria que se forjasse uma variável que percorresse todo o universo constituído pela união de "0" e "*q*". O resultado seria um modo de simbolizar a relação predicativa em que uma única forma proposicional seria comum à atribuição ao termo-sujeito *S* tanto do predicado *P* quanto do predicado *não-P*. Convencionando "*i*" como essa variável mais geral, poderíamos, então, propor a fórmula geral "*S é* $_iP$", que contemplaria a possibilidade de ser instanciada tanto por "*S é não-P*" quanto por "*S é P*", a depender do valor que se atribuir a *i*: quando "$i = 0$", a fórmula será instanciada por "*S é não-P*"; caso contrário, sendo "$i \neq 0$", obteremos "*S é P*" como resultado. Aplicando esses resultados ao caso do gênero que anteriormente serviu de exemplo, teríamos que as propriedades *R* e *T* se deixariam representar por G_qP e G_0P, respectivamente. E elas poderiam,

[391] É claro que, ao indicar a posse efetiva da propriedade positiva, "q" não pode corresponder senão a um número positivo, correspondente a quantidades reais. Portanto, "q" não pode receber senão valores maiores do que zero; assim sendo, sua diferença com relação a zero tem como consequência que "q" deve corresponder a um número positivo, ou seja, que "q > 0".

por meio do índice "*i*" ser ulteriormente tornadas indistintas em uma expressão comum geral, a saber, G_iP.

O desafio agora consiste em encontrar, na notação leibniziana, as condições para uma formulação das formas proposicionais respectivas, adequada a exprimir o nível de generalidade que o índice "*i*" viabiliza. Cumpre assinalar que, nesse plano de generalidade, desaparecem as relações de identidade que *R* e *T* mantinham, respectivamente, com G_qP e G_0P, visto que nem *R* nem *T* equivalem a algo como G_iP. Por outro lado, isso não significa que seja correta a equivalência entre *G* e G_iP, já que, nessa equivalência, "*i*" não pode ser instanciado por nenhum dos valores que pode assumir, sob pena de tornar o gênero inconsistente com uma de suas espécies, reduzindo-o à outra. O recurso a um termo indeterminado também não nos levaria muito longe. Pois a equivalência "$YG = G_iP$" poderia ser admitida apenas sob determinadas restrições: na medida em que se preservasse "*i*", a fórmula geral permaneceria correta; na medida, por outro lado, em que "*i*" assumisse um de seus dois valores, *q* ou zero, *Y* passaria a equivaler a *R* ou *T* conforme o caso, perdendo a aptidão para poder ulteriormente, no cálculo, ser substituído pelo outro. Isto é, assumido, por exemplo, "$i = 0$", "*Y*" se tornaria equivalente a *T*, e, por conseguinte, oposto a *R*; o mesmo valeria, *mutatis mutandis*, se se substituísse "*i*" por "*q*". Resulta daí que a fórmula inicial "$YG = G_iP$" também se mostra incapaz de resguardar a generalidade prevista em "*i*".

Essa limitação poderá ser contornada se associarmos ao termo indefinido um índice ligado àquele que antecede o predicado de tal modo que esse índice condicione o termo indefinido, em sua substituição em uma das espécies, ao índice que acompanhar o predicado. Dessa maneira, a determinação do termo indefinido como idêntico a tal ou tal espécie dependeria do valor assumido pelo índice que o acompanhasse, valor que está ligado àquele que incide sobre o predicado[392]. Em uma palavra, acompanhado do índice "*i*", o termo indefinido deixaria de se comportar como um termo que indicasse indeterminadamente uma espécie qualquer do gênero, e passaria a se comportar como uma variável para qualquer que seja o termo que indique uma espécie qualquer do gênero. Assim, em lugar da equivalência "$\Upsilon G = G\,{}_iP$", poderíamos propor algo como "${}_i\Upsilon G = G\,{}_iP$", de tal sorte que, quando "$i = 0$", "${}_0\Upsilon G = G\,{}_0P$", o que significa que "${}_0\Upsilon G = T$", e, portanto, "${}_0\Upsilon = T$"; já quando, por outro lado, "$i = q$", "${}_q\Upsilon G = G\,{}_qP$", o que significa que "${}_q\Upsilon G = R$", e, portanto, "${}_q\Upsilon = R$". Chegaríamos, então, a uma formulação geral tal como "${}_iS$ *é* ${}_iP$", de tal sorte que, quando "i = q", a fórmula se determinaria por algo como "${}_qS$ *é* ${}_qP$", que equivale a "*S é P*". Quando, inversamente, "$i = 0$", obtém-se "${}_0S$ *é* ${}_0P$", que resulta em "*S é não-P*".

Essas operações autorizam a conclusão de que o que se põe à nossa disposição é a viabilidade de exprimir, mediante fórmulas que se estendem à totalidade do gênero, regras que valem unicamente para uma das suas espécies. Seja, por exemplo, uma regra ou predicado *H* válido para a espécie *R* de *G* precisamente enquanto é *R*, isto é, enquanto é *GP*. Podemos afirmar verdadeiramente "*R é H*", ou, no caso de uma regra, "*H* aplica-se a *R*", o que nos permite passar a algo como "${}_q\Upsilon G$ *é* ${}_qH$". Substituindo ulteriormente "*q*" por "*i*", chegaríamos à fórmula "${}_i\Upsilon G$ *é* ${}_iH$", que constitui um modo de exprimir universalmente a relação parcial entre *H* e *G* nos moldes de uma atribuição ao gênero *G* de uma propriedade que se aplica apenas a uma espécie de *G*. Essa forma de expressão, evidentemente, não pode encerrar ou acarretar nenhum erro, visto que a extensão que ela

[392] Poderíamos fixar que, sempre que o índice "*i*" acompanhar o sujeito da sentença, ele funcionará como uma variável ligada ao índice "*i*" que acompanha o predicado, de tal sorte que sua substituição em uma de suas duas ocorrências na proposição determina sua substituição na outra.

viabiliza se faz mediante o termo indefinido *Y* acompanhado do índice "*i*". Interpretada corretamente, a fórmula veicularia que, para qualquer que seja a espécie de *G*, dela se afirma *H* ou dela se nega *H*, consoante o modo como se instancia "*i*". Avançando, a partir daí, mais um passo, poderíamos substituir "$_i$" por zero sem qualquer risco de erro. Com efeito, a formulação "$_0YG$ *é* $_0H$", que poderia ser corretamente substituída por "*T é* $_0H$", não poderia encerrar nenhuma falsidade, já que nada mais veicularia que "*T é não-H*", ou "*não-H se aplica a T*", o que, dada a suposição inicial, é rigorosamente verdadeiro[393].

Esse procedimento coaduna-se com a descrição do *modus operandi* da lei de continuidade, que, como vimos, veicula que, em casos como o ilustrado pelo exemplo acima, uma determinada espécie de um gênero pode ser tratada como equivalente a um caso da espécie que lhe é complementar no mesmo gênero. Mediante as regras de transformação viabilizadas pelo índice "*i*", cada uma das regras e propriedades específicas de uma daquelas duas espécies, por exclusão da outra, pode, sob uma determinada condição, ser estendida à totalidade do gênero e, por consequência, àquela espécie à qual as ditas regras e propriedades não se aplicam.

Vemos que a operacionalidade e o escopo da lei de continuidade têm uma envergadura eminentemente lógica, sendo seus restantes domínios de aplicação antes corolários do procedimento geral do que propriamente princípios dos quais ela pretensamente seria derivada. A justificação para a lei pode ser obtida unicamente com base na característica lógica elaborada por Leibniz, sem depender das descobertas leibnizianas no domínio da matemática ou da física. É, portanto, a lei de continuidade, fundada na linguagem formal elaborada por Leibniz,

---

393 Assim entendida, essa operação torna dispensável a tentativa de relativizar ou modificar a concepção leibniziana de igualdade, tal como parece pretender Azevedo (2019).

que proporciona as condições de justificação da descoberta matemática de Leibniz, e não o inverso, como sustenta Duchesneau (1994)[394], ainda que, no afã de persuadir seus críticos, Leibniz tenha eventualmente lançado mão de considerações matemáticas ou geométricas. É ainda oportuno acrescentar que, tendo um fundamento e uma envergadura eminentemente lógicas, a lei de continuidade não encerra nem pressupõe em sua formulação e escopo qualquer referência à noção de tempo, contrariamente ao que sugere Priest (2006, Cap. 11.4)[395].

III.2.2 O infinitamente pequeno

As considerações feitas até aqui parecem bastar para dirimir as dificuldades assinaladas anteriormente com respeito à validade da lei de continuidade e, por via de consequência, também para eliminar a suspeita quanto à exatidão do cálculo infinitesimal. Elas deixam de lado, porém, uma noção amiúde evocada na discussão precedente sobre a abordagem leibniziana dos contínuos, a saber, aquela de infinitamente pequeno ou, alternativamente, grandeza menor do que qualquer grandeza dada. Com efeito, o procedimento consistente em tratar "algo como equivalente a uma espécie do seu contraditório" revelou-se suficiente para embasar as operações envolvidas no cálculo infinitesimal leibniziano, sem precisar apelar para noções como

394 "Em 1687, Leibniz deriva o princípio de continuidade de uma consideração do infinito geométrico. Isso significa que uma das fontes do princípio deve ser encontrada no tratamento do contínuo extensivo por técnicas tomadas de empréstimo do cálculo infinitesimal, principalmente transições contínuas a limites" (Duchesneau, 1994 - p. 142).

395 "Fixemos o princípio como aplicando-se a mudanças nos estados de coisas físicos ao longo do tempo. Seu conteúdo é, então, o seguinte: todo estado de coisas que se dê em qualquer série contínua de instantes <times> se dá também em todo limite temporal daqueles instantes" (Priest, 2006, p. 166).

as supramencionadas. Sendo, então, dispensável a suposição de algo como uma grandeza infinitamente pequena ou, alternativamente, uma grandeza menor do que qualquer grandeza dada, ergue-se a dúvida quanto aos propósitos de Leibniz para, ao menos aparentemente, lançar mão de uma noção assim, a despeito de todas as controvérsias que as cercam.

Como veremos, expressões como "grandeza infinitamente pequena" ou "grandeza menor do que qualquer grandeza dada" emergem quando se considera um aspecto ainda não explorado aqui da aplicação da lei de continuidade a seu domínio de aplicação, a saber, os contínuos. Esse aspecto diz respeito à infinitude que os contínuos encerram. Veremos ainda que é também a lei de continuidade e, na esteira dela, a legitimidade de – repitamos – tratar algo como equivalente a uma espécie do seu contraditório que asseguram, não a necessidade de uma noção que satisfaça descrições como "grandeza infinitamente pequena" ou "grandeza menor do que qualquer grandeza dada", mas a legitimidade de se empregar expressões desse jaez na abordagem dos contínuos.

Para introduzir esse assunto, convém lembrar que as condições de aplicação da lei de continuidade residem em uma relação entre casos consistente em que eles "se aproximam continuamente e se perdem enfim um no outro". Trata-se, como já discutido, de uma relação entre casos consistente na passagem de um ao outro, relação que permite tratar os casos como duas espécies complementares de um gênero, as quais se distinguiriam entre si mediante uma propriedade *P* qualquer. Desse modo, como também já discutido, a passagem de um dos casos ao outro corresponderia à aquisição ou perda, por parte do primeiro, da propriedade graças à qual ele se torna o outro.

Assim exposta, a divisão do gênero em espécies ganha contornos nitidamente quantitativos: trata-se de considerar um intervalo entre a posse plena da propriedade *P* – vale dizer sua posse em grau máximo – e a absoluta ausência da propriedade – vale dizer, sua posse em grau zero –, para retomar a discussão sobre a estrutura lógica da lei de continuidade. Eis o que situa a passagem em tela no universo dos contínuos, impondo a conclusão de que o intervalo que a expressa é passível de uma divisão ao infinito, conforme também já discutido precedentemente. Essa divisão ao infinito poderia então ser correlacionada a uma série infinita de subespécies da espécie portadora de *P*, série que teria por limite a espécie complementar no gênero, vale dizer, aquela que se demarca pela falta de *P*[396]. Graças à lei de continuidade, como já visto, essa espécie limite da série poderia ser considerada ainda membro da série; ela corresponderia ao membro limite desta, que encerraria a propriedade respectiva em grau zero.

[396] Sendo a gradação da propriedade uma distinção meramente quantitativa, poderia parecer que as diferenças que ela introduz não bastem para justificar a divisão em subespécies da espécie em pauta. Sem pretendermos nos aprofundar nesse assunto, convém sublinhar que Leibniz não parece considerar a diferença quantitativa insuficiente para justificar a introdução de uma espécie em um gênero. De acordo com ele, "no rigor matemático, a menor diferença que faz com que duas coisas não sejam semelhantes em tudo faz com que elas *difiram em espécie*. É assim que, em geometria, todos os círculos são de uma mesma espécie, pois são todos perfeitamente semelhantes, e, pela mesma razão, todas as parábolas também são de uma mesma espécie, o mesmo não acontecendo com as elipses e hipérboles, pois há uma infinidade de tipos ou espécies destas, ainda que haja também uma infinidade delas em cada espécie. Todas as inúmeras elipses, nas quais a distância dos focos tem a mesma proporção à distância dos vértices, são de uma mesma espécie; mas como a razão dessas distâncias não variam senão em grandeza, segue-se que todas essas infinitas *espécies* de elipses formam um só *gênero*" <Dans la rigueur mathématique la moindre différence qui fait que deux choses ne sont point semblables en tout fait qu'elles *diffèrent d'espèce*. C'est ainsi qu'en géométrie tous les cercles sont d'une même espèce, car ils sont tous semblables parfaitement, et par la même raison toutes les paraboles aussi sont d'une même espèce, mais il n'est pas de même des ellipses et des hyperboles, car il y en a infinité de sortes ou d'espèces quoiqu'il en ait aussi une infinité de chaque espèce. Toutes les ellipses innombrables, dans lesquelles la distance des foyers a la même raison à la distance des sommets, sont d'une même espèce ; mais comme les raisons de ces distances ne varient qu'en grandeur, il s'ensuit que toutes ces *espèces* infinies des ellipses ne font qu'un seul *genre*> (*N.E.* III, vi, §14).

Empregando a notação já mobilizada precedentemente, então, a continuidade da série em tela pode ser expressa mediante uma hierarquização das espécies complementares ${}_{q}\Upsilon G = G_{q}P$ e ${}_{0}\Upsilon G = G_{0}P$ de um gênero G, na qual o índice "q" se comportaria como uma variável que assumiria como valores membros de uma série contínua, a qual, por seu turno, teria por limites, de um lado, o índice numérico especificando um suposto grau máximo da propriedade P e, de outro, a nulidade de P, isto é, P no grau zero. Leibniz empenha-se em ilustrar esse procedimento de geração de uma série contínua no opúsculo "*justificação do cálculo infinitesimal a partir daquele da álgebra comum*" (GM IV, pp. 104-106). Aí, ele nos convida a imaginar o movimento de uma reta que cruza uma outra em um ponto C, em direção a um certo ponto A nesta última, de tal maneira que o ponto C seja determinado como variável: ele variaria consoante a reta em movimento se aproximasse do ponto A. C então se aproximaria continuamente de A até coincidir com este[397].

Essas considerações colocam-nos diante do seguinte resultado: visto que a espécie complementar ${}_{0}\Upsilon G$ de G pode ser tratada, sob a guarida da lei de continuidade, como ainda um caso limite da série infinita das subespécies da espécie ${}_{q}\Upsilon G$ de G, a ${}_{0}\Upsilon G$ estendem-se, sob a guarida dessa lei, todas as propriedades e proposições que se atribuem a ${}_{q}\Upsilon G$ enquanto tal, vale dizer, enquanto se demarca precisamente por não ser ${}_{0}\Upsilon G$. Por outro lado, visto que a série infinita de subespécies de ${}_{q}\Upsilon G$ – as quais se ordenam segundo os infinitos graus em que P se desdobra – tem por limite ${}_{0}\Upsilon G$, segue-se que a cardinalidade em que se distribuiria os membros de uma tal série permite, também sob a guarida da lei de continuidade, considerar ${}_{0}\Upsilon G$ como o membro infinitésimo da série. Afinal,

[397] *GM* IV, pp. 104-105. Um outro exemplo de movimento imaginário se encontra na carta a Malebranche (*GP* III, p. 52), em trecho citado na *Introdução* deste livro.

sendo um caso limite da série, $_{0}YG$ é admitido, graças (nunca é demais repetir) à lei de continuidade, ainda um membro da série. Mas visto ser a série infinita, tal pretenso membro deve incluir na descrição que se lhe associa a natureza infinita da série na sua relação com esta. $_{0}YG$ pode, desse ponto de vista, ser descrito como um membro de cardinalidade infinita com respeito a essa série.

Esse resultado não autoriza que se confira a $_{0}YG$ o estatuto de membro infinitésimo da série no sentido rigoroso. Afinal, se a série é infinita, ela não tem fim, o que significa que, no rigor, ela não possui um derradeiro membro; não possui, por conseguinte, um membro infinitésimo: para todo membro a que se chegue, há um outro subsequente na série[398]. Leibniz sustenta ser um *non sequitur* inferir, da infinitude de uma série dada, que seja igualmente dado seu pretenso membro infinitesimal. É o que lemos em sua resposta ao argumento sustentado por Bernoulli de que, se uma série é infinita, há um elemento infinitesimal da mesma. Ele afirma:

> É manifesto que, qualquer que seja a parte, uma outra menor finita pode ser dada (...). Suponhamos que seja dada em ato em uma linha $^1/_2$, $^1/_4$, $^1/_8$, $^1/_{16}$, $^1/_{32}$, etc., e que todos os termos desta série existam em ato; daí você infere que é dado também o infinitésimo. Já eu penso que não se segue daí nada além do seguinte: é dada em ato uma fração finita assinalável qualquer

[398] É esta convicção que respalda os argumentos que ele aduz geralmente nos contextos de crítica ao critério cartesiano da evidência. Ele então recorre a noções tais como "movimento mais veloz" ou "o maior dos números" para exemplificar como o que tem a aparência de uma noção clara e distinta pode se revelar uma descrição inconsistente. E a inconsistência aqui resulta em que a série dos movimentos quanto ao incremento de velocidade, de um lado, e a série das figuras aumentando em grandeza, do outro, estende-se infinitamente (Cf GP IV, p. 424. AA VI, iii, 463; GP II, p. 304; GM III, 535-536; e *Accessio ad arithmeticam infinitorum* - AA III, i, pp. 10-13).

> de uma pequenez qualquer (GM III, p. 536 - *OFC* 16A, III, p. 496)[399].

No que poderíamos considerar uma reconciliação *avant la lettre* com Berkeley, Leibniz arremata:

> No que concerne a termos infinitésimos, julgo que não apenas não podem ser alcançados por nós, mas também que não os há na natureza, isto é, não são possíveis (GM III, p. 551 - *OFC* 16A, III, p. 512)[400].

Em síntese, aos olhos de Leibniz, estender, sob a chancela da lei de continuidade, ao limite externo de uma série contínua, as proposições que se aplicam exclusivamente aos membros da série não autoriza a conclusão de que tais proposições se afirmem desse limite em sentido estrito, porquanto, no caso dessas proposições, os predicados nelas afirmados o são em grau zero, o que, no sentido rigoroso, corresponde à sua negação. Diz ele:

> Filosoficamente falando, não estabeleço grandezas infinitamente pequenas, não mais do que infinitamente grandes, ou seja, não mais infinitésimas que infinítuplas. Pois considero ambas como um modo abreviado de falar de ficções da mente, aptas ao cálculo, tais como também o são as raízes imaginárias na álgebra. Aliás, já demonstrei que essas expressões têm uma grande utilidade para abreviar

399 "Sed constat, quavis parte aliam minorem finitam dari (...). Ponamus in linea actu dari $^1/_2$, $^1/_4$, $^1/_8$, $^1/_{16}$, $^1/_{32}$, etc. omnesque seriei humus terminos actu existere; hinc infers dari et infinitesimum, sed ego nihil aliud hinc puto sequi quam actu dari quamvis fractionem finitam assignabilem cujuscunque parvitatis".

400 "Quod terminos infinitesimos attinet, videtur mihi non tantum ad eos non posse a nobis perveniri, sed etiam eos non esse in natura, id est, non esse possibiles".

o pensamento e, portanto, para invenção, e não podem conduzir a erro (*GP* II, p. 305)[401].

Os mesmos resultados valem também para a expressão "grandeza menor do que qualquer grandeza dada" ou "tão pequena quanto se queira"[402], pois também aqui se trata de considerar a negação da propriedade, no caso, a negação de *P*, como ainda um grau de *P*, vale dizer, seu grau zero. Visto que, assim considerado, esse grau pode ser descrito como menor do que qualquer grau positivo de *P*, ele resulta corresponder a um grau de *P* menor do que qualquer grau dado de *P*. Aliás, na sequência da passagem supra citada, Leibniz sublinha que "basta substituir o infinitamente pequeno pelo tão pequeno quanto se queira, para que o erro seja menor do que o erro dado, donde se segue que o erro não pode ser dado" (*GP* II, p. 305)[403]. Desse ponto de vista, contrariamente ao que sustenta Raffo Quintana (2019, p. 83), pode-se concluir que, em que pese expressões que evocam a noção de infinito, tais como "infinitamente pequeno" e expressões que evocam noções relativas, tais como "menor que qualquer grandeza dada" sejam distintas do ponto de vista das significações dos termos que envolvem, ambos os tipos de expressões veiculam ficções. E veiculam ficções não porque a ficção consista em imaginar um caso último

401 "Ego philosophice loquendo non magis statuo magnitudines infinite parvas quam infinite magnas, seu non magis infinitesimas quam infinituplas. Utrasque enim per modum loquendi compendiosum pro mentis fictionibus habeo, ad calculum aptis, quales etiam sunt radices imaginariae in Algebra. Interim demonstravi, magnum has expressiones usum habere ad compendium cogitandi adeoque ad inventionem, et in errorem ducere non posse.

402 Examino essa questão com mais detalhe no artigo *Leibniz e a Justificação do Cálculo Infinitesimal* (inédito).

403 "... cum pro infinite parvo substituere sufficiat tam parvum quam quis volet, ut error sit minor dato, unde consequitur errorem dari non posse."

da série infinita, como Quintana parece sugerir[404], mas sim por ser impossível imaginar ou conceber algo que satisfaça qualquer dos dois tipos de expressões[405]. Desse ponto de vista, sequer mesmo a noção escolástica de sincategorema sugerida por Ishiguro se afigura captar com precisão a natureza de expressões como as supramencionadas, se se entender por "sincategoremas" "palavras não enquanto designem entidades, mas enquanto são bem definidas nas proposições em que ocorrem" (Isghiguro, 1990, p. 82). Afinal, é o inverso que parece suceder: a tais expressões é impossível serem bem definidas nas proposições em que ocorrem, em que pese preservem ainda suas condições de designação, vale dizer, denotação, ainda que não denotem uma grandeza fixa.

A correção, pois, de uma expressão como "grandeza menor do que qualquer grandeza dada" restringe-se ao que autoriza a lei de continuidade, sob a consideração de que uma tal descrição se aplica a uma grandeza que já não pertence à série infinita das grandezas consideradas. No que tange a essa série enquanto tal, precisamente por ser infinita, ela não encerra um membro que satisfaça a descrição "grandeza menor do que qualquer grandeza dada".

Vemos que, se Leibniz ainda se permite apelar para "figuras filosófico-retóricas" na apresentação e justificação de sua descoberta, isso se faz em virtude de sua convicção quanto ao rigor que respalda essas figuras. Expressões como "grandeza

---

404 "A ficção é, portanto, imaginar um último polígono, fingir um limite com respeito à possibilidade de pensar sempre um polígono com um número de lados maior do que qualquer polígono dado" (Quintana, 2019 - p. 75).

405 Essas conclusões destoam da abordagem de A. Robinson (1996, p.261), que parece considerar que a substituição autorizada por Leibniz de expressões que evocam o infinito por expressões que evoquem noções relativas seria um "retorno ao estilo dos matemáticos da antiguidade" *tout court*. Como vemos, antes que meramente fazer apelo àquele método, o que as reflexões de Leibniz parecer proporcionar é um procedimento de justificação das operações e da terminologia própria daquele método.

menor do que qualquer grandeza dada", "grandeza infinitamente pequena", apresentam-se como descrições que se deixam elaborar a partir da própria linguagem que se molda nos procedimentos de cálculo que constituem a descoberta leibniziana, e cuja consistência interna será assegurada se algo como o índice "*i*", bem como os procedimentos que este viabiliza, puderem ser aceitos como logicamente pertinentes. Esses procedimentos, por outro lado, asseguram também que unicamente a nulidade se habilita a satisfazer as descrições supramencionadas[406]. Esses resultados eximem Leibniz de qualquer postulação sobre a realidade de entidades metafisicamente duvidosas e, ao mesmo tempo, asseguram exatidão a seu cálculo. Diz ele:

> ... não há necessidade de fazer a análise matemática depender de controvérsias metafísicas, nem de assegurar que haja na natureza linhas infinitamente pequenas no rigor, ou em comparação com as nossas, nem, por conseguinte, que haja linhas infinitamente maiores que as nossas (...) (*GM* IV, p. 91)[407].

Uma vez examinado o *modus operandi* da lei de continuidade, bem como o teor e o alcance das formulações envolvidas em sua aplicação, o próximo passo é nos lançarmos nos dois labirintos para os quais, segundo Leibniz, essa lei parece fornecer o fio de Ariadne: o primeiro, o labirinto do contínuo matemático; o outro, o labirinto da contingência, ou do contínuo lógico.

---

406 Para uma discussão mais detalhada sobre esse aspecto da questão, ver Ishiguro (1988).

407 "... on n'a point besoin de faire dépendre l'analyse Mathématique des controverses métaphysiques, ni d'assurer qu'il y a dans la nature des lignes infiniment petites à la rigueur, ou en comparaison des nôtres, ni, par conséquent, qu'il y a des lignes infiniment plus grandes que les nôtres".

III.3 Continuidade e geometria

III.3.1 Espaço geométrico e contínuo

O espaço geométrico para Leibniz deve ser nem mais nem menos do que o lugar, por assim dizer, das formas geométricas. Definindo-se desse modo, ele deve proporcionar as condições de construtibilidade de todas as infinitas formas e grandezas que se podem construir. Talvez isso baste para justificar a primeira característica que, para Leibniz, o espaço geométrico deve ter: a infinitude. Nenhuma razão havendo para restringir a grandeza das formas geométricas, o espaço deve ser apto a contemplar todos os tamanhos e prolongamentos ou progressões que se pode construir; de modo que ele deve ser infinito[408].

A segunda característica do espaço é que ele não possui forma. Se possuísse uma forma, possuiria um limite, tornando-se assim incapaz de comportar todas as formas. Afinal, se o espaço fosse limitado por uma forma, seria legítimo supor formas espaciais a se prolongarem além da forma que o circunscreve, o que comprometeria a construtibilidade daquelas formas e contrastaria, nesta medida, com o papel mesmo que o espaço deve desempenhar[409]. O espaço é o lugar de todas as formas e, por isso mesmo, não faz sentido atribuir-lhe uma forma[410]. Ele é apenas o extenso puro e absoluto:

[408] Para dar um exemplo da necessidade de se atribuir infinitude ao espaço, poderíamos mencionar, conforme salienta Hintikka (1975, p. 119), que a finitude do espaço é incompatível com o quinto postulado de Euclides, a saber, "se uma linha reta cruzando duas linhas retas produz ângulos internos do mesmo lado menores que dois ângulos retos, as duas linhas retas, se prolongadas indefinidamente, se encontrarão daquele lado no qual estão os ângulos menores que dois ângulos retos".

[409] Daí não se segue evidentemente que as construções matemáticas de outros modelos de espaço – um espaço curvo, por exemplo – sejam incorretas. Trata-se de delimitações de espaços no puro espaço, cujas regras podem ser perfeitamente consistentes. Contudo, o espaço que interessa a Leibniz considerar é o puro pressuposto a partir do qual tais construções se fazem.

[410] "Por conseguinte, o Espaço é indeterminado, pois de outro modo se deveria encontrar algo outro que o determinasse; ou seja, além da extensão, nele se

> Mas para que tratemos tudo em ordem, deve-se saber que a primeira consideração é do próprio *Espaço*, isto é, o Extenso puro absoluto. E digo que é *puro* de matéria e de mudança, e *absoluto*, isto é, ilimitado e encerrando toda extensão. Assim, todos os pontos estão no mesmo espaço e podem ser relacionados uns aos outros. Se esse espaço distinto da matéria é alguma coisa, ou se consiste somente em uma aparição ou fenômeno, não será considerado aqui (GM V, p. 144)[411].

Os pontos definem-se como os elementos no espaço por meio dos quais as formas podem ser aí construídas. Tudo o que o ponto encerra é, portanto, a capacidade para permitir especificar o traço ou contorno de uma forma qualquer. Como tal, ele também não pode possuir nenhuma forma[412]. "*Ponto* é o que há de mais simples no espaço"[413]:

> A próxima consideração é a do *Ponto*, isto é daquilo que é o mais simples dentre tudo o que pertence ao

deveria encontrar extremidades" <Itaque Spatium est interminatum, alioqui enim praeter ipsum aliud spectandum esset quo terminetur> (Leibniz, 1995a - Scheda 14, pp. 278-279).

[411] "Verum ut omnia ordine tractemus sciendum est primam esse considerationem ipsius *Spatii*, id est Extensi puri absoluti. *Puri*, inquam, a materia et mutatione, *absoluti* autem, id est illimitati atque omnem extensionem continentis. Itaque omnia puncta sunt in eodem spatio et ad se invicem referri possunt. An autem spatium hoc a materia distinctum res quaedam sit, an solum aparitio constans seu phaenomenon, nihil refert hoc loco" (Leibniz, 1995a - Scheda 9, § 9 -, pp. 150-153).

[412] Se o ponto tivesse uma forma, então esta forma requereria elementos anteriores ao ponto a partir dos quais a forma deste se apresentaria, o que é contraditório com a estipulação de que cabe aos pontos marcar as condições do estabelecimento das formas, quaisquer que sejam elas, no espaço: "Por seu turno, o Ponto é indivisível, caso contrário nele poderiam ser encontradas partes, e por via de consequência, além de situação, também extensão" <Punctum autem est indivisibile alioqui in eo spectari possint partes, ac proinde praeter situm et extensio> (Leibniz, 1995a - Scheda 14, pp. 278-279).

[413] "Punctum est quod in spatio simplicissimum est" (Leibniz, 1995a - Scheda 2, pp. 94-95).

> espaço ou à extensão; com efeito, assim como que o Espaço contém a extensão absoluta, assim também o ponto exprime aquilo que na extensão é o mais limitado, a saber, a simples situação. Donde se segue que o ponto é um mínimo e não tem partes, e todos os pontos são congruentes entre si (ou podem coincidir), e de tal modo semelhantes que, se se pode dizer assim, são iguais (GM V, p. 144)[414].

Por essas considerações se conclui que a exequibilidade de todas as formas possíveis não precisa de qualquer outro requisito além destas duas noções: o espaço como o lugar das formas, e o ponto como elemento a partir do qual a forma no espaço é delimitada.

As formas no espaço, Leibniz as caracteriza a partir da noção de trajetória, que define como uma sucessão contínua de posições:

> Por seu turno, uma *trajetória* (pela qual definimos a distância)[415] nada mais é que um lugar contínuo sucessivo (...). Mas a trajetória é um contínuo, porque qualquer uma de suas partes tem com outras, anterior e posterior, extremidades comuns (Leibniz, 1995a - p. 152- 155 - GM V, p. 145)[416].

---

414 "Proxima est consideratio *Puncti*, id est quod inter omnia ad spatium sive extensionem pertinentia simplicissimum est; quemadmodum enim Spatium continet extensionem absulutam, ita punctum exprimit id quod in extensione maxime limitatum est, nempe simplicem situm. Unde sequitur punctum esse minimum, et partibus carere, et omnia puncta congruere inter se (sive coincidere posse), adeoque et similia atque, si ita loqui licet, aequalia esse" (Leibniz, 1995a - Scheda 9, § 10, pp. 152-153).

415 "A *distância* entre dois [pontos] nada mais é que a quantidade da menor trajetória de um ao outro" <Est autem *distantia* duorum nihil aliud quam quantitas minima unius ad alterum viae> (Leibniz, 1995a -Scheda 9, § 11 – pp. 152-153 - GM V, p. 144-145).

416 "*Via* autem (quae et distantiam definivimus) nihil aliud est quam locus continuus successivus (...). Est autem via continuum quoddam, quia quaelibet eius pars

A linha, define, é a trajetória de um ponto (Id. ibid). A superfície é a trajetória de uma linha cujos pontos não se substituem sempre uns pelos outros. O sólido é a trajetória de uma superfície cujos pontos não se substituem sempre uns pelos outros:

> A trajetória de uma linha tal que seus pontos nem sempre se sucedam uns aos outros é uma *superfície*; e a trajetória de uma superfície de modo que seus pontos nem sempre se sucedam uns aos outros é um *corpo* (Id., § 13 – pp. 154-155 – GM, p. 145).

Duas observações merecem ser feitas a respeito da definição das formas no espaço segundo suas dimensões a partir da noção de trajetória. Em primeiro lugar essa noção permite que as caracterizações das formas contemplem em si a natureza eminentemente contínua destas. Definida como uma sucessão contínua de lugares, a noção de trajetória introduz, nas definições das formas gerais, segundo suas dimensões, a noção de contínuo como característica fundamental. À exceção do ponto, que não é a trajetória de nada – afinal, ele não possui extensão –, todas as demais formas são caracterizadas a partir da sua natureza essencialmente contínua. Em segundo lugar, a noção de trajetória coloca em relação os elementos incomparáveis que ocupam respectivamente a posição de "resultado do trajeto" e, por assim dizer, "agente do trajeto", o que poderíamos denominar elemento constituinte: um elemento de *n* dimensões é sempre o que resulta diretamente do trajeto de um elemento de dimensão *n*-1. Visto que o primeiro resulta de uma sucessão contínua do segundo, deve se subdividir ao infinito em elementos de dimensão *n*, e, por este procedimento jamais poderá atingir uma grandeza de *n*-1 dimensões, embora esta, por ser o agente do trajeto, seja o limite do procedimento de divisão.

---

extrema habet cum alia anteriori atque posteriori parte communia".

Face à natureza eminentemente contínua das formas geométricas, examinemos, à luz dessas considerações gerais, que outras características é preciso atribuir ao espaço e ao ponto, a fim de que possam comportar todas as formas. Em primeiro lugar, deve haver no espaço tantos pontos quantos são necessários para que as formas e as grandezas aí possam ser assinaladas. Daí se seguem duas consequências, das quais a primeira é que não pode haver vizinhança ou contiguidade entre dois pontos. A contiguidade entre os pontos é incompatível tanto com a divisibilidade ao infinito dos contínuos geométricos quanto com a infinitude envolvida nas transformações contínuas: deve haver tantos pontos, por exemplo, em uma linha quantos são necessários para que esta seja divisível ao infinito. Se houvesse contiguidade entre pontos, isto é, se pudesse acontecer de entre dois pontos nenhum outro se encontrar que os intermediasse, então a divisibilidade ao infinito ficaria comprometida. Do mesmo modo, se houvesse contiguidade entre os pontos, as transições no espaço geométrico poderiam ser admitidas como indeterminadamente longas, mas não como infinitas. Um desdobramento disso seria que as referidas transições se fariam por saltos: a redução do triângulo ao ponto não seria contínua, mas se faria por saltos: as linhas "pulariam", por assim, dizer, de pontos em pontos, até atingir em um mesmo momento um único ponto. Mas, como já deve estar claro a esta altura, isso é contraditório, por exemplo, com a possibilidade do cone[417]. A segunda consequência é que não pode haver região do espaço sem pontos. Caso contrário, como já anunciado, certas formas possíveis seriam tornadas impossíveis visto não poderem, por falta de pontos, ser construídas em uma determinada região do espaço. Além disso, certas progressões, transições ou transformações

[417] Ver a respeito argumentação tecida no diálogo *Pacidius Philalethi* - AA VI, iii, pp. 537 e seguintes.

possíveis resultariam impossíveis visto não haver os pontos necessários para que elas se realizassem.

Essas consequências repercutem o que poderíamos tomar como uma propriedade dos contínuos aos olhos de Leibniz, habitualmente designada por "densidade": todo contínuo é denso – o que significa dizer que não pode haver vizinhança ou contiguidade entre os elementos cuja trajetória o constitui[418]. Daí se pode depreender que os elementos constitutivos de um contínuo comportam-se como limites, que a um só turno separam e ligam as partes do contínuo. Assim, por exemplo, visto não poder haver contiguidade entre os constitutivos de um contínuo, não faz sentido pretender que, ao seccionar uma linha em um determinado ponto, tal ponto tenha ficado em um dos segmentos, e o ponto seguinte pretensamente contíguo no outro segmento; será um único e o mesmo ponto que terminará um segmento e iniciará o outro dos segmentos de uma reta dividida. Essa caracterização do modo como as partes do contínuo devem se comunicar indica a Leibniz uma outra propriedade a partir da qual ele pode definir o contínuo: à diferença do discreto, "*contínuo* é aquilo cujas partes têm uma extremidade comum"[419].

A densidade do contínuo não implica que seus elementos aí estejam dispostos de tal maneira que seria impossível ordená-los. Ao contrário, a delimitação de uma forma pressupõe que o seu elemento constitutivo trace uma certa via, um percurso que envolva elementos ordenados em uma série. Assim,

[418] Pelas mesmas razões que não pode haver vizinhança entre pontos, não pode haver vizinhança entre linhas na superfície, nem entre superfícies no sólido.

[419] "Continuus est cuius partes habent terminum communem" (Leibniz, 1995a - Scheda 8, pp. 274-275). Como já antecipado, Leibniz reconcilia-se aqui com a caracterização aristotélica de contínuo. Segundo Aristóteles, dizemos "haver contínuo quando resultam ser um e o mesmo os limites pelos quais dois itens <ἑκατέρου> são conectados e, como o próprio nome significa, continuados" <"λέγω δ' εἶναι συνεχές, ὅταν ταὐτὸ γένηται καὶ ἓν τὸ ἑκατέρου πέρας οἷς ἅπτονται καί, ὥσπερ σημαίνει τοὔνομα, συνχηται."> (Física E 3 - 227a11-12).

embora não se possa, por exemplo, elencar todos os pontos por que passa uma linha – e, por conseguinte, não se possa dispor todos esses pontos em uma sequência de contiguidade –, pode-se, contudo, pela própria natureza da linha, determinar que os infinitos pontos que nela estão dispõem-se em uma determinada ordem. Deve ser sempre possível, portanto, determinar, de três pontos em uma linha escolhidos ao acaso, qual deve, nessa linha, estar mais adiante de um deles e antes do outro.

Leibniz insiste na natureza ordenada do contínuo (GP II, p. 168; GP II, p. 263), chegando mesmo a se referir à lei de continuidade como um "princípio da ordem geral", conforme lemos na conhecida carta a Malebranche (GP III, p. 52). A noção de ordem está na base mesma da sequência que determina uma certa transição ou forma. As transformações, a *mutatio continua*[420], requerem não apenas que certos elementos aí se encontrem, mas também que estejam dispostos segundo determinada ordem. Assim, por exemplo, o percurso do triângulo evanescente que culmina no ponto faz-se não apenas por sua transição para outros triângulos, mas também segundo uma ordem contínua decrescente de triângulos.

Essas estimações sobre a caracterização leibniziana do espaço e de seus requisitos indicam de que modo se deve, para ele, conceber algo como ideal. O espaço define-se, para Leibniz, não como o que resulta da descrição de uma coisa qualquer; para ele, o espaço define-se a partir do que se deve supor necessariamente quando se pretende estabelecer as condições mediante as quais as formas geométricas são construtíveis. A construção leibniziana da noção de espaço não se faz segundo seu procedimento usual de constituição de definições, qual seja, pela reunião arbitrária de propriedades na constituição arbitrária de algo que se pretende uma possibilidade.

[420] Para algumas indicações sobre a noção de *mutatio continua*, ver Echeverría (Leibniz, 1995a, Intr.).

Aquela construção se faz sob a suposição de certas definições já admitidas como possíveis, das quais se projetam unicamente as condições de possibilidade. Para que todas as formas geométricas possíveis sejam efetivamente construtíveis, é necessário supor um lugar de construção que encerre as características necessárias para assegurar a construtibilidade daquelas formas possíveis. E é nesta suposição que se fundam e se esgotam, como vimos, as propriedades que se deve atribuir, segundo Leibniz, ao espaço e a seus elementos. Assim abordado, o espaço, com seus elementos e características, não tem propriamente uma realidade atual; ele é uma coisa ideal, uma *suposição* que se faz, mas que se mostra necessária na medida em que se revela condição da possibilidade para que o que é admitido como possível seja compreendido como possível, e, portanto, construtível.

De posse desses resultados, podemos voltar ao problema que nos interessa. Conforme se pode ver a partir da caracterização do contínuo como denso, uma transição envolve o infinito não apenas porque se presta a ser dividida ao infinito, mas também porque tal é uma condição para que se efetue sem saltos. Como visto precedentemente, a divisibilidade infinita do cone não se impõe unicamente porque se segue de uma regra mais geral que uma grandeza maior que zero, por divisão sucessiva, jamais se aniquilará. Ela impõe-se também porque, se o cone se prestasse unicamente a um número finito de divisões, então ele seria impossível, porquanto então sua superfície não seria lisa, mas quebrada em degraus. Isso significa que a infinitude inerente às transições, às transformações, não é contraditória com a noção de limite de uma transição ou de uma série. Ao contrário, ela é uma exigência para que tais transições, que devem ser admitidas não encerrar saltos, possam ser reconhecidas como possíveis.

Se é assim, é imperioso dissolver a aparente contradição entre a infinitude de um contínuo e o fato dele possuir um limite. Segundo Leibniz, essa contradição surge se consideramos essa infinitude como algo atualizado ou anterior ao contínuo ele próprio[421]. Ele pondera que tal infinitude é da ordem das possibilidades e a continuidade mesma do contínuo é algo que se supõe como necessário para que se o torne inteligível. Ela não tem mais realidade do que é preciso para que se compreenda a possibilidade do contínuo. No caso do cone por exemplo, para se compreender sua possibilidade, é preciso supor que ele se presta a ser divisível ao infinito, mas isso não implica em aceitar que ele seja efetivamente dividido ao infinito, porque é impossível – vale dizer, é contraditório com a noção de infinito – que a divisão infinita se dê em ato[422]. Como assinala Paul Schrecker (1936, pp. 77-78), para Leibniz, "a infinitude que é da essência do contínuo (...), não é um '*infinitum categorematicum seu habens actu partes infinitas formaliter*', mas um '*infinitum syncategorematicum seu potentia passiva partes habens*'"[423]. Voltando ao exemplo do cone, não se pode pretender que este esteja atualmente dividido ao infinito: suas partes só surgem quando uma divisão se realiza efetivamente, quer dizer, as partes do cone devem ser assumidas nele somente enquanto possibilidades, de sorte que ele lhes é anterior. Em outros termos, o cone é em si divisível ao infinito, mas de modo algum dividido, ao infinito. Nas palavras de Leibniz,

[421] Uma contradição similar surgiria se tomássemos o espaço geométrio por uma coisa dada e pretendêssemos, a partir daí, explicar a não-vizinhança entre dois pontos.

[422] "De fato, o contínuo matemático consiste na mera possibilidade" <"Continuum vero Mathematicum consistit in mera possibilitate"> (Carta a des Bosses, GP II, p. 475).

[423] "Há o infinito sincategoremático, ou a potência passiva de ter partes, ou seja, a possibilidade do progresso ulterior na divisão, multiplicação, subtração, divisão (...). Mas não há o infinito categoremático, ou seja, que possui formalmente infinitas partes em ato" (Carta a des Bosses, GP II, pp. 314-315 - nota). Para uma discussão a respeito, ver a este respeito, F. Bosinelli, 1991.

> Por conseguinte, não há círculo, nem elipse, nem outra linha que seja definível por nós a não ser no intelecto, assim como não há linhas antes de serem traçadas, nem partes antes de serem separadas (AA VI, iv - p. 1648)[424].

O que se requer, portanto, é que todas as condições necessárias para que um contínuo seja divisível, mas não dividido, ao infinito, estejam lá enquanto tais:

> A massa dos corpos é dividida atualmente de uma maneira determinada, e nada é aí exatamente continuado; mas o espaço ou a continuidade perfeita que está na ideia, não marca senão uma possibilidade indeterminada de dividir como se quiser. Na matéria e nas realidades atuais o todo é um resultado das partes: mas nas ideias ou nos possíveis (que compreendem não apenas este universo, mas ainda todo outro que pode ser concebido, e que o entendimento divino se representa efetivamente), o todo indeterminado é anterior às divisões, como a noção do inteiro é mais simples que aquela das frações, e a precede (GP VII, p. 562)[425].

---

[424] "Itaque nec circulus, nec ellipsis, nec alia datur linea a nobis definibilis nisi intellectu, ut lineae antequam ducantur, aut partes antequam abscindantur".

[425] "La masse des corps est divisée actuellement d'une manière determinée, et rien n'y est exactement continué ; mais l'espace ou la continuité parfaite qui est dans l'idée, ne marque qu'une possibilité indeterminée de diviser comme l'on voudra. Dans la matière et dans les realités actuelles le tout est un résultat des parties ; mais dans les idées ou dans les possibles (qui comprennent non seulement cet univers, mais encore tout autre qui peut être conçu, et que l'entendement divin se représente effectivement), le tout indeterminé est antérieur aux divisions, comme la notion de l'entier est plus simple que celle des fractions, et la precède».

Essas considerações permitem vislumbrar como se deve compreender a idealidade do contínuo e, com ela, do próprio espaço geométrico aos olhos de Leibniz. Tal idealidade não significa que o contínuo se reduza a uma ilusão. A continuidade não é algo real no sentido de que daí se deva ou possa depreender a divisão infinita atual do contínuo. A continuidade tem apenas tanta realidade quanto é preciso para que se conceba a possibilidade de que certas ocorrências, notadamente as transições ou mudanças, sejam explicáveis. Em uma palavra, os paradoxos sobre a composição do contínuo decorrem de se tomar como compartilhando a mesma natureza dos condicionados, das coisas contínuas, aquilo que nelas se concebe unicamente como uma condição de possibilidade.

III.3.2 Somas infinitas

As concepções de Leibniz sobre o contínuo e o infinito permitem preservar uma consequência da diferença entre grandezas homogêneas e heterogêneas que se mostra incompatível com as teses atomistas: de que a divisão continuada de uma certa grandeza produz grandezas cada vez menores, mas sempre homogêneas com ela. Isso o persuadiu da importância de distinguir entre aquilo que é uma parte de um contínuo e aquilo que o constitui. "Parte" de um contínuo é tudo o que pode ser tomado como o compondo ou, inversamente, é tudo aquilo a que se pode chegar por um processo finito de divisão daquele contínuo. Donde se segue que algo A é parte de um contínuo B se, ao somar A a um número finito determinado de elementos homogêneos a A, tal soma resulta igual ou superior a B. Algo constitui um contínuo, sem, contudo, ser parte deste, se esse contínuo for a trajetória daquele algo. Nesse caso, o referido contínuo e o respectivo constituinte são incomparáveis entre si, e o segundo não pode ser parte do primeiro: ele não satisfaz o requisito imposto a algo para ser tomado como parte daquilo que constitui, já que não há procedimento finito de divisão do contínuo graças ao qual se pudesse chegar àquele constituinte. Leibniz estabelece com isso duas acepções sob as quais se pode entender a expressão "estar em". Diz-se que os segmentos da linha estão nela assim como se diz que os pontos estão na linha. Mas não se diz uma e outra coisa da mesma maneira: secções da linha estão na linha como partes, ao passo que o ponto está na linha como seu homógono constituinte[426].

Essa distinção entre estar em como parte e estar em como constituinte, contrariamente ao que poderíamos ser conduzidos a suspeitar, não impede Leibniz de adotar certos procedimentos de soma envolvendo o infinito, tais como são aqueles que se inspiram no método de cálculo arquimediano. Baseado na lei de continuidade, e fazendo um percurso inverso àquele que o conduzira à noção de diferença infinitamente pequena, Leibniz considerou lídimo estabelecer uma relação entre grandezas das quais uma entra na outra como constituinte de modo a se permitir tratar uma determinada trajetória como a soma de infinitos elementos. Esse procedimento, habitualmente designado por cálculo integral, prevê que se estenda ao homógono constituinte de uma grandeza, sob a chancela da lei de continuidade, a propriedade de ser parte – uma parte limite ou infinitesimal – da referida grandeza. Tomado como parte infinitesimal, com base na lei de continuidade, o referido homógono poderia, nessa mesma medida, ser admitido uma grandeza comparável com a grandeza que constitui, o que permitiria, inversamente, considerar esta última como uma soma infinita do primeiro.

[426] Duas grandezas são homógonas quando uma pode culminar na outra graças a uma mudança contínua. Desse ponto de vista, quando uma grandeza corresponde à trajetória de outra, elas são homógonas entre si (Cf. GM VII, p. 20).

É dispensável observar que, em que pese a semelhança entre os resultados desse procedimento e daqueles desenvolvidos por geômetras como Cavalieri, Wallis ou Torricelli, o procedimento leibniziano não se confunde nem se reduz, do ponto de vista das noções envolvidas em sua justificação, a nenhum deles. A formulação da noção de soma infinita não se apoia na postulação nem de uma identidade estrita entre o espaço ocupado por uma grandeza de *n* dimensões e aquele ocupado pela totalidade das grandezas de dimensão *n*-1, nem tampouco na postulação de que a grandeza de *n* dimensões seja, realmente, composta de grandezas de dimensão *n*-1, nem por fim na postulação de grandezas indivisíveis. A formulação de Leibniz apoia-se unicamente na operação já prevista na lei de continuidade, consoante a qual se pode estender a uma espécie de um gênero as propriedades que constituem a espécie que lhe é complementar no mesmo gênero – operação que tem por corolário, no domínio da geometria, o procedimento pelo qual se estende a uma determinada grandeza as propriedades que especificam a grandeza que lhe é homógona.

Essa operação em sentido inverso, por assim dizer, daquele pelo qual se chega ao limite conduz Leibniz a considerar seu cálculo das somas como a contraparte daquele das diferenças. Ele considerou essa reciprocidade como o fundamento mesmo do seu método e referiu-se a esse método por "cálculo das diferenças e das somas" (GM V, p. 321; GP IV, p. 569):

> *Fundamento do cálculo*: as diferenças e as somas são recíprocas entre si, isto é, a soma das diferenças da série é o termo da série, e a diferença das somas da série é igualmente o termo da série, o que enuncio como: $\int dx$ equivale a *x*; assim como: $d \int x$ equivale a *x* (Leibniz, 1846 - p. 36)[427].

[427] "*Fundamentum calculi*: Differentiae et summae sibi reciprocae sunt, hoc est summa differentiarum seriei est seriei terminus, et differentia summarurn seriei

III.3.3 A linguagem do infinito

O uso da identidade previsto na lei de continuidade embasa a elaboração de um vocabulário específico ao método respectivo. Dizendo de outro modo, a possibilidade de tratar algo como equivalente a uma espécie do seu contraditório, com base na lei de continuidade, proporciona as condições para se forjar uma linguagem adequada a esse procedimento, linguagem a que Leibniz se refere por "linguagem do infinito"[428]. No

---

est ipse seriei terminus, quorum illud ira enuntio: $\int dx$ aequ. x; hoc ita : $d \int x$ aequ. x" Para explicações sobre essa reciprocidade em termos matemáticos, ver Historia et origo calculi differentialis - GM V, pp. 395 e sqq.

428 "Além do mais, como as raízes imaginárias têm seu *fundamentum in re*, de sorte que o Sr. Huygens, quando lhe comuniquei que $\sqrt{1+\sqrt{-3}} + \sqrt{1-\sqrt{-3}}$ é igual à $\sqrt{6}$, achou tão admirável que me respondeu que há aí algo que nos é incompreensível; pode-se dizer igualmente que os infinitos e infinitamente pequenos são de tal modo fundados que tudo se faz na Geometria, e mesmo na natureza, como se fossem perfeitas realidades, testemunha-o não apenas nossa Análise Geométrica dos Transcendentes, mas ainda minha lei da continuidade, em virtude da qual é permitido considerar o repouso como um movimento infinitamente pequeno (quer dizer, como equivalente a uma espécie de seu contraditório), e a coincidência como uma distância infinitamente pequena, e a igualdade como a última das desigualdades, etc., lei que eu expliquei e apliquei anteriormente nas *Nouvelles de la République des Lettres* de M. Bayle, à época das regras do movimento de Descartes e do R. P. Malebranche, e cuja força, eu constatei depois (pela segunda edição das regras desse Padre feita em seguida), não tinha sido suficientemente considerada" <De plus comme les racines imaginaires ont leur *fundamentum in re*, de sorte que feu Mons. Hugens, lorsque je lui ai communiqué que $\sqrt{1+\sqrt{-3}} + \sqrt{1-\sqrt{-3}}$ est égal à $\sqrt{6}$, le trouva si admirable, qu'il me répondit, qu'il y a là dedans quelque chose qui nous est incompréhensible ; on peut dire de même, que les infinis et infiniment petits sont tellement fondés que tout se fait dans la Géométrie, et même dans la nature, comme si c'étaient des parfaites réalités, témoigne non seulement notre Analyse Géométrique des Transcendentes, mais encore ma loi de la continuité, en vertu de laquelle il est permis de considérer le répos comme un mouvement infiniment petit (c'est-à-dire comme équivalent à une espèce de son contradictoire), et la coincidence comme une distance infiniment petite, et l'égalité comme la dernière des inégalités, etc. Loi que j'ai expliquée et appliquée autres fois dans les Nouvelles de

rigor, uma tal linguagem é mesmo recomendável, visto que a eventual negligência das operações presididas pela lei de continuidade pode conduzir a confusões e, na esteira destas, a inconsistências. A condição para que o método seja implementado com o devido rigor nos cálculos e raciocínios é que as operações nele supostas ou envolvidas estejam suficientemente expressas, sempre que forem mobilizadas. Em sua Justification du Calcul des infinitésimales par celui de l'Algèbre ordinaire, Leibniz adverte que:

> ... embora não seja de modo algum verdadeiro no rigor que o repouso seja uma espécie de movimento, ou que a igualdade seja uma espécie de desigualdade, como tampouco é verdadeiro que o Círculo seja uma espécie de polígono regular, pode-se dizer, contudo, que o repouso, a igualdade e o círculo terminam os movimentos, as desigualdades e os polígonos regulares, que, ao evanescer, por uma mudança contínua, culminam naqueles. E embora essas terminações sejam exclusivas, quer dizer, não compreendidas no rigor nas variedades que elas limitam, têm, contudo, as propriedades, como se estivessem compreendidas nelas, segundo a linguagem dos infinitos ou infinitesimais, que toma o círculo, por exemplo, por um polígono regular cujo número de lados é infinito. Caso contrário a lei da continuidade seria violada, quer dizer, visto que se passa dos polígonos ao círculo por uma mudança contínua e sem fazer saltos, é preciso também que não se faça

---

la République des Lettres de M. Bayle, à l'occasion des règles du mouvement de Descartes et du R. P. de Malebranche, et dont j'ai remarqué depuis (par la séconde édition des règles de ce Père faite para après) que toute la force n'avait pas été considérée> (Carta a Varignon, 02/02/1702 – GM IV, p. 93).

> salto na passagem das afecções dos polígonos àquelas do círculo (GM IV, p. 106)[429].

Como a passagem acima atesta, segundo Leibniz, as incongruências a que se está vulnerável quando não se leva em conta a aplicação da lei de continuidade podem todas ser remetidas à consideração de que as expressões forjadas na linguagem do infinito, em que pese designem ou denotem o respectivo simbolizado com a devida precisão, não significam, contudo, em sentido rigoroso. Isso porque, conforme já examinado, o elenco dos nomes que figuram naquelas expressões não permite forjar nenhuma noção que articule as noções respectivas em uma única noção. Nessas situações, como sintetiza H. J. Bos (1975, cap. 2.1), temos uma "extrapolação para o infinito atual", extrapolação que consiste no "uso de termos ou símbolos que se tornam sem significado no caso limite, ao passo que o argumento que eles descrevem permanece aplicável e, em tais casos, os termos e símbolos podem ser tomados como '*ficções*'" (BOS, cap. 4.3 - p. 57). Estamos aqui às voltas com as "ficções úteis" (*GM* IV, pp. 98 e 110) ou "verdades por tolerância" (*GM* V, p. 388-389) a que Leibniz alude, por exemplo, em carta a Wolff (*GM* V, p. 385).

---

[429] "Cependant quoiqu'il ne soit point vrai à la rigueur que le repos est une espèce de mouvement, ou que l'égalité est une espèce d'inégalité, comme il n'est point vrai non plus que le cercle est une espèce de polygone régulier : néanmoins on peut dire que le repos, l'égalité et le cercle terminent les mouvements, les égalités, et les polygones réguliers, qui par un changement continuel y arrivent en évanouissant. Et quoique ces terminaisons soient exclusives, c'est-à-dire, non comprises à la rigueur dans les variétés qu'elles bornent, néanmoins elles en ont les propriétés, comme si elles y étaient comprises, suivant le langage des infinies ou infinitésimales, qui prend le cercle, par exemple, pour un polygone régulier dont le nombre des côtés est infini. Autrement la loi de la continuité serait violée, c'est-à-dire, puisqu'on passe des polygones au cercle, par un changement continuel et sans faire de saut, il faut aussi qu'il ne se fasse point de saut dans le passage des affections des polygones à celle du cercle".

Vemos que, quando Leibniz se refere às suas "*Figuras filosófico-retóricas*" como "maneiras de falar", como envolvendo algo de fictício e imaginário, sendo contudo úteis para a *ars inveniendi*, daí não se deve inferir de modo algum que sejam inconsistentes e sem fundamento, ou que toda a tolerância que merecem repouse em sua utilidade ou eficácia. Elas são ficções porque, em que pese tenham, sob a chancela da lei de continuidade, condições precisas de simbolização, não significam em sentido rigoroso. E são úteis porque resultam de procedimentos logicamente corretos, graças aos quais o cálculo envolvendo grandezas contínuas ganha rigor e exatidão. Ademais, desde que se leve em conta a lei que embasa a formulação das construções linguísticas que expressam aquelas "figuras filosófico-retóricas", nenhum erro pode surgir no raciocínio ou cálculo que as envolve. Todo o erro a que nessas condições se está sujeito consiste em negligenciar o caráter limite dessas expressões linguísticas, mais precisamente, em negligenciar que, conquanto simbolizem, tais expressões são completamente destituídas de sentido ou conotação. Em uma palavra, pretender que as expressões forjadas na linguagem do infinito signifiquem, tal como forçosamente devem significar as expressões que se mobiliza no domínio finito a partir do qual aquelas são geradas por força da lei de continuidade, eis a única fonte de erro na aplicação dessa lei. É essa, portanto, a ressalva que se deve ter sempre em mente ao lidar com os raciocínios que envolvem a linguagem do infinito.

III.4 Continuidade e contingência

III.4.1 Labyrinthus sive de propositione existentiae

Na passagem do opúsculo *De contingentia* citada anteriormente (II, 3), Leibniz discrimina o que as afirmações verdadeiras, tanto necessárias quanto contingentes, possuem de comum e o que é próprio de cada uma em relação à outra. Segundo ele, umas e outras têm em comum a verdade mesma, que acarreta que, em ambas as modalidades de afirmações, a noção de seu predicado seja inerente àquela de seu sujeito. De específico, as primeiras têm a prerrogativa de serem demonstráveis a partir simplesmente da análise dos termos tendo como critério de verdade apenas o princípio de não-contradição ou identidade. As verdades contingentes, ao contrário, têm de específico a negação dessa característica, razão pela qual não são redutíveis a uma identidade a partir simplesmente da análise dos termos. No seu caso, portanto, o princípio de não-contradição não basta como critério suficiente de determinação de sua verdade ou falsidade. A razão disso é vislumbrada ao se recordar a distinção entre as condições de verdade vinculadas respectivamente às proposições de existência e essência. Conforme examinado anteriormente, essa distinção indica que a forma das proposições de existência consiste na adição real de uma afirmação de essência a uma segunda afirmação que se mostra irredutível a uma simples proposição de essência.

O embaraço de Leibniz, como ele mesmo declara, é fruto da constatação de que, apesar das verdades e falsidades existenciais serem contingentes, a noção intensional de verdade estende-se também a elas, uma vez que, sendo já verdades ou falsidades, seu valor de verdade é já determinado[430]. Isso se

[430] Evidentemente, não é preciso assumir aqui que todas as proposições contingentes sejam determinadas quanto a seu valor de verdade. Basta que ao menos uma

mostra por duas razões, das quais a primeira é, como também já examinado, que todas as proposições, sejam elas verdadeiras ou falsas, universais, particulares ou singulares, essenciais ou existenciais, relacionais ou categóricas, afirmativas ou negativas, enfim, absolutamente todas as proposições, exceção feita às idênticas e às contraditórias, prestam-se, quanto à sua pura forma, a se submeter ao procedimento demonstrativo. Ora, se, salvo as exceções mencionadas, nenhuma proposição há que seja refratária ao procedimento demonstrativo, resulta forçoso concluir que a análise de uma proposição qualquer só será interrompida de maneira irreversível quando se chegar seja a uma identidade, seja a uma contradição. Caso contrário, a análise pode sempre ser continuada, o que significa que, do ponto de vista de sua estrutura lógica, a proposição presta-se a ser analisada. A segunda razão, como também já se constatou anteriormente, é que a caracterização da verdade como consistência decorre da exigência lógica da homogeneidade entre as relações de significação e simbolização dos símbolos. Aliadas, essas duas razões não apenas permitem, mas mesmo obrigam a reconhecer a noção intensional de verdade como uma caracterização válida e correta da verdade e, por conseguinte, algo que deve ser resguardado como um princípio para o procedimento demonstrativo: a análise de uma verdade tem necessariamente como ponto culminante uma identidade; aquela de uma falsidade tem necessariamente como ponto culminante uma contradição.

Como já visto, a conversibilidade entre proposições de segundo e terceiro adjacente evidencia que proposições de essência e de existência não se distinguem quanto à sua capacidade de se submeter ao procedimento demonstrativo. Essa

---

delas o seja, isto é, basta que seja verdadeiro que algo qualquer exista. Nesse caso, a noção intensional de verdade vale para esta proposição, o que é suficiente para suscitar o problema.

conversibilidade mostra que, quaisquer que sejam as especificidades que as palavras "é" e "existe" introduzem nas proposições, uma em relação à outra, tais especificidades em nada afetam as condições lógicas de demonstração: as regras formais da demonstração são indiferentes, e aplicam-se indiferentemente, às proposições, sejam elas de essência ou de existência, visto que as afirmações mesmas "é" e "existe" que aí estejam contidas, conforme o caso, podem ser omitidas sem que isso em nada afete o conteúdo da proposição – claro, naquilo especificamente que se refere às regras do procedimento demonstrativo. Isso quer dizer que, quaisquer que sejam as diferenças que as noções de essência e de existência guardem uma em relação à outra, nenhuma dessas noções pode agregar ou modificar o que quer que seja no conteúdo das proposições relativamente às condições formais de sua demonstração.

Estas considerações permitem explicitar os pivôs em torno dos quais se constrói o paradoxo das proposições de existência. Da exigência veiculada na noção intensional de verdade se segue que o "algo mais" afirmado em toda proposição de existência deve ser definitivamente exaurido no que corresponderia à consumação da demonstração. Visto que o procedimento demonstrativo, seja no caso das afirmações de essência, seja no caso daquelas de existência, só é consumado quando se chega seja a uma identidade, seja a uma contradição, proposições idênticas ou contraditórias são essenciais, já que sua verdade ou falsidade exibe-se na sua própria forma. Sendo assim, a suposição inerente à ideia de uma consumação da demonstração no caso das proposições existenciais é que o "algo mais" aí afirmado evanesça, quer dizer, seja reduzido a uma afirmação essencial.

Por outro lado, da diferença lógica entre essência e existência se segue que o evanescimento do "algo mais" na análise do conteúdo de uma proposição de existência é irrealizável. Caso contrário nenhuma diferença logicamente relevante haveria entre proposições de existência e proposições de essência, o que já foi recusado. Afinal, se se pudesse, por análise, tornar o "algo mais" afirmado nas proposições de existência uma mera proposição de essência, então se poderia pretender às proposições de existência o estatuto de "proposições de essência complexas", quer dizer, proposições essenciais cujo conteúdo envolveria um número considerável de termos, mas não se poderia pretender que elas fossem irredutíveis a proposições de essência e, por via de consequência, logicamente distintas destas. Uma vez admitido que a diferença entre elas é de natureza lógica antes que psicológica ou quantitativa, é preciso recusar que, por análise, e partindo de uma proposição existencial, seja possível se chegar a uma pura e simples afirmação de essência.

O paradoxo das proposições de existência pode ser apresentado, portanto, da seguinte maneira: por um lado, é preciso supor, como uma exigência da noção intensional de verdade, que a demonstração de uma proposição existencial culmine no evanescimento do "algo mais" nela afirmado, se ela tem valor de verdade determinado; por outro, é preciso recusar, a fim de preservar a diferença lógica entre essência e existência, que se logre esse evanescimento por meio do procedimento de análise da proposição, pouco importa quão longe se conduza esta análise. Em síntese, o "algo mais" contido na afirmação da existência pode e deve ser reconhecido como diminuindo à medida em que avança a análise de uma verdade de existência, mas jamais pode ser eliminado por meio do procedimento analítico.

A resolução do paradoxo, estima Leibniz, não pode depender da recusa de nenhum dos pontos de partida assumidos e que o engendraram. Com efeito, a recusa da noção intensional de verdade implica a recusa de exigências lógicas relativamente às condições de simbolização dos símbolos. Por seu turno, a recusa da diferença entre proposições de essência e proposições de existência acarretará o equívoco de tomar suas respectivas condições de verdade, que são irredutíveis uma à outra, como homogêneas e redutíveis entre si.

Resta a alternativa de que a resolução do paradoxo consista em mostrar que o que se apresenta como incompatível não o seja verdadeiramente. Deve-se mostrar, portanto, que a impossibilidade de que o "algo mais" evanesça durante o procedimento demonstrativo é compatível com a necessidade de que a análise de uma proposição, qualquer que seja, culmine ou em uma identidade, ou em uma contradição. A única saída para assegurar essa compatibilidade é que a análise de uma proposição existencial se constitua de tantos passos quantos são necessários para que sua demonstração jamais se consume, o que requer o infinito: se é para garantir a impossibilidade de se consumar a demonstração de uma verdade de existência, resguardando a analisabilidade de cada uma das proposições a que se chega em sua análise, então é necessário supor que uma tal demonstração se estenda ao infinito. Eis a saída que se impôs a Leibniz e que ele assume nas *GI*, §60 e §61:

> Parece que se pode também aprender, a partir daí[431], a discriminar as verdades necessárias das outras do seguinte modo: necessárias são aquelas que podem ser reduzidas a idênticas, ou aquelas cujos opostos podem ser reduzidos a contradições. E impossíveis aquelas que podem ser reduzidas a contradições, ou cujos opostos podem ser reduzidos a identidades. Possíveis são aquelas das quais se pode demonstrar que na sua resolução nunca ocorrerá uma

[431] "Pode-se duvidar que seja necessário que toda resolução termine em verdades primeiras ou seja, irresolvíveis, principalmente nas proposições contingentes, de sorte que possam ser reduzidas a idênticas" <Dubitari etiam potest an omnem resolutionem finiri necesse sit in primo vera seu irresolubilia in primis in propositionibus contingentibus, ut scilicet ad identicas reduci rursus possint> (*GI* - *OFI*, p. 371).

contradição. Verdades contingentes são aquelas que precisam de uma resolução continuada ao infinito. E as contingentes falsas são aquelas cuja falsidade não pode ser demonstrada de outro modo que pela demonstração de que não podem ser verdadeiras[432].

III.4.2 Existência e *continuum*

Se, conforme visto acima, a infinitude da análise decorre da exigência de se compatibilizar a noção intensional de verdade com a contingência, então essa infinitude deve permitir compatibilizar a contingência das verdades existenciais com a exigência de que sua análise culmine em uma identidade. A infinitude da análise das verdades e falsidades de existência deve, pois, contemplar a exigência de que, embora a série das premissas que se deve tomar na prova de uma proposição de existência seja infinita, essa série ainda assim corresponda em alguma medida a um todo. Afinal, tendo já valor de verdade determinado, aquelas verdades e falsidades já satisfazem a noção intensional de verdade. Dizendo de outro modo, a infinitude da análise deve garantir que, na análise de uma verdade ou falsidade de existência, seja possível presumir tantos passos quantos são necessários para assegurar o evanescimento do "algo mais", assim assegurando que não haja ruptura entre

[432] "Videmur etiam hinc discere posse discrimen veritatum necessariarum ab aliis, ut scilicet verae necessariae sint quae ad identicas reduci possunt, aut quarum oppositae reduci possint ad contradictorias; et falsae impossibiles, quae ad contradictorias reduci possint, aut quarum oppositae reduci possint ad identicas.

Possibiles sunt de quibus demonstrari potest nunquam in resolutione occursuram contradictionem. Verae contingentes sunt quae continuata in infinitum resolutione indigent. Falsae autem contingentes quarum falsitas non aliter demonstrari potest, quam quod demonstrari nequeat esse veras".

a análise e o que constitui seu ponto culminante enquanto tal, que será ou uma identidade, se for uma verdade existencial, ou uma contradição, se for uma falsidade existencial. Isso quer dizer que, embora não se possa admitir que identidades e contradições constituam o fim da análise das proposições de existência, visto que esta não tem fim, é necessário que identidades e contradições se preservem como limites dessa análise.

Essas ponderações permitem vislumbrar de que maneira o conhecimento da geometria e a análise dos infinitos teriam indicado a Leibniz a saída para a resolução do problema filosófico da contingência. A relação entre a noção intensional de verdade e a análise das proposições de existência revelou-se para ele partilhar a mesma natureza das séries matemáticas infinitas que possuem um limite. As razões que acarrretam o infinito nas séries matemáticas são as mesmas que acarrretam a infinitude pertinente à demonstrabilidade das proposições de existência: num caso como no outro, negá-lo implica assumir teses já abandonadas porque inconsistentes. Ademais, as razões que exigem um limite da série são as mesmas em um caso e em outro: a passagem ao limite é condição de possibilidade daquilo mesmo que se aceita como real; no caso presente, a própria verdade ou a própria falsidade das proposições de existência já verdadeiras ou falsas. Afinal, do mesmo modo que se deve considerar a superfície como o limite da série infinita da divisão dos cilindros inscritos se se deve admitir a possibilidade do cone, deste mesmo modo se deve considerar a identidade e a contradição como os limites da análise infinita se se deve admitir que proposições de existência tenham valor de verdade. E se, no âmbito da geometria, foram essas as razões que justificaram considerar o cone como um contínuo, então nenhuma razão há, da perspectiva das definições, para evitar a expressão "contínuo" ao se tratar da demonstrabilidade das proposições de existência.

Torna-se imperioso, em face desses resultados, investigar que sentido faria pretender submeter as proposições contingentes ao procedimento demonstrativo. Afinal, que relevância teria a análise das verdades contingentes, se é impossível, por essa análise, chegar à explicação daquelas verdades? Confrontado com esta dificuldade, Leroy Loemker, em seu artigo sobre o método filosófico de Leibniz, sustenta que, embora a redução por análise a uma identidade seja um critério satisfatório para as verdades necessárias, ele não o é para as contingentes. E conclui daí que Leibniz não teria conseguido formular um critério satisfatório para a verdade no caso das proposições contingentes[433].

Se a pretensão de Leibniz relativamente à análise infinita se esgotasse na tentativa de oferecer um critério de verdade

[433] "Além disso, tais proposições complexas de equivalência poderiam ser verificadas, a partir da analogia com as soluções algébricas e geométricas, por um processo de análise que as reduziria, se verdadeiras, a identidades, ou ao menos a um ponto 'no qual a diferença para com uma identidade é menor do que qualquer quantidade assinalável'.

Esta última distinção, contudo, a qual já introduz a diferença entre verdades de razão e verdades de fato, é mais difícil de interpretar, e de fato Leibniz nunca discute o critério pelo qual um processo de redução que é infinito mas se aproxima de um ponto no qual 'sua diferença para com a identidade é menor do que qualquer quantidade dada' pode ser reconhecido. Ele parece ter se confundido por uma analogia muito fraca com as séries convergentes na matemática. De fato, devemos concluir que embora o método de Leibniz de verificação por redução à identidade possa ser eficaz nas verdades de razão empiricamente vazias, as quais são tautológicas nesse sentido e têm a ver inteiramente com a possibilidade lógica e matemática ou com 'verdades necessárias', ele não pode ser aplicado a juízos de fato uma vez que estes não podem ser reduzidos aos componentes *a priori* que estão contidos neles.

Deve-se concluir que os estudos de Leibniz em lógica nem fornecem uma base para o esclarecimento satisfatório e a adequação das proposições que envolvem outras relações que aquela de inclusão sujeito-predicado, nem fornecem um critério lógico para a verdade dos juízos de fato como opostos àqueles de razão. Os estudos lógicos de Leibniz não comportam adequadamente uma metodologia geral, e não é surpreendente que ele os tenha abandonado na última década do século e se voltado para matérias de fato" (Loemker, L., 1966, pp. 516-517).

no caso das proposições contingentes, então dificilmente se poderia discordar das conclusões de Loemker. Há, contudo, razões para suspeitar que a análise infinita não tenha sido encarada por Leibniz dessa maneira. Afinal, ele jamais se referiu à infinitude da análise como critério de verdade, mas sempre a menciona como um dispositivo por meio do qual se acomoda ou assegura a distinção entre proposições necessárias e contingentes. As condições mediantes as quais a verdade ou a falsidade das proposições existenciais é diagnosticada são por ele referidas à experiência.

Dado que a análise das proposições contingentes não se restringe a guardar uma analogia frágil com os contínuos matemáticos, mas, como vimos, encerra um contínuo no sentido rigoroso, resulta pouco pretensioso para o pai da lei de continuidade ver aí unicamente um critério capenga para a verdade ou falsidade das proposições contingentes. Pois o que a lei de continuidade proporciona nesse caso vai muito mais longe: ela assegura a legitimidade de se pretender tratar as proposições de existência como casos-limite de proposições de essência. Afinal, se proposições essenciais são supostas como os limites do procedimento infinito de análise das proposições existenciais, então as regras que vigoram para aquelas devem poder se estender, na linguagem do infinito, vale dizer, sob a égide da lei de continuidade, também a estas. Expondo mais amplamente, se as proposições essenciais devem poder ser tomadas como um *casus ultimus* da análise das existenciais, então tudo que é verdadeiro das primeiras deve poder ser tomado, no infinito, como verdadeiro das outras. Correlativamente, tudo que é falso das proposições essenciais deve ser igualmente falso, no infinito, para as proposições existenciais.

Com base na lei de continuidade, portanto, Leibniz está autorizado a aplicar às proposições existenciais de modo sistemático todas aquelas regras admitidas como restritas às proposições essenciais. As proposições decorrentes de uma tal aplicação devem ser admitidas unicamente se interpretadas na linguagem do infinito, o que quer dizer que, caso se negligencie a contribuição que aí fazem expressões como "infinito" e "infinitamente", o que resultará serão proposições inconsistentes, e, portanto, falsas.

III.4.3 Continuidade e objetividade

As considerações precedentes mostram que, ao invés de se constituir em critério de verdade, a análise infinita corresponde a um procedimento específico de abordagem das proposições de existência. A razão para adotar esse procedimento é que graças a ele logra-se alcançar no conhecimento dos existentes a mesma certeza e objetividade que se alcança no conhecimento demonstrativo das proposições essenciais. Se, no limite, deve valer para as proposições existenciais o mesmo que é específico das essenciais, então, graças à lei de continuidade, é lídimo pretender que o que constitui as condições de conhecimento dessas últimas proporcione resultados também no caso-limite das proposições existenciais.

Valendo-se do que lhe propicia a linguagem do infinito, Leibniz pode sustentar que, embora o procedimento analítico, que se funda unicamente no princípio de não-contradição, não baste para reduzir verdades de existência a identidades, a análise das noções possui aí o mesmo estatuto de necessidade daquela pertinente às verdades demonstráveis. Dito de outro modo, uma vez que tal análise tem como regra um único princípio, a saber, o princípio de intersubstituição *salva veritate*, o qual, por seu turno, está calcado exclusivamente no princípio de não-contradição, as conclusões a que se chega pela análise das proposições contingentes devem encerrar a mesma certeza daquelas que constituem os passos da análise das proposições necessárias. Em uma palavra, o que está em questão, e que distingue um caso do outro, não diz respeito nem à correção das operações, nem à matéria do procedimento envolvido, mas repousa exclusivamente na consumação da análise. Assim, cada novo passo da análise de uma proposição de existência, efetuado sob a estrita observância das regras do cálculo lógico, não é nunca o último passo, mas é seguramente um passo necessário na série infinita que vincula a referida proposição a uma proposição essencial. Isso quer dizer que, embora o conhecimento que tenhamos das verdades de existência não seja nunca plenamente demonstrativo, o procedimento que lhe subjaz encerra a necessidade que deve ser conferida a um raciocínio correto e calcado unicamente no princípio de não-contradição. Eis o que permite afirmar que, embora a verdade de uma proposição de existência jamais seja demonstrada, o que dela se segue pela análise das definições é verdadeiro, uma vez que ela tenha sido atestada como verdadeira.

É claro que a certeza da correção formal do conhecimento por análise das proposições contingentes ajudaria pouco, relativamente às condições efetivas de verificação da sua verdade ou falsidade, se não se pudesse contar com nenhuma garantia quanto ao material deste conhecimento. No entanto, conforme já examinado precedentemente, o critério da determinação da verdade ou falsidade das proposições contingentes não é a intelecção, e sim a experiência. É graças a uma ideia clara, e não a uma ideia adequada, que se pode atestar a possibilidade ou consistência da definição de um contingente. E é pela constatação na ideia clara que se determina o valor de verdade das proposições existenciais em geral.

Para Leibniz, sabemos, a ideia clara e a ideia adequada são as únicas ideias capazes de assegurar a possibilidade do ideado. Uma e outra têm em comum a prerrogativa de serem as únicas aptas a garantir, e de maneira imediata e indubitável, a possibilidade do ideado, ainda que por vias completamente distintas: a ideia adequada assegura a possibilidade do ideado por encerrar a compreensão da possibilidade deste, quer dizer, ela permite um conhecimento *a priori* da possibilidade do ideado, ao passo que a ideia clara caracteriza-se por proporcionar um conhecimento *a posteriori* dessa possibilidade: ela restringe-se a atestar tal possibilidade, sem contudo encerrar suas razões, quer dizer, o seu fundamento. Ambos os tipos de ideias por isso constituem os critérios mediante os quais se pode atestar de forma incorrigível os valores de verdade das proposições de essência e existência respectivamente. Quando se conclui a demonstração de uma proposição, adquire-se do que aí é afirmado ou negado uma ideia adequada, que faz compreender, por força das razões, a possibilidade da ideia. Quando se recorre à experiência para atestar a verdade de uma proposição, adquire-se uma ideia clara que confirma não apenas que a noção do predicado está contida na noção do sujeito da proposição, mas também que o que desta se segue é igualmente verdadeiro. E em que pese isso não baste para sua plena demonstração, basta, no entanto, para aceitá-la como provada, e aceitar como provadas também todas as suas consequências:

> Toda proposição verdadeira pode ser provada. Donde, visto que as experiências são ainda proposições verdadeiras, e se não há nenhum outro modo de provar senão aquele descrito há pouco, segue-se que novamente as experiências podem ser resolvidas em axiomas, termos concebidos por si e experiências;ora, não pode haver experiências primeiras, salvo se forem conhecidas por si, ou seja, axiomas (*GI*, §62)[434].

[434] Omnis autem propositio vera potest probari. Unde cum experimenta rursus sint propositiones verae, ideo si nullus alius datur probandi modus quam paulo

As condições para justificar a objetividade do conhecimento empírico estão assim lançadas: aliadas, a certeza da ideia clara e as regras lógicas que compõem os procedimentos analíticos corretos constituem as condições materiais e formais requeridas e suficientes para que as provas no domínio empírico encerrem o mesmo rigor daquelas pertinentes às proposições necessárias. De fato, em um e outro caso o rigor deve ser o mesmo, já que o procedimento é o mesmo do ponto de vista formal. Por conseguinte, a necessidade que repousa nas conexões entre os termos das definições, ou antes, a necessidade que se funda puramente no que é comum a um e outro modo de conhecimento é exatamente a mesma. O que muda é apenas a natureza contingente das proposições existenciais, que faz com que a negação de uma verdade jamais implique contradição, e deva, por conseguinte, ser mantida como uma possibilidade.

Essa possibilidade sempre resguardada nas provas das verdades contingentes conduziu Leibniz a considerar, consoante a linguagem do infinito, que a prova de uma proposição contingente consistiria em um procedimento em que se mostra, não a equivalência absoluta entre o termo-sujeito e sua adição real ao termo-predicado, mas sim que sua não-equivalência é menor do que qualquer não-equivalência dada:

> Se, portanto, uma vez continuada a resolução do predicado e continuada a resolução do sujeito, com certeza se puder demonstrar, jamais a coincidência, mas sim que da continuação da resolução e, por conseguinte, da progressão que daí nasce e da sua regra, aparecerá que jamais surgirá contradição, então

---

ante descriptus, sequitur rursus experimenta resolvi posse in axiomata, terminos per se conceptos et experimenta, nulla autem dari possunt Experimenta prima, nisi sint ipsa per se nota, seu axiomata" (Ver também id., §61 - cf. supra, n. 189).

> a proposição é possível. E se aparecer da regra da progressão que na resolução a questão será reduzida até que a diferença entre os que devem coincidir seja menor que qualquer diferença dada, ficará demonstrado que a proposição é verdadeira; se, ao contrário, aparecer da progressão que tal nunca surgirá, ficará demonstrado que é falsa, vale dizer, nas contingentes (*GI*, §66)[435].

Coerente com sua censura ao que considerara uma limitação do método leibniziano, Leroy Loemker defende que também aí Leibniz se apoiaria em uma analogia fraca com as séries convergentes, a qual teria pouca serventia como critério de verificação das proposições contingentes. Louis Couturat, ao contrário, sustenta que, por esta analogia, Leibniz reivindicaria que o critério de verificação das proposições contingentes seria, ao fim e ao cabo, exatamente o mesmo que aquele relativo às proposições necessárias, com a única diferença de que, no caso das proposições contingentes, a análise sendo infinita, o que se obteria seria um resultado aproximado, e não uma prova exata. De acordo com Couturat:

> Sem dúvida, podemos verificar uma tal proposição com uma aproximação cada vez maior, a medida em que continuamos a análise; somente não temos assim senão uma probabilidade indefinidamente crescente, mas não a certeza que unicamente a

[435] "Quodsi jam continuata resolutione praedicati et continuata resolutione subjecti, nunquam quidem demonstrari possit coincidentia, sed ex continuata resolutione et inde nata progressione ejusque regula saltem appareat nunquam orituram contradictionem, propositio est possibilis. Quodsi appareat ex regula progressionis in resolvendo eo rem reduci, ut differentia inter ea quae coincidere debent, sit minor qualibet data, demonstratum erit propositionem esse veram, sin apparet ex progressione tale quid nunquam oriturum, demonstratum est esse falsam, scilicet in ⟨contingentibus⟩".

intuição total e simultânea dos elementos pode dar. Definitivamente, não podemos obter a demonstração completa de uma verdade contingente, não mais do que não podemos ver o ponto de contato de uma assíntota ou percorrer inteiramente uma série infinita. Todavia, disso podemos 'dar razão' de uma maneira mais e mais aproximada, e este processo de aproximação indefinida conta para nós como demonstração (Couturat, 1985, VI, §18 - p.213).

As conclusões precedentes permitem recusar tanto a sugestão de Couturat quanto a de Loemker, já que, contrariamente ao que este último parece crer, Leibniz propõe sim, como visto, um critério para a verificação das proposições contingentes, e, contrariamente ao que defende Couturat, esse critério não não é, e nem pode ser, aquele próprio das proposições necessárias, já que, no caso da análise das proposições contingentes, não se trata da redução a identidades e contradições em sentido estrito. Em contraste com o que sustenta Couturat, não importa quão longe se chegue por análise, jamais se pode confundir o ponto em que a análise é interrompida com uma demonstração em sentido genuíno. Diz Leibniz:

> E pode haver relações que nunca são descobertas na medida suficiente para a certeza, pouco importa quanto a resolução seja continuada (...). E não podemos dar a razão plena das verdades contingentes, não mais que seguir as assíntotas ao infinito e percorrer as progressões numéricas infinitas (*GI*, §136)[436].

[436] "Et posse esse respectus, qui utcunque continuata resolutione, nunquam se, quantum ad certitudinem satis est At ipsam contingentium rationem plenam reddere non magis possumus, quam asymptotas perpetuo persequi et numerorum progressiones infinitas percurrere".

Resta então por descobrir de que maneira, no caso da análise das proposições contingentes, o erro pode ser tornado menor que qualquer erro dado. Admitido o que foi exposto precedentemente a respeito das ideias claras e adequadas, pode-se considerar que a diferença entre umas e outras é negligenciável com respeito à análise. Pois, no que tange à certeza requerida para a determinação do valor de verdade da proposição, ideias adequadas e ideias claras se equivalem: umas e outras, e apenas elas, garantem a certeza da possibilidade do ideado respectivo. Por conseguinte, a diferença entre elas mostra-se igualmente negligenciável no que tange às condições de satisfação das exigências da noção intensional de verdade. Isso quer dizer que, embora a análise das verdades contingentes – à diferença daquela das proposições necessárias – jamais conduza a uma proposição indemonstrável da forma "$AB = A$", a ideia clara que atesta uma verdade contingente proporciona a certeza de que aquela forma coincide com aquela da proposição que se encontra no limite da análise da verdade contingente da qual se partiu. Ou, o que vem a ser o mesmo, a ideia clara legitima a conclusão de que a continuação da análise se aproxima cada vez mais de uma identidade como limite, em que pese jamais possa atingi-la. Leibniz afirma:

> Certamente, assim como as assíntotas e os incomensuráveis, assim também nos contingentes, podemos ter perspiciência com certeza muitas coisas, a partir do princípio mesmo de que toda verdade deve poder ser provada (GI, §136)[437].

Esta conclusão, assim fundada, pode ser aceita como um "conhecimento provisional", para empregar a terminologia

[437] "Sane ut de asymptotis et incommensurabilibus ita et de contingentibus multa certo perspicere possumus, ex hoc ipso principio, quod veritatem omnem oportet probari posse".

proposta por Rey (2019)[438], desempenhando o papel de prova da verdade da proposição. Leibniz completa:

> Uma proposição contingente verdadeira não pode ser reduzida a identidades, mas é provada em se mostrando que, quanto mais se continua a resolução, ela com certeza sempre se aproxima de identidades, mas jamais as alcança (GI, §134)[439].

Vemos que os conhecimentos das verdades de essência e das verdades de existência têm entre si um traço comum e um traço distintivo. O traço distintivo refere-se aos termos da diferença entre ideias claras e adequadas, que conferem ao conhecimento por análise das verdades de essência e de existência, respectivamente, sua diferença específica: das primeiras é possível um conhecimento *a priori*, quer dizer um conhecimento que independe do apelo à experiência. Das outras, é possível somente um conhecimento *a posteriori*, quer dizer, um conhecimento que envolve e depende de conteúdos fornecidos pela experiência. Esse conhecimento, por isso mesmo, não compartilha com o anterior a mesma natureza: aqui não se conhece jamais, em sentido absoluto, o porquê de um evento, mas apenas que é assim. O que é comum a um e outro conhecimentos

[438] "Nesse sentido, o conhecimento é provisional porque baseia-se em experiências que são necessariamente menos certas que o raciocínio. A ideia é que o raciocínio algum dia possa substituí-las e assim permitir-lhes antecipar de uma maneira sensata um conhecimento que será racionalmente ordenado mais adiante, e é nesse sentido que esse empirismo é provisional. (...) Não é suficiente para ele [Leibniz] considerar que os experimentos sirvam para ilustrar ou confirmar princípios, ou que sua multiplicação contribua para 'aperfeiçoar nosso conhecimento', por exemplo em medicina. Trata-se também de extrair dessas experiências as causas dos fenômenos..." (Rey, 2019).

[439] "Propositio vera contingens non potest reduci ad identicas, probatur tamen, ostendendo continuata magis magisque resolutione, accedi quidem perpetuo ad identicas, nunquam tamen ad eas perveniri".

é sua objetividade, assegurada pelo teor da certeza que lhes é própria: embora a diferença entre ideias claras e ideias adequadas introduza duas fontes distintas de certeza, a diferença entre essas certezas, no que tange a sua capacidade de atestar a possibilidade da coisa, é nula. Assim é que tanto o conhecimento *a priori* quanto aquele *a posteriori* das verdades comungam a aptidão a assegurar que, se um vínculo se encontra entre os termos de uma proposição verdadeira, então o mesmo vínculo se encontra entre as coisas aí simbolizadas. E reciprocamente, se um vínculo se verifica entre as coisas simbolizadas pelos termos, então certamente tal vínculo aparecerá, cedo ou tarde, pela análise da proposição que enuncia esse vínculo.

III.4.4 Compossibilidade

O traço distintivo a separar proposições essenciais e existenciais pode ser sintetizado na consideração de que a pura consistência interna é condição suficiente da verdade das primeiras. Isso quer dizer que, para uma proposição essencial ser verdadeira, basta que ela não envolva nenhuma contradição; basta que ela não encerre em si nada da forma "*B não-B*". Para as proposições existenciais, esse critério se aplica na medida em que elas satisfazem, no infinito, a noção intensional de verdade, mas ele por si não basta para exaurir a análise destas proposições, ao contrário, pela mera aplicação desse critério, aquela análise estende-se ao infinito. Esse resultado parece conduzir a duas consequências, das quais a primeira é que, por esse teste de consistência, as proposições de existência resultam infinitamente complexas, vale dizer, a análise dos termos nelas veiculados desdobra-se em uma infinidade de termos. A segunda é que o teste da consistência, que repousa na redutibilidade à identidade ou contradição por análise, não se esgota, no caso das proposições existenciais, no teste da mera consistência interna.

A fim de lançar luz sobre esses desdobramentos, é oportuno considerar, em primeiro lugar, que o princípio de não-contradição é suficiente para se exaurir a análise das proposições essenciais e se chegar, por meio dessa análise, em um número finito de passos, a identidades e contradições precisamente porque a verdade dessas proposições reduz-se à sua consistência interna. No caso das verdades existenciais, em contrapartida, em que pese o teste da consistência seja suficiente para permitir que sua análise possa sempre ser continuada ao infinito, justamente por isso esse teste não oferece, por si, as condições para uma consumação da análise.

Esse resultado é a contraparte do diagnóstico de que a consistência interna não esgota as condições de consistência das verdades contingentes. Se assim fosse, tais verdades seriam essenciais e sua análise deveria se consumar em um número finito de passos. Que o teste da consistência na análise vigore a cada passo, mas não esgote a análise, testemunha que é ainda em termos de consistência que a verdade dessas proposições é determinável, mas não de mera consistência interna. Por exclusão, seria na consistência externa que residiriam as condições de verdade das proposições existenciais: verdades existenciais seriam aquelas cuja análise infinita teria por limite a atestação de que elas seriam consistentes com outras proposições verdadeiras; falsidades existenciais seriam aquelas cuja análise infinita teria por limite a atestação de que elas seriam contraditórias com proposições verdadeiras. E pode-se dizer que seriam essas proposições verdadeiras o que corresponderia àquele "algo mais" envolvido nas proposições existenciais, o qual acarretaria a infinitude da análise destas.

No que tange ao teste da consistência entendido agora nesses termos, é oportuno observar, em primeiro lugar, que a inconsistência que torna falsa uma proposição de existência não pode situar-se em nem um nem outro dos dois polos da proposição, vale dizer, nem apenas nos termos em que ela se expressa, nem apenas no "algo mais" com que cumpre testar sua consistência. Se se trata de avaliar a consistência externa da proposição, a contradição ou identidade deve repousar precisamente na adição real do conteúdo nela expresso a esse algo mais que lhe é externo. Sendo assim, a falsidade de uma proposição de existência deve ser encontrada na afirmação mesma da conjunção do conteúdo expresso da proposição com o "algo mais". Da mesma maneira, a verdade de uma proposição existencial pode ser caracterizada como a ausência de contradição na referida conjunção.

Em segundo lugar, o "algo mais" afirmado em uma proposição existencial deve ser suposto como constituído unicamente de termos aptos a se submeterem à análise, já que, caso contrário, uma parte do que se afirma ou nega em uma proposição existencial não seria passível de se submeter ao procedimento analítico, o que é incompatível com o já concluído. Como já se sabe, a demonstração de uma proposição se faz mediante a análise continuada dos termos que nela são afirmados, até que se chegue a um termo que possua a forma seja de uma identidade seja de uma contradição. Ora, se se deve admitir que o "algo mais" é redutível, no infinito, a uma afirmação essencial, então deve-se admitir que esse "algo mais" seja constituído unicamente de termos que se prestem a serem analisados, ainda que estes devam se desdobrar em um montante infinito de outros termos, a fim de assegurar a infinidade da análise. De fato, se esses termos não fossem infinitos em quantidade, aquele "algo mais" seria redutível a uma afirmação de essência não no infinito, mas sim em um momento qualquer, ainda que indeterminado, da análise.

Esses resultados permitem considerar a existência como correspondente à consistência da adição real de uma verdade de essência a uma outra verdade de essência encerrando infinitos termos. A inexistência, inversamente, corresponderia à inconsistência da adição real de uma verdade de essência a uma outra verdade de essência encerrando infinitos termos. Pode-se depreender daí que, de todas as proposições existenciais factíveis, são verdadeiras aquelas cuja adição real a uma outra verdade infinita não envolve nenhuma inconsistência; falsas são aquelas cuja adição real com essa outra verdade infinita envolve algo da forma "*B não-B*". Esses resultados proporcionam as condições para se elaborar uma fórmula para a existência em conformidade com o simbolismo da lógica leibniziana, de maneira que, ao passo que uma verdade essencial pode ser caracterizada como redutível à forma "$A = A$", e uma falsidade essencial envolve algo da forma "*B não-B*", ou seja, é redutível à forma "$A \neq A$", as proposições existenciais, por seu turno, podem ser caracterizadas como portadoras da forma de uma adição real da afirmação da possibilidade de um termo, digamos *A*, à afirmação da possibilidade de infinitos termos, os quais podem ser reunidos em um termo infinitamente composto, digamos, *Γ*. Assim, segundo o formalismo construído por Leibniz, seria correto caracterizar as verdades de existência como redutíveis à forma "$(\Gamma \oplus A) = (\oplus A)$" e, correlativamente, as falsidades de existência como redutíveis à forma "$(\Gamma \oplus A) \neq (\Gamma \oplus A)$".

Do termo *Γ* pode-se dizer que deve conter ou encerrar ou implicar a adição real das negações do que é afirmado em cada uma das proposições existenciais falsas. Ou seja, para toda proposição existencial da forma "*C existe*", se "*C existe*" for falsa, então "$(\Gamma \oplus$ não-C$) = \Gamma$" ou, o que é o mesmo, "$\Gamma =$ não-C". Caso contrário, *Γ* seria insuficiente como condição a partir da qual se pode supor todas as proposições existenciais falsas como redutíveis, no infinito, a uma forma do tipo "$(\Gamma \oplus A) \neq (\Gamma \oplus A)$". Por conseguinte, *Γ* seria insuficiente para desempenhar o papel que é suposto desempenhar, a saber, de tornar todas as proposições existenciais factíveis redutíveis, no infinito, a identidades e contradições. Se assim é, então é correto supor que *Γ* contém ou envolve ou implica a adição real de cada um dos termos afirmados em todas as proposições existenciais verdadeiras. Com efeito, se *Γ* contém a adição real das negações dos conteúdos afirmados nas proposições existenciais falsas, e se as contraditórias destas proposições devem ser verdadeiras, então *Γ* pode ser suposto como encerrando a adição real de todos os conteúdos afirmados em cada uma das proposições existenciais que negam cada uma das proposições existenciais falsas. Pode-se afirmar, portanto, que "*Γ é*" contém, ou envolve, ou implica a adição real de todas as proposições existenciais verdadeiras[440].

Além disso, é preciso supor que *Γ* seja determinado com respeito a toda proposição existencial factível. Quer dizer, para toda proposição existencial da forma "*C existe*", ou bem *Γ* implica ou contém *C*, ou bem contém ou implica *não-C*. Caso contrário, de duas uma: ou haveria proposições tais que nem elas nem suas respectivas negações satisfariam a noção intensional de verdade, o que deve ser recusado; ou bem *Γ* não desempenharia o papel que é suposto desempenhar, o que deve igualmente ser recusado. *Γ* é introduzido precisamente para satisfazer absolutamente todas aquelas exigências que tornaram necessária sua introdução, de sorte que não faz sentido supor que seja de outro modo.

Finalmente, é preciso supor que haja proposições existenciais falsas[441]; ou, o que é o mesmo, é preciso recusar que *Γ* possa conter absolutamente tudo o que é enunciado em cada uma das proposições existenciais factíveis. Isso, claro, não quer dizer

---

440 Se alguma verdade existencial não fosse implicada por Γ, a sua negação não seria inconsistente com Γ, o que, conforme já foi assinalado, não pode ser admitido: Γ deve conter em si os termos permitindo reduzir, no infinito, toda proposição existencial falsa da forma "*C existe*" a uma forma do tipo "$(\Gamma \oplus A) \neq (\Gamma \oplus A)$".

441 "Deve-se tomar por certo que nem todo possível vem à existência" <Pro certo habendum est non omnia possibilia ad existentiam pervenire> (*Grua*, p. 305).

que certas proposições existenciais sejam necessariamente falsas, pois nesse caso evidentemente não seriam existenciais, e sim essenciais. Isso quer dizer apenas que não se pode admitir que todas as proposições existenciais sejam (ou possam ser conjuntamente) verdadeiras. Com efeito, se Γ encerrasse a adição real do que é enunciado em absolutamente todas as proposições existenciais factíveis, então, para qualquer proposição existencial, bastaria ser possível para ser verdadeira; ou, o que é o mesmo, bastaria ser consistente internamente para determinar um existente[442]. Ora, isso seria aniquilar a diferença mesma entre essência e existência, já que seria reduzir as condições de verdade das proposições existenciais àquelas específicas das proposições essenciais. Assim, para preservar o estatuto lógico da diferença entre essência e existência, é preciso supor que Γ se constitui sempre de um subconjunto dos conteúdos das proposições existenciais factíveis, delimitando, no que pode ser considerado o conjunto de todas as proposições existenciais, quer dizer, contingentes factíveis, um subconjunto de proposições verdadeiras e um subconjunto de proposições falsas.

Assim especificadas as demandas que Γ deve satisfazer, pode-se concluir que nenhum outro conteúdo precisa ser suposto em Γ além daquele permitindo afirmar que, para toda proposição existencial verdadeira da forma "*C existe*", "$(\Gamma \oplus C) = \Gamma$", e, correlativamente, para toda proposição existencial falsa da forma "*C existe*", "$(\Gamma \oplus C) \neq \Gamma$". Com efeito, para que responda à demanda pela qual foi introduzido – a saber, assegurar as condições para que se tome as proposições existenciais como se fossem proposições essenciais –, não há necessidade de supor em Γ nada a não ser que é um termo consistente que equivale à adição real dos conteúdos afirmados em cada uma

---

[442] "Se todos os possíveis existissem, não seria preciso de uma razão para a existência, e a mera possibilidade bastaria" <Si omnia possibilia existerent, nulla opus esset existendi ratione, et sufficeret sola possibilitas> (*Phil., VIII, 71 - OFI*, p. 530).

de todas as proposições existenciais verdadeiras. Ora, se *Γ* é introduzido unicamente para satisfazer a essa demanda, e se para tanto se requer o que acima foi estabelecido, então pode-se considerar que *Γ* não apenas implica ou envolve a adição real acima mencionada, mas que *Γ* equivale a essa adição.

Estas conclusões permitem circunscrever melhor de que maneira se pode compreender as condições da existência expostas acima[443]. Se o termo *Γ* deve corresponder à adição real de todos os conteúdos afirmados nas proposições existenciais verdadeiras e se, ademais, nem todas proposições existenciais podem ser verdadeiras, então, o que se afirma em uma proposição existencial da forma "*C existe*" é a compatibilidade do termo *C* com um certo conjunto de proposições existenciais, a saber, aquele que encerra a totalidade das verdades existenciais. E uma proposição existencial será verdadeira se essa compatibilidade for realmente o caso; será falsa, correlativamente, se tal compatibilidade não for o caso.

Pode-se delinear, a partir daí, os termos de uma distinção formal entre proposições essenciais e existenciais. Ao passo que as proposições essenciais se caracterizam, quanto à sua forma, por afirmar ou negar a consistência interna de um termo, as proposições existenciais, como já antecipado, caracterizam-se por afirmar ou negar a consistência externa de um termo, o que Leibniz denomina "compossibilidade": "compossível", diz ele, é "o que não implica contradição com outro" (AA VI, iv - p. 867)[444]. Mas não apenas isso. É preciso que essa compossibilidade seja máxima. Segundo Leibniz, existe tudo aquilo que é compossível com tudo mais que existe. Ele elege essa máxima compossibilidade ao estatuto de princípio. E afirma:

---

[443] Afirmou-se acima que a existência corresponderia à consistência da adição real de uma verdade de essência a uma outra verdade de essência encerrando infinitos termos. E inversamente, a inexistência corresponderia à inconsistência da adição real de uma verdade de essência a uma outra verdade de essência encerrando infinitos termos.

[444] "*Compossibile* quod cum alio non implicat contradictionem".

> Ora, meu princípio é que o que quer que possa existir, e que seja compatível com os demais, existe. Pois a razão para existir de todos os possíveis não deve ser limitada por nenhuma outra razão senão aquela de que eles não são todos compatíveis entre si (*Phil. VII, 71 - OFI*, p. 530)[445].

Como já discutido, a necessidade de que a análise do termo *Γ* envolva uma infinidade de termos é fruto da ponderação de que, caso contrário, a proposição total seria reduzida a uma proposição essencial. Deve-se supor, então, que *Γ* envolva tantos termos quantos são necessários para que sua análise jamais se esgote. Ora, visto que tal termo compõe-se dos conteúdos afirmados em todas as verdades existenciais, deve-se supor que haja tantas verdades existenciais quantas são necessárias para satisfazer a demanda imposta pela diferença entre essência e existência. Devem, por conseguinte, ser supostas infinitas verdades de existência.

Pode-se finalmente compreender por que Leibniz se permitiu caracterizar a existência como um "certo grau de ser" (GI, § 73), considerando intrínseco à essência a tendência à existência, e mesmo a exigência desta[446]. Com efeito, a legitimidade, garantida pela lei de continuidade, de tratar as proposições existenciais como proposições essenciais no infinito permitiu atribuir, no infinito, todas as propriedades das proposições essenciais também às existenciais. Daí se seguiu que, do mesmo modo que para uma proposição essencial ser verdadeira é ser possível, desse mesmo modo, para uma proposição existencial

---

[445] "Principium autem meum est, quicquid existere potest, et aliis compatibile est, id existere. Quia ratio existendi prae omnibus possibilibus non alia ratione limitari debet, quam quod non omnia compatibilia".

[446] Cf. GP VII, p. 303 – *Newton/Leibniz*, p. 156. "A não ser que na natureza mesma da essência houvesse alguma inclinação à existência, nada existiria" <Nisi in ipsa Essentiae natura esset quaedam ad existendum inclinatio, nihil existeret> (GP VII, p.194).

ser verdadeira é ser possível no infinito. E isso torna manifesto que, para tratar as condições de verdade das proposições de existência, não é necessário supor nenhum elemento estranho àqueles requeridos no tratamento das condições de verdade das proposições essenciais, mas basta admitir uma soma infinita dos mesmos elementos, substituindo então a mera possibilidade pela possibilidade conjunta ou compossibilidade. E visto que as mesmas regras de demonstração se aplicam num caso e no outro, pode-se considerar que do mesmo modo que é condição suficiente para a verdade de uma proposição essencial ter uma identidade como fim de sua análise, deste mesmo modo é condição suficiente para a verdade de uma proposição existencial ter uma identidade como limite de sua análise infinita. E que, afora a inconsistência, seja ela interna ao termo, seja ela externa, isto é, relativa à adição real do que nele é afirmado com todas as demais infinitas verdades existenciais, nenhuma outra restrição é feita à pretensão de verdade das proposições em geral. A exigência de existência compreende-se, pois, do seguinte modo: no limite, toda proposição essencial verdadeira da forma "*A é*" permanecerá verdadeira, salvo se ela for contraditória com uma proposição essencial limite verdadeira da forma "*Γ é*". É claro que essa caracterização das verdades de existência, como consistindo em um "certo grau de ser", só pode ser admitida como correta sob a suposição da linguagem do infinito, isto é, sob a suposição da lei de continuidade. Em realidade, a diferença entre proposições de existência e proposições de essência não é de grau, mas de tipo, e precisamente por isso deve-se supor o infinito ao tratar proposições de existência como uma espécie de proposições essenciais.

Seria plausível suspeitar, a esta altura, que a caracterização da existência a partir do termo infinito *Γ* culminaria por aniquilar a contingência, na medida em que, se *Γ* deve ser, ao fim e ao cabo, uma conjunção de verdades de essência, a alteração do valor de verdade de qualquer uma dessas proposições implicaria contradição. E que, por conseguinte, *Γ* seria de fato uma proposição necessária. Ora, diria Leibniz, isso seria interpretar no finito o que só pode ser abordado na linguagem do infinito[447]. Se o que, no limite, poderíamos chamar de termo é introduzido com o propósito de contemplar a natureza contingente das proposições de existência – na medida em que *Γ* introduz a suposição da infinitude aí requerida –, então não se pode pretender que a expressão "*Γ* é" designe realmente uma proposição essencial. Antes pelo contrário, é preciso considerar que só no limite, quer dizer, unicamente na linguagem do infinito, "*Γ* é" pode ser tratada como uma proposição essencial.

Uma segunda dificuldade que se poderia levantar refere-se à própria pretensão de aplicar, na linguagem do infinito, as condições formais suficientes da verdade das proposições essenciais às proposições existenciais. Já concluímos que essa aplicação conduz à suposição de algo tomado como uma proposição, que se convencionou aqui designar por "*Γ é*", a qual se concebe como a conjunção da totalidade das verdades existenciais e em adição à qual toda proposição existencial seria redutível, no infinito, seja a uma identidade seja a uma contradição. Isso poderia suscitar a suspeita de que essa suposição seria insuficiente para determinar a necessidade da maximal compossibilidade da existência. Afinal, parece sensato aventar a possibilidade de que, por exemplo, uma proposição afirmando uma existência qualquer, digamos "*C existe*" seria falsa unicamente em virtude de que estaria contido, no termo , o termo privativo *não-C*. Que, embora a verdade da proposição "*C existe*" não fosse contraditória com os infinitos termos afirmados

[447] Como deve estar claro, se se diz na linguagem do infinito que "Γ é" é uma conjunção de uma infinidade de proposições de essência, então o que se diz de fato, abstraindo da linguagem do infinito, é que "Γ é" não é uma mera conjunção de proposições de essência; e que é contraditório com "Γ é" tomá-la como uma conjunção de proposições essenciais em sentido estrito.

em "*Γ é*", ela seria contraditória com a afirmação de "*não-C*" em "*Γ é*". E assim, a falsidade de "*C existe*" se demonstraria unicamente pela falsidade de "*C existe*". Ora, uma conjetura assim baseia-se na suposição de que uma proposição como "*C existe*" entre como parte na proposição limite "*Γ é*", o que viola a linguagem do infinito. No rigor, as proposições existenciais isoladas são incomensuráveis com o que, na linguagem do infinito, se deixa representar pela expressão "*Γ é*" e não podem em absoluto ser presumidas computáveis com esta, salvo sob a suposição dessa linguagem. Se assim é, então é preciso admitir que a justificação da verdade de uma proposição existencial qualquer se faz pela suposição da comparação desta com a totalidade das proposições verdadeiras restantes, e não pela postulação de uma proposição cuja verdade fosse anterior a todas as demais verdades de existência e as acarretasse.

É oportuno, a esta altura, considerar a censura que, de acordo com Hans Siegfried (1982), Kant teria dirigido aos leibnizianos Baumgarten e Wolff. Segundo Siegfried, Kant teria censurado esses leibnizianos por partilharem a convicção de que a diferença entre possibilidade e existência seria uma diferença quantitativa: a existência consistiria em um acréscimo, por assim dizer, à possibilidade: ela seria um "complemento" da possibilidade, o qual se expressaria no acréscimo de determinações ou realidades, quer dizer, atributos. Algo passaria da possibilidade à existência por um processo, por assim dizer, de consumação de determinações: a determinação completa do ser de algo com respeito a todas as suas possibilidades redundaria em sua existência (Id., pp. 124- 125).

Esse desenho geral das teses dos leibnizianos parece autorizado pelo próprio Leibniz na medida em que este endossa a consideração da existência como um "grau de ser", mais precisamente, como um grau maximal de possibilidade, o qual se exprime na noção de maximal compossibilidade. No entanto, para que um desenho assim se acomode efetivamente às conclusões de Leibniz, é imperioso destacar as restrições que devem ser feitas a uma abordagem quantitativa da distinção entre necessidade e contingência. Para Leibniz, ela somente seria admissível sob a suposição da linguagem do infinito e teria seu alcance, portanto, limitado ao que preconiza a lei de continuidade. Isso porque, no rigor, essa distinção seria qualitativa: como já visto, aos olhos de Leibniz, essência e existência designam tipos logicamente distintos de proposições quanto à modalidade, de sorte que somente na linguagem do infinito resulta legítimo tratar uma como um caso limite da outra. Assim, sem pretender aqui avaliar se a crítica que, segundo Siegfried, Kant dirige aos herdeiros de Leibniz é justa ou não, fato é que, tais críticas não se mostram alcançar o pensamento do próprio Leibniz.

III.4.5 Densidade e razão suficiente

Se a infinitude envolvida no termo-limite Γ for bem compreendida quanto às condições de sua aplicabilidade, pode-se depreender daí que nenhuma verdade de existência pode haver cuja demonstração não envolva uma infinidade de verdades de existência. Caso contrário a demonstração de uma verdade de existência envolveria um número finito de passos, o que é contraditório com a natureza lógica da diferença entre necessidade e contingência. Como já foi mostrado anteriormente, é preciso supor não apenas infinitos passos na demonstração de uma proposição de existência, mas mesmo infinitas afirmações de existência envolvidas na análise de uma afirmação de existência.

Daí se segue, como já mencionado, a necessidade de supor que, se uma proposição de existência for verdadeira, então infinitas proposições de existência serão verdadeiras. Claro que, se o número de proposições de existência verdadeiras pudesse ser finito, então ou uma proposição de existência seria demonstrável em um número finito de passos, ou alguma proposição de existência não se ajustaria ao procedimento de análise. Ora, visto que uma e outra destas hipóteses são incompatíveis, respectivamente, com a contingência das proposições existenciais e com a noção intensional de verdade, elas devem, ambas, ser recusadas. Da analisabilidade infinita de uma proposição de existência segue-se que a verdade de uma proposição de existência supõe a verdade de infinitas proposições de existência. Por estas mesmas razões, segue-se igualmente a necessidade de supor que toda proposição de existência é analisável em outras proposições de existência. E correlativamente, toda verdade de existência é analisável em outras verdades de existência; ou, o que é o mesmo, nenhuma verdade de existência pode haver que não seja analisável em outras verdades de existência. Dizendo ainda de uma outra maneira, para toda proposição a que se pode aduzir para justificar a verdade de uma proposição existencial, uma outra verdade existencial deve haver que justifique sua verdade.

Estas suposições necessárias sobre o comportamento e as relações entre proposições de existência indicam de que maneira se pode conceber, no caso particular do contínuo existencial, uma propriedade que deve se encontrar nos contínuos em geral, a saber, a densidade. Se houvesse algum nexo necessário entre os conteúdos das proposições de existência, isto é, se da verdade de certas proposições existenciais outras verdades se seguissem necessariamente, além daquelas que se justificam unicamente com base nas regras lógicas do cálculo, então haveria proposições existenciais redutíveis por análise – vale dizer, finitamente – a proposições essenciais, o que é contraditório com a diferença lógica entre essência e existência. Para preservar essa diferença, é preciso recusar que algum nexo necessário possa haver entre quaisquer duas verdades existenciais. Nenhuma proposição estabelecendo uma implicação ou uma outra relação qualquer entre proposições de existência é demonstrável em um número finito de passos. E, claro, nenhuma destas proposições pode ser tal que outra não haja que envolva a justificação da sua verdade.

Pode-se situar aí as bases sobre as quais apoiar o que Leibniz considera como o seu segundo grande princípio: o Princípio de Razão Suficiente, que estaria referido às condições de prova das verdades contingentes. De acordo com o princípio, para toda proposição de existência é possível encontrar uma outra proposição de existência cuja verdade encerre as razões do valor de verdade da primeira. Essa aplicabilidade universal do princípio ensejou alguns estudiosos, como Louis Couturat, a concluir o oposto do que se depreende das considerações acima, a saber, que, aos olhos de Leibniz, toda verdade, inclusive as contingentes, seria analítica. Couturat argumenta:

> Por que este princípio se chama *princípio de razão* (de razão *determinante*, inicialmente, e mais tarde, de razão *suficiente*)? É que ele significa, em suma, que se pode *dar razão* de toda verdade, quer dizer, demonstrá-la por análise; ele também se chamava primitivamente 'o princípio da razão a ser dada' (*principium reddendae rationis*). Nem por isso se deve crer que ele se confunda com o princípio de identidade; deste ele é precisamente a recíproca. O princípio de identidade diz: toda proposição idêntica (analítica) é verdadeira. O princípio de razão afirma, ao contrário, que: toda proposição verdadeira é idêntica (analítica). Ele tem como efeito submeter todas as verdades ao princípio de identidade. Ele poderia ser chamado o princípio da universal inteligibilidade,

> ou, se se pode arriscar este barbarismo, da universal *demonstrabilidade* (1995, p. 14).

Vemos, porém, que, ao invés de postular a analisabilidade exaustiva de todas as proposições, quer dizer, ao invés de postular a redutibilidade, por análise, de todas as verdades a identidades, a formulação mesma do princípio preserva a negação dessa redutibilidade. É porque algumas verdades são irredutíveis a identidades por análise que que todas essas verdades têm uma razão suficiente. O princípio não prevê, portanto, que todas as verdades sejam idênticas, ou antes, redutíveis a identidades por análise. Ao contrário, se assim fosse, então o princípio seria falso, já que nenhum domínio de verdades haveria para o qual se pudesse postular que se pode dar a razão de todas. Melhor dizendo, nenhuma verdade seria tal que se pudesse corretamente afirmar que, para cada passo da sua análise um outro ainda restaria por ser efetuado; ou seja, nenhuma verdade seria tal que nenhum dos passos da sua análise seria o último.

Poderia ser objetado que também se pode dar a razão das verdades indemonstráveis, só que nesse caso tal razão se encontraria nelas mesmas, na sua própria forma, e não em uma proposição a elas anterior. Essa saída, contudo, banalizaria o sentido de "dar razões", já que a indemonstrabilidade das verdades idênticas consiste precisamente nisso: delas não se dá propriamente as razões, mas se as mostra pelos símbolos. Como sublinha Nicolás, a universalidade do princípio de razão suficiente "não pode ser entendida sumariamente de modo direto e simples, como se para absolutamente cada expressão verdadeira ou fato real em toda situação se pudesse dar uma razão suficiente" (Nicolás, 2016, p. 19). A universalidade do princípio vigora precisamente quando não se trata de identidades e contradições, isto é, de proposições cuja verdade ou falsidade é manifesta ou explícita. Leibniz observa:

> Utilizo *dois princípios* para demonstrar, dos quais um é: falso é aquilo que implica contradição; o outro é: a toda verdade (que não for imediata ou idêntica) pode ser dada uma razão, isto é, que a noção do predicado sempre está contida na noção do seu sujeito seja expressa seja implicitamente, e isso não menos nas denominações extrínsecas que nas intrínsecas, não menos nas verdades contingentes que nas necessárias" (AA VI, iv - p. 912)[448].

Pode-se assim compreender por que Leibniz teria privilegiado as verdades contingentes como o que guarnece o domínio por excelência do princípio de razão suficiente. Embora não seja equivocado falar dele também como um princípio para a demonstração das verdades necessárias – e Leibniz efetivamente o faz –, unicamente no caso das proposições contingentes o princípio se aplica universal e irrestritamente a todas as verdades, na medida em que todas elas são passíveis da análise graças à qual seu valor de verdade é justificado. Unicamente no caso destas, portanto, resulta verdadeiro afirmar que todas têm uma razão suficiente. Como observa Cardoso (1992), o princípio de razão suficiente "abre um campo de racionalidade irredutível ao princípio de contradição, constituindo-se como princípio positivo da contingência" (Id., p. 34). Donde se pode depreender que, antes que veicular que toda verdade é analítica, ou, melhor dizendo, redutível a uma identidade por análise, o princípio de razão suficiente remeteria à negação dessa tese: é porque nem toda verdade se reduz a uma identidade por análise, quer dizer, é porque a

---

448 "*Duobus* utor in demonstrando *principiis*, quorum unum est: falsum esse quod implicat *contradictionem*, alterum est, omnis Veritatis (quae immediata sive identica non est) reddi posse *rationem*, hoc est notionem praedicati semper notioni sui subjecti vel expresse vel implicite inesse; idque non minus in denominationibus extrinsecis quam intrinsecis, nec minus in veritatibus contingentibus quam necessariis locum habere". Ver também AA, VI, iv - p. 1616.

análise de certas verdades se estende ao infinito, que o princípio pode ser estabelecido como princípio da sua analisabilidade.

Por seu turno, as dificuldades concernentes à justificação do princípio deixam-se entrever já nos debates entre Leibniz e seus contemporâneos. Ao newtoniano Clarke, que reclamava uma demonstração rigorosa do princípio, Leibniz retruca simplesmente perguntando se tal princípio demandaria uma prova, como lemos na quinta carta a Clarke, §125. Uma resposta dessa natureza poderia levantar a suspeita de que Leibniz teria visto, pela própria formulação do princípio, que dele não se pode dar uma prova no sentido rigoroso. Afinal, se o princípio consiste eminentemente na demanda de razões para as verdades, então não se poderia buscar dar as razões do próprio princípio sem com isso se tornar vulnerável à acusação de petição de princípio[449]. G. Parkinson (1965, p. 66) não compartilha essa tese; segundo ele, a resposta a Clarke, algo atípica em se tratando de Leibniz, explica-se unicamente pela exasperação em dar fim a uma discussão interminável e estéril, mas não refletiria as reais convicções de Leibniz. Para Parkinson, o princípio se depreenderia da própria noção de verdade, pertencendo, por via de consequência, à lógica leibniziana[450]. Mas essa tese tampouco é unânime. Há quem suspeite que os dispositivos puramente lógicos da filosofia de Leibniz não são suficientes para proporcionar uma justificação satisfatória do princípio. L. Frankel (1994), por exemplo, sustenta que o princípio decorre de certos pressupostos teológicos admitidos por Leibniz, e que seria com base nesses pressupostos que ele poderia ser satisfatoriamente justificado[451].

---

[449] Para uma discussão a respeito, ver J. Mittesltrass (1969).

[450] "Em suma, uma proposição que Leibniz chama 'o princípio de razão suficiente' é parte de sua lógica, nisso que ela se segue, e foi vista por Leibniz como se seguindo, de sua definição de verdade" (1965, p. 670).

[451] Para uma outra interpretação defendendo igualmente os pressupostos extra-lógicos envolvidos na justificação do princípio, ver B. Brody (1994).

As reflexões tecidas precedentemente sobre a densidade do contínuo existencial permitem sustentar que, em sua formulação geral, o princípio de razão suficiente pode ser estabelecido com base unicamente na noção intensional de verdade. Isso porque, se por um lado sua aplicação à totalidade das proposições contingentes supõe a infinitude da análise destas – que é algo que não se segue da noção intensional de verdade –, por outro, a mera exigência de que, se uma verdade não for analítica, então será possível dar a sua razão, isto é, mostrar que ela satisfaz a exigência da noção intensional de verdade, pode ser justificada com base puramente em pressupostos lógicos. Que isso de fato esteja conforme às convicções de Leibniz se atesta por um argumento que encontra sua versão sistematizada no opúsculo denominado *Demonstratio propositionum primarum*. Ele aí se apresenta da seguinte maneira:

> Proposição:
> Nada é sem razão,
> ou tudo o que é tem uma razão suficiente
>
> Definição 1. Razão suficiente é aquela que, se for posta, a coisa é.
> Definição 2. Requisito é aquilo que se não for posto, a coisa não é.
>
> Demonstração:
>
> Tudo o que é tem todos os requisitos.
> Efetivamente, se um requisito não for posto a coisa não é, *pela def. 2.*
> Se todos os requisitos são postos, a coisa é.
> Pois, se não for, algo estará faltando pelo que é menos, e isto é um requisito.

> Logo, todos os requisitos são a razão suficiente, *pela def. 1.*
> Portanto, tudo o que é tem uma razão suficiente, CQD (AA VI, ii, p. 483)[452].

Alguns estudiosos, como é o caso de Sleigh Jr., reputam essa prova falha sob a consideração de que o segundo passo aí efetuado, qual seja, que a reunião dos requisitos da coisa é a coisa, não seria consequência de nenhuma das definições (Sleigh Jr. 1994, p. 43)[453]. A respeito, Sleigh Jr. afirma que, na verdade, sua utilização no caso presente faz com que "o aroma de petição de princípio inunde o ambiente" (Id. ibid).

A fim de considerar esse segundo passo da prova, talvez convenha rememorar o que a Arnauld Leibniz declara ser seu grande princípio, com o qual, Lebiniz afirma crer "que todos os filósofos devem permanecer de acordo" (GP II, p. 56). Ele o formula aí da seguinte maneira: "é preciso sempre que haja algum fundamento da conexão dos termos de uma proposição que se deve encontrar nas suas noções" (Id. ibid)[454]. Segundo Sleigh Jr. (1994, p. 37), "por que Leibniz teria adotado este 'principal princípio' é uma das mais profundas questões que podem ser perguntadas sobre a sua filosofia". Essa desconfiança torna recomendável examinar de que

[452] "Propositio: nihil est sine ratione, seu quicquid est habet rationem sufficientem.
Definitio 1. *Ratio sufficiens* est qua posita res est.
Definitio 2. Requisitum est quo non posito res non est.
Demonstratio: Quicquid est, habet omnia requisita.
Uno enim non posito non est *per def.* 2.
Positis omnibus requisitis res est.
Nam si non est deerit aliquid quo minus sit, id est requisitum.
Ergo omnia Requisita sunt ratio sufficiens *per def.* 1. Igitur quicquid est habet rationem sufficientem, QED". Ver também De existentia - Grua, p. 267.

[453] Ver a respeito também L. Frankel (1994), pp. 71-72 - n.10).

[454] "... il faut tousjours qu' il y ait quelque fondement de la connexion des termes d'une proposition, qui se doit trouver dans leurs notions. C'est là mon grand principe dont je croy que tous les philosophes doivent demeurer d'accord".

maneira o princípio se relaciona com aquele passo controverso da prova do princípio de razão suficiente. Como transparece em sua própria formulação, o princípio anunciado a Arnauld veicula a exigência de que a proposição seja isomorfa ao que é por ela expresso. Essa exigência é, de fato, corolário da pressuposição lógica, já discutida anteriormente, da relação de identidade entre símbolo e simbolizado; essa pressuposição, aliás, conforme já foi igualmente discutido, é um dos pilares da noção intensional de verdade.

Leibniz define "requisito" como "aquilo que pode integrar a definição" (AA VI, iv - p. 153)[455]. Ora, conforme já se sabe, para ele a definição da coisa é o elenco dos nomes das condições ou requisitos suficientes para fazer reconhecer e distinguir a coisa. Por seu turno, o nome que resume a definição da coisa – e que, precisamente por isso, está em uma relação de identidade com esta definição – é, na proposição, a coisa, pelo princípio que intriga Sleigh Jr. Assim, se o nome está em uma relação de identidade com a definição, então, naturalmente, um e outra são intersubstituíveis *salva veritate*. Mas se assim é, quando se afirma em uma proposição o nome da coisa, afirma-se *eo ipso* todos os nomes dos requisitos que entram na definição correspondente. E inversamente, quando se afirma a totalidade dos nomes de cada um destes requisitos, afirma-se por isso mesmo o nome da coisa. Mas, repitamos, pelo princípio que intriga Sleigh Jr., o nome da coisa é, na proposição, a coisa. Se tal nome é intersubstituível *salva veritate* pela totalidade daqueles que entram na definição resumida no nome, então precisamente por isso, essa totalidade é, na proposição, a coisa. Se se afirma ou nega, portanto, que tal totalidade é possível, afirma-se ou nega-se que a coisa é possível. Se se afirma ou nega que tal totalidade existe, afirma-se ou nega-se que a coisa existe.

---

455 ".*Requisitum* est quod definitionem ingredi potest"..

Vemos que, mesmo que a formulação de Leibniz na prova acima apresentada não deixe claro, a relação entre a totalidade dos requisitos da coisa e a coisa é, para ele, uma relação definicional e, portanto, de identidade. E isso basta para justificar o segundo passo da prova. Mas se isso é suficiente para validar a prova inteira, então basta, para a justificação do princípio de razão suficiente, a aceitação da tese da exata correspondência entre símbolo e simbolizado, isto é, basta que se aceite que, na proposição, o símbolo tem exatamente a mesma complexidade que o simbolizado. Desse ponto de vista se poderia afirmar que o princípio se deixa efetivamente estabelecer sobre as mesmas bases que a noção intensional de verdade. Eis o que explica por que Leibniz o considera envolvido na definição mesma do verdadeiro e do falso (GP VI, p. 414). Afinal, pondera ele, dar a razão suficiente da verdade de uma proposição é mostrar que a noção do seu predicado está contida na noção do seu sujeito. E se assim é, na mesma medida em que se deve aceitar a noção intensional de verdade como um princípio válido para todas as verdades, assim também se deve aceitar o princípio de razão suficiente.

É claro que essa justificação do princípio refere-se a uma formulação restrita do mesmo, a qual observa unicamente a relação entre a noção de verdade e o procedimento analítico de prova. Segundo essa formulação, para toda verdade contingente, uma razão pode ser encontrada pela análise das noções aí envolvidas; isto é, para toda verdade contingente, uma verdade haverá que fará ver que o termo-predicado daquela está contido no seu termo-sujeito.

É forçoso admitir, no entanto, que o uso do princípio de razão suficiente por Leibniz não se confina a esse modesto âmbito doméstico. Valendo-se do princípio, Leibniz tenta justificar certas teses a respeito do espaço, do tempo, das condições de individuação dos existentes, as quais não se restringem ao que se permitiria concluir a partir unicamente da análise das definições mobilizadas. É o que atesta seu *commercium epistolicum* com Clarke, para dar um exemplo. Aí, Leibniz se vale do princípio para tecer considerações sobre o comportamento de Deus e as pretensas razões divinas para criar tal ou tal mundo de tal ou tal maneira. Isso não nos obriga, todavia, a declarar insatisfatória a justificação do princípio acima fornecida. Apresentada nos termos em que foi, essa justificativa não basta para contemplar todo o alcance que Leibniz pretendeu imprimir a seu princípio. Por outro lado, ela permite demarcar com precisão sob que condições o princípio pode ser justificado como um princípio necessário do ponto de vista das puras pressuposições lógicas da filosofia leibniziana. Antes que desmerecer essa restrição intramuros em que a justificação do princípio exposta acima o encerra, pode-se sustentar que, se Leibniz se permitiu estender seu princípio para além do que essa justificação autoriza, então será unicamente essa extensão que demandará ulterior justificação. E será então essa ulterior justificação que será forçoso buscar quando o assunto o exigir. Por ora, desde que consideremos a aplicação do princípio dentro dos limites autorizados pela justificação dada, nenhuma dificuldade se erguerá.

III.4.6 Modalidades

A diferença entre proposições necessárias e contingentes não é tratada no plano do simbolismo introduzido por Leibniz no seu cálculo. A razão dessa omissão parece a esta altura clara: o procedimento de prova de umas, assim como das outras, é o mesmo, a saber, a análise segundo a regra de substituição *salva veritate*. O ponto culminante desta análise permanece também o mesmo em cada um dos tipos de proposições, a saber, ou uma identidade, se a proposição for verdadeira, ou uma contradição, se for falsa, segundo a exigência da noção intensional de verdade. O fato, portanto, de Leibniz não ter forjado símbolos para distinguir o necessário do contingente não denuncia uma falha do seu cálculo lógico, nem impõe o apelo a dispositivos externos ao cálculo, como parece acreditar H. Ishiguro, ao evocar outros mundos possíveis (1990, pp. 184-185). Leibniz parece convencido de que as noções de infinito e de limite de uma série infinita bastam para estabelecer as condições dessa distinção. Ele afirma:

> Portanto, *Verdadeiro* é aquilo que pode ser provado, ou cuja razão pode ser dada por resolução. O contrário é o falso. *Necessário* é aquilo que é reduzido a uma identidade por resolução. *Impossível* é aquilo que é reduzido a uma contradição por resolução, *Falso* é o termo ou a proposição que contém oposições, pouco importa como isso seja provado. *Impossível* é aquilo de que é provado no finito que contém oposições. De modo que *A* = *AB*, se sua prova é feita por uma resolução finita, deve ser distinguida de *A* = *AB*, se sua prova é feita por uma resolução ao infinito. Daí provém o que se disse do Necessário, do possível, do impossível e do contingente (*GI*, §130bis)[456].

A distinção no plano das modalidades acompanha aquela entre termos e proposições. Assim, tem-se uma regra geral para separar, dentre os termos, aqueles que envolvem uma contradição daqueles que são consistentes, que corresponde à distinção

[456] "*Verum* igitur est quod probari potest, seu cujus ratio reddi potest, resolutione. *Falsum* quod contra. *Necessarium* est quod resolutione reducitur ad identicum. *Impossibile* est quod resolutione reducitur ad contradictorium. *Falsus* est terminus vel propositio qui continet opposita utcunque probata. *Impossibilis* qui continet opposita per reductionem ad finitos probata. Ita ut A = AB si probatio facta est per resolutionem finitam, distingui debeat ab A = AB, si probatio facta est per resolutionem ad infinitum, inde jam oritur illud de Necessario, possibili, impossibili et contingente".

entre o impossível e o possível. Os termos não contraditórios são possíveis, os termos contraditórios são impossíveis. Os impossíveis são redutíveis a uma contradição em um número finito de passos. Na sequência dessa distinção justapõe-se aquela concernente aos tipos de proposições que afirmam ou negam termos. Trata-se da diferença entre o necessário e o contingente[457]. As proposições necessárias são aquelas que afirmam ou negam uma essência qualquer. As verdades necessárias são aquelas redutíveis a uma identidade em um número finito de passos. As falsidades necessárias são aquelas cuja resolução conduz a uma contradição em um número finito de passos. As proposições contingentes são aquelas que afirmam ou negam uma existência qualquer. Sua redutibilidade, seja a proposições formalmente idênticas, seja a proposições formalmente contraditórias, conforme o caso, requer um número infinito de passos. Seu valor de verdade pode ser em todo caso conhecido através da experiência.

Para ser coerente com essas conclusões, Leibniz deve manter que mesmo as proposições universais verdadeiras, mesmo aquelas que enunciam ou decorrem de uma definição, se elas concernem aos existentes, então não são necessárias. Assim, por exemplo, a proposição "todo humano é racional" não é menos uma proposição de existência do que a proposição "João Cândido é o Almirante Negro"[458]. Naturalmente, o que é contingente na primeira não se refere à possibilidade de existir algum humano que não seja racional, já que o que a faz verdadeira são as definições: a racionalidade define o humano enquanto tal, afinal, uma definição de humano pode ser expressa por "humano = Y racional", Y podendo aí ser substituído pelo

---

[457] Leibniz fala também das proposições possíveis e das impossíveis. Mas então trata-se das proposições afirmando termos que não envolvem contradição e proposições afirmando um termo inconsistente.

[458] Para uma interpretação diferente, ver Pinheiro (2011), I.

predicado “animal”. A contingência intrínseca a essa proposição consiste no fato de que a definição de “humano” é empírica, já que a única maneira de determinar a verdade da proposição particular que afirma a conjunção dos termos “*animal*” e “*racional*” é através da experiência:

> Ora, verdadeira é uma proposição que pode ser provada. Falsa é a que não é verdadeira. Impossível é aquilo em que entra um termo contraditório. Possível é o que não é impossível. Seria, portanto, toda universal negativa impossível? Assim parece ser porque se entende das noções, não das coisas existentes; por exemplo, se digo que *nenhum homem é animal*, não entendo aí apenas os homens existentes. Mas então se seguiria disso que se algo for negado de um singular qualquer, por exemplo de Pedro, dele será negado necessariamente? Portanto, deve ser negado que toda Universal negativa é impossível, e pode-se responder à objeção que *A contém não-B* pode ser provada ou por uma demonstração, ou seja, por uma resolução perfeita, ou somente por uma resolução continuável ao infinito, ou seja, sempre imperfeita. Por conseguinte, é sem dúvida certa, mas não necessária, porque nunca pode ser reduzida a uma identidade ou sua oposta a uma contradição (*GI*, §130)[459].

[459] “Vera autem propositio est quae probari potest. Falsa quae non est vera. Impossibilis quam ingreditur terminus [contradictorius]. Possibilis quae non est impossibilis. An igitur omnis universalis negativa impossibilis? Ita esse videtur, quia intelligitur de notionibus non de rebus existentibus ut si dico *Nullum hominem esse animal*, non id intelligo tantum de existentibus hominibus, sed hinc sequetur quod de singulari aliquo ut Petro negetur, necessario de eo negari. Igitur negandum est omnem Universalem Negativam esse impossibilem, et ad objectionem responderi potest, *A continere non-B*, probari vel demonstratione seu resolutione perfecta, vel non nisi resolutione in infinitum continuabili

Alguns estudiosos de Leibniz resistem em aquiescer a esse diagnóstico. Ezio Vailati (1986, §1), por exemplo, sustenta que certas afirmações em matéria de existência como "Pedro é racional" são proposições necessárias, e conclui daí que as proposições de existência não são coextensivas com as contingentes. Em favor dessa interpretação, Vailati argumenta que, se "uma qualidade é necessária ou não, não pode depender de seu sujeito existir ou não. Afinal, toda matéria de fato atual pressupõe conceitos completos na metafísica da criação de Leibniz" (Id., p. 200). Em contraste, porém, com essa perspectiva, a análise tecida precedentemente atesta que não há necessidade de supor qualquer metafísica da criação para compreender a solução leibniziana para o problema das distinções modais. Se as noções de conceitos completos e de criação se fazem necessárias em algum âmbito do sistema leibniziano, esse âmbito não diz respeito ao plano das condições lógicas de distinção entre necessidade e contingência. Aqui, a separação entre o necessário e o contingente mostrou-se correlativa àquela entre essência e existência.

Em sintonia com Vailati, Marques (2014, p. 37) sugere que, para Leibniz, nem toda proposição sobre contingentes seria uma proposição contingente, mas, ao contrário, mesmo dentre as proposições sobre indivíduos contingentes haveria proposições necessárias e – poderíamos aqui concluir – essenciais. Elas seriam proposições verdadeiras em virtude de sua pura forma, como seria o caso, segundo Marques, da proposição "César é César", ou ainda de proposições que atribuem a indivíduos termos contidos no que se poderia considerar as definições que expressam suas respectivas essências. Seria esse o caso, ainda de acordo com Marques, de uma proposição como "César é um ser humano" (Marques, op. cit., p. 36 e seg.). Em apoio a

---

seu semper imperfecta. Itaque certum est quidem non vero necessarium, quia nunquam reduci potest ad identicam vel oppositam ad contradictoriam".

essa sugestão, Marques evoca uma passagem do opúsculo *De Libertate, Fato, Gratia Dei*, onde Leibniz afirma que:

> ... nessa noção completa de Pedro possível que se apresenta a Deus estão contidas não somente noções essenciais, quer dizer, necessárias – as quais decorrem de noções incompletas ou específicas, que são demonstradas a partir dos termos de tal sorte que seu contrário implica contradição –, mas também de noções existenciais ou, por assim dizer, contingentes, porque pertence à natureza da substância individual ter uma noção tão perfeita e completa que contém todas as circunstâncias individuais, mesmo aquelas mínimas (AA VI, 4, N. 309 - p. 1600)[460].

Antes de nos determos nas ponderações de Marques, convém observar que essa passagem por si não evidencia que Leibniz tenha em mente proposições como as sugeridas por ele. A passagem acomoda uma interpretação mais neutra, segundo a qual todo e qualquer existente deve satisfazer não apenas as condições para ser compossível com os restantes existentes, mas também, obviamente, as condições para ser meramente possível. Afinal, todo existente, antes de ser compossível com outros, deve ser possível, e isso implica que deve satisfazer as proposições que descrevem a estrutura formal dos possíveis. Existindo, César deve, portanto, satisfazer as noções e verdades lógicas e matemáticas que expressam os possíveis e as

[460] ... "in hac completa Petri possibilis notione quam Deo obversari concedo contineri non tantum essentialia, seu necessaria, quae scilicet ex notionibus incompletis sive specificis fluunt, adeoque ex terminis demonstrantur, ita ut contrarium implicet contradictionem, sed et contineri, existentialia ut ita dicam sive contingentia, quia de natura substantiae individualis est, ut notio ejus sit perfecta atque completa, omnesque circumstantias individuales etiam contingentes ad minima usque contineat...".

possibilidades em geral, dentre as quais não está a noção expressa pelo termo “humano”. Afinal, a análise da proposição de segundo adjacente “humanos existem”, por meio da qual se demonstraria sua compossibilidade com a verdade limite “Γ é”, é infinita. Por razões semelhantes, é igualmente infinita a análise da verdade “César é humano”.

A mesma ponderação se estende a uma proposição como “César é César”, que unicamente pode ser reputada essencial na medida em que sua verdade se evidencie pelos símbolos, ou seja, na medida em que a atestação de sua verdade não dependa da análise do termo “César”. Nesse caso, porém, a proposição demonstrada não dirá respeito a César, já que suas condições de verdade independem da existência ou da essência deste. Se, destoando do que se afigura a preocupação de Marques, for sugerido que a proposição “César é César” seja admitida versar sobre César, ela naturalmente passará a ser entendida como uma proposição existencial e ganhará um sentido – e, com este, também condições de verdade – completamente diverso. Enquanto proposição existencial, sua verdade dependerá de sua compossibilidade com a verdade limite “Γ é”, e a demonstração dessa compossibilidade envolverá o infinito, como facilmente se vê ao se considerar que um primeiro passo nessa demonstração deveria ser a conversão da proposição em sua forma segundo adjacente “César César é”. Esse passo deveria ser seguido de um outro, consistente em eliminar, com base no que faculta a adição real, uma das ocorrências de “César”, donde obteríamos “César é”. Ora, a demonstração desse resultado encerra uma análise infinita, visto “César” designar uma noção relativa a um contingente, cujo correlato na realidade depende de sua compatibilidade com os restantes existentes contingentes.

Esses resultados alcançam também a interpretação sugerida por H. Ishiguro, para quem, de acordo com Leibniz, proposições como a considerada acima teriam duas versões, uma das quais existencial, e a outra, essencial. Segundo Ishiguro,

> As questões são ainda mais complexas com sentenças que podem ser tomadas como exprimindo seja proposições essenciais seja proposições existenciais, tais como "Um homem não capaz de pecar é um homem não capaz de pecar". Se ela for tomada como exprimindo uma proposição essencial, ela será verdadeira. Se for tomada como exprimindo uma proposição existencial, será tornada falsa, porque neste mundo não existem homens que não sejam capazes de pecar, e consequentemente um homem não capaz de pecar é um não-ser <*non-entity*> neste mundo (Ishiguro, 1990, p. 186).

Vemos que, diferentemente de Marques, Ishiguro não afirma que um enunciado que, em sua gramática de superfície, aparente ser formalmente verdadeiro, mesmo envolvendo conteúdos contingentes, seja uma proposição essencial. O que ela parece sustentar é que um enunciado assim comporta uma interpretação existencial, mas acomoda também uma interpretação meramente essencial[461]. A despeito dessa nuance entre as duas interpretações, as ponderações dirigidas à abordagem de Marques podem ser estendidas também à interpretação de Ishiguro. Afinal, convém reiterar, é à análise das noções que compete proporcionar as condições de explicação do valor de verdade das proposições, sejam elas essenciais ou não, exceção feita, naturalmente, às identidades explícitas e contradições explícitas. Ora, a proposição empregada por Ishiguro a título de exemplo encerra noções contingentes, cuja consistência, por conseguinte,

[461] Em realidade, Ishiguro (1990, IX, 3) parece ir mais longe, sustentando que toda proposição que verse sobre existentes acomoda uma interpretação essencial.

se determina por sua compossibilidade com a proposição limite "*Γ* é". Como no caso do exemplo precedente "César é César", a proposição "Um homem não capaz de pecar é um homem não capaz de pecar" somente poderá ser considerada essencial se os símbolos nela articulados forem completamente depurados das significações que encerrem, neles se preservando portanto apenas seu estatuto de sinais. Nesse caso, porém, a proposição já não versará sobre os conteúdos que constituem seu sentido, vale dizer, já não versará sobre alguma noção referida pelo nome "homem" ou pelo nome "pecado", mas versará somente sobre os sinais respectivos e as relações meramente formais que se pode tecer entre eles. Se nos termos articulados na proposição se preservar alguma dimensão semântica, por esvaziadas que sejam a caracterizações que então se imprima a "homem" ou "pecado", essas caracterizações recuperarão seus conteúdos não necessários, e sua análise, por conseguinte, se desdobrará necessariamente ao infinito.

Em amparo a essa sugerida feita por Ishiguro de se duplicar os enunciados proposicionais em duas interpretações modais, uma essencial, outra existencial, poderia ser evocada uma passagem em que Leibniz assinala:

> Este enunciado: *Homem pecador é pecador*, que é idêntico, certamente pode bem ser enunciado por isto <τò >: impossível e contradição, mas não de modo igualmente cômodo por isto < τò >: necessário. Pois a primeira maneira produz: *Homem pecador não pecador é um não-Ser*. Mas se dizes *Homem pecador pecador é um Ser necessário*, é preciso primeiramente distinguir a duplicação, a saber, Homem pecador *pecador é um Ser necessário*. Caso contrário alguém poderia pensar que por *Homem pecador pecador é um Ser necessário* poderia ser escrito: *Homem pecador é um Ser necessário*.

> Do mesmo modo, *Todo animal é animal* produz *Animal animal é um ser necessário*, do que contudo não se segue *Animal é um ser necessário*. Vê-se a partir disso que nem sempre se pode fazer eliminações quando muitos termos equivalentes são colocados juntos. Não se deve dizer *animal animal é um Ser necessário*, mas ao contrário: não animal não animal (AA VI, iv - p. 1633)[462].

Antes de considerar a passagem cotejando-a com as teses de Ishiguro, é oportuno discorrer, ainda que em linhas gerais, sobre a repercussão que ela teve em alguns estudiosos. W. Lenzen (1986, p. 30), por exemplo, vê nela uma ocasião para ratificar sua tese sobre os equívocos de Leibniz acerca da negação. B. Mates, por seu turno, considera que, vendo que as transformações permitidas no seu cálculo, "sancionariam como equivalentes as seguintes proposições:

> Todo animal é um animal.
> Um animal não-animal não é um ser <*entity*>.
> Um animal não-animal não é possível.
> Um animal animal é um ser <*being*> necessário.
> Um animal é um ser <*being*> necessário" (1986, p. 101).

---

[462] "Ista enuntiatio: *Homo peccator est peccator*, quae est identica, bene quidem enuntiari potest per τὸ impossibile et contradictionem, sed non aeque commode per τὸ necessarium. Nam priore modo fit: *Homo peccator non-peccator est non-Ens*. Sed si dicas *Homo peccator peccator est Ens necessarium* oportet prius duplicationem distingui nempe Homo peccator *peccator est Ens necessarium*; alioqui putet aliquis pro *Homo peccator peccator est Ens necessarium* posse scribi: *Homo peccator est Ens necessarium*. Sic *Omne animal est animal* fiet *Animal Animal est ens necessarium*, non tamen hinc sequitur *Animal esse Ens necessarium*. Ex his videtur non posse semper pro pluribus terminis aequivalentibus sibi appositis unum poni. Imo non dicendum *animal animal est Ens necessarium*. sed: non animal non animal".

Leibniz tentaria escapar do problema "negando, estranhamente, que neste contexto, 'animal animal' pudesse ser substituído por 'animal'" (Id. ibid.).

Uma leitura mais atenta do trecho citado, porém, sugere que não se trata de restringir a validade da adição real, mas de explicitar o escopo da afirmação de necessidade. Como Leibniz argumenta, introduzir o operador modal "é necessário" em uma verdade existencial da forma "*AB é B*" acarreta ambiguidades que podem ser evitadas se esse operador for também evitado ou substituído por outros como "é impossível" e "é contraditório", com as devidas adaptações destinadas a preservar o sentido proposicional. Isso porque, no caso destes últimos, visto que a proposição universal afirmativa pode ser apresentada, na forma segundo adjacente, sob uma formulação como "*AB não B não é*", o que é dito nos exemplos mobilizados – a saber, "*homem pecador é pecador*" e "*todo animal é animal*" – é expresso de forma perspícua por "*homem pecador não pecador não é*" e "*animal não animal não é*", podendo o "não é" ser adequadamente substituído por "é impossível" ou "é contraditório". Essas operações são adequadas à notação e às operações de cálculo lógico já examinadas precedentemente. Em contrapartida, o acréscimo de "é necessário" a um enunciado da forma "*AB é B*" poderia ser interpretado de duas maneiras, uma das quais residiria em considerar que esse acréscimo teria por escopo a identidade formal do enunciado, identidade, por seu turno, que é explícita pelos símbolos, independentemente da significação destes; afinal, necessariamente "*B é B*". Uma segunda maneira de interpretar esse acréscimo seria entender que o escopo de "é necessário" seria o vínculo entre os termos "*A*" e "*B*", o que seria um equívoco. O simples reconhecimento de quc, na linguagem ordinária, o emprego de "é necessário" nessas situações dá margem a ambiguidade seria então – alerta Leibniz – razão bastante para evitá-lo. O que Leibniz faz desse ponto de vista é sublinhar essa ambiguidade e os inconvenientes que ela encerra, o que em nada contamina seu cálculo, que, pelo já examinado, prescinde do apelo a operadores modais[463].

A advertência de Leibniz na passagem dirige-se, portanto, às condições de eliminação de ambiguidades que podem emergir pela introdução de operadores modais, mais precisamente, do operador de necessidade, na constituição de uma linguagem perspícua. Suas considerações passam longe da abordagem do papel da negação ou da adição real. Para encerrar retomando Ishiguro, pode-se afirmar que elas também não dependem de que um mesmo conteúdo proposicional tenha uma interpretação essencial e outra existencial, de sorte que, por exemplo um enunciado como "João Cândido é o Almirante Negro" pudesse, em seu conteúdo mesmo, ser entendido ora como um enunciado versando meramente sobre possíveis, ora como um enunciado versando sobre existentes. Sobre isso, falaremos doravante.

III.4.7 Astronomia modal

A proposição existencial limite "*Γ é*", já se sabe, não veicula um conteúdo proposicional que, como tal, possa ser distintamente concebido. Ela é apenas uma consequência necessária da abordagem, fundada na lei de continuidade, das proposições existenciais como casos limite de proposições essenciais vis-à-vis a demonstração. Ela é então, por assim dizer, uma figura filosófico-retórica mediante a qual se fixam as condições sob as quais é correto afirmar que a análise infinita das proposições existenciais tem um limite. Não obstante esta característica da proposição limite "*Γ é*", a qual restringe seu emprego à linguagem do infinito, Leibniz se

[463] Para um levantamento acurado e um exame das diferentes acepções do termo "necessidade" em Leibniz, ver Mendonça (2005).

permitiu passar ao limite, tratando essa suposição como designando ela própria uma realidade qualquer. Afinal, se, de acordo com a lei de continuidade, "*Γ é*" ainda pode ser admitida corretamente como uma proposição existencial verdadeira, então, de acordo com essa mesma lei, o conteúdo nela descrito necessariamente também se verifica. Caso contrário, ela seria falsa.

Algumas conclusões, válidas e necessárias na linguagem do infinito, Leibniz pôde extrair das suas reflexões sobre a suposição relativa a "*Γ é*". A primeira é que, se o termo *Γ* deve ser admitido corresponder a uma adição real infinita de termos, e se cada um desses termos pode ser negado sem contradição, segue-se que deve haver uma infinidade de termos possíveis. Quer dizer, deve haver uma infinidade de termos *Γ* que descrevem cada qual uma infinidade de totalidades de proposições existenciais maximais-compossíveis. Isso porque o termo negado sem contradição no interior da proposição verdadeira limite "*Γ é*" abre a possibilidade de um conjunto maximal consistente distinto; e sendo infinitos os termos que compõem a proposição verdadeira limite "*Γ é*", resultam infinitos os termos que podem ser negados sem contradição, sendo, por via de consequência, correlativamente infinitas as possibilidades maximais consistentes que se abrem.

É claro que unicamente um dentre esses infinitos termos maximais consistentes do gênero *Γ* pode ser verdadeiro – e poderíamos tomar essa como a segunda conclusão que Leibniz está autorizado a extrair. A proposição existencial "*Γ é*" mostrou-se ser maximal consistente, o que significa que, como já sublinhado precedentemente, para qualquer proposição factível, tal proposição é ou compossível com ela e, por conseguinte, verdadeira, ou incompossível com ela e, por conseguinte, falsa. Assim, uma outra proposição qualquer, seja maximal consistente ou não, admitida verdadeira adicionalmente a "*Γ é*" seria incompatível com o caráter maximal consistente intrínseco a esta. "*Γ é*" deixaria de ter a característica que a constitui enquanto a proposição limite apta a expressar a totalidade das verdades existenciais. Em síntese, portanto, das infinitas proposições existenciais de tipo "*Γ é*", no máximo uma pode ser verdadeira. E embora tanto seu valor de verdade quanto aquele de todas as demais seja contingente, todas as demais são falsas se a primeira é verdadeira.

Uma terceira conclusão é que a verdade-limite "*Γ é*" deve também ela ser contingente. Afinal, cada uma das proposições contingentes que constituem "*Γ é*" pode ser negada sem contradição. Ora, se "*Γ é*" é a soma infinita das proposições que a constituem, basta que alguma dessas proposições tenha seu valor de verdade alterado para que também o valor de verdade da proposição total resulte alterado. Dito de outro modo, se as condições de verdade de uma das proposições constitutivas da adição real infinita "*Γ é*" forem alteradas, então, em virtude do *modus operandi* da adição real, necessariamente as condições de verdade da proposição total "*Γ é*" serão alteradas. Por outro lado, nenhuma das proposições existenciais que integram "*Γ é*" é necessária, visto ser logicamente possível alterar o valor de verdade de qualquer dessas proposições. Se, pois, o valor de verdade de cada qual dessas proposições pode ser alterado sem contradição, e se essa alteração acarreta a alteração do valor de verdade da proposição total "*Γ é*", forçosamente esta última pode ter seu valor de verdade alterado sem contradição. Caso contrário, vale dizer, se o valor de verdade desta última não pudesse ser alterado, forçosamente o das que a constituem também não poderia. Mas, visto que isso faria destas proposições necessárias, o que já foi recusado, segue-se que, embora apresentada, na linguagem do infinito, como uma proposição essencial, "*Γ é*", no rigor, designa um conteúdo existencial e contingente.

É claro que essas conclusões em nada contribuem para a explicitação das condições mediante as quais o conhecimento objetivo das verdades contingentes é garantido. Essas condições remetem, como vimos, à experiência enquanto o que se habilita a fornecer uma ideia clara apta a verificar ou falsear o expresso na proposição. Nem por isso o raciocínio que conduz à verdade existencial limite "*Γ é*" é equivocado ou estéril. Ao contrário, ele é um resultado incontornável das reflexões mesmas que conferem legitimidade ao tratamento de proposições de existência como proposições de essência no infinito, tratamento este intrínseco ao nosso modo de conhecer os existentes.

O que se operou nesse caso foi uma passagem ao limite, uma vez que "*Γ é*" já não é mais abordada como uma suposição relativa ao limite de um certo procedimento; "*Γ é*" é agora abordada já como alcançada, isto é, como algo dado; ela é agora o próprio objeto de consideração. Essa passagem ao limite efetuada por Leibniz no tratamento de " *Γ é*" ocorre geralmente em contextos em que ele considera a totalidade das verdades existenciais do ponto de vista da criação, quer dizer, do ponto de vista da referência da vontade de Deus à existência como um todo.

Nessas ocasiões, ele considera a imutabilidade dos valores de verdade das proposições contingentes, imutabilidade que é referida às condições de identidade dos termos que entram na proposição limite verdadeira "*Γé*", sob a denominação "mundo possível". Para Leibniz, um mundo possível corresponderia ao que é descrito por uma proposição existencial limite "*Γ é*" qualquer[464]. Na medida em que deve haver infinitas proposições "*Γ é*" falsas, pode-se dizer que infinitos mundos são possíveis. Na medida em que delibera dar existência a algo, Deus delibera segundo as imposições determinadas pela própria natureza lógica da existência. Isso quer dizer que, quando escolhe criar algo, o que Ele escolhe deve corresponder àquilo que, na linguagem do infinito, se designa como um – e apenas um

[464] Compreende-se, a partir daí, as razões pelas quais os mundos possíveis devem partilhar as três características assinaladas por Rateau (2015), a saber, seus integrantes devem ser "1) não contraditórios *em si*; 2) compossíveis; e 3) ligados de tal sorte que nenhum pode ser mudado ou suprimido sem fazer um outro mundo" (p. 64).

– dentre os infinitos mundos possíveis. Dizendo de outra maneira, o que Ele escolhe é tornar verdadeira uma e apenas uma proposição-limite existencial "*Γ é*".

Uma razão para a escolha divina operar nessas condições acaba de ser exposta: o que Deus cria é o que existe e, conforme já examinado, aos olhos de Leibniz, a existência se constitui como máxima compossibilidade. Uma segunda razão diz respeito à infinitude encerrada na proposição-limite existencial "*Γ é*": se Deus escolhesse o que, aos nossos olhos afigura-se descritível por proposições existenciais, ou, melhor dito, se Deus escolhesse ponderando a compossibilidade de eventos descritos por proposições existenciais ordinárias, Ele forçosamente teria que, previamente à criação, operar um cálculo infinito para enfim dar existência ao mundo a ser criado. Ora um cálculo infinito é inexequível, em virtude da própria infinitude que envolve. Conforme Leibniz ressalta em seu opúsculo *De libertate* (1857 - p. 182), atribuir a Deus essa tarefa corresponderia a atribuir-Lhe, em virtude da própria caracterização de infinito, realizar uma contradição. Uma condição *sine qua non* para que a Deus seja possível conferir existência a algo é, por conseguinte, que a Ele seja possível contornar a infinitude envolvida na análise das proposições-limite da forma "*Γ é*", o que requer que a Ele seja possível considerar mundos possíveis como tais, e não as proposições isoladas que entram na soma infinita correspondente a uma proposição-limite "*Γ é*"[465].

Mas não é tanto da liberdade de Deus o assunto central aqui. O que importa examinar doravante é a opção, feita por alguns estudiosos, de alçar ao estatuto de integrante das condições mediante as quais Leibniz aborda a diferença entre proposições essenciais e existenciais o que se revelou aqui um desdobramento ulterior daquelas condições. Essa opção consiste em tomar a ideia de mundos possíveis, em detrimento da distinção

[465] Para uma interpretação diferente, ver Piauí (2011), especialmente p. 279 e seg.

de análise finita e infinita, como a noção basilar a partir da qual se deve tratar a diferença lógica entre proposições necessárias e contingentes no pensamento de Leibniz.

B. Mates e H. Ishiguro seguem esse caminho. Eles se justificam ponderando que o apelo à ideia de análise infinita não contemplaria todas as exigências requeridas para que a diferença entre necessidade e contingência tenha uma envergadura lógica. Presumindo, ao que parece, que para Leibniz a diferença entre o finito e o infinito seria uma diferença de quantidade e não de qualidade[466], Mates argumenta que, embora Leibniz não tenha expressamente estabelecido a distinção entre proposições necessárias e contingentes com base na noção de mundos possíveis, não se poderia ver facilmente como o apelo à noção de infinito explicaria aquela distinção[467]. Ishiguro, por seu turno, sustenta que, "se Leibniz deve adotar a tese do *praedicatum inest subjecto* para a verdade em geral e ainda manter a diferença entre verdade necessária e verdade contingente, então ele tem que fazer apelo a outros mundos possíveis. Mas isso não é senão uma maneira pitoresca de exprimir os valores de verdade que assinalamos a várias proposições hipotéticas, incluindo as contrafactuais" (1990, p. 199).

Ishiguro reconhece que Leibniz argumenta visando estabelecer a diferença entre as verdades necessárias e contingentes

---

[466] "Se a inclusão do conceito *B* no conceito *A* é uma condição necessária e suficiente da verdade de '*A* é *B*', como no caso quando '*A* é *B*' é uma proposição essencial, então parece impossível que a proposição seja verdadeira de alguns mundos possíveis e falsa de outros. Pois a eleição de um dado mundo possível à existência não pode determinar a relação dos conceitos que estão na mente de Deus anteriormente à Criação. A abordagem das proposições contingentes pela 'análise infinita' pode talvez ser aceita como uma caracterização daquelas proposições que nós, na nossa ignorância, chamamos 'contingentes', mas não pode definir inteligivelmente a classe de proposições que *são* contingentes, sendo verdadeiras de alguns mundos e falsas de outros" (Mates, 1986 - pp. 116-117).

[467] Ver Mates (1989), III; (1986), VI, §1.

em termos de análise infinita, mas considera frágeis as razões que nele encontra para fundar a distinção (Id., p. 198). Essas razões seriam duas, das quais "uma é o argumento que diz que, para compreender qualquer fato contingente, nós necessitamos do conhecimento de todas as partes do universo infinito e das relações infinitamente complexas do fato com tudo o mais" (Id., p. 196). A fraqueza do argumento residiria, segundo ela, em que ele "depende de se assumir que o universo seja 'infinito' – que nosso mundo consista em infinitamente muitas substâncias – assim como do princípio de razão suficiente" (Id., p. 197)[468]. A segunda razão residiria na consideração de que "as verdades contingentes (...) não têm provas *a priori*, porque elas dependem de como é nosso universo, o que tem origem na vontade de Deus" (Id. ibid.). Esse argumento, diz ela, "de fato nos proporciona fundamentos lógicos para a prova de uma verdade contingente ser 'resolvível no infinito'. Mas ele repousa sobre o Princípio do Melhor, que postula que Deus sempre escolhe livremente realizar o melhor, suplementado por uma postulação mais específica e esotérica sobre o que é o melhor mundo" (Id., p. 198).

Não é de se surpreender que Ishiguro esteja persuadida de que essas ponderações expressem as razões de Leibniz para sustentar a diferença entre verdades necessárias e contingentes a partir da noção de análise infinita, já que ela reputa ser a *Teodiceia* o texto em que ele se dedica ao exame detalhado das modalidades (Id., p. 171). No entanto, como promete o título que Leibniz escolheu para esse livro, na *Teodiceia* ele se dedica ao problema da compatibilidade da bondade de Deus com a vontade humana e a existência do mal. As modalidades não são discutidas aí senão na medida em que o problema da contingência afeta diretamente a relação da onisciência e da

[468] Beeley (2009, p. 41) adota perspectiva similar ao sugerir que "Leibniz proporciona certa explicação metafísica para a natureza das proposições contingentes, consistente na divisão em ato de todos os corpos ao infinito".

onipotência divinas com a liberdade humana. Como observa Ishiguro, Leibniz redige a *Teodiceia* em um momento avançado da sua vida. A essa altura, suas reflexões sobre as modalidades já foram amadurecidas, em grande medida nos trabalhos examinados nas páginas precedentes. Desse modo, Leibniz se vê habilitado, nessa obra tardia, a propor uma solução para a compatibilidade entre onisciência divina e liberdade humana, bondade de Deus e maldade no mundo. Em contraste com o título da *Teodiceia*, pode-se mencionar alguns manuscritos em cujo título Leibniz anuncia a discussão sobre as modalidades[469]. E nesses é invariavelmente por referência à diferença entre análise finita e análise infinita que ele caracteriza a diferença entre possibilidade e contingência, entre essência e existência.

Nada até aqui, portanto, persuade dos argumentos apresentados por Ishiguro. O que indicam os resultados precedentes é que, aos olhos de Leibniz, a resolução ao infinito, no caso das verdades de existência, decorre da necessidade de compatibilizar a noção intensional de verdade com a diferença lógica entre essência e existência, e não da vontade de Deus, Sua bondade, ou ainda a infinitude do universo. Aliás, se o universo é infinito, isso se afigura um desdobramento da distinção lógica entre essência e existência, e não uma razão para que a demonstração de uma proposição de existência tenha uma infinidade de passos. Afinal, se o que separa a essência da existência exige que a demonstração de uma verdade de existência acarrete o infinito, então, para que uma proposição de existência seja verdadeira, é preciso que infinitas proposições existenciais sejam igualmente verdadeiras. Seria essa a razão pela qual o mundo deve ser necessariamente infinito, independentemente de ser o mundo existente o melhor dentre os possíveis ou não. E se Deus pode conhecer *a priori* o fundamento das verdades de existência, isso indica

[469] *De contingentia* (AA VI, iv - pp. 1649-1652); *Origo veritatum contingentium* (AA VI, iv - pp. 1659 - 1664).

algo a respeito da natureza de Deus, e não das modalidades. Isso indica que Seu intelecto é tal que Ele pode fazê-lo, e não que a lógica deva se comportar de tal ou tal maneira a fim de poder se adaptar a um intelecto contrário à razão, por divino que seja.

A pretensão de conferir à teoria leibniziana dos mundos possíveis um papel lógico relativamente às distinções modais faz violência não apenas à letra dos textos de Leibniz. Como a própria construção da noção de mundos possíveis apresentada acima permite vislumbrar, considerar o tratamento lógico das modalidades proposto por Leibniz a partir da noção de mundos possíveis é pretender não simplesmente tratar o limite da série como pertencente à série – o que Leibniz estimaria correto, desde que isso se fizesse sob a suposição da lei de continuidade –, mas sim tratar tal limite como pertencente efetivamente, isto é, realmente, à série – o que ele considera um equívoco. Indícios desse equívoco seriam as dificuldades que emergiriam da tentativa de conciliar as duas teses das quais se partiu: a noção intensional de verdade, de um lado, e a diferença entre necessidade e contingência, de outro. Para resolver essas dificuldades, tanto Mates quanto Ishiguro parecem ver-se obrigados a introduzir restrições nas relações lógicas que devem ser admitidas entre os valores de verdade das proposições.

Para Ishiguro, nenhum sentido pode ser dado para a qualificação das proposições existenciais como proposições cuja afirmação ou negação não envolve contradição, salvo se se adotar a ideia de mundos possíveis (Id., p. 199). Para ela, se uma proposição existencial é verdadeira, então o que ela afirma é uma relação de continência que se dá efetivamente, e cuja negação – isto é, a negação dessa relação – deve forçosamente envolver uma contradição. Pois, admitindo-se a noção intensional de verdade, todas as atribuições verdadeiras devem ser necessariamente verdadeiras, e todas as atribuições falsas devem ser necessariamente falsas. Assim, considera Ishiguro, a negação de uma proposição existencial verdadeira do tipo "César atravessou o Rubicão" não é sua negação trivial "César não atravessou o Rubicão", supondo-se que César e o Rubicão existam. Isso porque, afirma ela, a noção "atravessar o Rubicão" faz parte da noção "César", isto é, deve poder ser encontrada pela análise dessa noção (Id., p. 175). A real negação de "César atravessou o Rubicão", afirma Ishiguro, seria a afirmação de um certo sujeito, pertencente a um outro mundo possível, o qual seria em tudo semelhante a César, salvo pelo fato de que tal sujeito não atravessa o Rubicão (Id., pp. 176-177). Assim, a real negação da proposição existencial verdadeira "César atravessou o Rubicão", aos olhos de Leibniz, não seria, segundo Ishiguro, a contraditória desta, mas uma outra proposição existencial verdadeira cujas condições de verdade são *toto genere* diferentes daquelas da proposição a ser negada. Em uma palavra, a real negação de uma verdade existencial qualquer seria uma proposição que, no rigor formal, nenhuma relação logicamente relevante manteria com ela.

Ora, isso é não apenas inaceitável do ponto de vista lógico, mas é também contrário às regras que Leibniz estabeleceu no seu cálculo lógico. As regras de negação e contradição entre proposições segundo Leibniz não variam conforme elas sejam de essência ou de existência, e não discrepam com o que, em nosso senso comum, compreendemos serem as relações lógicas de negação entre proposições. Para Leibniz, afirmar ou negar uma proposição é afirmar ou negar o termo que aí comparece como conteúdo; isto significa que a contraditória de uma afirmação qualquer é a negação precisamente daquele conteúdo que a afirmação respectiva afirma; e inversamente, a contraditória de uma negação qualquer é a negação desta negação, o que corresponde à afirmação daquilo precisamente que a negação nega. E isso vale indiferentemente, seja para proposições essenciais seja para proposições existenciais. Dito de outro modo, e reiterando o já examinado, checar se uma proposição existencial é verdadeira ou falsa é contrastá-la com as evidências produzidas pela experiência, o que nos remete ao mundo existente, e não a pretensos mundos possíveis[470].

Benson Mates (1986, VI. 1) tenta uma saída diferente. Na esteira de Russell (Cf. 1968, III, §13), ele sustenta que, para Leibniz, todas as proposições afirmando certos termos seriam de fato essenciais, e, como tais, necessárias. O que seria contingente seria a atribuição ou não de existência àquela essência afirmada na proposição respectiva. É claro que, em certo sentido, essa afirmação mantém-se fiel à filosofia leibniziana: toda afirmação ou negação existencial envolve uma afirmação de essência, visto que, se o que se afirma ou nega em uma proposição existencial fosse uma contradição formal, então tal proposição seria essencial, e não existencial. É preciso assinalar, todavia, que daí não se pode depreender a conclusão pretendida por Mates, a saber, que a afirmação e a negação, no caso das proposições existenciais, sejam, respectivamente, a afirmação ou negação unicamente da atribuição de existência aí contida, visto que tal conclusão contraria aquilo que foi mostrado a partir da conversibilidade entre as proposições de segundo e terceiro adjacente.

A conversão entre proposições de segundo e terceiro adjacente mostra que tanto a afirmação de essência quanto aquela de existência podem ser sumariamente eliminadas no procedimento de análise. Isso porque a análise de uma proposição visando sua demonstração faz-se a partir da consideração das relações lógicas entre os conteúdos proposicionais, e isso independe da proposição ser essencial ou existencial, pois, tal como a essência, a existência não faz parte daqueles conteúdos. Se assim é, então a contingência da verdade existencial "César

---

470 Examino essa questão com mais detalhe em Moreira (inédito) "*Análise infinita e estrutura lógica das proposições contingentes segundo Leibniz*".

atravessou o Rubicão" reside não apenas em que César poderia não existir, mas reside também no reconhecimento da possibilidade lógica daquele mesmo César existente não ter atravessado aquele Rubicão existente. Em uma palavra, a verdade "César atravessou o Rubicão" é contingente para Leibniz inclusive porque se pode negar deste, e não de outro César, sem contradição, que tenha atravessado o Rubicão. O que resulta disso é que, embora pela noção intensional de verdade se deva admitir que uma identidade se encontra no limite da análise de "César atravessou o Rubicão", a diferença lógica entre necessidade e contingência exige que essa análise se estenda ao infinito: ela exige que, para a demonstração da verdade "César atravessou o Rubicão", devam ser supostas tantas verdades quantas for requerido para que essa proposiçãojamais se reduza a uma identidade[471]. E isso porque o que aquela diferença lógica exige é que nenhum nexo de essência haja entre a noção "César" e a noção "atravessou o Rubicão".

Essas conclusões não excluem a viabilidade de se tratar as modalidades à luz da noção de mundos possíveis. Elas destinam-se apenas a mostrar que, no caso específico da filosofia de Leibniz, a incorporação da noção leibniziana de mundos possíveis ao tratamento lógico das modalidades engendra dificuldades que não se erguem para o próprio Leibniz, visto que este não se mostra ter lançado mão dessa noção para tratar das diferenças modais entre proposições.

---

471 Para uma interpretação diferente, ver Adams (1994), 1.

O ESPÍRITO DA LETRA

Não são raros na história da arte os episódios em que a originalidade e o vanguardismo são retribuídos com desconfiança, mesmo pelos espíritos mais livres, e por vezes com repúdio, censura e até violência, em se tratando dos mais obtusos. Um caso emblemático é a ópera Boris Godunov, composta por Modest Mussorgsky a partir do drama homônimo de Aleksandr Puchkin[472]. Hoje consagrada como a peça mais notável de Mussorgsky, em virtude da ousadia e da novidade que trazia, a ópera chegou a ganhar uma segunda versão por parte do autor, preocupado em mitigar a reação negativa provocada pela versão original. No entanto, mesmo essa versão mutilada permaneceu à frente do seu tempo e, incompreendida, acabou caindo no esquecimento. Somente passados quinze anos da morte do compositor, a ópera ganhou notoriedade, não, porém, sem antes receber as pretensas correções de Rimsky-Korsakov que lhe valeram a aprovação dos ouvidos mais exigentes daquela época.

Por reputado que seja o autor das correções, e por brilhante que seja o resultado de seu trabalho, este já não é a composição legada por Mussorgsky, e já não guarda as qualidades artísticas originais. Aparar da composição as arestas que melindravam os ouvidos educados daquele tempo era também roubar dela a novidade e a originalidade que estavam ali a exigir humildade, aplicação e estudo. Tudo cura o tempo, diz o padre Antônio Vieira em seu *Sermão do Mandato* (1643). Verdade ou não, fato é que a versão original de Boris Godunov já

[472] Puchkin, A. (2007). Ver a respeito Barros, L. (2008).

está plenamente depurada das intervenções de Korsakov e sua envergadura artística já não causa polêmica.

O caso guarda paralelo com o que sucede nos debates filosóficos, mas nestes últimos a arrogância da crítica ganha contornos específicos. Se no mundo da arte as novidades vão conquistando reconhecimento à medida em que o desconforto que suscitam dá lugar ao debate e, com ele, à compreensão, no caso da filosofia o passar dos anos parece cavar um abismo cada vez mais profundo entre a obra e quem a lê. As inevitáveis discrepâncias terminológicas, os adventos históricos e científicos que vão alimentando novas especulações e a diversidade das abordagens que os assuntos vão ganhando passam a funcionar como obstáculos cada vez mais difíceis de se transpor entre texto e leitor. Aliada a esses obstáculos, a convicção de que o conhecimento acumulado no tempo presente brinda o contemporâneo com uma argúcia que seus predecessores não poderiam alcançar alimenta a tentação de denunciar suas falhas, de corrigi-los, de apagar enfim de seu legado tudo o que ultrapassa a redoma do presente. Deixar o autor falar, e saber ouvir também o que ele silencia, como recomenda Pierre Aubenque (2002, p. 16), para que assim ele possa se desvelar no que tem de original, eis o que talvez seja possível, paradoxalmente, aos ouvidos menos exigentes que, por se melindrarem menos, não repudiam os ecos dissonantes no presente.

O problema que nos ocupou nas páginas precedentes quiçá ilustre esse diagnóstico. Como se pôde constatar, diversas têm sido as tentativas de destrinchar a solução que Leibniz propõe para compatibilizar sua noção intensional de verdade com a diferença lógica entre necessidade e contingência, mas elas não raro, em maior ou menor medida, exigem que se faça alguma violência aos textos que ele deixou. Em geral, essa violência consiste em reter a noção intensional de verdade, mas descartar, seja o caráter lógico da distinção entre necessidade e contingência, seja a resposta que Leibniz propõe para a questão, resposta que, como vimos, preconiza uma raiz comum para o problema geométrico dos contínuos e o problema lógico da contingência.

Se alguma dessas tentativas lograsse formular para o problema uma solução mais satisfatória do que aquela que o próprio Leibniz oferece, talvez fosse recomendável adotá-la. No entanto, elas se enfronham, cada qual com suas peculiaridades, em dificuldades que parecem não se erguer para a solução formulada por Leibniz. Assim é que as tentativas que optam por conferir à distinção entre necessidade e contingência uma dimensão estritamente quantitativa, como a sugerida por Louis Couturat, perdem de vista aspectos fundamentais da noção leibniziana de infinito. E falham em resguardar o caráter lógico da distinção modal entre proposições necessárias e contingentes, distinção que resulta rebaixada a uma dimensão meramente psicológica ou epistêmica. Já as tentativas que preferem abrir mão da distinção entre análise finita e análise infinita em favor da noção de mundos possíveis enfrentam dificuldades para equacionar certas relações lógicas basilares entre os valores de verdade de proposições contraditórias entre si. É esse o caso, como vimos, das interpretações de Hidé Ishiguro e Benson Mates.

Esse diagnóstico realça a relevância do esforço feito aqui, de revisitar a questão nos termos propostos por Leibniz, buscando compreender melhor seu desenho e suas implicações. Um passo nessa direção consistiu na constatação de que Leibniz em nenhum momento privilegiou a noção intensional de verdade em detrimento da dimensão lógica da diferença entre necessidade e contingência. O que ele declara e revela ter feito foi reconhecer uma e outra das teses, buscando resolver o paradoxo que sua combinação engendra.

Um segundo passo, anunciado na abertura deste livro, envolveu examinar os estudos de Leibniz dedicados à geometria dos infinitos, visando compreender de que modo "também as noções são resolvíveis no infinito". Expressa dessa maneira, pareceria que a pista fornecida por Leibniz consistiria meramente em propor uma transposição, de eficácia duvidosa, de um procedimento aceitável nos cálculos geométricos para o domínio da lógica. Como visto, essa suspeita não resistiu a uma inspeção comparativa das reflexões de Leibniz sobre sua descoberta matemática com seus estudos lógicos. Essa inspeção permitiu não apenas fazer frente às objeções habitualmente dirigidas ao método matemático fundado na lei de continuidade, mas também dissipar a desconfiança de que a distinção entre análise finita e infinita resultasse de uma artimanha destinada a forçar uma analogia entre o caso matemático e o caso lógico. Conforme constatado, a infinitude da análise, no caso das proposições contingentes, revelou-se uma consequência necessária da própria envergadura lógica da distinção entre possibilidade e existência. Ela é um resultado da aplicação do procedimento de análise ao caso das noções e proposições concernentes aos existentes.

Essa consequência, paralelamente à constatação de que a aplicação do procedimento de análise ao caso das proposições existenciais engendrava um contínuo, cujo limite seriam proposições essenciais, evidenciou a pertinência de se estender a lei de continuidade também ao caso lógico. Dito de outro modo, evidenciou-se por esse procedimento que o caso lógico também se subsume à alçada da lei de continuidade. O mesmo resultado poderia ter sido alcançado por um atalho: tomando-se por ponto de partida que proposições de essência e de existência compõem espécies complementares do gênero das proposições, seria legítimo tratar umas como um caso-limite das outras. Esse caminho, embora seja correto e conduza forçosamente ao mesmo destino, não parece ter sido o trilhado nas reflexões lógicas de Leibniz, ainda que não seja impossível que tivesse tacitamente norteado seu percurso.

Como vimos, aos olhos de Leibniz, a solução embasada na lei de continuidade resguarda todos os polos do mistério que o atormentava: ela resguarda tanto a envergadura lógica da distinção entre necessidade e contingência, quanto a tese do *praedicatum inest subjecto*, que preserva sua validade inclusive no caso das proposições de existência, sob a guarida daquela lei.

É também sob a guarida da lei de continuidade que se revela legítimo passar ao limite e projetar o que, na terminologia leibniziana, se designa por "mundo possível". Trata-se do domínio de verificação da verdade-limite maximal consistente, aqui simbolizada por "$\Gamma\ \hat{e}$", presumida descrever exaustivamente a totalidade dos existentes. Como visto nas páginas precedentes, essa noção é um resultado da aplicação da lei de continuidade ao caso das proposições existenciais e, nesta medida, um desdobramento da solução leibniziana para o mistério da compatibilização da noção intensional de verdade com a contingência. Alçá-lo ao estatuto de fundamento dessa solução mostrou-se, por isso, uma inversão do encadeamento argumentativo formulado por Leibniz, inversão que, se refletisse a solução que ele propõe para o mistério em tela, dificilmente o pouparia da suspeita de petição de princípio. Isso para não falar das dificuldades lógicas já examinadas, embutidas nas tentativas de tratar a solução leibniziana para o problema da contingência em termos de mundos possíveis.

Não por acaso, como também examinado, a expressão "mundos possíveis" não figura nos textos que Leibniz dedica a assuntos lógicos, ficando restrita às obras voltadas para temas teológicos. Nessas obras, a expressão "mundos possíveis" é mobilizada na discussão dos objetos que se oferecem à escolha de Deus. Em que pese, pois, remeta a um conceito legítimo, desde que suposta a lei de continuidade, essa expressão não se revelou desempenhar papel relevante na solução leibniziana para o mistério que o atormentava. Bem ao contrário, como visto, essa solução mostrou-se funcionar melhor sem ela.

Seria querer demais que um músico pronto a executar uma peça arrojada, que desafia os ouvidos mais exigentes do seu tempo, logre ser aplaudido, sobretudo se a peça não for sua composição, mas se impuser também para ele como desafio. Mais razoável é presumir que uma execução mais apurada, que externe uma compreensão mais madura da peça, se alcance ao cabo de uma sucessão de tentativas, na medida em que os erros e acertos dos primeiros ensaios vão servindo de guia para o aprimoramento das execuções futuras. Por falho que seja seu desempenho, o artista que primeiro tiver se lançado no desafio pode dar-se por satisfeito se lograr persuadir seus pares de que a partitura merece atenção. Do mesmo modo emfilosofia, não se deve esperar que a iniciativa de testar um caminho reiteradamente rechaçado não colecione mais erros que acertos. Assim, longe de se arvorar uma tese acabada, se este livro puder soar como um convite aos investigadores mais experientes para ensaiar um caminho que, ainda que labiríntico, prometa resgatar o que a saída de Leibniz tem de original e inventivo, então ele terá chegado ao fim.

REFERÊNCIAS BIBLIOGRÁFICAS

Textos de Leibniz

(1975). *Ad Christophori Stegmanni Metaphysicam Unitariorum*. Publicado por N. Jolley em: Studia Leibnitiana, VII, 2. Jolley, N. (trad.). Em: *Leibniz and Locke: A Study of the New Essays on Human Understanding*. Oxford: Clarendon Press.

(*Animadversiones*). *Animadversones in partem generalem Principiorum Cartesianorum*.

(1995a). *La caractéristique géométrique*. Echeverría, A. e Parmentier, M. (Org., trad. et notes). Paris: Vrin.

(1993a). *Confessio Philosophi (La profession de foi du philosophe)*. Belaval, Y. (ed., trad. e notas). 2ª ed. Paris: Vrin.

(2003). *Diálogo* (agosto, 1677). Pedroso, D. (trad.). Em: *Cadernos PET Filosofia* UFPR, nº 5, pp. 113-121.

(*D.M.*). *Discours de métaphysique et Correspondance avec Arnauld* (1993b). Introdução, texto e comentários por G. Le Roy. 6ª ed. Paris: Vrin.

(2004a). *Discours de métaphysique* suivi de *Monadologie* et autres textes. Fichant, M. (ed., apresentação e notas). Paris: Gallimard.

(2016a). *Discurso de Metafísica*. Cardoso, A. (Trad., Intr. e notas). Lisboa: Colibri, 2ª ed.

(2004b). *Discurso de Metafísica e outros textos*. Lacerda, T. M. (Tradução, Apresentação e Notas). São Paulo: Martins Fontes.

(*Jag.*). *Elementa philosophiae arcanae de summa rerum*. Jagodinski, I. (ed. e trad.). 1913.

(2013). *Ensaios de Teodiceia sobre a Bondade de Deus, a Vontade do Homem e a Origem do Mal*. Piauí, W. e Cecci Silva, J. (tradução, introdução e notas). São Paulo: Estação Liberdade.

(2016b). *Escritos de Leibniz sobre a China*. Florentino Neto, A. (org.). Campinas: Editora Phi.

(*Teodiceia*). *Essais de Théodicée* et *La Monadologie*. Jalabert, J. Aubier. Ed. Montaigne.
(*GI*) *Generales inquisitiones de analysi notionum et veritatum*. AA VI, iv, pp 739-787.
(1991). *De l'horizon de la doctrine humaine* et Ἀποκατάστασις πάντων - *La Restitution Universelle*. Trad. e comentado por M. Fichant. Paris: Vrin.
(1846). *Historia et origo Calculi Differentialis*. Gerhardt, I. (ed.). Hanover: Königlichen Bibliothek.
(2019). *Leibniz e a Linguagem I – línguas naturais, etimologia e história*. Piauí, W. (org.). Curitiba: Kotter.
(1966). *Leibniz - Logical Papers*. Parkinson, G. H. R. (Ed. e trad.). Oxford : Clarendon Press.
(2016c). *Leibniz de Volder correspondance*. REY, A.-L. (Intr. Trad. e notas). Paris: Vrin.
(GM). *Mathematische Schriften*. (1971). Gerhardt. Hildesheim: George Olms Verlag.
(2005). *Meditações sobre o Conhecimento, a Verdade e as Ideias*. Moreira, V. C. (trad.). Em: Revista *doispontos* Vol. 2, Nº 1, pp. 13-25.
(1995b). *La naissance du calcul différentiel - 26 articles des* Acta Eruditorum. Parmentier, M. (intr., trad. e notas). 2ª ed. Paris: Vrin.
(1979). *Newton / Leibniz* – Col. "*Os Pensadores*". 2ª ed. São Paulo: Victor Civita.
(N.E.). Nouveaux Essais sur l'Entendement Humain. Brunschwig. Paris: Flammarion,1990.
(1857). *Nouvelles Lettres et Opuscules Inédits de Leibniz*. Foucher de Careil, L. A. (ed. e intr.). Paris : Auguste Durand.
(2004c). *Novos Ensaios sobre o Entendimento Humano*. Cardoso, A. (Introdução e tradução). Lisboa: Colibri.
(*OFC*). *Obras Filosóficas y Científicas*. Socieda Española Leibniz. Granada: Comares Editorial.
(*OFI*). *Opuscules et Fragments Inédits*. Couturat, L. (1988). Hildesheim: George Olms Verlag.

(1993b). *Pensées sur l'instauration d'une physique nouvelle.* Fichant, M (trad.). Em: *Philosophie*, n° 39. Paris: Les éditions de Minuit.

(GP). *Die Philosophischen Schriften.* Gerhardt, C. (1996). Hildesheim: George Olms Verlag.

(2016d). *Preparação para a Caracaterística Universal sobre a Ciência Universal ou Cálculo Lógico.* Lacerda, T. (trad.). Em: *Dissertatio* Revista de Filosofia UFPel. Volume Suplementar 03 – Dossiê *Leibniz*, pp. 410-419.

(1998). *Recherches générales sur l'analyse des notions et des vérités. 24 thèses métaphysiques et autres textes logiques et métaphysiques.* Rauzy, J-B. (Intr., trad. et notas:); Cattin, E.; Clauxade, L.; Buzon, F.; Fichant, M.; e Worms, F. (trad.). Paris : PUF.

(1994). *La réforme de la dynamique* - De corporum concursu *et autres textes inédits.* Fichant, M. (trad. e comentários). Paris: Vrin.

(AA). *Sämtliche Schriften und Briefe.* Deutschen Akademie der Wissenschaften zu Berlin.

(2002). *Sistema Novo da Natureza e da Comunicação das Substâncias e Outros Textos.* Marques, E. (trad.). Belo Horizonte: Editora UFMG.

(2016e). *Sobre a Característica Universal – História e Elogio da Língua e Característica Universal.* Moura Lacerda, T. (trad.) Em: *Dissertatio* Revista de Filosofia UFPel. Dossiê *Leibniz* – Volume Suplementar 03 – pp. 399-409.

(Grua). *Textes Inédits d'après les manuscrits de la Bibliothèque provinciale de Hanovre.* (1998). Grua, G. (ed.). 2ª ed. Paris: PUF.

Outros autores

ADAMS, R. M. (1994). *Leibniz: Determinist, Theist, Idealist.* Oxford: OUP.

ALCOBA, M. (1996). *La ley de continuidad en G. W. Leibniz.* Sevilla: Universidad de Sevilla.

ANDERSEN, K. (1986). "*The Method of Indivisibles: Changing Understandings*". Em: *Studia Leibnitiana* - Sonderheft 14.

ARISTÓTELES. (1969). *Gli Analitici Primi.* MIGNUCCI, M. (trad. intr. e coment.). Nápoles: Luigi Loffredo Editore.

______. (1997). *Metaphysics.* Vols. I e II. ROSS, D. (ed.) Oxford: Clarendon Press.

______. (1831). *Opera Graece.* Bekker, I. (ed.). Berlim: Academia Regia Borussica, Vols. I e II.

______. (1998). *Physics.* Ross, D. (ed., intr. e coment.). Oxford: OUP.

______. (1980). *Prior and Posterior Analytics.* Ross, D. (ed.). New York & London: Garland Publishing Inc.

ARNAULD, A. e NICOLE, P. (1993). *La Logique ou l'art de penser.* Ed. Clair, P. e Girbal, F. 2ª ed. Vrin.

ARTHUR, R. (2009). "*Actual Infinitesimals in Leibniz's Early Thought*". Em: Kulstadt, M. Laerke, M. Snyder, D. (eds.). *The Philosophy of the Young Leibniz. - Studia Leibnitiana -* Sonderheft 35 - pp. 11-28.

AUBENQUE, P. (2002). *Le Problême de l'être chez Aristote.* Paris: Quadridge - PUF.

AZEVEDO, R. (2020) "*Estudo da noção de limite a partir do algoritmo de cálculo leibniziano*". Em: NICOLÁS, J.; MOREIRA, V. Leibniz: Razón, Princípios y Unidad. (no prelo).

BARROS, L. (2008). "*Falso Dmitri – Herói ou Vilão? Aplausos e Silêncios na Coroação de uma Literatura*". Em: *Revista Garrafa* (UFRJ), Vol. 6, nº. 18.

BAYLE, P. (1740). *Dictionnaire historique et critique.* Amsterdã – Versão eletrônica pág. "www.lib.uchicago.edu/efts/ARTFL/projects/dicos/BAYLE" – 22/09/00.

BEELEY, P. (1996). *Kontinuität und Mechanismus. Studia Leibnitiana –* Supplementa 30.

______. (2009). "*Approaching Infinity: Philosophical Consequences of Leibniz's Mathematical Investigations in Paris and Thereafter*". Em: Kulstadt, M. Laerke, M. Snyder, D. (eds.). *The Philosophy of the Young Leibniz.* - Studia Leibnitiana Sonderheft 35 - pp. 29-47.

BELAVAL, Y. (1960).*Leibniz Critique de Descartes.* Paris: Gallimard.

BENACERRAF, P. e PUTNAM, H (ed.) (1983). *Philosophy of mathematics – Selected readings*. 2ª ed. Cambridge: Cambridge University Press.

BERKELEY, G. (1948-1957). *The Works of Geroge Berkeley Bishop of Cloyne*. Vol IV, *Bibliotheca Britannica Philosophica*. London: Nelson.

BOS, H. J. M. (1974/1975). "*Differentials, Higher-Order Differentials and the Derivative in the Leibnizian Calculus*". Em: *Archive for History of Exact Sciences*. Ed. C. Truesdell, Vol. 14. Berlim: Springer-Verlag.

BOYER, C. (1959). *The History of the Calculus and its Conceptual Development*. New York: Dover Publications, inc.

BROAD, C. D. (1994). *Leibniz's* predicate-in-notion principle *and some of its alleged consequences*. Em: Woolhouse, R. (ed.), *Leibniz: Critical Assessments*, Vol II.

BRODY, B. (1994). "*Leibniz's Metaphysical Logic*". Em: Woolhouse, R. (ed.). *Leibniz: Critical Assessments*, Vol. I.

BRUNSCHVICG, L. (1993). *Les étapes de la philosophie mathématique*. Paris: A Blanchard.

CAMACHO, L. (2016). "*Leibniz's Perspectives on Truth*". Em: Li, W.; Beckmann, U.; Erdner, S.; Errulat, E.-M.; Herbst, J.; Iwasinski, H.; Noreik, S. (ed.). *Für unser Glück oder das Glück Anderer – Vorträge des X. Internationalen Leibniz-Kongress*. Hildesheim : Georg Ölms Verlag.

CARDOSO, A. (1992). *Leibniz segundo a expressão*. Lisboa: Edições Colibri.

CASTAÑEDA, H. (1976). "*Leibniz's Syllogistico-propositional Calculus*". Em: *Notre Dame Journal of Formal Logic*, Vol. XVII, 4.

CAVALIERI, B. (1980). *Exercitationes geometricae sex*. Unione Matematica Italiana.

COUTURAT, L. (1985). *La logique de Leibniz*. Hildesheim: George Olms Verlag.

______. (1995). "*Sur la métaphysique de Leibniz*". Em: *Revue de Métaphysique et de Morale*, Janvier-Mars.

CURLEY, E. (1994). *The root of contingency*. em: Woolhouse, R. (ed.), *Leibniz: Critical Assessments*, Vol. I.

DEMÓCRITO. (1978). Em: *Os Pré-Socráticos* – Col. “Os Pensadores”. 2ª ed. São Paulo: Abril Cultural.

DESCARTES, R. (1996). *Oeuvres*. Adam, C. & Tannery, P. (ed.). Paris: Vrin.

______. (2002) *Dos Princípios da Filosofia*.Landim, R., Almeida, G., Gleizer, M., Rocha, E. e Pinheiro, U. Rio de Janeiro: Editora UFRJ.

______. (1992). *Méditations Métaphysiques - Objections et Réponses suivies de quatre Lettres*. Beyssade, J-M et Beyssade, M. Paris: Flammarion.

DONATELLI, M. (2002). “*A Necessidade da Certeza na Explicação Científica Cartesiana e o Recurso à Experiência*”. Em: *Cadernos de História e Filosofia da Ciência*, Série 3, Vol. 2, n. 1-2 - jan.-dez.

DUCHESNEAU, F. (1994). “*Leibniz on the Principle of Continuity*”. Em: *Revue Internationale de Philosophie*, Vol. 48, n° 188.

______. (2008). “*Rule of Continuity and Infinitesimals in Leibniz’s Physics*”. Em: Goldenbaum, U. e Jesseph, D. (ed.). *Infinitesimal Differences - Controversies between Leibniz and his Contemporaries*. Berlim: Walter de Gruyter.

EARMAN, J. (1975). “*Infinities, Infinitesimals, and Indivisibles: The Leibnizian Labyrinth*”. dans *Studia Leibnitiana*, VII, 2.

ESQUISABEL, O. M. (2008) *Avatares de la Negación en Leibniz*. Em: Revista *O que nos faz pensar* (PUC-Rio), nº 23 - pp. 113-124.

______. (2014). “*Restricciones de la aplicación del principio de sustitutibilidad de los idénticos* salva veritate”. Em: Revista *doispontos*, Vol. 11, nº 2, pp. 19-28.

EUCLIDES. (2009). *Os Elementos*. Bicudo, Irineu. (trad.). São Paulo: UNESP.

FICHANT, M. (1994). “*Les axiomes de l’identité et la démonstration des formules arithmétiques: 2+2=4*”. Em: *Revue Internationale de Philosophie*, Vol. 48, n° 188, 2.

______. (1991). *Postface*. Em : Leibniz, G. *De l'horizon de la doctrine humaine* et, Ἀποκατάστασις πάντων - *La Restitution Universelle*. Fichant, M. (trad. e notas) Paris: Vrin.

______. (1998). *"Science et métaphysique dans Descartes et Leibniz"*. Épiméthée. Paris: PUF.

FRANKEL, L. (1994). *"From a Metaphysical Point of View: Leibniz and the Principle of Sufficient Reason"*. em: Woolhouse, R. (ed.), *Leibniz: Critical Assessments*, Vol. I.

FROIDMONT, L. (1631). *Labyrinthus sive de Compositione Continui Liber Unus: Philosophis, Mathematicis, Theologis Utilis ac Iucundus*. Nabu Public Domain Reprints.

GLEIZER, M., LEVY, L., MARQUES, E., PEREIRA, L. PINHEIRO, U., ROCHA, E. (org).(1989). *Verdade, conhecimento e ação – Ensaios em Homenagem a Guido Antônio de Almeida e Raul Landim Filho*. São Paulo: Loyola.

GOLDENBAUM, U.; JESSEPH, D. (ed.). (2008). *Infinitesimal Differences - Controversies between Leibniz and his Contemporaries*. Berlim: Walter de Gruyter.

GRAM, M. S. (ed.) (1982). *Interpreting Kant*. Iowa: University of Iowa Press.

GUEROULT, M. (1994). *Descartes selon l'ordre des raisons*. Paris: Aubier.

HILBERT, D. (1983). *"On the infinite"*. em: Benacerraf, P. e Putnam, H. (ed.) *Philosophy of mathematics – Selected readings*.

HINTIKKA, J. (1975). *Time & Necessity. Studies in Aristotle's Theory of Modality*. Oxford: Clarendon Press.

HOBBES, T. (2009). *Do Corpo – Parte I: Cálculo ou Lógica*. Limongi, M. e Moreira, V. Campinas: Editora UNICAMP.

______. (1999). *The Elements of Law Natural and Politic* I & II with *Three Lives*. Gaskin, J. C. (ed. intr. e notas). Oxford: OUP.

______. (1983). *Leviatã ou matéria, forma e poder de um estado eclesiástico e civil*. Monteiro, J. e Nizza da Silva, M.(trad.). Coleção "*Os Pensadores*", 3ª ed. São Paulo: Victor Civita.

______. (1966). *Opera Philosophica quae latine scripsit omnia in unum corpus nunc primum collecta*. Gulielmi Molesworth. 2ª ed. Scientia Verlag Aalen, Alemanha. Citado como *Opera Latina*, Vol., p.

HORVÁTH, M. (1986). "*On the Attempts made by Leibniz to Justify his Calculus*". em: *Studia Leibnitiana*, 18 – Bd VIII, Heft 1.

ISHIGURO, H. (1990). *Leibniz's Philosophy of Logic and Language*. 2ª ed. Cambridge: Cambridge University Press.

______. (1988). "*La notion dite confuse de l'infinitésimal chez Leibniz*». Em: *Studia Leibnitiana* – Sonderheft 15.

JESSEPH, D. (1998). "*Leibniz on the Foundations of the Calculus: The Question of the Reality of Infinitesimal Magnitudes*". Em: *Perspectives on Science*, Vol. 6, nº 1 – pp. 6-40.

JOLLEY, N. (1986). *Leibniz and Locke: A Study of the New Essays on Human Understanding*. Oxford: Clarendon Press.

______. (1975). "*An Unpublished Leibniz Manuscript on Metaphysics*". em: *Studia Leibnitiana*, VII, 2.

JUNGIUS, J. (1957). Logica Hamburgensis. Meyer, R. (ed.). Hamburg: In aedibus J. J. Augustin.

KANT, I. (1993). *Crítica da Faculdade do Juízo*. Rohden, V. (trad.). Rio de Janeiro: Forense Universitária.

KAUPPI, R. (1960). *Über die Leibnizsche Logik*. Em: Acta Philosophica Fennica, Helsinki.

KRETZMANN, N. (ed.) (1982). *Infinity and Continuity in Ancient and Medieval Thought*. Ithaca and London: Cornell University Press.

KULSTAD, M. (1994). "*A Closer Look at Leibniz's Alleged Reduction of Relations*". Em: Woolhouse, R. (ed.). *Leibniz: Critical Assessments*, Vol. II.

KULSTADT, M. LAERKE, M. SNYDER, D. (eds.). *The Philosophy of the Young Leibniz. - Studia Leibnitiana Sonderheft* 35. Stuttgart: Franz Steiner Verlag.

LACERDA, T. M. (2017). "*Deus e Li: uma leitura a partir da teoria leibniziana da expressão*". Em: Revista *Modernos & Contemporâneos*. Campinas, v. 1, n. 1., jan./jun – pp. 36-43.

LANDIM FILHO, R. (1992). *Evidência e verdade no sistema cartesiano.* São Paulo: Loyola.

_______. (2009). *Questões Disputadas de Metafísica e de Crítica do Conhecimento.* São Paulo: Discurso Editorial.

LENZEN, W. (1990). *Das System der Leibnizschen Logik.* Berlin : Walter de Gruyter.

_______. (1986). "'Non-est' *non est* 'est non'. *Zu Leibnizens Theorie der Negation*". em: *Studia Leibnitiana* XVIII, 1.

LEVY, L. (1989). "*Representação e Sujeito: O Conceito Cartesiano de Ideia*" em: Gleizer, M., Marques, E., Rocha, E., Levy, L. Pereira, L., Pinheiro, U. (org), *Verdade, conhecimento e ação.*

LI, W.; BECKMANN, U.; ERDNER, S.; ERRULAT, E.-M.; HERBST, J.; IWASINSKI, H.; NOREIK, S. (ed.). *Für unser Glück oder das Glück Anderer – Vorträge des X. Internationalen Leibniz-Kongress.* Hildesheim: Georg Ölms Verlag.

LIMONGI, M. I. (2000). *A Semântica do Materialismo de Hobbes.* Em: *Revista Analytica*, Vol. 5 – nº 1-2 – pp. 109-135.

_______ . (2009). *O homem excêntrico – Paixões e virtudes em Thomas Hobbes.* São Paulo: Loyola.

LOCKE, J. *An Essay Concerning Human Understanding.* Nidditch, P. (ed.). Oxford: Clarendon Press.

_______. (1993). *An Essay Concerning Human Understanding.* Yolton, J. (ed.). Everyman.

LOEMKER, L. (1966). "*Leibniz's Conception of philosophical Method*". Em: *Zeitschrift für philosophische Forschung*, Bd. XX.

MANCOSU, P. e VAILATI, E. (1991). "*Torricelli's Infinitely Long Solid and Its Philosophical Reception in the Seventeenth Century*". Em: *Isis*, Vol. 82, nº 311 - 03.

MARCONDES, D. (1989). "*Da Luz Natural ao Signo Convencional: Pensamento Intuitivo versus Pensamento Discursivo na Filosofia Moderna*" em: Gleizer, M., Levy, L., Marques, E., Pereira, L., Pinheiro, U., Rocha, E.(org.). *Verdade, conhecimento e ação*".

MARQUES, E. (2014). *Contingência e complexidade infinita: o problema da prova sortuda*. Em: Mendonça, M. (org.) *Sentidos da necessidade em Leibniz* - Revista DoisPontos, Curitiba/São Carlos, Vol. 11, nº2, pp. 29-46.

______. (2007). "*Sobre a (Ir)redutibilidade de Predicados Relacionais a Predicados Não-relacionais em Leibniz*". Em: *Cadernos de História e Filosofia da Ciência*, Série 3, v. 17, n. 2 - p. 277-299, jul.-dez.

______. (2011). *Sobre a Quantificação das Expressões Singulares e a Forma Lógica da Expressão* 'eo ipso' *em Leibniz*. Em: Rocha, E. e Levy, L. (org.). *Estudos de Filosofia Moderna*, pp. 91-101. Porto Alegre: Linus.

MATES, B. (1989). "*Leibnizian Possible Worlds and Related Modern Concepts*". Em: *The Leibniz Renaissance* - Rev.: Biblioteca di Storia della Scienza, Vol. 28. Firenze: Leo Olschki Editore.

______. (1979). "*The Lingua Philosophica*". em: *Sudia Leibnitiana* - Sonderhaft 8.

______. (1986). *The Philosophy of Leibniz*. Oxford: Oxford University Press.

McRAE, R. (1976). *Leibniz: Perception, Apperception and Thought*. Toronto and Buffalo: University of Toronto Press.

MENDONÇA, M. (2005). *Sentidos da necessidade em Leibniz*. Em: Revista *doispontos*, vol. 2, nº 1 - pp. 53-82.

______. (org.). (2014). *Verdade e Liberdade em Leibniz*. Em: Revista *doispontos*, vol. 11, nº 2.

MILLER JR., Fred. (1982). "*Aristotle against Atomists*" em: Kretzmann, N. (ed.). *Infinity and Continuity in Ancient and Medieval Thought*.

MITTELSTRASS, J. (1969). "*Die Begründung des principium rationis sufficientis*". em: *Studia Leibnitiana* – Supplementa III.

MOREIRA, V. (2003). "*Leibniz: a Certeza Cartesiana e a* Characteristica". Em: *Cadernos de História e Filosofia da Ciência*, Série 3, Vol. 13, nº 1, pp. 45-79.

______. (2006). "*Linguagem e verdade em Leibniz e Hobbes*" em: Revista *Analytica*, Vol. 10, Nº2, pp. 45-87.

______. (2015). "*Observações sobre a estrutura da significação em Metafísica Γ 4*". Em: *Jornal de Filosofia Antiga* – USP, Vol. 9, nº 1, pp. 22-40.

MUGNAI, M. (1979). "*Intensionale Kontexte und 'termini reduplicativi' in der Grammatica rationis von Leibniz*". Em: *Studia Leibnitiana* - Sonderhaft 8.

______. (1992). "*Leibniz's Theory of Relations*". Em: *Studia Leibnitiana* - Supplementa, XXVIII.

______. (1988). "*On Leibniz's Theory of Relations*". em: *Studia Leibnitiana* - Sonderheft 15.

NICOLÁS, J.-A. (2016). "*Princípio de razón suficiente en Leibniz: una propuesta de interpretación*". Em: Nicolás, J.-A.; Öffenberger, N. (eds.). *Beiträge zu Leibniz'Rezeption der Aristotelischen Logik und Metaphysik. Zur modernen Deutung der Aristotelischen Logik* XII. Hildesheim: Georg Olms Verlag.

NICOLÁS, J.; MOREIRA, V. (2020). Leibniz: Razón, Princípios y Unidad. Granada: Comares Editorial. (no prelo).

PARIENTE, J-C. (1985). *L'analyse du langage à Port-Royal*. Paris: Les éditions de Minuit.

PARKINSON. (1966). *Introduction*. Em: *Leibniz - Logical Papers*. Parkinson, G. H. R. (Ed. e trad.). Oxford: Clarendon Press.

PASINI, E. (1993). *Il reale e l'immaginario – la fondazione del calcolo infinitesimale nel pensiero di Leibniz*. Milano-Torino: Sonda.

______. (1965). "*Logic and Reality in Leibniz's Metaphysics*". Oxford: Oxford University Press.

PEURSEN, Cornelis-Anthonie. (1986). "*Ars inveniendi bei Leibniz*". em: *Studia Leibnitiana*, XVIII, 1.

PIAUÍ, W. (2011). "*Noção completa de uma substância individual e Infinito em Leibniz*". Em: *Cadernos de História e Filosofia da Ciência*, Série 3, Vol. 21, nº 1 - pp.257-287.

PINHEIRO, U. (2011)."*Contingência e Análise Infinita em Leibniz*". Em: Revista *Kriterion*, Belo Horizonte, nº 104, pp. 72-96.

______. (2019). *Descartes e o Ódio à Escrita*. Curitiba: Kotter Editorial.

PLATÃO. (1995). *Theaetetus*. Em: *Platonis Opera*, Tomus I. Duke, E.; Hicken, W.;Nicoll, W.; Robinson, D.; Strachan, J. (ed.). Oxford: OUP.

PRIEST, G. (2006). *In Contradiction*. Oxford: Clarendon Press.

PUCHKIN, A. S. (2007). *Boris Godunov*. Perpétuo, I. (trad.). Porto Alegre: Editora Globo.

QUINTANA, F. R. (2019). *Continuo e Infinito en el Pensamiento leibniziano de Juventud*. Nova Leibniz. Granada: Comares.

RACIONERO, Q. (1994). "*Verdad y expressión: Leibniz y la crítica del subjetivismo moderno*". Em: Racionero, Q. e Roldán, C. (ed.), G. W. *Leibniz - Analogía y expressión*.

RACIONERO, Q. e ROLDÁN, C. (ed.). (1994). *G. W. Leibniz - Analogía y expressión*. Editorial Complutense, Madrid.

RATEAU, P. (2015). *Leibniz et le meilleur des mondes possibles*. Paris : Garnier.

RAUZY, J.-B. (1993). "*Leibniz et les termes abstraits : un nominalisme par provision*". em: *Philosophie*, n° 39. Les éditions de Minuit, septembre.

RESCHER, N. (1954). "*Leibniz's interpretation of his logical calculi*". em: *The Journal of Symbolic Logic*, Vol. 19, n. 1.

REY, A.-L. (2016). *L'ambivalence de l'action*. Em: Leibniz, G. (2016c) *Leibniz - de Volder correspondance*. Rey, A.-L. (Trad., Intr. e notas). Paris: Vrin.

______. (2020). "*Una ciencia que gobierna en las incertidumbres mismas*". Em: NICOLÁS, J.; MOREIRA, V. Leibniz: Razón, Princípios y Unidad. (no prelo).

ROBINSON, A. (1996). *Non-standard Analysis*. Princeton: Princeton University Press.

ROCHA, E. M. (2016). *Indiferença de Deus e o mundo dos humanos segundo Descartes*. Curitiba: Kotter Editorial.

RUSSELL, B. (1968). *A Filosofia de Leibniz*. Trad.Villalobos, Barros et Monteiro. de: *A Critical Expositions of Leibniz*, 5ª ed., 1958. São Paulo: Companhia Editora Nacional.

SCHEPERS, H. (1966). "*Leibniz' Arbeiten zu einer Reform der Kategorien*". Em: *Zeitschrift für philosophishce Forschung*, Bd.XX.

________. (1969). "*Begriffsanalyse und Kategorialsynthese : Zur Verflechtung von Logik und Metaphysik bei Leibniz*". em: *Studia Leibnitiana – Supplementa* 3.

SCHRECKER, P. (1936). "*Leibniz et le principe du tiers exclu*". Em: *Actes du Congrès International de Philosophie Scientifique*. Paris : Hermann & Cie.

SIEGFRIED, H. (1982). "*Kant's 'Spanish Bank Account': Realität und Wirklichkeit*". em: Gram, M. *Interpreting Kant.*

SLEIGH Jr., R. (1994). "*Leibniz on the Two Great Principles of all our Reasonings*". Em: Woolhouse, R. (ed.). *Leibniz: Critical Assessments*, Vol. I.

SORABJI, R. "*Atoms and Time Atoms*" em: Kretzmann, N. (ed.). *Infinity and Continuity in Ancient and Medieval Thought.*

SWOYER, C. (1995). "*Leibniz on Intension and Extension*". em: *Noûs*, 29:1. Cambridge: Basil Blackwell.

TORRICELLI, E. (1919). *Opere do Evangelista Torricelli*. Loria, Gino (ed). Faenza: Stablimento Tipo-Litografico G. Montanari. Citado como *Opere*, Vol., p.

VAILATI, E. (1986). "*Leibniz on Necessary and Contingent Predication*". Em: *Studia Leibnitiana*, XVIII, 1.

WALLIS, J. *Opera Mathematica.* (1972). Georg Olms Verlag, Hildesheim – New York. Citado como *Opera*, Vol. p.

WIGGINS, D. (1994). "*The concept of the Subject contains the Concept of the Predicate*". Em: Woolhouse, R. (ed.). *Leibniz: Critical Assessments*, Vol. II.

WOOLHOUSE, R. (ed.). (1994). G.W. *Leibniz: Critical Assessments.* London and New York: Routledge.

pólen bold 90 gr/m^2
tipologia baskerville (tt)
impresso no verão de 2020